Rike Stotten

Réunion mit Mayotte

IWANOWSKI'S REISEBUCHVERLAG

Im Internet:

www.iwanowski.de

Hier finden Sie aktuelle Infos zu allen Titeln, interessante Links – und vieles mehr!

Einfach anklicken!

Schreiben Sie uns, wenn sich etwas verändert hat. Wir sind bei der Aktualisierung unserer Bücher auf Ihre Mithilfe angewiesen: **info@iwanowski.de**

Réunion mit Mayotte
15. Auflage 2023

© Reisebuchverlag Iwanowski GmbH
Salm-Reifferscheidt-Allee 37 • 41540 Dormagen
Telefon 0 21 33/26 03 11 • Fax 0 21 33/26 03 34
info@iwanowski.de
www.iwanowski.de

Titelfoto: Cirque de Mafate © Serenity-H/ Adobe Stock
Alle anderen Farbabbildungen: s. Abbildungsverzeichnis S. 308
Layout: Ulrike Jans, Krummhörn
Karten und Reisekarte: Harald KH Harms, Klingenmünster;
Klaus-Peter Lawall, Unterensingen
Titelgestaltung: Point of Media, www.pom-online.de
Redaktionelles Copyright, Konzeption und deren
ständige Überarbeitung: Michael Iwanowski

Gesamtherstellung: Himmer GmbH, Augsburg
Printed in Germany

ISBN: 978-3-86197-244-0

Alle Karten zum Gratis-Download – so funktioniert's
In diesem Reisehandbuch sind alle Detailpläne mit sogenannten QR-Codes versehen, die vor der Reise per Smartphone oder Tablet-PC gescannt und bei einer bestehenden Internet-Verbindung auf das eigene Gerät geladen werden können. Alle Karten sind im PDF-Format angelegt, das nahezu jedes Gerät darstellen kann. Für den Stadtbummel oder die Besichtigung unterwegs hat man so die Karte mit besuchenswerten Zielen und Restaurants auf dem Smartphone, Tablet, Reader oder als praktischen DIN-A-4-Ausdruck dabei. Mit anderen Worten – der Reiseführer kann im Auto oder im Hotel bleiben und die Basis-Infos sind immer und überall ohne Roaming-Gebühren abrufbar.

Sollten wider Erwarten Probleme beim Karten-Download auftreten, wenden Sie sich bitte direkt an den Verlag. Unter info@iwanowski.de erhalten Sie die entsprechende Linkliste zum Herunterladen der Karten.

Reiser

Reiserouten

Weiterführende Informationen:

info

Karten in den Umschlagklappen:

Umschlagklappe vorne: Réunion Übersicht

Umschlagklappe hinten: Saint-Denis

Karten:

Legende

- Autobahn / Schnellstraße (NI)
- Wichtige Hauptstraße (DII)
- Hauptstraße
- Nebenstraße
- Fahrweg
- Entfernungen in km (27)
- Wanderweg
- Materialseilbahn
- Fähre
- Korallenriff
- Fluss mit Quelle und Wasserfall
- Hauptstadt
- Stadt
- Dorf
- Bebaute Fläche
- 530 m Berg
- Flughafen international / regional
- Aussichtspunkt
- Höhle
- Leuchtturm
- Yachthafen
- Strand
- Ankerplatz / Hafen
- Golfplatz
- Picknickplatz / Kiosk
- Berghütte
- Reitsport
- Tauchsport
- Wandern
- Touristinformation
- Hotel/Übernachten
- Restaurant/Essen & Trinken
- Ausgehen/Einkaufen/Sonstiges
- Parkplatz
- Post
- Sehenswürdigkeit
- Museum
- Wichtiges Gebäude
- Krankenhaus
- Busbahnhof
- Einkaufen, Markt
- Kathedrale
- Kirche
- Buddhistischer Tempel
- Pagode/Tempel
- Moschee
- Denkmal

VORWORT

Réunion und Mayotte sind im Vergleich zu ihren Nachbarn im Indischen Ozean, Mauritius und den Seychellen, eher unbekannt, obwohl beide Inseln zu Frankreich und damit zur Europäischen Union gehören. Knapp 8.000 km liegt Mayotte von Deutschland entfernt, Réunion sogar fast 10.000 km – damit sind die Inseln sozusagen zwei der südlichsten Punkte Europas.

Obgleich bislang hauptsächlich Franzosen nach Réunion wie nach Mayotte reisen, steigt inzwischen auch die Zahl internationaler Touristen. Dabei ist von Vorteil, dass EU-Bürger und auch Schweizer einfach mit dem Ausweis einreisen können. Im Gegensatz zur vielbesuchten Nachbarinsel Mauritius gilt **Réunion** noch immer als **Geheimtipp** unter Aktivurlaubern. Doch auch weniger Aktive kommen auf ihre Kosten, kann man doch die beeindruckenden Berggipfel vom Parkplatz aus in fünf Gehminuten erreichen – und die restliche Zeit der Erkundung der Lagunen widmen. Und das jüngste französische Überseedepartement **Mayotte** entwickelt sich inzwischen zum exotischen Insidertipp für Taucher und Strandliebhaber!

„La Réunion“ bedeutet übersetzt „die Vereinigung“ oder „die Versammlung“, und die Insel ist wahrlich eine Vereinigung einer unvorstellbaren Vielfalt an Kultur und Natur. Inder, Afrikaner, Chinesen, Europäer, Madagassen und Kreolen bilden eine **multikulturelle Gemeinschaft**, die mit ihren Tempeln, Kirchen, Pagoden und Moscheen, mit ihren religiösen Festen und ihren Küchen, mit ihrer Vitalität und Freundlichkeit an sich schon eine Reise wert ist. Die stabilen politischen Verhältnisse verstärken das positive Erlebnis dieser Gemeinschaft. Dank einer gut ausgebauten touristischen Infrastruktur kann man sich an türkisfarbenen Lagunen mit weißen Sandstränden erholen, Wanderungen in die Talkessel der bis zu 3.000 m hohen Berge unternehmen oder den noch aktiven Vulkan erkunden. Wer möchte, kann landschaftlich jeden Tag etwas ganz anderes entdecken: Sandstrände und schroffe Felsküsten, sanfte Ebenen, hohe Bergketten und Vulkane. Die Landschaft erinnert teils an Szenen aus „Jurassic Park“, teils an „Der Herr der Ringe“. Auf nur 2.500 km^2 kann man hier Aktiv- und Erholungsurlaub kombinieren und dabei eine Vielfalt entdecken, die sonst nur ein ganzer Kontinent zu bieten hat!

Mayotte, der neueste Zuwachs der Europäischen Union, im Kanal vom Mosambik ist im Herzen noch voll afrikanisch – und so auch das kulturelle Leben. Die Mahorais, wie die lokale Bevölkerung genannt wird, sind ganz überwiegend tolerante sunnitische Muslime, der Glaube prägt auch das Alltagsleben. Die Insel fasziniert nicht nur Wassersportler mit ihrer geschützten Lagune – ein noch unzerstörtes Unterwasserparadies. In der feingliedrigen Inseltopographie mit vulkanischem Ursprung reihen sich kleine malerische Buchten und Sandstrände buchstäblich aneinander.

Dieser Reiseführer beschreibt Sehens- und Erlebenswertes für alle! Natürlich werden die bekannteren Sehenswürdigkeiten und Landschaftsformationen Réunions vorgestellt, es gibt jedoch auch Hinweise und Tipps für Wege, die bisher nur wenige Touristen entdeckt haben. Die vorgeschlagenen **Wanderrouten** laden dazu ein, die einzigartige Inselwelt zu Fuß zu erkunden. Die Touren sind dabei teilweise sportlich, teilweise gemütlich ausgelegt, sodass sich für jeden Fitnessgrad etwas findet. Bekannte und viel begangene Routen wie die Tour zum Vulkan werden ebenso beschrieben wie einsame und fast vergessene Wege, etwa im Vallée Heureuse. Anhand der beigefügten Faltkarte sowie der zahlreichen Karten im Buch selbst können alle Wanderungen beliebig ausgebaut und abgeändert werden – das Wegenetz ist so dicht, dass selbst langjährige Wanderführer noch nicht alle Pfade begangen haben.

Wer Réunion kennenlernen möchte, sollte ein wenig mehr **Zeit** mitbringen. Selbst für die „wichtigsten" Sehenswürdigkeiten sollten Sie mindestens zehn Tage einkalkulieren. Ihr Besichtigungsprogramm richtet sich deshalb in erster Linie nach der Ihnen zur Verfügung stehenden Zeit.

Dieser Reiseführer möchte Ihnen eine Vorstellung davon geben, was Sie auf der Insel erwartet, und Sie gleichzeitig animieren, die Reise mit Neugier und Offenheit anzutreten! Lassen Sie sich verzaubern von dem Lächeln der Insel und von einer Lebensart, von der man noch sehr viel lernen kann. Mit den Hinweisen und Tipps zu Unterkünften und Restaurants können Sie Ihren Aufenthalt grob planen, jedoch ist es auf Réunion ratsam, sich Zeit für Unvorhergesehenes und Ungeplantes zu nehmen – damit hätten Sie sich auch schon ein Stück weit auf die kreolische Lebensweise eingelassen! Bei der Auswahl der Hotels, Restaurants und Touranbieter wurde in erster Linie auf die Qualität – im Sinne der gebotenen Leistung, aber auch im Bezug auf den sozialen Aspekt, also gesicherte Arbeitsplätze für die Bevölkerung – geachtet und nicht unbedingt immer auf den günstigsten Preis. So lässt sich zumindest ein kleiner, aber durchaus wertvoller Beitrag zur nachhaltigen Entwicklung auf der Insel leisten.

Für Mayotte stellt das letzte Kapitel dieses Buches eine Rundreise zu den Naturschönheiten der Insel vor – zu Wasser und zu Lande. Da der hiesige Tourismus noch in den Kinderschuhen steckt, lockt Mayotte weniger mit klassischen Sehenswürdigkeiten – vielmehr gewinnt die Insel ihre Besucher mit ihrer Authentizität und dem ursprünglichen Zauber sowohl ihrer Unterwasserwelt als auch der ebenso zahl- wie abwechslungsreichen Buchten. Einzelne historische Bauten laden zu kulturellen Ausflügen ein und auch mehrere kleine Strand- und Bergwanderungen gibt es zu entdecken. Da die touristische Infrastruktur sich gerade erst entwickelt, ist hier von Reisenden Flexibilität gefragt – ein kurzfristiger Stromausfall sollte daher nicht den Tag verderben! Mayotte lohnt sich schon für 4–5 Tage, Taucher sollten allerdings etwas mehr Zeit einplanen.

Zur Entstehung dieses Reiseführers haben viele Menschen beigetragen, denen ich hier danken möchte – ohne sie hätte das Buch nicht geschrieben werden können! Dazu gehören im gleichen Maße die Mitarbeiter der verschiedenen administrativen Stellen auf Réunion – Conseil Régional La Réunion, Réunion des Musées Régionaux und Île de La Réunion Tourisme – wie auch die vielen Hotel- und Restaurantbesitzer, Inhaber von Tauch- und Gleitschirmschulen, Museumsmitarbeiter etc., die sich Zeit genommen haben, mich in ihrem Reich herumzuführen. Mein großer Dank gilt auch meinen Freunden und Bekannten auf den Inseln, die mir bei jeder neuen Auflage mit Rat und Tat zur Seite stehen, mich über Neuigkeiten informieren, Wanderungen testen und mir von ihren Restaurantbesuchen und Hotelübernachtungen berichten. Besonders danke ich Nicole Anthony vom Fremdenverkehrsamt der Insel La Réunion in Frankfurt für ihre Unterstützung!

Rike Stotten

Réunion auf einen Blick	
Flagge 	Die offizielle Flagge Réunions ist die des Mutterlandes Frankreich. Es gibt verschiedene Entwürfe für eine regionale Flagge der Insel, von denen jedoch bislang keiner offiziell anerkannt wurde. Die hier abgebildete Version wurde 1975 von Guy Pignolet, einem von der Insel stammenden Wissenschaftler, entworfen. Sie wird „Lo Mavéli" genannt, was aus dem Madagassischen stammt und in etwa bedeutet: „Stern, der dich zum schönen Land bringt". Das rote Dreieck symbolisiert die Kraft des aktiven Vulkans Piton de la Fournaise. Das Blau im Hintergrund steht für den Himmel und den Indischen Ozean. Die fünf gelben Streifen stellen sowohl die Strahlkraft der Sonne als auch die verschiedenen Ethnien dar, die die Insel bevölkern.
Fläche	2.503,7 km², Umriss fast oval mit einem Durchmesser von 50 bis 70 km (etwa so groß wie das Saarland)
Lage	55° 29' östlicher Länge und 21° 5' südlicher Breite, knapp 700 km östlich von Madagaskar und 200 km südwestlich von Mauritius
Einwohner	868.846 (Januar 2022): 350 Einwohner pro km²
Bevölkerung	45 % der Bevölkerung stammen aus Verbindungen zwischen Europäern und Nachfahren madagassischer und afrikanischer Sklaven, etwa 25 % sind indischer (etwa 24 % Malbars und etwa 1 % Zarabes), etwa 25 % europäischer und etwa 3 % chinesischer Abstammung (Schätzungen).
Amtssprache	Französisch, weit verbreitete Umgangssprache ist Kreol.
Hauptstadt	Saint-Denis (153.810 Einwohner)
Religion	Vorwiegend Christen, es gibt aber auch Hindus, Muslime und Buddhisten.
Nationalfeiertag	14. Juli (Nationalfeiertag Frankreichs)
Staats- und Regierungsform	Seit 1946 Überseedepartement (*département d'outre-mer*) innerhalb der französischen Republik. Oberster Verwaltungsbeamter ist der aus Paris entsandte Präfekt; eingeschränkte Selbstverwaltung (wie jedes Departement) durch den direkt gewählten Generalrat (*conseil général*) und das Regionalparlament (*conseil régional*). In Paris wird Réunion durch sieben Abgeordnete und vier Senatoren repräsentiert.
Städte	Saint-Denis 153.810 EW, Saint-Paul 103.208 EW, Saint-Pierre 84.982 EW (2019)
Verwaltungsbezirke	24 Gemeinden, organisiert in vier Verwaltungsbezirken: Saint-Denis, Saint-Benoît, Saint-Pierre und Saint-Paul.
Währung	Euro
Wirtschaft	Zuckerrohr und Tourismus; Abhängigkeit von Subventionen aus dem Mutterland
Bruttoinlandsprodukt	20,4 Mrd. € (2021)
Arbeitslosenquote	18 % (2021)
Problematik	Niedrigere Löhne (fast 20 %) und höhere Preise (ca. 10 %) als im Mutterland; hohe Arbeitslosigkeit und schlechter Ausbildungsstand, deswegen „Import" von Facharbeitern aus Frankreich

I. LAND UND LEUTE

Frankreichs südlichster Landesteil

Eine Reise nach Réunion ist ganz zweifellos eine **Reise in die Tropen**, wo das Kreuz des Südens am Nachthimmel steht, wo exotische Pflanzen, Tiere und Gerüche vorherrschen, wo die Sonne scheint und der Indische Ozean gegen Lavaklippen, Korallenriffe oder sanfte Sandstrände brandet. Wer aus dem europäischen Winter auf diese Insel kommt und das Gebäude des Flughafens Roland Garros verlässt, spürt sofort die Hitze, muss in der Helligkeit blinzeln und weiß, dass er tief im Süden angelangt ist.

Französisches Departement

Aber schon der Flughafen selbst, später der Verkehr auf der autobahnähnlichen Verbindungsstraße und schließlich die erste größere Ortschaft führen den Besucher gefühlt wieder zurück nach Europa. Réunion ist nämlich nicht nur dem Namen nach ein französisches Departement, sondern wirklich **ein Teil Frankreichs**. Sprache, Kultur, Lebensart und Infrastruktur mit Schulen, Krankenhäusern, Bibliotheken, Einkaufszentren und Straßennamen sind französisch – trotz aller Unterschiede der Landschaft, trotz der multiethnischen Bevölkerung und trotz aller Exotik.

Rathaus, französische Flaggen, Siegessäule: Nur die Palmen weisen auf südlichere Breitengrade hin

Die Hauptstadt Saint-Denis oder der lebhafte Badeort Saint-Gilles-les-Bains sind kaum von den Provinzstädten an der südlichen Atlantikküste oder der Côte d'Azur zu unterscheiden: die gleichen Schaufensterauslagen, die gleichen Reklameaufschriften und Cafés, die Milchkaffee servieren. Auf den Straßen drängen sich die Kleinwagen der Firmen Peugeot, Renault und Citroën. In den Restaurants stehen Weinkaraffen, vom Markt und aus den Bäckereien werden Baguettes geholt, und im Schatten der Bäume gehen die Männer ihrem Lieblingsspiel nach, dem Boule …

Nachts, wenn man die außergewöhnliche Landschaft nicht mehr sieht, wecken die Neon-Reklamen in den Städten und die Euro-Zeichen an den Tankstellen erneut Erinnerungen an Frankreich. Der Turm einer Moschee, ein plötzlich auftauchender tamilischer Tempel oder kleine Holzhäuschen mit kreolischem Dekor werden dann als Außergewöhnlichkeit, als Ausnahme von der Regel wahrgenommen. Und die bunt gekleideten Menschen jeglicher Hautfarbe, die auf dem Markt einkaufen, könnten genauso auf einem Pariser Flohmarkt oder in bestimmten multiethnischen Stadtteilen Marseilles flanieren.

Mutterland Frankreich

Zwar waren es nicht die Franzosen, die Réunion entdeckt haben, und es ist auch nicht ihr Verdienst, dass die Insel französisch geblieben ist – für die Briten war sie zu uninteressant, um wie Mauritius und die Seychellen dem Empire eingegliedert zu werden. Seit den Anfängen der Besiedlung aber hat Frankreich Réunion seinen Stempel aufgedrückt und die Insel untrennbar mit dem Mutterland verknüpft; ob als „Île Bourbon" unter den Königen vor der Revolution sowie 1814–48, ob als „Île de la Réunion" ab 1792, ob als „Île Bonaparte" unter Napoleon oder wieder als „La Réunion" ab 1848 – immer spiegelte der Inselname die politische Herrschaft im Mutterland wider und machte die enge Bindung zwischen Frankreich und seiner Kolonie deutlich.

Seit 1946 ist die alte Kolonie – wie Guadeloupe, Französisch-Guayana, Martinique und neuerdings auch Mayotte (Komoren) – als **Überseedepartement** (DOM) fest in die Struktur der französischen Republik eingegliedert, und zwar nicht nur als Verwaltungsakt, sondern durchaus auch im Selbstverständnis der Einwohner. Loslösungsbestrebungen, die es freilich auch gegeben hat, spielen im politischen und im Alltagsleben keine Rolle mehr. Die meisten Bewohner von Réunion – egal welcher Hautfarbe – fühlen sich dennoch in erster Linie als Kreolen und erst dann auch als Franzosen und Europäer. Der südlichste Landesteil gehört aber deswegen nicht weniger zu Frankreich dazu.

„Insel mit den tausend Gesichtern"

Der Beiname von Réunion lautet „Insel mit den tausend Gesichtern", und er stimmt insofern, als die verschiedenen Landschaften und Bevölkerungsgruppen eine **außerordentliche Vielfalt** aufweisen und dem Departement ein unverwechselbares und einmaliges Kolorit geben. Das schließt notwendigerweise viele Unterschiede zum Mutterland ein, auch solche, die nicht auf die geographische Lage, das Klima oder die Vegetation zurückzuführen sind. Auf einige dieser Unterschiede würden die Einwohner von Réunion gerne verzichten – z. B. die höhere Arbeitslosenquote, das höhere Preisniveau und die geringeren Einkommen als in Frankreich.

Andere wiederum werden als Resultat einer eigenständigen Geschichte geschätzt: die kreolische Sprache, die Réunion mit anderen ehemaligen Kolonien Frankreichs (in der Karibik und im Indischen Ozean) gemeinsam hat. Die multikulturelle Gemeinschaft, die alle Bevölkerungsgruppen integriert und keinen Platz für Rassismus lässt. Und schließlich auch eine besondere **Lässigkeit und Freundlichkeit**, wie sie oft in tropischen Breiten, selten aber in gestressten Industriegesellschaften anzutreffen sind.

All diesen positiven wie negativen Unterschieden zum Trotz ist das vorherrschende Gesicht der „Insel mit den tausend Gesichtern" ein französisches, und das sollte dem Besucher bewusst sein. Grundlegende Französisch-Kenntnisse erleichtern vieles, aber auch ohne diese kann man die Insel gut bereisen. Ein paar Brocken Eng-

Blick vom Aussichtspunkt Pic Adam

lisch werden oft auch dort gesprochen, ansonsten wird schnell ein sprachgewandter Nachbar geholt oder man verständigt sich mit Händen und Füßen.

Gerade der Kontrast von exotischer Landschaft und europäischem Leben kann übrigens auch sehr reizvoll sein, abgesehen davon, dass die enge Bindung an Frankreich (und an die EU) für den Urlauber viele Vorteile mit sich bringt: eine gute Infrastruktur, nur wenig Armut, keine kulturell bedingten Barrieren, keine besonderen Gesundheitsrisiken etc. Aber auch, wer Europa entfliehen und das Außergewöhnliche erleben möchte, kommt auf seine Kosten. Neben der überwältigenden Landschaft und Natur gibt es auf Réunion nämlich noch einiges mehr zu entdecken: Man sieht in einer Pagode betende Gläubige, hinduistische Feuerläufer, verschleierte Muslime, feilschende Markthändler, farbenprächtige Prozessionen, Séga-Tänzer und afrikanische Sänger. Die Madagassen, Tamilen, Afrikaner, Inder, Chinesen, Araber und Angehörige anderer Volksgruppen auf der Insel haben sich oft noch einen großen Teil ihrer ursprünglichen Kultur und Lebensweise bewahrt.

Multikulturelle Gesellschaft

Mit anderen Worten: Man muss nicht unbedingt frankophil sein, um einem Besuch von Réunion die schönsten Seiten abzugewinnen. Die Wendung vom „südlichsten Landesteil Frankreichs“ kann eben auf zweierlei Weise gelesen werden: mit der Betonung auf „Frankreich“ oder auf „südlich“ …

Historischer Überblick

Von der Entdeckung der Maskarenen bis zur französischen Besetzung

Der flugunfähige Vogel Dodo wurde von den europäischen Seefahrern gejagt und schließlich ausgerottet

Réunion wurde erstmals im 10. Jh. auf den Karten arabischer Seefahrer verzeichnet. Aus europäischer Sicht wurde die Inselgruppe der Maskarenen, zu der neben Réunion auch Mauritius und Rodrigues gehören, zwischen 1507 und 1512 von dem portugiesischen Seefahrer Pedro Mascarenhas 'entdeckt'. Die ersten europäischen Seeleute, die jeweils nur kurz auf der Insel verweilten, haben in politischer und sozialer Hinsicht **kaum bleibende Spuren** hinterlassen. Im historischen Rückblick spielen sie deshalb nur insofern eine Rolle, als sie das Land auf ihren Karten verzeichneten, die réunionesische Flora und Fauna manipulierten und einige Tierarten ausrotteten (s. S. 32).

Réunion als französische Kolonie

Beginn der Kolonisation

Die Franzosen betraten Réunion erstmals zwischen 1638–1642, jedoch ohne die Insel zu besiedeln. In den folgenden Jahren wurde die sogenannte Île Bourbon immer wieder als Exil genutzt, außerdem wurden kleinere Gruppen von Madagassen hier ausgesetzt. **Die ersten Siedler**, eine Gruppe von Europäern und Madagassen, kamen 1663 von Fort-Dauphin (dem heutigen Tolagnaro) im Süden von Madagaskar. Ab 1665 begann dann die eigentliche Kolonisation im Westen der Insel und Saint-Paul wurde gegründet. Mit dem Beginn des Kaffeeanbaus zwischen 1715 und 1730 und dem schnell florierenden Export erlangte die Insel erstmals wirtschaftlichen Reichtum. Schon bald benötigte man weitere Arbeitskräfte, daher wurden **Sklaven** aus Madagaskar, Mosambik und dem Senegal auf die Insel gebracht.

Britische Herrschaft

Während der sogenannten Napoleonischen Kriege verlor Frankreich die Insel an die Briten. Diese hinterließen bleibende Spuren, obwohl sie Réunion nur von 1810–1814 beherrschten: Sie führten das bis heute ökonomisch wichtige **Zuckerrohr** ein. Kurz darauf – 1819 – wurde mit dem Anbau der zweiten wichtigen Nutzpflanze der Insel begonnen: Die **Vanille** gedieh ebenfalls sehr gut und brachte Réunion einigen Wohlstand.

Die dunkelste Zeit in der Geschichte Réunions war zweifellos jene, als im 19. Jahrhundert eine kleine, im Luxus lebende Schicht weißer **„Zuckerbarone“** über eine viel größere Anzahl verarmter kreolischer Bauern und eine überwältigende Mehrheit von rechtlosen Sklaven herrschte. Diese Epoche war für die Insel zwar eine der wirtschaftlich erfolgreichsten und aus ihr stammen die eindrucksvollsten Beispiele kolonialer und kreolischer Architektur und Kunst, sie war aber auch jene, in der weit mehr als die Hälfte der Bevölkerung wie Vieh gehalten wurde.

Zeit der Sklaverei

Der Unmut der verarmten Weißen entlud sich in grausamen **Massakern** gegen die noch ärmeren Sklaven. Arbeitsunfähige Sklaven ließ man einfach verhungern, schwarze Mädchen und Frauen wurden tausendfach misshandelt und missbraucht, Brandzeichen kennzeichneten Menschen als Eigentum. Selbst den abgebrühten Kolonialbeamten der Ostindien-Kompanie wurden die Grausamkeiten zu viel und ein Gesetzbuch sollte den schlimmsten Missständen abhelfen. Der **Code Noir** war schon 1685 unter Ludwig dem XIV. entstanden, galt bisher aber nur für einige andere Inseln in französischem Besitz. 1723 wurde er unter dem damals erst dreizehnjährigen Ludwig XV. in abgeänderter Form auch für Réunion eingeführt.

Der *Code Noir* schuf einen rechtlichen Rahmen für die Situation auf der Insel, brachte den Betroffenen allerdings keinerlei Verbesserungen. Das zeigt beispielsweise Artikel 33, der das Vorgehen bei Fluchtversuchen von Sklaven regelte: Beim ersten Mal wurde dem Flüchtigen ein Ohr abgeschnitten, beim zweiten Mal wurden die Sehnen in seinen Kniekehlen durchgetrennt, beim dritten Mal drohte die Todesstrafe …

Grausames Unrecht – streng nach Vorschrift

Für den einst lukrativen Anbau von Zuckerrohr wurden Tausende Menschen versklavt und misshandelt

1848 wurde die Insel – nach einigem Hin und Her – endgültig in „La Réunion" umbenannt. Im gleichen Jahr wurde die Sklaverei offiziell abgeschafft, was aber noch lange nicht das Ende der sozialen Ungerechtigkeiten bedeutete. Bis heute sind die Einkommen auf der Insel nicht annähernd gleich verteilt.

Wandel der Handelsrouten

Bis in die 1870er-Jahre hinein herrschte auf der Insel eine wirtschaftliche Blütezeit. Dabei war die strategisch gute Lage auf den Handelsrouten zwischen Europa, Indien und dem Fernen Osten von großer Bedeutung. Die Eröffnung des **Suez-Kanals**, der die Handelsrouten stark veränderte, sowie die Konkurrenz in der Karibik stürzten Réunion jedoch in eine **wirtschaftliche Krise**. Lange Zeit war Réunion nichts anderes als eine kleine, unbedeutende Kolonie am Rande des französischen Horizonts, die nichts abwarf und in die man nichts investierte. Es ist kein Zufall, dass viele der Réunionais, die als Soldaten am Ersten Weltkrieg teilnahmen, stark unterernährt waren.

Das Ende der Sklaverei

Am 27. April 1848 wurde in Paris offiziell die Abschaffung der Sklaverei beschlossen. Es dauerte jedoch, bis der Generalkommissar Sarda Garriga auf Réunion eintraf und auch auf der entlegenen Insel die Emanzipation der Sklaven für den 20. Dezember ankündigte. Auf einen Schlag wurden über 60.000 Sklaven, also mehr als die Hälfte der Inselbewohner, zu freien Bürgern. Seit diesem Jahr wird der 20. Dezember auf der Insel als großer Festtag gefeiert und ist seit 1981 ein offizieller Feiertag. An der **Fête des Cafres** oder auf Kreolisch *Fèt kaf* finden jährlich zahlreiche Konzerte und Veranstaltungen statt. In den Städten werden große Bühnen aufgebaut und die Konzerte – wie in Saint-Joseph am Festival *Les Nuits du Piton* – ziehen sich über mehrere Tage hin. In gläubigen Familien wird der Tag als *Servis Kabaré* zelebriert, und die ehemals versklavten Ahnen werden in kultischen Prozessionen und musikalisch untermalt im Maloya-Stil (s. S. 43) angebetet. In jedem Fall ist dieser Tag ein Erlebnis für alle Besucher der Insel!

Die Insel als französisches Überseedepartement

Zuwanderung

Seit der Departementalisierung 1946 verändert sich Réunion; die Lebenserwartung steigt, die Geburtenrate bleibt jedoch (bis heute) weiterhin hoch. Seit den 1960–70er-Jahren erlebt die Insel wieder einen rapiden **Bevölkerungszuwachs**; vermehrt noch seit den 1980er-Jahren, als die Flugtickets günstiger wurden. Bis 2018 ist die Bevölkerung auf 865.826 angestiegen, hauptsächlich durch Zuwanderung aus dem Mutterland; für die kommenden Jahrzehnte wird mit weiterem Zuwachs gerechnet.

Im Vergleich zu Mitteleuropa ist die Bevölkerung im Durchschnitt sehr jung. Alterungstendenzen, wie man sie aus Europa kennt, kommen nur langsam zum Vorschein.

Wirtschaftlichen Aufschwung erhofft man sich auf der Vulkaninsel auch vom Tourismus

Obwohl immer wieder eine mögliche Selbstständigkeit der Insel diskutiert wird, wurden noch nie ernsthafte Versuche in diese Richtung unternommen. Ganz im französischen Geist der Volksbewegung wird wegen der schlechten Löhne und der hohen Lebenshaltungskosten öfter gestreikt. In den letzten Jahren kam es leider auch gelegentlich zu Unruhen, in denen insbesondere junge Menschen ihren **Unmut über die wirtschaftliche Lage** und das soziale Ungleichgewicht auf der Insel ausdrückten, besonders stark fielen diese im Jahr 2012 aus. Ende 2018 erreichte dann auch die Bewegung der Gilets Jaunes („Gelbwesten") Réunion.

Soziale Spannungen

Ein erfreuliches Resultat der historischen Entwicklung auf der Insel ist aber, dass es trotz der Sklavenhaltung, trotz der blutigen Konkurrenz zwischen armen Weißen und freigelassenen Sklaven, trotz des Zuzugs verschiedenster ethnischer Gruppen – Europäer, Madagassen, Chinesen, Tamilen, Inder, Schwarzafrikaner usw. – keine brutalen Zusammenstöße oder gar Pogrome gegeben hat. Stattdessen konnte sich auf Réunion eine **multikulturelle Gesellschaft** etablieren, in der jeder akzeptiert wird.

Zeittafel

ca. 10. Jh.	Die Insel wird erstmals in den Karten arabischer Seefahrer verzeichnet.
1507–12	Die Portugiesen Da Cunha und Pedro Mascarenhas entdecken als erste Europäer die Insel.
1520	Die „Ilhas Mascarenhas“ sind auf portugiesischen Seekarten verzeichnet.
1613	Der englische Seeräuber Blackwell sucht auf Réunion Schutz und nennt die Insel „England's Forest“.
ab 1619	Die Holländer stoßen auf Réunion, allerdings ohne eine dauerhafte Besiedlung zu versuchen. Bei ihren sporadischen Besuchen rotten sie die heimischen Laufvögel (Dodos) und Elefantenschildkröten aus.
1649	Flacour, der französische Gouverneur von Madagaskar, annektiert die Insel und tauft sie „Île Bourbon“.
1663	Die von Colbert gegründete französische Ostindien-Kompanie erhält das Seefahrts- und Handelsmonopol für die Île Bourbon.
	Drei Schiffe der Ostindien-Kompanie bringen die ersten Siedler, der Hafenort Saint-Paul wird gegründet. Sklaven werden aus Madagaskar eingeführt.
1685	Piraten errichten auf der Île Bourbon ihren Stützpunkt; von den Franzosen zunächst geduldet, erhalten sie 1701 sogar das volle Bürgerrecht. Danach wird die Piraterie unter erheblichem Aufwand auch von Frankreich bekämpft.
1696	Die ersten heiratswilligen Frauen treffen aus Frankreich ein. Ab jetzt nimmt die Bevölkerung sprunghaft zu.
1713	Auf Réunion leben dauerhaft 1.170 Menschen.
1715	Kaffeepflanzen werden aus dem Jemen eingeschmuggelt und angebaut. Réunion wird zur französischen „Kaffeekolonie“.
1724	Unter Ludwig XV. tritt für die Île Bourbon das Gesetzbuch *Code Noir* in Kraft; es regelt den Umgang mit Sklaven, die darin Tieren und Möbeln gleichgestellt werden.
1730	Der berühmte Pirat La Buse wird gefangen genommen und gehängt.
1735–38	Gouverneur Mahé de La Bourdonnais, der sein Hauptquartier auf der Île Bourbon hat, lässt Saint-Denis mit repräsentativen und fortifikatorischen Einrichtungen zur neuen Hauptstadt ausbauen; schließlich verlegt er seine Residenz auf die Île de France (= Mauritius).
1742	Im Indischen Ozean bricht ein Handelskrieg zwischen Briten und Franzosen aus, der 21 Jahre andauert und die Île Bourbon wirtschaftlich schwer trifft.
1753	Auf der Hochebene vor dem Vulkan Piton de la Fournaise entsteht der Krater Formica Léo.
1763	Die französische Regierung kauft die Insel der Ostindien-Kompanie für 7.625.348 Pfund ab.
ab 1780	Nach dem Ende des Handelskrieges kommt es zu einer Einwanderungswelle.
1788	Auf Réunion leben inzwischen 46.000 Menschen, 80 % davon sind Sklaven.
1791	Auf dem Piton de la Fournaise bricht ein weiterer Krater, der Dolomieu, aus.
1793	Der 1789 gebildete Kolonialrat benennt die Île Bourbon aus Solidarität mit den Pariser Revolutionären in „Île de la Réunion“ (= Insel des Zusammenschlusses) um.
1796	Zwei französische Gesandte verkünden die Abschaffung der Sklaverei, müssen aber vor den empörten weißen Siedlern fliehen. In einem Protestschreiben an Paris formulieren die Sklavenhalter ihre Argumente für die Beibehaltung der Sklaverei.

1802	Napoléon Bonaparte erlässt das Gesetz zur Wiedereinführung der Sklaverei. Der Kolonialrat von Réunion beschließt die Umbenennung der Insel in „Île Bonaparte".
1806/07	Zwei verheerende Zyklone suchen die Île Bonaparte heim und fordern etliche Todesopfer. Fast alle Kaffeepflanzen werden vernichtet.
1810	In den Napoleonischen Kriegen nehmen die Briten die Insel ein.
1814	Im Frieden von Paris erhält Frankreich Réunion zurück und nennt es wieder „Île Bourbon".
1815	Nach dem Verlust der „Zuckerinsel" Mauritius und der Zerstörung der Kaffeeplantagen durch Zyklone verlegen sich die Franzosen auf den Anbau von Zuckerrohr.
	Die Insel hat 68.000 Bewohner.
1830	Der Zucker und inzwischen fast 200 Zuckerfabriken bringen der Île Bourbon eine neue wirtschaftliche Blüte auf der Basis der Sklaverei. Die Oberschicht der sogenannten Zuckerbarone entsteht, daneben aber auch eine breite Schicht verarmter weißer Bauern.
1841	Dem Sklaven Edmond Albius gelingt die künstliche Befruchtung der Vanille. 1848 kann die erste Ladung von etwa 50 kg nach Frankreich exportiert werden.
1848	Unter Gouverneur Sarda Garriga macht die Abschaffung der Sklaverei etwa 60.000 Sklaven (mehr als 60 % der Bevölkerung) zu freien Menschen. Viele davon werden in der expandierenden Zuckerindustrie als Arbeiter eingestellt.
	Im Zeichen der bürgerlichen Revolution in Frankreich erhält die Insel ihren Namen „Île de la Réunion" zurück.
1860	Mit dem Export von 75.000 t Zucker erlebt Réunion einen wirtschaftlichen Höhepunkt. Der enorme Bedarf an Arbeitskräften holt indische Vertragsarbeiter ins Land.
	Mit dem konjunkturellen Aufschwung wird eine bessere Infrastruktur nötig. Für Straßen- und Brückenarbeiten holt man bis zum Ausgang des Jahrhunderts etliche Vertragsarbeiter aus der chinesischen Provinz Kanton.
1865	Durch etwa 74.000 Immigranten allein in diesem Jahr übersteigt die Population erstmalig 200.000 Einwohner.
1869	Die Eröffnung des Suezkanals bringt die Maskarenen in eine ungünstige Randlage. Durch die europäische Rübenzuckerproduktion und die karibische Konkurrenz rutscht die Wirtschaft des Landes in eine tiefe Krise.
1880–90	Trotz der Einwanderung einer größeren Zahl indischer Muslime *(Z'arabes)* nimmt die Bevölkerung infolge des wirtschaftlichen Niedergangs ab. Mit der Rekolonisation Madagaskars (ab 1885) ist in geographischer Nähe eine neue Quelle für Arbeitskräfte geschaffen worden.
1897	Die Population ist auf 173.000 zurückgegangen.
um 1900	Die Produktion von Rosengeranium beginnt. Mit 200 t erreicht der Vanille-Export eine Rekordmarke.
1914	Nach Ausbruch des Ersten Weltkrieges ziehen auch über 14.000 Réunionesen auf die französischen Schlachtfelder.
1920	Trotz anhaltender wirtschaftlicher Misere steigt die Bevölkerungszahl wieder an und erreicht den Stand von 1865.
1939	Der Ausbruch des Zweiten Weltkrieges trifft Réunion zwar nicht militärisch, durch die Seeblockade muss es aber weitere wirtschaftliche Einbußen hinnehmen.
1946	Mit den anderen Kolonien Guadeloupe, Französisch-Guayana und Martinique wird Réunion als Überseedepartement von Frankreich integriert. Die Insel hat nun 241.000 Einwohner.
1948	Ein heftiger Zyklon verwüstet die Insel und fordert 178 Todesopfer.
1959	Staatschef General Charles de Gaulle besucht Réunion und setzt sich für eine Anhebung des dortigen Lebensstandards ein.
1963	Zum ersten Mal vertritt ein Abgeordneter die Insel in der Pariser Nationalversammlung.

1976	Der teure Bau der Autobahn zwischen Saint-Denis und Le Port beginnt; er ist Ausdruck des französischen Bestrebens, in die Infrastruktur und Wirtschaft des Überseedepartements zu investieren. Die vierspurige Straße ist zu diesem Zeitpunkt die teuerste der Welt.
1980	Der Zyklon Hyacinthe richtet drei Wochen lang schwere Verwüstungen an und fordert Tote und Verletzte.
1985	Die ständig wachsende Bedeutung des Fremdenverkehrs belegt die Zahl von 80.000 Besuchern aus Frankreich und dem Ausland.
1986	Nach 1967 und 1977 wird der Südosten wieder von größeren Lavaausflüssen betroffen, die am Pointe de la Table eine neue Küste formen.
1987	Der Zyklon Clotilda verheert die Insel, spült Strände fort, macht die Autobahn unpassierbar und fordert sieben Todesopfer.
1989	Papst Johannes Paul II. besucht unter großer Anteilnahme der Bevölkerung Réunion.
1998	Sechsmonatiger Ausbruch des Piton de la Fournaise.
2002	Wegen der Zeitdifferenz ist Réunion der erste Landesteil innerhalb der EU, in dem der Euro eingeführt wird. Erneute Eruption des Piton de la Fournaise.
2005	Im Februar wiederum ein spektakulärer Ausbruch des Vulkans, bei dem auf der Höhe von Le Grand Brûlé die Lavaströme die RN2 überqueren und bis zum Meer gelangen.
2005–06	Von Ende 2005 bis Ende 2006 wird Réunion von einer schweren Chikungunya-Epidemie heimgesucht. Nach Angaben der Behörden werden 266.000 Personen und damit etwa ein Drittel der Bevölkerung infiziert.
2007	Erneuter Ausbruch des Vulkans, bei dem der Hauptkrater einbricht und sich um 300 m absenkt.
	Der Zyklon Gamede streift die Insel nur, hinterlässt aber trotzdem Schäden. Innerhalb von vier Tagen fallen 4.869 mm Niederschlag an der Wetterstation am Cratère Commerson – ein neuer Regenweltrekord für die 96-Stunden-Zeitspanne.
	Der Nationalpark Réunion wird gegründet.
2009	Die vierspurige Autoschnellstraße Route des Tamarins zwischen Saint-Paul und L'Étang-Salé wird eröffnet.
2010	Der Nationalpark Réunion wird zum UNESCO-Welterbe ernannt.
2012	Die hohe Arbeitslosigkeit und die überhöhten Lebenshaltungskosten auf der Insel sorgen für Unruhen. Immer wieder kommt es, besonders im Stadtteil Le Chaudron von Saint-Denis, zu Straßenschlachten.
2014	Die Bauarbeiten der Nouvelle Route du Littoral zwischen Saint-Denis und La Possession beginnen.
2016–22	Es kommt zu mehreren kleineren Ausbrüchen des Vulkans Piton de la Fournaise. Die Lavaströme erreichen jedoch nicht die Küste.
2018	Im November und Dezember machen Réunionesen im Rahmen der Gilets-Jaune-Bewegung auf die sozialen Missstände aufmerksam. Durch Straßenblockaden wird das öffentliche Leben tagelang lahmgelegt; Schulen und Geschäfte bleiben geschlossen, der Hafen ist blockiert.
2019	Eröffnung des neuen Weinkellers der Winzergemeinschaft Chai de Ciloas.
2022	Eröffnung der Seilbahn in Saint-Denis. Teileröffnung der Nouvelle Route du Littoral. Open Surf Réunion in Saint-Leu, der erste internationale Surfwettbewerb seit 17 Jahren.

Wirtschaftlicher Überblick

Das Überseedepartement Réunion ist abhängig von finanziellen Hilfen aus seinem Mutterland Frankreich. Gleichzeitig profitiert es auch von Subventionen der Europäischen Union im Rahmen der regionalen Strukturförderung, wie kleine Schilder an Brücken oder Straßen verraten. Insgesamt jedoch ist die wirtschaftliche Situation der Insel schwierig, da sie es nicht geschafft hat, eine diversifizierte, exportorientierte Wirtschaft aufzubauen. Der Import übersteigt den Export um ein Vielfaches, d. h. es werden viel mehr Waren aus dem Ausland bzw. aus dem Mutterland eingeführt als heimische Produkte verkauft.

Die meisten Arbeitsplätze bietet, genau wie in Europa, der **Dienstleistungssektor**, in dem knapp 90 % der Beschäftigten arbeiten. Dagegen spielen Landwirtschaft und Fischerei mit etwas mehr als 1 % eine vergleichsweise geringe Rolle. Das Bruttoinlandsprodukt steigt zwar kontinuierlich an, aber die Löhne und die lokale Kaufkraft sind noch immer weitaus niedriger als in Frankreich und entsprechen nur etwa 60 % des EU-Durchschnitts. Die Arbeitslosenrate schwankte lange zwischen 20 und 30 %, seit wenigen Jahren ist ein leichter Abwärtstrend zu verzeichnen (2021: 18 %). Vor allem Jugendliche unter 25 Jahren haben Probleme, Arbeit zu finden. Obwohl der Straßen- und Wohnungsbausektor sowie der Gesundheits- und Bildungsbereich auf der Insel boomen, bieten sie nicht genügend – oder die falschen – Arbeitsplätze für die lokale Bevölkerung.

Hohe Arbeitslosigkeit

Landwirtschaft und Fischerei

Noch immer ist die Landwirtschaft wie auch das Landschaftsbild der Insel vom **Zuckerrohranbau** geprägt. Auf etwas über 230 km² Fläche sind mehr als 13.800 Menschen direkt oder indirekt (z. B. Transport, Rumherstellung) in diesem Sektor beschäftigt. Die jährliche Produktion liegt bei etwa 2 Mio. Tonnen! Der Anbau wird von der EU subventioniert. Da diese Gelder jedoch nicht ausreichen, kommen aus Paris noch weitere Zuschläge, um den Zuckerrohranbau auf der Insel zu stützen. Frankreich profitiert davon in zweierlei Hinsicht; zum einen kommen die Subventionen wieder anderen französischen Unternehmen auf der Insel zugute; zum anderen ist es für den französischen Staat günstiger, den Zuckerrohranbau zu subventionieren, als arbeitslosen Arbeitern aus der Zuckerproduktion Arbeitslosengeld oder auf lange Sicht Sozialhilfe zu bezahlen. Der Flächenrückgang der Zuckerrohrproduktion geht hauptsächlich vom steigenden Siedlungsdruck aus.

EU-Subventionen

Die modernisierte Zuckerindustrie der Insel konzentriert sich um die zwei verbliebenen Zuckerfabriken Bois Rouge im Norden und La Sucrerie du Gol im Süden. Mit durchschnittlich etwa 200.000 Tonnen Jahresproduktion liegt sie unter dem europäischen Durchschnitt. Der Zucker ist das Hauptexportgut Réunions. In den letzten zehn Jahren ist jedoch der lokale Anbau von Obst und insbesondere Gemüse gestiegen und trägt zum erhöhten Selbstversorgungsgrad auf der Insel bei.

Zuckerrohrplantage vor dem leuchtenden Blau des Ozeans

Die Fischerei auf Réunion ist seit zwei Jahrzehnten im Aufschwung. Die Fangzahlen haben sich seit 1993 verdoppelt. Leider ist heute der Anteil der **industriellen Fischerei** dominierend; diese ist hauptsächlich für die Überfischung der Ozeane verantwortlich. Die Fangzahlen der kleinen Fischer in Küstennähe und auf hoher See gehen stetig zurück.

Tourismus

Bis zum Ausbruch von COVID-19 und den damit einhergehenden massiven Beschränkungen für den internationalen Tourismus kamen jährlich knapp 550.000 Besucher auf die Insel. Inzwischen scheint Réunion sich wieder von der Pandemie zu erholen: Die neuesten Zahlen von 2022 sprechen von einem Tourismuswachstum um 10 % im Vergleich zu 2019! Die Hälfte der Reisenden ist auf Besuch bei Freunden oder Angehörigen, nimmt also kaum die touristische Infrastruktur in Anspruch und bringt nur wenig Geld auf die Insel. Hinderlich für die Entwicklung des Tourismus ist auch das im Vergleich zu den umliegenden Inseln hohe Preisniveau sowie die Sprachbarriere, da Englisch immer noch wenig verbreitet ist. Die touristische Infrastruktur beruht weitgehend auf **Klein- oder Familienbetrieben**. Die Wertschöpfungsketten sind kurz, was im Sinne des sanften Tourismus positiv zu sehen ist. Dafür mangelt es noch hier und da an Professionalität: Öffnungszeiten sind oft eher Richtwerte und gelegentlich steht nur die Hälfte der Gerichte auf der Speisekarte tatsächlich zur Auswahl.

Schwierigkeiten

Die Gründung des **Nationalparks Réunion** im Jahr 2007 und dessen Ernennung zum UNESCO-Welterbe im Jahr 2010 haben sich positiv auf den Tourismus ausgewirkt. Insbesondere Aktivurlauber, die auf ihren Reisen auch in abgelegene Orte in den Bergen vordringen und damit die Wirtschaft der kleinen Orte ankurbeln, werden davon angesprochen. Der Nationalpark Réunion schützt auf mehr als 1.000 km² etwa 42 % der Oberfläche der Insel.

Nachdem sich einige Jahre lang Haiattacken auf Surfer negativ auf den Badetourismus ausgewirkt haben, sind solche Angriffe dank stark verbesserter Sicherheitsvorkehrungen – u. a. Sensoren an den Surfbrettern – derzeit zum Glück kein großes Thema mehr. Warnhinweise sind allerdings nach wie vor unbedingt zu beachten (s. a. S. 68)!

Landschaftlicher Überblick

Geografie und Geologie

Vulkanischer Ursprung

Réunion liegt auf der Südhalbkugel, etwas nördlich vom Wendekreis des Steinbocks, und bildet zusammen mit Mauritius und der politisch dazugehörigen Insel Rodrigues die Inselgruppe der Maskarenen. Alle drei Inseln sind vulkanischen Ursprungs. Bei einem maximalen Durchmesser von 70 km hat Réunion eine Oberfläche von 2.500 km² und ist damit etwa so groß wie das Saarland. Die Struktur der Insel ist von **zwei Massiven** geprägt: dem aktiven Vulkan Piton de la Fournaise und dem erloschenen Vulkan Piton des Neiges. **Unzählige Flüsse** prägen das Landschaftsbild der Insel; drei davon aber ganz besonders: der Rivière des Galets, der Bras de Cilaos und der Rivière du Mât, die jeweils in einem der drei Talkessel

Kleine Vulkankessel oberhalb von Saint-Philippe

entspringen. Mit 35 km ist der Rivière du Mât der längste. Obwohl Réunion 207 km Küste hat, sind davon nur 40 km Strand.

Dominantes Vulkanmassiv

Das alte Bergmassiv mit dem erloschenen Vulkan **Piton des Neiges** (3.070 m), mit tiefen Canyons und vor allem mit den drei Calderen (frz. *cirques*) erhebt sich nahezu über die ganze Insel. Bei den Calderen handelt es sich um jeweils über 1.000 m hoch gelegene Talkessel, welche aus entleerten und eingebrochenen Magmenkammern des Vulkans hervorgegangen sind. Mit etwa 110 km² Fläche ist dabei der Cirque de Salazie der größte der Talkessel, ihm folgen der Cirque de Cilaos (etwa 100 km²) und der Cirque de Mafate (etwa 70 km²).

Im Südosten steigt der noch tätige Vulkan **Piton de la Fournaise** mit den Kratern Dolomieu und Bory derzeit auf 2.632 m an, was sich jedoch mit jeder Aktivität des Vulkans ändern kann.

Zwischen den beiden Massiven erstrecken sich **ausgedehnte Hochebenen**, die Plaine des Palmistes (1.100 m ü. d. M.) und die Plaine des Cafres (1.600 m), die von den Cirques im Westen und dem Vulkan im Osten durch etwa 2.000 m hohe Bergwände getrennt werden. Gebirgsmassive und Hochebenen werden von 350 meist kleineren Flüssen und Bächen eingeschnitten. Ihre z. T. sehr tiefen Schluchten und beeindruckenden Wasserfälle sind für das Landschaftsbild in gleichem Maße charakteristisch wie die gezackten Felsen. Durch die enormen Höhenlagen wird die Insel in eine wind- (und damit auch regen-)zugewandte (*côte au vent*) und eine vom Wind abgewandte Seite (*côte sous le vent*) unterteilt, was starke Auswirkungen auf Niederschläge und Mikroklimata hat. 40 % der Oberfläche werden von **Wäldern** bedeckt, die Réunion als tropische Regenwälder in den tieferen Lagen und Flusstälern oder als Laubwälder in den höheren Lagen ein immergrünes Kleid geben.

Zu Réunion gehören noch mehrere kleine, 500 bis 800 km entfernt liegende **Inselchen**, die als Naturschutzgebiete dem Tourismus nicht

Zahlreiche kleinere oder größere Wasserläufe prägen das Landschaftsbild der Insel

oder nur begrenzt offen stehen. Dazu gehören die östlich von Madagaskar gelegene Insel Tromelin, der Archipel der Îles Glorieuses sowie die Inseln Juan de Nova, Europa und Bassas da India zwischen Madagaskar und Mosambik.

Die insgesamt fast 400 km an **Nationalstraßen** erstrecken sich fast alle entlang der Küste; mit der N3 gibt es lediglich eine Verbindung durch das Inselinnere. Die Route des Tamarins wurde 2009 eröffnet und verläuft auf knapp 34 km zwischen Saint-Paul und L'Étang-Salé. Eine Umgehungsstraße für Grand Bois wurde 2010 fertiggestellt, die Eröffnung des ersten Teilstücks der Umgehungsstraße von Saint-Joseph erfolgte 2016.

Zwei Flughäfen

Der internationale **Flughafen**, an dem die großen Flieger aus Frankreich ankommen, liegt im Norden der Insel und ist nach dem réunionesischen Luftfahrtpionier Roland Garros (1888–1918) benannt. Seit 1999 verfügt die Insel über einen zweiten Flughafen: Pierrefonds im Süden der Insel fertigt v. a. Flüge nach Mauritius ab.

Kleine Insel, große Hürden – Transportwege (auf) der Insel

info

Der erste Hafen

Réunion verfügt über keinen natürlichen Hafen. Mit der sich entwickelnden Zuckerrohrindustrie wurde jedoch für den Export ein Hafen notwendig. Erste Ansätze wurden immer wieder von Zyklonen zerstört, sodass man sich letztendlich für die Lage an der windabgewandten Seite an der Mündung des Rivière des Galets entschied. Der Hafen dort wurde 1886 eröffnet und erst etwa hundert Jahre später von dem modernen Containerhafen in Le Port abgelöst.

Der Bau der Eisenbahn

Die Realisierung einer Eisenbahnlinie auf Réunion wurde 1877 beschlossen, um damit den günstigen Transport der Zuckerrohrernte auf der Insel zu garantieren. Da das besondere Terrain der Insel den Bau nicht gerade einfach gestaltete, konnte die Strecke erst fünf Jahre später eröffnet werden. Auf 126 km wurde Saint-Benoît über Le Port mit Saint-Pierre verbunden. Eine Besonderheit der réunionesischen Eisenbahn waren die Schienen, denn sie wurden im Abstand von nur einem Meter verlegt (in Frankreich waren es dagegen 1,44 m). Am einstigen Knotenpunkt La Grande Chaloupe, an dem sich die Strecken aus Norden und Süden einst kreuzten, befindet sich noch heute das kleine Bahnhofshäuschen, das seit 1998 unter Denkmalschutz steht. In früheren Zeiten diente es als Unterkunft für Eisenbahnarbeiter sowie als Unterstand für Reisende, die auf den Anschlusszug warteten. Der Tunnel, der früher Saint-Denis und La Possession unterhalb von La Montagne verband, war mit einer Länge von 10.500 m zu seiner Zeit einer der längsten und technisch fortgeschrittensten weltweit.

Auch zahlreiche Brücken waren einst spektakuläre Bauwerke und zählen heute zu den wichtigen Kulturdenkmälern der Insel; so etwa das Eisenbahn-Viadukt der Ravine des Colimaçons, das man von der alten Nationalstraße aus sehen kann. Aufgrund zahlreicher Unfälle und wiederholter Zyklonschäden wurden die Strecken nach und nach geschlossen, zuerst im Jahr 1957 die Strecke von Saint-Pierre bis Le Port, wenige Jahre später der Abschnitt von Saint-Denis bis Saint-Benoît (1963) und schließlich 1976 die Verbindung Saint-Denis – La Possession.

info

Viele Jahre lang hat der Verein Ti-Train („kleiner Zug") mit großem Engagement und viel Liebe Lokomotiven und einzelne Waggons sowie Gleise instand gehalten und Ausflüge zwischen La Grande Chaloupe und La Possession angeboten; leider wurden auch diese Nostalgiefahrten inzwischen eingestellt.

Die ersten großen Straßen

Bis ins 20. Jahrhundert hinein war das Straßennetz der Insel weitestgehend ungeteert; erst mit der Departementalisierung hat man begonnen, die Verkehrswege auszubauen. So wurden zunächst die Küstenstraßen N1a zwischen Saint-Denis und Saint-Pierre und N2 zwischen Saint-Denis und Saint-Benoît, dann die Verbindung N3 über die Hochebene asphaltiert. Später wurden immer mehr kleinere Straßen ausgebaut. Das Auto wurde für die Inselbewohner in zunehmendem Maße zum Statussymbol – eine Entwicklung, die bis heute anhält. Der öffentliche Verkehr ist den ärmeren Schichten vorbehalten, die Zahl der registrierten Pkw steigt immer weiter an. Dass das Parken außer in den Innenstädten und am Flughafen gratis ist, fördert diesen Trend weiterhin.

Die Route du Littoral

Die Route du Littoral wurde 1973–76 gebaut und verbindet auf etwas mehr als 12 km Saint-Denis mit der Westküste. Sie führt unterhalb von La Montagne direkt zwischen dem Ozean und hohen Felswänden entlang. Die Straße ist mit etwa 60.000 Tetrapoden gegen das raue Meer geschützt; von diesen gewaltigen Steinblöcken wiegen 2.250 mehr als 20 Tonnen. Seit 2008 halten zudem riesige Gitternetze den Steinschlag zurück; waren es vorher mehr als 120 Steinschläge pro Jahr, sind es heute „nur" noch etwa 25. Das Projekt erregte viel Aufsehen und machte seinerzeit als teuerste Straße der Welt Schlagzeilen.

Langfristig bewährt hat sich der Aufwand allerdings nicht; die Straße kann die immer weiter steigende Anzahl an Fahrzeugen heute nicht mehr tragen. Eine „schwimmende" Umgehungsstraße auf dem Ozean ist seit 2014 im Bau und soll mit einiger Verzögerung bis 2028 fertiggestellt werden. Auf Deichen und Brücken entsteht eine vergrößerte Fahrbahn außerhalb der Gefahrenzone. Davon ist eine Fahrbahn reserviert für den öffentlichen Verkehr, eine weitere für Fahrradfahrer. Das Budget für dieses Riesenprojekt betrug ursprünglich 1,6 Mrd. € – einen nicht unwesentlichen Teil finanziert die Europäische Union – und wurde inzwischen mehrfach überzogen. Trotz vieler Kritiker und erheblichen Widerstands unter den Réunionais hat die Inselbevölkerung das Vorhaben bewilligt. Ein erster, einspuriger Teil der Nouvelle Route du Littoral wurde im August 2022 für den Verkehr eröffnet.

Eine Autobahn verbindet Menschen – die Route des Tamarins

Die Route des Tamarins, benannt nach dem lokal vorkommenden Tamarindenbaum, ist eine 34 km lange, vierspurige Schnellstraße. Bis zur Eröffnung der Route des Tamarins war die alte Nationalstraße entlang der Küste ständig überlastet und es kam alltäglich zu Staus. Die Route des Tamarins verbindet als neue Nationalstraße 1 Saint-Paul und L'Étang-Salé.

Sie befindet sich nicht direkt an der Küste, sondern ein Stück weiter im Landesinneren, je nach Teilabschnitt zwischen 200 und 300 m ü. M. Nach dem Spatenstich im Jahr 2003 wurde die Straße 2009 feierlich eröffnet. Der Bau ging jedoch nicht ohne Kritik und Widerstände vonstatten. Über 50 Familien mussten umgesiedelt und entschädigt werden. Kritisiert wurde außerdem der fehlende Anschluss an das öffentliche Verkehrsnetz, so hätte man beispielsweise zugleich eine S-Bahnlinie bauen können, was aber unterblieb. Noch heute bedauern viele Inselbewohner dieses Versäumnis.

Eine besondere Herausforderung beim Bau der Straße war die Überwindung von 120 zum Teil tiefen Schluchten und Felsspalten, über 50 % der Baukosten waren diesem Aspekt geschuldet. Zudem müssen die Brücken und Straßen Windgeschwindigkeiten von bis zu 240 km/h aushalten können, da sie während der Regenzeit regelmäßig von den Zyklonen erreicht werden. Das Viadukt von Saint-Paul, eine S-förmige Rampe auf hohen Pfeilern, stellt den nördlichen Beginn der Route des Tamarins dar. Die Brücke Viaduc Trois Bassin ist mit ihren 374 m Länge und bis zu 50 m Höhe besonders eindrucksvoll, die 45 m hohen Stützpfeiler mussten 33 m tief im Boden verankert werden. Insgesamt hat die Route des Tamarins 1.125 Mrd. € gekostet; auf den Kilometer gerechnet sind das 34 Mio. €!

Die Route des Tamarins

Die Route des Tamarins wurde am 23. Juni 2009 feierlich und in Anwesenheit des damaligen Premierministers François Fillon eröffnet. Bereits einige Tage zuvor war die Straße im Rahmen verschiedener Feste für Fahrradfahrer freigegeben worden. Diese konnten für kurze Zeit den „Balkon des Westens“ nutzen, um bei fantastischem Ausblick sportlich aktiv zu sein. Diese Aktion stieß auf so viel Begeisterung in der Bevölkerung, dass nun einmal im Jahr eine „Route Libre“ organisiert wird, bei der die Route des Tamarins an einem Sonntag für den motorisierten Verkehr gesperrt wird.

Die Route des Tamarins gewann schnell große Bedeutung für die Bevölkerung und auch für den wirtschaftlichen Verkehr und Austausch zwischen dem Norden und dem Süden der Insel. In etwas mehr als einer Stunde kann man heute von Saint-Pierre nach Saint-Denis reisen, entsprechend hat sich mit der Eröffnung der Straße das Einzugsgebiet für Berufspendler nach Saint-Denis schlagartig vergrößert. Auch für die übrige Bevölkerung aus dem Süden ist der Westen in viel kürzerer Zeit zugänglich, was nicht ohne Einfluss auf ihr Freizeitverhalten blieb.

Klima und Reisezeit

Als tropische Insel zwischen dem Äquator und dem südlichen Wendekreis hat Réunion ein **feucht-warmes Klima**, das aber durch den Indischen Ozean und vor allem durch die gebirgige Oberflächenstruktur abgewandelt wird. An den westlich gelegenen Küsten (auf der windabgewandten Seite, *côte sous le vent*) klettern die Tagestemperaturen im Sommer (= dem europäischen Winter) auf durchschnittlich 30 °C und es ist auch im Südsommer sehr trocken. Im Osten der Insel (auf der dem Wind zugewandten Seite, *côte au vent*) sind die Niederschläge dagegen viel intensiver.

Allgemein unterscheidet man die kühlere und trockenere Jahreszeit, den **Südwinter** (Mai bis Oktober), von der wärmeren und feuchteren (Regen-)Zeit, dem **Südsommer** (November bis April). Die berüchtigten Zyklone suchen Réunion fast ausschließlich in letztgenannter Periode heim.

Für das Wetter eines bestimmten Ortes auf der Insel sind aber neben diesen jahreszeitlichen Bedingungen auch die Stellung zu den ganzjährig wehenden Passatwinden und besonders die jeweilige **Höhenlage** relevant. An der Westküste, z. B. in Saint-Gilles-les-Bains, scheint oft die Sonne, im Februar ist es durchschnittlich 28 °C und im August 22 °C warm, die Niederschlagsmengen liegen mit jährlich 720 mm unter bundesdeutschem Durchschnitt. Auf der Ostflanke der Berge dagegen ist der Himmel meist wolkenverhangen oder neblig. Hier sind in 1.300 m Höhe die Temperaturen etwa 8 Grad niedriger und es fällt mit 8.000 mm deutlich mehr

Regenreicher Osten

Blauer Himmel über La Nouvelle im Cirque de Mafate

Saint-Denis – Flughafen Roland Garros												
	Jan	Feb	Mär	Apr	Mai	Jun	Jul	Aug	Sep	Okt	Nov	Dez
Ø Temperatur max. (°C)	30	30	30	29	28	26	25	25	26	27	28	29
Ø Temperatur min. (°C)	23	24	23	22	20	19	18	18	18	20	21	22
Ø Niederschlag (mm)	279	351	233	154	98	77	58	58	50	43	70	189
Westküste – Pointe des Trois Bassins												
	Jan	Feb	Mär	Apr	Mai	Jun	Jul	Aug	Sep	Okt	Nov	Dez
Ø Temperatur max. (°C)	31	31	30	30	28	26	26	26	26	27	29	30
Ø Temperatur min. (°C)	25	25	24	23	21	20	19	19	19	20	22	23
Ø Niederschlag (mm)	94	94	76	42	25	13	9	7	5	6	11	55
Cilaos												
	Jan	Feb	Mär	Apr	Mai	Jun	Jul	Aug	Sep	Okt	Nov	Dez
Ø Temperatur max. (°C)	25	25	25	24	22	20	19	19	20	22	23	24
Ø Temperatur min. (°C)	15	16	15	13	11	8	7	7	8	10	11	13
Ø Niederschlag (mm)	380	600	395	116	65	54	43	44	34	30	55	128

Regen als auf der Westseite. Einige Regionen der Insel zählen zu den regenreichsten der Welt!

Im südlichen Winter fallen die Temperaturen in den Bergen nachts oft unter den Gefrierpunkt, die Frostgrenze liegt dann bei etwa 1.500 m ü. M. Auf den höchsten Gipfeln kann auch Schnee fallen, der aber tagsüber regelmäßig wieder abschmilzt.

Was bedeutet dies alles für den Besucher der Insel? Wer Regen und tropische Hitze scheut, sollte den **milden Winter** als Reisezeit wählen, also die Zeit zwischen Mai und Oktober. Zwar muss man auch dann in den Bergen mit Nebel und Schauern rechnen, hat aber durchschnittlich größere Chancen, auch noch um die Mittagszeit die Gipfel ohne Wolkenumhüllung zu erleben. An der Küste ist es in dieser Zeit warm, aber nicht unangenehm heiß. Für die Abende sollte man nicht nur in den Bergen Socken und Pullover einpacken. Im Südwinter ist zu beachten, dass der August die Hauptreisezeit der französischen Besucher ist; die Ferienquartiere können dann völlig ausgebucht sein.

Auch der **Beginn des Sommers**, von November bis Mitte Dezember, ist sehr schön. Zu dieser Zeit blühen die Jacarandas (Palisanderholzbäume) und Flamboyants (Flammenbäume), und die Mangos und Litschis sind reif. Auch wenn Réunion

Farbenpracht im Südwinter

im Südwinter vor allem grün ist, gewinnt die Insel zu dieser Zeit mit jedem Niederschlag an Farbintensität, gleichzeitig kann man jedoch mit ein bisschen Glück einige Tage mit sehr gutem Wetter haben. Die Niederschläge erreichen ihren Höhepunkt erst ab Anfang Januar und bleiben bis zum März auf ähnlichem Niveau. Während dieser Zeit gibt es auch die meisten Mücken. Trotz dieser etwas ungünstigen Prognosen gehört die Zeit von Mitte Dezember bis Mitte Januar zur **Hochsaison** (Weihnachtsferien!). Wer dem Trubel entgehen will, sollte also die Festtage genauso meiden wie den August.

Flora und Fauna

Folgen europäischer Seefahrt

Schon durch die Ankunft der **ersten Portugiesen und Holländer** wurde der ursprünglichen Flora und Fauna Réunions Schaden zugefügt. Die Schweine, Schafe und Ziegen, die man als lebenden Proviant zurückließ, dezimierten durch Viehverbiss die jungen Pflanzentriebe und räuberten die Nester der Laufvögel aus. Ähnliches geschah durch Ratten und Hunde, die mit den Seefahrern auf die Insel kamen. Außerdem musste die einheimische Tierwelt herhalten, um die Kochtöpfe der Holländer bei der Weiterfahrt zu füllen – betroffen waren davon vor allem die flugunfähigen Vögel (Solitäre, Dodos), die gänzlich ausgerottet wurden, sowie Papageien und Elefantenschildkröten.

Der Tier- und Artenreichtum auf der Insel war ohnehin nie besonders groß gewesen. Da die landschaftliche Struktur Réunions auf engstem Raum völlig unterschiedliche topografische und klimatische Zonen vereinigt, fehlten an Land größere Reviere, die für den Fortbestand einer Art notwendig sind (demgegenüber zeichnet sich die Unterwasserwelt durch einen enormen Reichtum an Fischen, Krebsen, Korallen usw. aus). Für den Wanderer hat dies allerdings den Vorteil, dass man selbst im Dschungel keine Angst vor gefährlichen Tieren haben muss.

Paradies für Ornithologen

Die Tierwelt wird heute dominiert von **Vögeln und Insekten**, unter denen einige Arten endemisch sind, d. h. nur auf Réunion vorkommen. Das gilt beispielsweise für den *tec-tec* (Réunionschwarzkehlchen), einen spatzenähnlichen, rot-weiß-schwarz gefiederten Vogel, dessen eigentümlicher Ruf ihm seinen lautmalerischen Namen gegeben hat. Von ähnlicher Größe ist der *cardinal* (Madagaskarweber), der sich durch sein leuchtend rotes Federkleid auszeichnet und aus Madagaskar stammt. Die Insel ist auch Winterquartier unzähliger Zugvögel, die aus den südpolaren Gegenden hierhin kommen. An der Küste leben der Albatros und der Weißschwanz-Tropikvogel (*paille-en-queue*), den man am Himmel besonders gut an seinem langen Schwanz erkennen kann. Der bekannteste Vogel der Insel ist jedoch der ausgestorbene Dodo, mit dem heute noch das lokale Inselbier beworben wird.

Unter den Kleintieren ist die etwa 10–15 cm große **Seidenspinne** (*nephila inaurata*) am auffälligsten, die u. a. auch auf den Seychellen ihre riesigen Netze spinnt. Auch wenn sie wegen ihrer Größe und besonderen Erscheinung schon manchen Wanderer erschreckt hat, ist sie vollkommen harmlos. Eines der wenigen Säugetiere der Insel ist der **Große Tenrek** (*tangue*), der einst von Madagaskar eingeführt wurde. Das kleine, igelähnliche Tier findet man manchmal im Wald. Es hat ein stachelähnliches, borstiges Fell in gelb- bis rotbrauner Farbe.

Der Große Tenrek erinnert an einen Igel

Die **Reptilien** werden durch zwei seltene (und ungefährliche) Schlangenarten, durch ebenfalls seltene Eidechsen, Geckos und Chamäleons repräsentiert. Letztgenannte besitzen ein außerordentlich farbenprächtiges Aussehen und werden wegen ihrer regungslosen Haltung auf Kreolisch *endormi* („Eingeschlafene") genannt. Die Halbfinger-Geckos, die auf Réunion *margouillat* genannt werden, haben auf der Insel Symbolcharakter. Man sieht sie eher auf Taschen oder Strandtüchern abgebildet als in natura. Dafür aber hört man sie; abends geben sie bei der Jagd auf Insekten laute Schnalzlaute von sich. Meeresschildkröten, deren Bestand um Réunion völlig eliminiert war, werden heute in der einzigen Aufzuchtstation Kelonia gehalten und für Besucher ausgestellt (s. S. 139).

Die **faszinierende Unterwasserwelt** mit ihren zahlreichen Tierarten ist ein Erlebnis für Schnorchler und Taucher (s. S. 75). Neben den Lagunen sind die Korallenriffe zwischen Boucan Canot und Pointe au Sel südlich von Saint-Leu sowie im Süden am Cap Homard vor Grand Bois bei Saint-Pierre beliebte Ausflugsziele unter Wasser. Zum Schutz der vielfältigen Unterwasserwelt der Insel wurde das Réserve Naturelle Marine de la Réunion eingerichtet. Das 35 km^2 große Schutzgebiet zieht sich über 40 km vom Cap La Houssaye bei Saint-Paul bis nach L'Étang-Salé les Bains. Es ist in drei verschiedene Zonen eingeteilt: In der roten Zone ist jeglicher Zugang verboten, in der hellblauen Zone darf man baden, schwimmen, schnorcheln, tauchen und fischen, in der blaugestreiften Zone sind insbesondere Großfischerei und Motorbootfahren reglementiert.

Neben Schalentieren, Korallen und Kleinfischen – wie dem Blaustreifen-Doktorfisch, dem Tannenzapfenfisch, dem Juwelen-Zackenbarsch oder dem Riesenhusar – wird das Meer auch von mehreren Großfischen und Tümmlern (*marsouins*) bevölkert, darunter Blaue und Schwarze Marline, Thunfische, Stachelmakrelen und Zackenbarsche. Vor der Insel tummeln sich auch einige Haie, wie Hammer-, Tiger- und Bullenhaie. Angriffe von Hammerhaien auf Menschen sind weltweit sehr selten; Tiger- und Bullenhaie werden allerdings als gefährlich eingestuft. In den geschützten Lagunen kann man jedoch gefahrlos schwimmen, auch die Sicherheit von Surfern wurde durch diverse Maßnahmen in den letzten Jahren stark verbessert. Warnhinweise sind gleichwohl nach wie vor unbedingt ernstzunehmen!

Weitaus artenreicher als die Fauna ist die réunionesische Flora, die viele botanisch interessierte Besucher anlockt. Etwa 40 % der Bodenfläche werden von ursprünglichen oder wiederaufgeforsteten **Regenwäldern** bedeckt. In den tieferen und feuchten Lagen dominieren tropische Edelhölzer, Palmen, Büsche und Stauden sowie etliche Baumfarne, die mit über zehn Metern eine ähnliche Höhe erreichen können wie auf Neuseeland. Verschiedene Baumarten haben sich den Lebensbedingungen auf der Insel angepasst und können selbst den häufigen Zyklonen standhalten.

Artenreiche Flora

In den höheren Lagen herrschen **farbenprächtige Laubbäume** und ausgedehnte Tamarindenwälder vor. Das Holz mit seiner rötlich-warmen Farbe wird gerne für Möbel verwendet. In den Höhen wächst auch eine nur hier heimische, sechs Meter hohe Bambusart (*calumets*), die nur einmal in 100 Jahren (dann aber umso herrlicher!) blüht. In der Küstenregion gibt es prächtige Palmenalleen. Fünf Palmenarten, darunter der Palmiste, sind endemisch. Den lila blühenden Palisanderholzbaum (*jacaranda*) kann man im November in den gemäßigten Höhen bewundern. Abgelöst wird seine Blüte Anfang Dezember bis Februar vom rot-leuchtenden Flammenbaum (*flamboyant*), der in Küstennähe fast überall auf der Insel zu finden ist.

Fünf endemische Palmenarten

Typisch für die Strände im Westen der Insel ist der Filao-Baum, also die Schachtelhalmblättrige Kasuarine. Die **Vacoa-Bäume**, die besonders in Saint-Philippe zu finden sind, gehören zur Familie der Schraubenbaumgewächse. Diese Bäume dienen häufig als Wind- und Erosionsschutz. Ihre Frucht *pinpin* ist nicht besonders geschmacksintensiv und wird nur selten in der kreolischen Küche verwendet. Der *ravenala madagascariensis*, der auch als „Baum der Reisenden“ (*arbre du voyageur*) bekannt ist, kommt ursprünglich von Madagaskar und hat palmenartige, zu Fächern

Zu den häufigsten Zierpflanzen auf Réunion gehören die Hortensie …

... und der Aronstab

angeordnete Blattstiele. Der Baum lagert im Stamm Wasser ein, daher kommt die Vorstellung, dass Reisende daran ihren Durst löschen können (s. S. 244).

Prachtvolle Blumen

Die edelste aller Blumen, **die Orchidee**, ist auf Réunion in über 100 verschiedenen Variationen von November bis Juni zu bewundern. Orchideen wachsen auf der gesamten Insel, sind aber in den Bergen besonders gut zu betrachten, da dort die Bäume – auf denen die Wurzeln der Orchideen liegen – nicht so hoch wachsen. Die freihängenden Wurzeln nehmen Wasser über die feuchte Luft auf. Daneben gibt es noch zahlreiche andere Blumen, die in Europa mit viel Liebe und Mühe gezüchtet werden, hier aber einfach wild am Wegesrand stehen. Am häufigsten sind die Fuchsien (rot), die Hortensien (blau, rosa oder weiß), die Kapuzinerkresse (gelb und orange) sowie der Aronstab (weiß). Besonders farbenprächtig sind die Gärten im Osten der Insel, in Sainte-Rose und Saint-Philippe. Man kann sie schon von der Straße aus bestaunen. Auch die Vanille, eine Kletterorchidee, rankt sich insbesondere an der Ostküste um andere Gewächse.

Obst und Gemüse

Die wohl **bekannteste Frucht** der Insel ist die Ananas Victoria mit ihrem gelben, saftigen und überaus süßen Fruchtfleisch. Sie wächst als bodennahe Rosette in stacheligen Blätterbüschen auf großen, in Reihen aufgegliederten Feldern. Avocados und Mangos dagegen wachsen an Bäumen und werden mit langen Stöcken geerntet; oft findet man aber auch essbare Früchte, die schon auf die Straße gefallen sind. Die zur Weihnachtszeit reifen, an Bäumen wachsenden Litschis erinnern mit ihrer roten Farbe an Christbaumkugeln. Durch ihre Größe beeindruckt die Jackfrucht; sie wird bis zu 20 kg schwer und hängt seitlich am Baumstamm. Weitere Früchte der Insel sind Papayas, Mispeln, Longan-Früchte und Kokosnüsse. Das kürbisartige Gemüse Chayote (*chouchou*) klettert an Rankhilfen hoch, überwuchert alles mit einem grünen Teppich und macht auch vor Stromleitungen oder Briefkästen nicht halt.

Gesellschaftlicher Überblick

Bevölkerung

Die Bevölkerung auf Réunion ist in ihrer Zusammensetzung aus **unterschiedlichen Ethnien** geprägt durch die lebhafte Geschichte der Insel. Es ist inspirierend, auf den Straßen von Saint-Denis und Saint-Pierre die Vielfalt an Menschen zu erleben, deren Wurzeln europäisch, schwarzafrikanisch, madagassisch, indisch oder chinesisch sind.

Bevölkerungswachstum

Die Bewohner der Insel sind im europäischen Vergleich **sehr jung**, etwa 33 % sind unter zwanzig Jahre alt, und im Gegensatz zum Mutterland wächst die Bevölkerung der Insel stark. Die Anzahl der Inselbewohner hat sich innerhalb der letzten gut 50 Jahre schon mehr als verdoppelt und es gibt Prognosen, nach denen die Millionengrenze im Jahr 2030 überschritten wird. Der Zuwachs basiert zum einen auf einer positiven Geburtenrate, d. h. es werden mehr Menschen geboren als sterben, zum anderen wandern immer mehr Menschen aus Frankreich und anderen Ländern ein.

Eine statistische Erfassung einzelner Ethnien gibt es nicht, da dies die französische Verfassung verbietet. Es gibt jedoch Schätzungen, nach denen etwa 45 % der Einwohner aus Verbindungen zwischen madagassischen und afrikanischen Sklaven mit Europäern aus der Kolonialzeit stammen. Bewohner indischer Herkunft stellen etwa ein Viertel der Bevölkerung, davon sind 24 % Malbars und 1 % Z'arabes. Chinesischer Herkunft sind lediglich 3 % der Bevölkerung. Weitere 25 % der Bevölkerung sind europäischer, meist französischer Herkunft, wobei die aktuellen Entwicklungen vermuten lassen, dass dieser Anteil stetig ansteigt.

Auf Réunion haben sich die verschiedenen Ethnien inzwischen stark vermischt. Unter **„Kreolen“** werden alle verstanden, die die Sprache Kreol (*Créole*) beherrschen – und das ist die überwiegende Mehrheit. Insofern kann „Kreole“ auch gleichbedeutend sein mit „Réunionese“. Will man die auf der Insel wohnenden Ethnien charakterisieren und ihrer Geschichte nachspüren, ergibt sich folgendes Bild:

Die Réunionais teilen eine lebhafte Geschichte

Die Afrikaner

Die afrikanische Bevölkerungsgruppe der Insel blickt auf eine leidvolle Vergangenheit in **Sklaverei** zurück. In ihren Heimatländern wurden die Menschen gejagt und gefangen genommen, dann unter schlimmsten sanitären Bedingungen wie Stapelware transportiert und auf Sklavenmärkten verkauft. Die afrikanischen Sklaven mussten auf den Zuckerrohrplantagen schuften, bis sie „unbrauchbar" wurden. Sie stammten aus zwei völlig verschiedenen Teilen des afrikanischen Kontinents: aus Madagaskar und Mosambik im Südosten und aus dem Senegal im Westen.

Leidvolle Vergangenheit

Die **Madagassen**, auf Kreol *malgaches* genannt, stellen die ältere und mit etwa 85.000 Menschen größere Gruppe ehemaliger Sklaven dar. Da Madagaskar bereits seit Beginn des zweiten Jahrtausends n. Chr. von wagemutigen südostasiatischen Seefahrern besiedelt wurde, haben sich auf dem großen Inselland malaiische und indonesische mit afrikanischen Wurzeln vermischt, was bis heute das Aussehen und die Kultur der Madagassen auch auf Réunion bestimmt.

Die Nachfahren der schwarzen **Sklaven aus Mosambik, dem Senegal und Somalia** werden auf Kreol als *cafres* bezeichnet. Mit mehr als 70.000 Menschen stellen sie einen relativ kleinen Teil der Gesamtpopulation, der aber kulturell von Bedeutung ist, da auf ihn wahrscheinlich die Séga und der Maloya (s. S. 43) zurückgehen. Die *malgaches* und die *cafres* leben heute sowohl in den Städten als auch auf dem Land; sie arbeiten wie die indischen *malbars* hauptsächlich in der Landwirtschaft (Zuckerrohranbau), als Kleinbauern oder in den landwirtschaftlichen und industriellen Fabriken.

Kulturelle Bedeutung

Die Inder

Der Zuzug indischer **Gastarbeiter** als *engagés* ist durch den Arbeitskräftemangel nach der Sklavenbefreiung zu erklären. Ihre Nachfahren machen heute auf Réunion

Farbenfroher Hindutempel in Saint-Leu

etwa 25 % der Bevölkerung aus. Aus unterschiedlichen Teilen Indiens (vor allem Madras und Kalkutta) eingewandert und zunächst nicht viel besser als Sklaven behandelt, blieben einige von ihnen ihrer tamilischen bzw. hinduistischen Religion treu, andere konvertierten zum römisch-katholischen Glauben.

Die Inder werden auf Kreol *tamoul* oder *malbar* genannt und leben vorwiegend noch als Arbeiter auf den Zuckerrohrplantagen, insbesondere im Norden um Saint-André. Eine weitere Gruppe westindischer Abstammung bilden jene **muslimischen Inder** (*z'arabes*), die in die Städte zogen und sich dort als Händler niederließen. Sie leben vor allem in Saint-Denis und Saint-Pierre, was man auch an den großen Moscheen erkennen kann; ihr Lebensstandard ist deutlich höher als der der anderen Inder oder der „Kleinen Weißen".

Die Weißen

Großer wirtschaftlicher Einfluss

Als **Gros Blancs**, also als die „großen" oder „fetten Weißen", werden Nachfahren der kontinental-französischen Großgrundbesitzer, der „Zuckerbarone" aus der Zeit des Kolonialismus, bezeichnet. Sie bilden nur einen kleinen Teil der Bevölkerung, haben aber nach wie vor wirtschaftlich und politisch überproportional viel Macht. Noch immer bewohnen viele von ihnen die prächtigen Kolonialvillen in der Nähe der Zuckerplantagen, noch immer besitzen sie einen Großteil des Bodens und beherrschen den lokalen Zuckermarkt. Mit dieser Ausnahmestellung geht eine erstarrt-konservative Haltung einher, wie sie in anderen Schichten kaum mehr vorkommt: Man hält sich für etwas Besseres und bleibt möglichst im engen Kreis der eigenen Gruppe. Ihren Namen erhielten die Gros Blancs von den ehemaligen Sklaven – übrigens nicht nur wegen ihrer Machtstellung, sondern auch wegen ihrer Statur, die den durchschnittlichen Sklaven deutlich überragte.

Demgegenüber sind die **Ti Blancs**, also die „kleinen Weißen", die Nachfahren jener verarmten Bauern, die mit den Zuckerbaronen und ihrer riesigen Anzahl von Sklaven nicht konkurrieren konnten. Die Einwanderer, die im 17./18. Jahrhundert meist aus der Bretagne nach Réunion gekommen waren, waren zwar selbst frei und besaßen einige schwarze Sklaven, sie befanden sich aber immer in wirtschaftlicher Abhängigkeit von den Großgrundbesitzern. Ihren Unmut über diese Misere ließen sie oft in brutaler Grausamkeit an den Sklaven aus. Nach der Abschaffung der Sklaverei, als sie auf dem Arbeitsmarkt mit den viel billigeren Freigelassenen und Vertragsarbeitern aus Indien und China konkurrieren mussten, hatten sie überhaupt keine Chance mehr und zogen sich in das unwegsame Inselinnere zurück. In den Cirques und auf dem Hochplateau fanden sie mit dem Anbau von Gemüse und Zierpflanzen ein bescheidenes Auskommen.

Heute macht diese immer noch einkommensschwache Schicht der „kleinen Weißen" etwa 100.000 Menschen aus. Auch sie haben ihren Namen u. a. nach ihrer Statur, die sich wohl durch enge Verwandtschaftsverhältnisse und karge Lebensbedingungen über Generationen hinweg gebildet hat.

Immer mehr **Franzosen aus dem Mutterland**, die als Facharbeiter, Verwaltungsbeamte, Spezialisten oder Arbeitslose nach Réunion kommen und oft nur für

Das unwegsame Inselinnere war einst der Rückzugsort der Sklaven

eine begrenzte Zeit bleiben, prägen das Bevölkerungsbild der Insel. Besonders im Gesundheitsbereich und Bildungssektor arbeiten viele sogenannte *métros*, da in diesen Bereichen die Ausbildung auf Réunion selbst lange nicht möglich war, was einen Fachkräftemangel zur Folge hatte.

Französische „Gastarbeiter"

Es herrscht also ein ständiges Kommen und Gehen auf der Insel; viele der *métros* kommen für wenige Jahre, um die Insel und ihre Umgebung zu genießen. Auf Kreol nennt man diese Franzosen *zoreil* („die Ohren"), eine Bezeichnung, für die es unterschiedliche Erklärungen gibt: Manche führen sie darauf zurück, dass man die Zugereisten leicht an den Sonnenbränden auf ihren Ohren erkennen könne, andere meinen, der Name stamme daher, dass die Weißen das Kreol der Einheimischen nicht verstehen und deshalb ihr „*Comment, je ne comprends pas*" mit der typischen Handbewegung ans Ohr verdeutlichen. Eine wesentlich düsterere Erklärung lautet, dass *zoreil* die Bezeichnung für Sklavenjäger war, die ein Ohr des Gefangenen als Beweis für den „Erfolg" ihres Treibens bringen mussten.

Die Chinesen

Eine vergleichsweise kleine Bevölkerungsgruppe sind die 20.000 *chinois*, also Réunionesen aus Malaysia oder der Region Kanton. Sie kamen wie die Inder in der zweiten Hälfte des 19. Jahrhunderts als Vertragsarbeiter nach Réunion, wo sie bei der Erschließung der Insel durch Straßen, Brücken und Tunnel halfen. Heute sind sie meist selbstständige **Kleinunternehmer**; ihnen gehören der überwiegende Teil der Läden, Supermärkte und Lebensmittelgeschäfte sowie etliche Restaurants. Sie leben hauptsächlich in den größeren Orten und sind wirtschaftlich sehr erfolgreich.

Die Komorer

Die Komorer oder *mahorais* (von Mayotte) stellen einen sehr kleinen Teil der Bevölkerung, der jedoch – insbesondere seit der Departementalisierung Mayottes im Jahr 2011 (s. S. 280) – stetig ansteigt. Die Frauen sind oft an einer gelblichen Paste im Gesicht zu erkennen, die sie zum Schutz gegen die Sonne bzw. als Schönheitsmaske auftragen. Sie bilden eine recht geschlossene Gesellschaft und sind dementsprechend schlecht integriert.

Die religiöse Vielfalt

So vielfältig die Ursprünge der Bewohner der Insel sind, so vielfältig ist auch ihr Glaube. Verschiedene Gotteshäuser stehen hier direkt nebeneinander und der Ruf des Muezzins wird schon mal vom Klang der Kirchenglocken begleitet.

Heilige Stätte des Saint Expédit

Mit der Kolonisierung kamen die katholischen Bretonen auf die Insel. Sie ließen Gotteshäuser bauen und versuchten, ihre Sklaven zum „richtigen" Glauben zu bekehren. Noch heute sind die **katholischen Inselbewohner** sehr gläubig; zu ihnen gehört über die Hälfte der Gläubigen. In jedem noch so kleinen Dorf steht eine Kapelle, selbst am Rande von Wanderwegen sind Freiluftkapellen eingerichtet. Überall auf der Insel fallen an Straßenecken oder in Kurven die mit Blumen geschmückten roten Altäre des **Saint Expédit** auf. Sie wurden seit 1930 auf der Insel errichtet und 1997 kam eine offizielle Zählung auf 340 dieser Stätten! Regelmäßig legen Gläubige hier Blumen nieder oder stellen Kerzen auf. Expédit soll ein römischer Zenturio in Armenien gewesen sein, der zum Christentum konvertierte und 303 zum Märtyrer wurde. Seine Existenz wird jedoch bis heute angezweifelt.

Religiöse Inbrunst

Gerüchten zufolge soll der Kult um den angeblichen Heiligen aus einem Missverständnis heraus entstanden sein: Zu Beginn des 20. Jahrhunderts hatte man auf Réunion eine Heiligenstatue aus Rom bestellt. Als diese auf der Insel ankam, wusste jedoch niemand, um welchen Heiligen es sich eigentlich handelte. Da das Paket mit der Aufschrift *„e spedito"* („verschickt am") samt Datum versehen war, hielt man dies für den Namen des Heiligen. Die gläubigen Réunionesen hindern diese Unklarheiten jedoch nicht an der Verehrung Saint Expédits, die sie mit großer Leidenschaft betreiben. Eine gewisse Heimlichkeit ist jedoch auch dabei, sodass sich die Zahl der Verehrer nur anhand der stets frischen Blumen erahnen lässt.

Heiligenverehrung

Der **Hinduismus** kam mit den indischen Arbeitern, den *engagés*, auf die Insel. Die Tamilen und *malbars* errichteten farbenfrohe Tempel auf der Insel und feiern hier ihre eindrücklichen Feste. Die *z'arabes* hingegen praktizieren auf der Insel den **Islam**. In fast jeder Stadt gibt es eine Moschee. Wie andernorts auch, kommen die gläubigen Muslime fünfmal am Tag zum Gebet, und sie beachten die Regeln des Fastenmonats Ramadan. Von den chinesischen Gastarbeitern haben sich zu Beginn viele unter Anpassungsdruck zum Christentum bekannt. Erst später entstanden auf der Insel einige wenige **Pagoden**, die größtenteils für Touristen unzugänglich sind. Auch eine kleine jüdische Minderheit gibt es auf Réunion.

Die kreolische Sprache als Identitätsmerkmal

Als „Kreol" werden allgemein Sprachen in ehemals kolonialisierten Ländern bezeichnet, die aus einer **Mischung verschiedener Sprachen** entstanden sind, um die Kommunikation zwischen Sklaven und Kolonialherren sowie zwischen Sklaven verschiedener Herkunft möglich zu machen. Weltweit gibt es mehrere Formen der kreolischen Sprache. So basiert beispielsweise das Kreol der Kapverden auf dem Portugiesischen, das von Jamaika dagegen auf dem Englischen. Obwohl auch das Kreol von Martinique – einem weiteren französischen Überseedepartement – auf dem Französischen beruht, kann sich ein Réunionese längst nicht mit einem Bewohner von Martinique auf Kreol verständigen. Sogar auf Réunion selbst gibt es noch verschiedene Ausprägungen des Kreolischen, sodass ein Bewohner des Nordens der Insel beispielsweise nicht alle Wörter eines Einwohners von Cilaos kennt.

Chamäleons werden auf Kreol „Eingeschlafene“ genannt

Amtssprache Französisch

Französisch ist die offizielle Sprache auf Réunion; die Administration, der Großteil der Medien sowie der Bildungssektor basieren darauf. Das melodische Kreol war zunächst eine rein gesprochene Sprache, die Verschriftlichung ist erst sehr viel später entstanden. Die Sprache wurde angereichert durch Elemente des Madagassischen, des Portugiesischen und des Tamilischen; vereinzelt sind auch Hindu-Formen zu finden. Aus pragmatischen Gründen ist die **Grammatik** des réunionesischen Kreol stark vereinfacht. Beispielsweise wurde der selbst für Franzosen manchmal schwer verständliche *subjonctif* gar nicht erst übernommen. Viele Ausdrücke basieren auf **bildhaften Umschreibungen**, so heißt das Chamäleon, das in seiner starren Haltung einen schlafenden Eindruck macht, „*endormi*“, was auf Deutsch „eingeschlafen“ bedeutet. „Spazierengehen“ heißt auf Kreol „*bat-karé*“, was aus dem französischen „*batt'un carré*“ hergeleitet ist und so viel heißt wie „durch die Felder streifen“.

Förderung des Kreol

Das Kreol wurde lange als „dreckige“ Sprache gesehen, da es vermehrt von den unterprivilegierten, bildungsfernen Schichten gesprochen wurde. Erst Ende der 1990er-Jahre wurde der kulturelle Wert der regionalen Sprache anerkannt und der Gebrauch des Kreol in den Schulen und im administrativen Bereich zu fördern begonnen. Generell wird die **Zweisprachigkeit**, also eine Gleichstellung des Kreol mit dem Französischen, angestrebt. Seit 2000 hat das Kreol in Frankreich den offiziellen Status einer regionalen Sprache. In den entlegenen Bergregionen der Insel gibt es alte Menschen, die überhaupt kein Französisch sprechen – entweder haben sie es nie gelernt oder sie haben es über die Jahrzehnte wieder vergessen.

Kultureller Überblick

Musik und Tanz – erzählte Geschichte

Musik wird auf Réunion als **Ausdruck von Identität und Kultur** gesehen und gelebt. Gleichzeitig ist Musik eine Form von erzählter Geschichte, die stetig weitergegeben wird. Grob unterscheiden kann man in der kreolischen Musik zwei Musikstile: den Maloya und den Séga. Daneben gibt es auch einfache **kreolische Lieder**, die *chansons créoles*; europäische Melodien wurden hier mit kreolischen Texten überlagert. Besonders bekannt und noch immer viel gespielt ist das Lied „P'tit fleur fanée" von Georges Fourcade aus den 1930er-Jahren.

Als **Kabar**, abgeleitet von *servis kabaré*, werden auf Réunion Konzerte und andere Musikveranstaltungen bezeichnet. Das können offizielle oder inoffizielle, kleinere oder größere Musikfestivals sein. Teilweise werden diese aufwendig angekündigt und beworben, teilweise erfährt man darüber nur durch Mund-zu-Mund-Propaganda und kleine Pappschilder.

Musik der Sklaven

Der **Maloya** (Madagassisch für „aussprechen" bzw. „plaudern") ist ein réunionesischer Musikstil, der sich in der Zeit der Sklaverei bei der Arbeit der Sklaven auf den Feldern herausgebildet hat. Die von komplexen Perkussionsrhythmen geprägte Musik wird mit traditionellen Instrumenten erzeugt, dazu gehört etwa das Kayamb (eine flache Rassel – meist aus Zuckerrohr – die mit verschiedenen Samen gefüllt ist), der Bobre (ein Stahlseil, das in einen gebogenen hölzernen Rahmen gespannt ist und mit Holzstäben geschlagen wird) sowie der Roulèr (eine aus einem ausgehöhlten Baumstamm gefertigte Trommel). Anklagenden Fragen stehen im Gesang verzweifelte Antworten gegenüber.

In der traditionellen, **kultischen Form** wird der Maloya als *servis kabaré* oder als *porte plainte* umgesetzt. Beim *servis kabaré* wird innerhalb der Familie zur Ehrung der Ahnen eine ganze Nacht lang Maloya-Musik gespielt. Als *porte plainte* ist der Maloya eine Möglichkeit, sich etwas von der Seele zu reden oder sich zu beschweren. Dafür trifft man sich an verschiedenen, oft öffentlichen Orten, um sich spontan über Leiden und Freuden des Lebens auszutauschen. Daneben gibt es noch verschiedene Mischformen des Maloya wie den Maloggae oder den Raggaloya.

Renaissance ab 1970

Da der Maloya von den Sklavenhaltern unterdrückt wurde und die französische Kolonialverwaltung ihn sogar verbot, konnte diese Kultur lange nur heimlich ausgelebt werden. Von verschiedenen Künstlern wurde der Musikstil in den 1970er-Jahren jedoch wiederbelebt. Ein besonders wichtiger Vertreter ist hier der Autodidakt **Danyel Waro** (*1955), der sein erstes Maloya-Konzert 1975 zusammen mit jungen Arbeitern aus der Landwirtschaft gab. Seitdem hat Waro zahlreiche CDs herausgebracht und spielt noch heute auf Kabars auf Réunion. Der Maloya wird oft mit dem Blues der amerikanischen Sklaven verglichen und deshalb auch „Kreol Blouz" genannt. Die Popularität des Maloya kehrte auf Réunion zurück und seit 2009 steht er sogar auf der Liste des immateriellen Kulturerbes der UNESCO. Internationale Erfolge feiert auch der réunionesische Sänger **Davy Sicard** mit ei-

Die Séga verbindet Jung und Alt

ner Mischung aus Maloya und Weltmusik. In seinen Liedern drückt er mit traditionellen und modernen Elementen und Instrumenten auf Französisch und Kreolisch seine Liebe zu seiner Heimat aus. Immer wieder ist er auf verschiedenen Konzerten auf der Insel und in Frankreich zu sehen; seine mitreißenden Auftritte sind ein tolle Gelegenheit zum Eintauchen in die kreolische Musikkultur!

Und auch die multikulturelle Band **Saodaj'** interpretiert den klassischen Maloya neu und bereichert ihn mit zahleichen rhythmischen Einflüssen. Neben Konzerten auf der Insel ist die Band international unterwegs und war beispielsweise 2017 beim Schweizer Festival Agropfingsten zu sehen.

Der Musik- und Tanzstil **Séga** erfreut sich auf Réunion, Mauritius und den Seychellen großer Beliebtheit. Auf Réunion wird dieser Stil durch **europäische und afrikanisch-madagassische Kulturelemente** geprägt; so enthält er auch Elemente der Polka, der Mazurka und der Quadrille. Als Melodie-Instrument wird das aus Mosambik stammende Xylophon Timbila verwendet. Inhaltlich geht es in der Séga um Themen wie **die Liebe oder die Natur**. Im Gegensatz zum Maloya ist die Séga nicht Ausdruck des Leides. Die Séga wird normalerweise von Mädchen oder Frauen in wallenden, blumigen Volantröcken getanzt, die einzeln nacheinander in den Vordergrund treten, wo sie sich ganz der Musik hingeben. Ein festes Element ist, dass sich die Tänzerin mit kreisenden Hüftbewegungen im Rhythmus wiegt, sich dann auf die Knie niederlässt und sich rücklings dem Boden nähert, bis ihre Schultern diesen fast berühren. Heute sind vor allem moderne Formen der Séga auf Réunion beliebt, besonders bei der kreolischen Jugend.

Tanz der Frauen

Bräuche und Traditionen

Der **Moringue** ist eine Mischung aus Tanz und kriegerischer Kunst und erinnert damit an die brasilianische Capoeira. Seine Wurzeln liegen in Afrika. Der Moringue wurde von den Sklaven, die mit der Kolonisation auf die Insel gekommen sind, praktiziert, ist seit den 1950er-Jahren jedoch beinahe gänzlich verschwunden und wird fast nur noch bei touristischen Veranstaltungen wiederbelebt.

Umstritten: Hahnenkämpfe

Eine alte Tradition ist der **Batay Kok**, der Hahnenkampf, der einst von den Indern eingeführt wurde. Er ist bei den Inselbewohnern nach wie vor beliebt. Dieses Spektakel, bei dem zwei Hähne auf einem runden Feld gegeneinander kämpfen, ist jedoch wahrlich nichts für Tierfreunde. Gekämpft wird so lange, bis ein Hahn das Feld dreimal verlassen hat; dann hat er verloren. Auf der Insel gibt es fünf offizielle Hahnenkampfstätten (*gallodrome*); zahlreiche illegale Kampfstätten kommen hinzu. Der siegreiche Hahn kann einen Wert von mehr als 2.000 € erlangen, allerdings sind die Besitzer selten zum Verkauf bereit. Bestrebungen von Tierschützern, Hahnenkämpfe zu verbieten, stoßen bei der kreolischen Bevölkerung teils auf großen Widerstand.

Das wöchentliche **Picknick** der kreolischen Familien ist ein eindrückliches Inselerlebnis. Jedes Wochenende versammeln sich die Familien auf den über 350 offiziellen und den noch zahlreicheren inoffiziellen Picknickplätzen an der Küste oder

An Picknickplätzen mit Aussicht herrscht auf der Insel kein Mangel

Familienpicknick

in den Bergen, um ein großes, lang andauerndes Picknick zu veranstalten. Das traditionelle kreolische Essen bringen sie in großen Töpfen mit, gekocht wird gemeinsam am offenen Feuer. So geht es den halben Tag gesellig zu – meist mit viel Musik und Rum. Dieser Brauch spiegelt die Bedeutung wider, die der Familie auf Réunion zukommt. Leider bleiben nach diesen Zusammenkünften oft Müll und Essensreste an den Rastplätzen liegen, die dann Ratten anziehen …

Kunst, Literatur und Theater

Traditionelles **Kunsthandwerk** ist nur vereinzelt auf Réunion zu finden. Die Korbflechterei ist besonders im Süden der Insel verbreitet; die Körbe werden aus dem Vacoa-Baum hergestellt. Auch traditionelle Souvenirs wie Hüte oder die flachen, viereckigen Säcke für die Litschiernte kann man im Süden kaufen, zum Beispiel bei der Association Les Fleurettes in Langevin, am Markt in Saint-Pierre oder in der Tourismusinformation in Manapany in Saint-Joseph. Vereinzelt werden noch Möbel aus Tamarindenholz hergestellt, wobei die Produktionskosten heute sehr hoch sind. Seit dem Beginn des 20. Jahrhunderts werden in Cilaos Stickarbeiten hergestellt, sie werden noch heute in der Maison de la Broderie ausgestellt.

Auf Réunion gibt es zahlreiche **Streetart-Künstler**, zum Beispiel Méo, der gigantische Portraits von Menschen an Mauern anbringt. Ein eindrucksvolles Beispiel ist *Réunion d'culture, d'race et d'religion*, ein etwa 20 m langes Gemälde auf einer Mauer am Strand nahe der Gendarmerie in Saint-Pierre. Der Künstler Jace wiederum

Vom Künstler Jace gestaltete Zisterne in Le Tampon

lässt sich von aktuellen Geschehnissen inspirieren, etwa von Haiangriffen oder Vulkanausbrüchen. Auf dem Festival „Arts de Rue", das jährlich an der Promenade in Saint-Paul stattfindet, zeigen réunionesische wie internationale Künstler ihr Können direkt vor Publikum.

Anfänge der réunionesischen Literatur

Einer der ersten réunionesischen **Romane**, *Les Marrons* von Louis Timagène Houat (1809–1883), stammt aus dem Jahr 1844. Auf Französisch erzählt er von dem Umgang mit den Sklaven auf der Insel und von deren Aufstand. Die berühmtesten Dichter des 19. Jahrhunderts sind sicherlich Leconte de Lisle (1818–1894) und Léon Dierx (1838–1912). Lisle stammte aus Saint-Paul, verbrachte aber schon in seiner Kindheit mehrere Jahre in Frankreich. Nach erfolglosem Kampf gegen den schlechten Umgang mit den Sklaven auf der Insel ließ er sich 1845 in Paris nieder. Auch Léon Dierx lebte später dort. Beide beschreiben in ihren Werken die Schönheit der Insel.

Eine eigenständige Literatur Réunions hat sich insbesondere nach der Departementalisierung entwickelt. Das Kreolische wurde in der zeitgenössischen Literatur lange verschmäht, da es als Sprache der Ungebildeten galt. Das hat sich inzwischen zum Glück geändert, und immer mehr réunionesische Autoren schreiben und publizieren auch auf Kreol. Ein wichtiger Vertreter und Verfechter der réunionesischen Identität ist der Autor **Axel Gauvin**. Seine bekanntesten Werke „Kindheitshunger" (*Faims d'enfance*, 1987) und „Wenn du aufwachst, bin ich da" (*L'Aimé*, 1990) wurden auch ins Deutsche übersetzt, sind inzwischen aber nur noch (recht leicht) antiquarisch zu bekommen.

Gigantisches Freilufttheater

Auf der Insel gibt es eine **aktive Theaterszene**, die viele Bezüge sowohl zu Frankreich als auch zum gesamten südindischen Ozean aufweist. In Saint-Denis heißen die großen Bühnen Théâtre du Grand Marché und Teat Champ Fleuri. Die gigantische Bühne des Freilufttheaters TEAT Plein Air liegt oberhalb von Saint-Gilles-les-Bains. Hier gastieren immer wieder Ensembles aus dem Mutterland, aber auch aus Südafrika oder Australien. Die freie Theaterszene auf der Insel ist ebenfalls lebhaft, sie bringt in kleineren Kulturzentren wie dem Le Séchoir in Piton Saint-Leu moderne und provokante Stücke auf die Bühne.

Architektur

In Saint-Denis findet man in der Innenstadt sowie in den darüber liegenden Wohnvierteln noch einige alte, herrschaftliche **Kolonialvillen**. Überall auf der Insel stehen die typischen Relikte der Kolonialzeit, oft frühere Sitze der „Zuckerbarone". Heute werden die alten Villen als Museen oder Tourismusinformationen genutzt. In der Innenstadt von Saint-Denis erzählen eigens angebrachte Schilder die Geschichten der Villen und ihrer früheren Bewohner.

Überall auf der Insel verstreut sieht man **kreolische Häuser**, die sogenannten *case créole*. Die kleinen, meist einstöckigen Häuser sind in allen erdenklichen, fröhlichen Farben gestrichen und unter dem Dach mit kleinen Bordüren, den *lambrequins*, verziert. Diese signalisierten einst den sozialen Status der Besitzer: Je auf-

Ein typisches kreolisches Haus in Hell-Bourg

wendiger die Details, desto höher war das Ansehen der Hausbewohner. Traditionell wurden sie aus speziellem Holz hergestellt, um damit die Mücken fernzuhalten; heute bestehen sie fast nur noch aus Metall oder Polyvinylchlorid (PVC), was sowohl einfacher in der Herstellung also auch in Bezug auf den Farbanstrich langlebiger ist. Früher hatten die kreolischen Häuser keine Fenster, sondern nur Fensterläden aus Holz, sodass der Innenraum tagsüber gut durchlüftet wurde. Die Dörfer Hell-Bourg in Salazie und Entre-Deux haben noch einen besonders gut erhaltenen Kern an kreolischen Häusern. Sie sind klassifiziert als „*village créole*"; das ist ein Gütesiegel für traditionell erhaltene Dörfer, die einer nachhaltigen Entwicklung und den Konzepten des Öko-Tourismus entsprechen.

Essen und Trinken

Regionale Vielfalt

Die verschiedenen Regionen der Insel haben je eigene **kulinarische Spezialitäten**. Aufgrund der verschiedenen Mikroklimata wachsen bestimmte Früchte und Gemüsesorten in ganz spezifischen Anbauzonen. So ist Cilaos bekannt für Linsen und Wein, Salazie dagegen für Chouchou (s. S. 263). Das Palmenherz (*cœur du palmiste*) ist eine besondere Spezialität der Südküste und wird als Salat oder im Schweinefleisch-Gericht *Cari de porc* serviert. Die Spezialitäten von Saint-Philippe basieren auf *pinpin*, der Frucht des Vacoa-Baums. In Entre-Deux werden besondere Gerichte mit *Choca Bleu*, einer Agavenart, zubereitet. In der Plaine des Palmistes werden verschiedene Käsesorten produziert, die weit schmackhafter sind als der importierte Edamer. Besonders zu empfehlen sind die Käsesorten Piton de la Fournaise oder Piton des Neiges, die es an den Käsetheken größerer Supermärkte gibt.

Kreolische Gerichte

Nationalgericht

Das inselweit typische Gericht ist das **Cari**. Die Grundlage für ein Cari besteht aus Zwiebeln, Knoblauch, Tomaten, Ingwer, Thymian und Piment (wie auf Kreol alle Arten von scharfen Gewürzen von Chili bis Pfeffer bezeichnet werden). Diese Mischung kann dann mit verschiedenen Fleisch-, Fisch- und Gemüsesorten angereichert werden. Es gibt das *Cari poisson* (Fisch), das *Cari poulet* (Hähnchen), das *Cari langouste* (Languste), das *Cari chouchou* usw.

Rougail saucisse (mit geräucherten Würsten) und *Rougail morue* (mit Stockfisch) sind dagegen eigenständige Gerichte, die überall mehr oder weniger gleich zubereitet werden und die man unbedingt probieren sollte! Die kreolische Küche ist im Allgemeinen **recht schwer** und fettig; darum schmeckt ein Rougail saucisse nach einer anstrengenden Wanderung besonders gut. *Boucané* ist geräucherte Schweinebrust, die als Rougail oder in verschiedenen Gratins verwendet wird.

Einige Gerichte spiegeln den **indischen Einfluss** auf der Insel wider, z. B. das *Cabri massalé*: ein Gericht aus Ziegenfleisch, gewürzt mit einer Mischung aus Koriander, Nelken, Kümmel, Kardamom und weiteren Gewürzen. Dazu gibt es Reis und *grains*, also Hülsenfrüchte wie Linsen und Bohnen, oder *brèdes*, also gedünstete Blätter verschiedener Gemüsesorten. In der Schärfe abgerundet wird das Ganze mit *Rougail tomate* (Tomate) oder *Rougail mangue* (Mango). Dabei handelt es sich um Piment (in diesem Fall Chilischoten) mit gehackten Tomaten oder grüner Mango. Hier sollten sich Unerfahrene vorsichtig herantasten! Beilagen wie *patate* (Süßkartoffel), *igname* (Jamswurzel), *songe* (Tarowurzel) oder *manioc* (Maniok) sind mit der Einführung von Reis durch indische und chinesische Arbeiter verdrängt worden und heute nur noch selten auf den Speisekarten zu finden. Und: Das Baguette fehlt zu keinem Essen, auch hier merkt der Tourist wieder, dass er eigentlich in Frankreich ist!

Traditionell wird am offenen Feuer gekocht

Die kreolische Küche zum Nachkochen und Nachbacken

Rougail saucisse (Würstchen-Rougail) für 4 Personen

Zutaten:
6 grobe Bauernbratwürste
4 Schalotten
6 (Eier-)Tomaten
6 Knoblauchzehen
1 kleine grüne Chilischote
Thymian
2 EL Olivenöl
½ TL Kurkuma
Salz

Zubereitung:
Die Würstchen zunächst einstechen, dann in heißem Wasser das Fett auskochen. Die gekochten Würstchen abtropfen lassen und in etwa 3 cm breite Scheiben schneiden. Die Chilischote klein schneiden und mit Salz und Knoblauchzehen in einem Mörser zerdrücken.
Die Schalotten schälen und in dünne Scheiben schneiden, die Tomaten in Würfel schneiden.
Die Schalotten im Olivenöl kurz andünsten, dann die Knoblauchpaste hinzufügen. Das Ganze 3 Minuten schmoren lassen, dann auch die Tomatenwürfel und den Kurkuma beifügen.
Wenn die Masse dickflüssig wird, auch die Wurstscheiben und etwas Thymian hinzugeben.
Alles knapp mit heißem Wasser bedecken und bei mittlerer Hitze etwa 30 Minuten köcheln lassen (bei Bedarf Wasser hinzufügen).

Das Rougail wird mit Reis serviert. Guten Appetit!

Gâteau de patates douces (Süßkartoffelkuchen)

Zutaten:
1,5 kg Süßkartoffeln
200 g Butter
200 g Zucker
100 g Mehl
3 große Eier
Bourbonvanille
Rum
200 g Blockschokolade

Hinweis: Wenn man den Kuchen einige Tage stehen lässt, kann es sein, dass er sich leicht bläulich verfärbt. Dies wird von den Kartoffeln hervorgerufen, hat jedoch keine Auswirkungen auf den Geschmack.

Zubereitung:
Die Süßkartoffeln schälen, waschen, in Würfel schneiden und etwa 30 Minuten in Wasser kochen; man kann auch die ausgekratzten Vanilleschoten mit in den Topf geben.
Die gekochten Kartoffeln noch warm mit einer Gabel oder einem Stampfer zerdrücken bzw. pürieren, anschließend Butter, Zucker und Eier nach und nach hinzugeben und alles zu einer Masse verarbeiten. Zum Schluss das Mehl langsam unterrühren und nach Geschmack Vanille sowie einen Schuss Rum hinzufügen.
Die Blockschokolade langsam im Wasserbad erhitzen, bis sie flüssig ist.
Die Hälfte des Teiges in eine gefettete Auflaufform (etwa 5–8 cm hoch) geben. Die Schokolade vorsichtig darauf verteilen und den restlichen Teig auf die Schokolade geben. Den Teig glatt streichen und mit einer Gabel Rillen in die Oberfläche ziehen.
Den Kuchen bei 180 Grad etwa 40 Minuten backen.

Kreolische Snacks, Aperitifs und Süßspeisen

Samoussa, bouchon, bonbon piment oder *nem*: Die kleinen Appetithappen sind als Snack am Straßenrand oder als Vorspeise in Restaurants überall zu finden und können scharfe Überraschungen verbergen! *Samoussas* sind eigentlich typisch indisch, die Teigdreiecke sind mit Fleisch (*porc, bœuf, poulet*), Fisch (*poisson*), Krabben (*crabe*), Käse (*fromage*) oder seltener auch mit Gemüse (*legumes*) gefüllt. Hier wird oft zwischen mit oder ohne „*piment*" unterschieden, also scharf oder nicht scharf. *Bouchons* sind kleine dampfgegarte oder frittierte Fleischbällchen in Teighülle. Es gibt sie mit oder ohne Limette (*combava*) und sie werden typischerweise mit Zahnstochern und in Sojasauce getunkt gegessen. Aus pürierten Saubohnen mit Chilischoten werden *bonbons piment* hergestellt – und ihre Schärfe wird zumeist ihrem Namen gerecht! *Nems* sind kreolische Frühlingsrollen, die mit Huhn, Karotten und Sojasprossen gefüllt und mit einer süßsauren Sauce gegessen werden.

Inseltypische Mahlzeit

Obwohl die traditionell kreolische Mahlzeit keine Desserts kennt – ganz anders als in Frankreich –, werden in immer mehr Restaurants auch Nachspeisen angeboten. Oft findet man den *café gourmand*, einen Espresso mit kleinen, süßen Gebäckstücken oder Petits Fours. Eher inseltypisch sind die flambierten Bananen (*bananes flambées*). Auf dem Markt oder am Straßenrand gibt es kreolisches Süßgebäck wie *gâteau patate* (Süßkartoffelkuchen), *gâteau manioc* (Kuchen aus der Maniokwurzel) oder *beignets de bananes* (kleine Bananenpfannkuchen). Meistens werden diese Leckereien selbst hergestellt, sie sind süß und schwer, aber sehr köstlich!

Die Zahl der Bäckereien (*boulangerie artisanale*) auf der Insel ist in den letzten Jahren stark angestiegen. Neben den in Frankreich üblichen Baguettes, Croissants und der süßen Patisserie gibt es hier kleine Hefebrötchen, die typisch für die Insel sind. Diese werden *macatias* genannt und es gibt sie in zahlreichen Geschmacksvariationen: Schokolade, Kokos, Mandel, Käse …

Backwaren

Als beliebtes Mitbringsel werden jegliche Früchte der Insel eingekocht und als Marmelade oder Gelee verkauft; das gehört zwar nicht unbedingt zum typisch kreolischen Frühstück, schmeckt aber trotzdem gut.

Getränke

Um das Wichtigste vorwegzunehmen: Das **Leitungswasser** auf Réunion kann man bedenkenlos trinken, auch wenn es teilweise einen chlorigen Geschmack hat. Man sollte es jedoch auf keinen Fall während und kurz nach Zyklonen oder starken Unwettern trinken, da diese das Grundwasser verunreinigen können.

Auf den Märkten werden frische Säfte aus einheimischen Früchten angeboten

An Softdrinks gibt es natürlich – wie überall – die großen internationalen Marken. Der réunionesischen Coca-Cola sagt man allerdings nach, noch mehr Zucker zu enthalten als üblich. Origineller geht es bei den alkoholischen Getränken zu. Den für die Region typischen **Rhum arrangé**, der zwischen drei Monaten und mehreren Jahren reifen muss, gibt es in zahlreichen Variationen: Litschi, Ananas, Mango, Vanille, Ingwer ... Grundlage dafür ist meist der auf der Insel produzierte Charrette-Rum; man erkennt ihn am grünen Aufkleber mit dem traditionellen Karren für die Zuckerernte. Die in Rum eingelegten Früchte werden in vielen Restaurants nach Hausrezept hergestellt und gratis zum Digestif angeboten – diese Gelegenheit sollte man sich nicht entgehen lassen. Man kann einen ganzen Insel-Urlaub damit verbringen, seine persönliche Lieblingssorte aus der Vielfalt herauszufinden.

Zum Essen trinkt man, besonders in den Restaurants, **Wein**. Dieser kommt hauptsächlich aus dem Mutterland, obwohl auch auf der Insel selbst Wein an-

Gefährlicher Inselwein

gebaut wird, etwa aus der Traube Isabelle. Dieser Wein wird „vin qui rend fou" („Wein, der verrückt macht") genannt: Da sein hoher Methanolgehalt die Nerven schädige und er schlecht schmecke – tatsächlich aber aus wirtschaftspolitischen Gründen –, wurde er 1935 verboten. Das Verbot wurde 2003 aufgehoben, aber die lokale Produktion des süßen Weins ließ sich ohnehin nie gänzlich unterbinden. In Cilaos werden aber auch andere respektable Rebsorten angebaut: u. a. Chenin Blanc, Malbec und Pinot Noir (s. S. 161f).

Das inselweit bekannte und beliebte **Bier** Bourbon findet man überall. Es wird von allen nur „Dodo" genannt, weil auf dem Etikett ein Exemplar des ausgestorbenen Vogels abgebildet ist. Die 1962 gegründete Brauerei gehört heute zur Heineken-

Markenzeichen des inseltypischen Dodo-Biers

Gruppe und hat mit dem Bier auf Réunion Kultstatus erreicht. Andere verbreitete Biersorten haben im Vergleich zum Dodo einen kräftigeren Geschmack, etwa das Fischer-Bier oder das von Mauritius importierte Phoenix-Bier. Die kleine Brauerei Les 3 Brasseurs produziert ein eigenes Bier, das auch deutschen Bierliebhabern gerecht wird. Sie ist in Saint-Pierre (*Zone Industrielle Numéro 2, Cité Canabady, ✆ 0262-357011*), in Sainte-Marie (*32 Rue Michelange, ✆ 0262-211722*) und in Saint-Paul (*2 Route de Savanna, Centre Commercial Savanna, ✆ 0262-316100*) mit Restaurant-Bars vertreten.

Mittlerweile haben sich auch weitere Mikro-Brauereien etabliert, deren schmackhafte Bierspezialitäten in den Bars und Restaurants auf der Insel ausgeschenkt werden, z. B. das Dalons („Kumpel" auf Kreolisch) oder das Yab, das es in verschiedenen Geschmacksrichtungen gibt.

Im Restaurant

Nicht durchgehend warme Küche

Der Urlauber sollte sich auf die in Frankreich üblichen **Essenszeiten** einrichten; es gibt in den meisten Restaurants nicht durchgehend warme Küche. Mittagessen wird etwa von 11.30 bis 14 Uhr serviert, abends gibt es von 19 bis 21, in kleineren Orten eher bis 20.30 Uhr warme Gerichte. Die Snackbars bieten dagegen meist durchgängig warme Gerichte oder Sandwiches an. Das Essen im Restaurant ist insgesamt nicht ganz günstig. Oft kann man jedoch die Gerichte auch zum Mitnehmen (*à emporter*) bestellen, um sie als Picknick in einem der vielen Pavillons oder am Strand zu genießen.

Die vegetarische oder vegane Küche ist auf Réunion nicht sehr verbreitet. Wer kein Fleisch isst, kann zwar auf der Insel immer noch sehr gut und abwechslungsreich speisen, wer jedoch auch auf Fisch verzichtet, wird es schwer haben.

Lokale Früchte, Gewürze und mehr

Die auf Bäumen wachsenden Litschis werden ab November auf den Märkten angeboten

Auf Réunion wird die **Ananas Victoria** das ganze Jahr hindurch angebaut. Sie ist kleiner, aber auch viel süßer und zarter als die Ananassorten, die man aus europäischen Supermärkten kennt. Die Frucht gilt als die Königin der Ananas und trägt nach der Meinung der Inselbewohner zu Recht ihren Namen, der auf Königin Victoria von Großbritannien und Irland zurückgeht. Exportiert werden die Früchte fast ausschließlich nach Frankreich, wo sie zu hohen Preisen (6–9 €/kg) verkauft werden.

Auch wenn die Ananas Victoria die Vorzeigefrucht der Insel ist, gibt es noch eine **Vielzahl von anderen, saisonalen Früchten**. Die kleinen roten Erdbeerguaven (*goyavier*) kann man im September bei Spaziergängen und Wanderungen direkt von den Sträuchern pflücken. Die roten Litschis (*letchi*), die an mächtigen Bäumen – zum Beispiel am Rivière Langevin – wachsen, und verschiedene Mangosorten (*mangue*) sind ab November reif. Die den Litschis ähnelnden, aber eher säuerlichen Longan-Früchte (*longani*) mit braun-gelblicher Schale und die Sternfrüchte (*carambole*) sind von Januar bis März reif. Zwischen Mai und September kann man Mispeln (*bibass*) genießen; die kleinen gelblichen Früchte haben eine samtige Schale und einen süß-säuerlichen Geschmack. Die kleinen Bananen, Kokosnüsse (die in der kreolischen Küche leider wenig Verwendung finden) sowie Papayas gibt es fast das ganze Jahr über auf dem Markt. Die vielen Straßenverkäufer bieten die saisonalen Früchte überall an.

Große Jack, kleiner Jack

Die wohl größte Frucht der Insel ist die **Jackfrucht**, die ironischerweise *ti jaque* („kleiner Jack") genannt wird, obwohl sie eine Länge von bis zu 70 cm erreichen kann. Klein geschnitten wird sie in einigen kreolischen Gerichten verwendet. Die Zubereitung ist jedoch recht mühsam, da sich zwischen Schale und Frucht ein harziges Sekret befindet und am Ende zwangsläufig Messer wie Hände verklebt sind.

Auf Wochenmärkten bieten Händler Touristen die Frucht auch zum Probieren an.

Der *curcuma péi*, der **„heimische Kurkuma“**, ist das bekannteste Gewürz Réunions. Einst haben es indische Arbeiter, die *engagés*, mit auf die Insel gebracht. Der *curcuma péi* gehört zu den Ingwergewächsen, das Gewürz wird als dunkelorangefarbenes Pulver aus der Wurzel hergestellt. Auf der Insel wird Kurkuma ausschließlich um Saint-Joseph herum und insbesondere in Plaine des Grègues angebaut; hier gibt es auch die Maison du Curcuma (s. S. 222) mit Informationsfilm und Direktverkauf.

Im 18. Jahrhundert florierte auf Réunion der **Kaffeeanbau**. Seit 2002 wird – unterstützt vom französischen Staat – wieder Kaffee auf der Insel angebaut, der „Café Bourbon Pointu“. Die Ernte, die von Juni bis Dezember eingeholt wird, fällt nach wie vor klein aus. Der Ertrag wird entweder direkt oder auf dem Markt in Saint-Paul verkauft; ein Teil wird aber auch zu horrenden Preisen nach Japan exportiert. In der Domaine du Café Grillé (s. S. 182) in Saint-Pierre kann man den Kaffee probieren und sich über den Anbau informieren oder direkt Kaffeebauern in Saint-Paul (S. 119) oder Le Tampon (S. 191) besuchen.

Wiederbelebung einer großen Tradition: Kaffeeanbau auf Réunion

Als **„Bourbon-Vanille“** dürfen nur Schoten verkauft werden, die aus Madagaskar, von den Komoren, Mauritius oder Réunion stammen. Die Orchideenart der Vanille war einst in Mexiko endemisch und trug nur dort Früchte, weil sie ganz bestimmte und nur in Mittelamerika heimische Bienen oder Kolibris zur Bestäubung benötigte. 1841 entdeckte der junge Sklave Edmond Albius auf der Insel jedoch ein Verfahren, mit dem die Pflanzen manuell bestäubt werden konnten. Diese neue Technik brachte einst Reichtum nach Réunion; mit der Erfindung des künstlich hergestellten Vanillins war es damit vorbei. Heute kann Réunion bei den Vanille-Preisen nicht mit den umliegenden Inseln konkurrieren, sodass die Vanille-Produktion nur noch eine untergeordnete Rolle spielt. Für die Herstellung wird jedoch noch immer das von Edmond Albius erfundene Verfahren verwendet. Man findet Vanille als Schoten, Pulver oder Destillat auf allen Märkten der Insel.

Edmond Albius ermöglichte mit seiner Entdeckung die Kultivierung der Vanillepflanze

2. REISETIPPS

Allgemeine Reisetipps A–Z

Hinweis

Die **Allgemeinen Reisetipps** bieten – alphabetisch geordnet – reisepraktische Hinweise für die Reisevorbereitung und für den Aufenthalt auf **Réunion**, gelten aber aufgrund der vergleichbaren Lage z. T. auch für **Mayotte**. (Konkrete Angaben zu Mayotte s. S. 293.) **Reisepraktische Informationen** – Infostellen, Sehenswürdigkeiten, Adressen und Öffnungszeiten, Unterkünfte, Restaurants, Verkehrsmittel, Einkaufs- und Sportmöglichkeiten etc. – finden sich in den Kapiteln 4–8 bei den jeweiligen Orten und Routenbeschreibungen. Alle Angaben über Preise, Telefonnummern, Websites, Öffnungszeiten etc. waren zum Zeitpunkt der Drucklegung gültig, sind aber konstant Änderungen unterworfen.

An- und Weiterreise

Per Flugzeug

Die meisten Touristen reisen von Paris aus per Direktflug zum Flughafen Roland Garros auf Réunion an. Die Flugzeit beträgt rund elf Stunden, die meisten Airlines bieten Nachtflüge an. Die Zeitverschiebung zwischen Paris und der Insel beträgt – je nach Jahreszeit – nur zwei bzw. drei Stunden. So kommt man zwar etwas verschlafen, aber ansonsten ohne große Anstrengungen auf der Insel an. Die Fluggesellschaften Air Austral, Air France und Corsair International haben die Strecke im Programm. Bei der Buchung sollte man auf den ggf. notwendigen Flughafenwechsel in Paris achten. Von Paris und Amsterdam aus kann man auch mit Air Mauritius über Mauritius nach Réunion fliegen, was sich aber nur lohnt, wenn man auch dort ein paar Tage verbringen möchte. Flüge von Deutschland über Paris nach Réunion kosten zwischen 900 und 1.900 €. Generell sind die Tickets in den französischen Ferien teurer, insbesondere im August und über Weihnachten/Neujahr.

Air Austral (www.air-austral.com, ✆ +49 (0)89-55253368 (D), +41 44-2869944 (CH)) hat ihren Sitz auf Réunion und fliegt von dort aus verschiedene internationale Ziele an, was insbesondere für die Weiterreise auf die umliegenden Inseln interessant ist. Mit der Lufthansa und der Air France gibt es eine Kooperation für Zubringerflüge von zahlreichen deutschen Flughäfen (darunter Berlin, Hamburg, Düsseldorf, Frankfurt und München) sowie von Wien, Zürich und Genf. Da diese in Paris am Flughafen Charles de Gaulle enden, ist bei einem Anschlussflug mit Air Austral kein Flughafenwechsel notwendig, was einiges an Zeitersparnis mit sich bringt.

Die große französische Airline **Air France** (www.airfrance.de) fliegt täglich vom Flughafen Paris-Orly nach Réunion. Bei Flügen von Deutschland aus muss in Paris der Flughafen gewechselt werden. Dafür steht ein Busshuttle zur Verfügung, inkl. Formalitäten sollten hierfür dennoch mind. vier Stunden eingeplant werden. Ticketpreise liegen zwischen 800 € und 1.600 €.

Weiter wird Réunion auch von den Low-Cost-Airlines Corsair International, French Bee und Air Caraïbes angeflogen.

Wer mit Air Austral reist, kann dank des Angebots **Pass Iles Vanille** vergünstigte Anschlussflüge zu anderen Zielen im Indischen Ozean buchen (derzeit: Mayotte,

CO_2-Kompensation

Verschiedene Organisationen bieten die Möglichkeit, den durch den Flug verursachten CO_2-Ausstoß finanziell zu kompensieren. Das Geld wird in Naturschutz- und Sozialprojekte investiert, die nachweislich der CO_2-Reduktion und damit dem Klimaschutz dienen. Aufgrund unterschiedlicher Berechnungsgrundlagen sind die Kompensationsangebote unabhängiger Organisationen denen der Fluggesellschaften meist vorzuziehen. Empfehlenswert sind www.atmosfair.com, https://klima-kollekte.de und https://de.myclimate.org/de.

Madagaskar, Mauritius, Seychellen und Moroni/Grande Comore). Hierfür muss man mindestens drei Inseln besuchen (inklusive Réunion). Die Tickets müssen vor der Einreise nach Réunion gebucht werden!

Der internationale **Flughafen Roland Garros** (Kürzel RUN, www.reunion.aeroport.fr) liegt 10 km östlich von Saint-Denis. Die überschaubare Halle verfügt über alle international üblichen Einrichtungen: kleine Restaurants, Banken und Geldautomaten, Post, Mietwagenschalter, Touristeninformation und Gepäckaufbewahrung.

Die Linie T und der Schnellbus ZO (ab Saint-Denis ohne Halt bis Saint-Pierre) der Gesellschaft Car Jaune (www.carjaune.re) verbinden den Flughafen über die Westküste (Halt in Saint-Denis) mit Saint-Pierre. Richtung Osten verkehren die Linien E1 und E2 bis Saint-Benoît. Busse fahren täglich etwa alle zwei Stunden, Tickets kosten 2 bzw. 5 €. Am Flughafen stehen viele Taxis bereit (✆ 0262-488383). Eine Fahrt in die Innenstadt kostet etwa 20–25 €, Zuschläge werden nach 20 Uhr und an Sonn- und Feiertagen erhoben. Einen zuverlässigen Shuttleservice zu Unterkünften auf der Insel bietet transfert.re an (https://transfert.re).

Per Schiff

Verschiedene Kreuzfahrtschiffe steuern Réunion an und machen hier einen kürzeren oder längeren Zwischenstopp.

Auskunft und Information

Fremdenverkehrsämter

Die Internetseite des **französischen Fremdenverkehrsamtes** mit Vertretungen in 31 Ländern findet man unter www.atout-france.fr.

- **Fremdenverkehrsamt der Insel La Réunion**, Güterplatz 6, 60327 Frankfurt, ✆ 069-973231710, insel-la-reunion@reunion.fr., www.insel-la-reunion.com. Auskunft nur per Telefon und Mail!
- **Österreichische Vertretung**: Atout France, Prinz-Eugen-Straße 72/2.3, 1040 Wien, ✆ +43 1-5032892
- **Schweizer Vertretung**: Atout France, Rennweg 42, Postfach 3376, 8001 Zürich, ✆ +41 44-2174601

Touristeninformationen auf Réunion

Touristeninformationen (*Office de Tourisme*) gibt es fast in allen Städten, auf Wunsch nehmen sie auch Reservierungen für die Reisenden vor. Der Service sowie die Online-Präsenz und Erreichbarkeit der Büros wurden in den letzten Jahren stark professionalisiert und entsprechen heute mitteleuropäischem Standard. Hier die größten Anlaufstellen:

- **Office de Tourisme Intercommunal du Nord – Antenne de Saint-Denis**, Maison Carrère, 14 Rue de Paris, Saint-Denis, ✆ 0262-418300, info@lebeaupays.com, www.lebeaupays.com
- **Office de Tourisme de Saint-Pierre**, Capitainerie du Port de Plaisance, Place Napoléon Hoareau, Saint-Pierre, ✆ 0262-353433, contact@otisud.com, www.sudreuniontourisme.fr

- **Office de Tourisme de Cilaos**, 2 Rue Mac-Auliffe, Cilaos, ✆ 0262-317171, contact@otisud.com, sudreuniontourisme.fr
- **Office de Tourisme Saint-Gilles**, 1 Place Paul Julius Bénard, Saint-Gilles, ✆ 0262-423131, accueil@ouest-lareunion.com, www.ouest-lareunion.com.

Nützliche Internetadressen

- www.insel-la-reunion.com: offizielle Seite mit allen wichtigen Informationen
- www.regionreunion.com: Seite des Départements Réunion
- www.azenda.re: Seite des Ausgehmagazins L'Azenda, rund um Konzerte, Theater und Partys
- https://issuu.com/buzbuz: Seite des Kulturmagazins BuzBuz
- www.museesreunion.re: Museumsverbund von Réunion

Natur:

- www.randopitons.re/index.html: Wandervorschläge für die Insel
- www.ign.fr: Institut national de l'information géographique et forestière (Institut für Geographie und Forstwissenschaft)
- www.windguru.cz/de: Wetter- und Windbericht
- www.meteo.fr/temps/domtom/La_Reunion: Wetterbericht Réunion

Aussichtspunkte

Von verschiedenen Aussichtspunkten kann man die Talkessel bzw. den Vulkan gut sehen. Auf den Talkessel von Cilaos ist die Sicht von mehreren Punkten vom Berg-

Ausblick auf die Plaine des Palmistes

kamm Dimitile sowie vom Aussichtspunkt La Fenêtre oberhalb von Les Makes gut (S. 152). Eine gute Sicht auf den Talkessel von Salazie bietet die Gîte de Bélouve mit ihrem eindrücklichen Panorama vom Garten (S. 204). Eine einzigartige Sicht auf den Talkessel von Mafate hat man vom Gipfel des Piton Maïdo (S. 121), den man in wenigen Minuten vom Parkplatz aus besteigen kann. Auf den Vulkan hat man vom Col de Bellecombe den einfachsten und besten Blick (S. 201). Für alle Aussichtspunkte gilt: Je früher am Morgen man dort ankommt, desto besser stehen die Chancen auf gute Sichtverhältnisse.

Barrierefreies Reisen

Die Anreise nach Réunion ist mit den o. g. Fluggesellschaften für Menschen mit Behinderung kein Problem. Auf der Insel selbst wird es jedoch schwieriger. Öffentliche Einrichtungen und Plätze werden zwar nach und nach barrierefrei erneuert, dies trifft aber nicht auf kleine Hotels und Restaurants zu. In den größeren Hotels gibt es meist einige wenige rollstuhlgerechte Zimmer und auch einzelne kleinere Anbieter sind auf Reisende mit Handicap eingerichtet. Der Zugang zum Parkplatz vom Piton Maïdo ist barrierefrei. Verschiedene Strände wie in Saint-Pierre, Grande Anse oder Saint-Leu sind mit Rampen versehen (behindertengerechte Strände in Frankreich sind unter www.handiplage.fr verzeichnet) und auch die Rettungsschwimmer helfen Rollstuhlfahrern weiter.

Diplomatische Vertretungen

Vertretungen auf Réunion

- **Deutsches Honorarkonsulat**, Marion Riess-Valérius, 64 Avenue Eudoxie Nonge, Sainte Clotilde, ✆ 0262-736898, st-denis@hk-diplo.de
- **Schweizer Honorarkonsulat**, Lotissement du Théâtre, 7 Rue des Pétrels, 97434 Saint Gilles les Bains, St. Paul, ✆ 0692-663255, reunion@honrep.ch
- **Konsularabteilung der Österreichischen Botschaft in Paris**, 17 Avenue de Villars, 75007 Paris, ✆ +33 140-633090, paris-ob@bmeia.gv.at (Österreich hat auf Réunion kein Honorarkonsulat; zuständig ist die Botschaft in Paris)

Französische Botschaften

- **Französische Botschaft in Deutschland**, Pariser Platz 5, 10117 Berlin, ✆ 030-590039100, www.ambafrance-de.org
- **Französische Botschaft in Österreich**, Technikerstraße 2, A-1040 Wien, ✆ +43 1-502750, www.ambafrance-at.org
- **Französische Botschaft in der Schweiz**, Schosshaldenstrasse 46, 3006 Bern, ✆ + 41 (0)31-3592111, www.ambafrance-ch.org

Wer Übersetzungen von Dokumenten benötigt oder Sprachprobleme im Umgang mit Behörden hat, wende sich an:

- Claus Köhler, Vereidigter Übersetzer deutsch/französisch, 87 Boulevard de l'Océan, Manapany-les-Bains, Saint-Joseph, ✆ 0262-584559 oder 0692-407839 (mobil), info@gandalfsafaricamp.de

Einkaufen

Die Insel verfügt über mehrere **größere Einkaufszentren** (*centre commercial*), diese befinden sich zumeist nahe den Nationalstraßen und sind oft nur mit dem Auto zu erreichen. In diesen „Konsumtempeln“ finden sich alle großen französischen Supermärkte wie Carrefour, Géant, Super U, Leader Price etc. Supermärkte gibt es in kleinen Ortschaften kaum, dafür aber Tante-Emma-Läden, die hier *boutik* oder *épicerie* heißen. Hier werden Früchte, Gemüse und andere Zutaten für die kreolische Küche verkauft. Besonders Obst und Gemüse sind hier günstiger und frischer als in den großen Supermärkten. Außerdem gibt es zahlreiche Bäckereien, die neben Baguettes und süßem Gebäck auch kleine Snacks anbieten.

In den Innenstädten findet man (noch) nicht alle großen europäischen Modeketten, jedoch ist eine Entwicklung in diese Richtung immer mehr auf dem Vormarsch. Zwischen neuen Geschäftslokalen in den Einkaufsstraßen befinden sich chinesische Geschäfte mit Billigimporten und die kleinen Modegeschäfte der Z'arabes. Kurzum: Die Innenstädte Réunions sind keine Shoppingparadiese. Ein Highlight sind dagegen die zahlreichen **Wochenmärkte**, etwa in Saint-Gilles-les-Bains am Mittwochvormittag, in Saint-Pierre und Saint-Leu am Samstagvormittag, in Saint-Paul am Freitagvormittag oder in Saint-Denis im Stadtteil Le Chaudron am Sonntagvormittag. Hier gibt es neben Lebensmitteln und Kleidung auch lokale Handwerkskunst.

Einreise

Für die Einreise nach Réunion gelten die Bestimmungen der EU. Bürger der Europäischen Union und der Schweiz benötigen also nur einen gültigen Personalausweis. Kinder jeglichen Alters benötigen in jedem Fall einen Kinderreisepass. Für die Weiterreise auf umliegende Inseln wie Madagaskar, Mauritius oder die Komoren (bis auf Mayotte) braucht man einen gültigen Reisepass. Touristen aus Ländern außerhalb der EU benötigen ein Visum sowie ein gültiges Rückflugticket. Impfungen sind für Reisende aus Europa nicht erforderlich, es sei denn, sie waren vorher in einem Gelbfieber- oder Choleragebiet. Zu den Zollbestimmungen bzw. Reisefreimengen s. S. 84.

Essen und Trinken

Die Küche der multiethnischen Bevölkerung von Réunion bietet eine breit gefächerte Auswahl an Gerichten französischer, kreolischer, indischer, arabischer und chinesischer Herkunft. Das typische Cari – eine Art Fleisch-, Fisch- oder Geflügel-Ragout – ist nicht wegzudenken. Dazu werden Reis und Bohnen gereicht. Die äußerst scharfe Soße Rougail – eine Mixtur aus Chili, Zwiebeln und Gewürzen, meist mit Tomaten, manchmal auch mit Mangos oder Zitronen – wird in kleinen Schälchen separat zum Essen angeboten und sollte mit Vorsicht genossen werden!

Für den Hunger zwischendurch oder eine kleine Mittagsmahlzeit bieten sich in den Städten oder am Strand die Snackbars oder Gerichte zum Mitnehmen (à emporter) an. Wer es etwas vornehmer mag: An guten Restaurants ist auf der Insel kein Mangel – ein Mittagsmenü mit frischen Fischgerichten kostet ca. 15–20 €.

In den Restaurants wird zum Essen nach französischer Sitte Wein getrunken, der meist aus dem Mutterland oder aus Südafrika importiert ist. Der heimische Wein (aus Cilaos) ist schwer, stark und bei Feinschmeckern nicht gerade beliebt. Das Inselbier „Dodo“ ist überall gekühlt zu finden und mit seinem leichten Geschmack herrlich erfrischend.

Leitungswasser kann überall gefahrenlos getrunken werden, daneben wird kohlensäurehaltiges oder stilles Wasser (*eau gazeuse* bzw. *eau plate*) angeboten. Als Aperitif trinkt man gerne einen *rhum blanc* oder einen Punsch aus Rum und verschiedenen Früchten – z. B. Ananas-, Mango-, Litschi-, Passionsfrucht- oder Vanillepunsch. In den größeren Orten und an beliebten Badestränden kann man an Ständen herrliche, frisch gepresste Fruchtsäfte (Orange, Pampelmuse, Ananas usw.) bekommen.

Hinweise auf gute und typische Gaststätten finden sich bei den jeweiligen Orten im Routenteil. Es ist üblich, dass die Restaurants nur zur Mittagszeit und abends ab 19 Uhr warme Gerichte anbieten.

In der Hauptferienzeit sowie in der Hochsaison im Oktober und November ist eine Reservierung empfehlenswert, wenn man in einem bestimmten Restaurant essen möchte.

Feste und Feiertage

- 1. Januar: Neujahr
- Ostern (Sonntag und Montag)
- 1. Mai: Tag der Arbeit
- 8. Mai: Tag des Sieges von 1945
- Christi Himmelfahrt
- Pfingsten (Sonntag und Montag)
- 14. Juli: Nationalfeiertag
- 15. August: Mariä Himmelfahrt
- 1. November: Allerheiligen
- 11. November: Waffenstillstand 1918
- 20. Dezember: Abschaffung der Sklaverei
- 25. Dezember: Weihnachten

Jedes Jahr finden im September – wie in vielen europäischen Ländern – auf der Insel die Europäischen Tage des Denkmals (Journées Européennes du Patrimoine) statt. Viele Kulturdenkmäler öffnen zu dieser besonderen Gelegenheit ihre Tore gratis für Besucher. Dazu werden in vielen Gemeinden Konzerte, Workshops und historische Stadtführungen veranstaltet.

Geldangelegenheiten

Auf Réunion gilt wie in Deutschland und Österreich seit dem 1. Januar 2002 der Euro. Die Insel war wegen der Zeitdifferenz der erste Landesteil der EU, in dem die neue Währung offiziell eingeführt wurde. Schweizer Franken und auch andere Währungen der umliegenden Inseln können in den großen **Wechselstuben** in Saint-Denis umgetauscht werden (**InterChange**, 38 Rue Issop Ravate, Saint-Denis, Mo–Fr 8–16.30, Sa bis 11.30 Uhr, sowie **RIA Money Transfer**, direkt im Flughafengebäude, Mo–Sa 8–17, Sa 9–14 Uhr). Banken haben in der Regel Mo–Fr 8–16 Uhr geöffnet.

Geldautomaten heißen auf Réunion „*gabiers*". Es gibt sie fast überall auf der Insel – allerdings nur da, wo es auch eine Post gibt (also zum Beispiel nicht in Mafate oder Grand Bassin; wer hier unterwegs ist, sollte genug Bargeld dabei haben). In kleinen Restaurants und Snackbars sowie in Gîtes und Chambres d'hôtes muss oft bar bezahlt werden.

Bei den Einheimischen ist noch immer die Bezahlung mit Schecks beliebt. Manchmal wird bei der Reservierung von Unterkünften nach einem Scheck als Sicherheit gefragt. Wenn man aber höflich darauf hinweist, dass man als Ausländer nicht über solche verfügt, wird die Reservierung auch ohne Anzahlung durchgeführt.

Gesundheit

Für eine Reise nach Réunion benötigt man **keine besonderen Impfungen**; auf der Insel gibt es weder Malaria noch Gelbfieber. Empfohlen werden lediglich die üblichen Impfungen (z. B. Hepatitis). Auch bzgl. des **Corona-Virus** war bei Redaktionsschluss ein Impfnachweis o. ä. nicht mehr erforderlich, ggf. sollte man sich hier rechtzeitig vor der Reise noch einmal vergewissern, z. B. auf den Websites des Auswärtigen Amts (www.auswaertiges-amt.de) bzw. des französischen Außenministeriums (www.diplomatie.gouv.fr/de). Mit der Europäischen Krankenversicherungskarte (EHIC) kommt man im Normalfall weiter, jedoch müssen die Kosten meist ausgelegt werden. Diese bekommt man dann in der Regel von seiner Krankenversicherung erstattet. Ein Rücktransport im Notfall ist jedoch mit der EHIC nicht abgesichert, sodass eine zusätzliche Reiseversicherung anzuraten ist.

Wer empfindlich auf Mückenstiche reagiert, sollte vor allem im Südsommer vorbeugen: Lange Kleidung in den Morgen- und Abendstunden kann vor Stichen schützen. Wenn man trotzdem gestochen wurde, bringt juckreizstillende Creme Linderung. Guter Sonnenschutz ist ebenfalls sehr wichtig: Vom Sonnenhut über Sonnencreme bis zu After-Sun-Lotion gehört alles ins Reisegepäck, um Verbrennungen vorzubeugen. Gerade in den Bergen wird die Sonnenstrahlung oft unterschätzt. Ansonsten gehören die üblichen Dinge in eine gut sortierte Reiseapotheke: Pflaster, Schmerztabletten, Durchfalltabletten etc. Das Chikungunya-Virus, das von Ende 2005 bis Ende 2006 auf der Insel grassierte, wurde erfolgreich eingedämmt und stellt keine Gefahr mehr dar. Dagegen sind in den letzten Jahren im Südsommer vermehrt Dengue-Fälle aufgetreten, dessen Virus durch infizierte Mücken übertragen wird. Apotheken (*pharmacie*) nach französischem Standard gibt es auf der Insel in so gut wie jedem kleinen Dorf oder Ortsteil.

Zwei große Krankenhäuser bieten eine Versorgung auf europäischem Niveau. Deutsche Assistenzärzte helfen bei sprachlichen Komplikationen in beiden Krankenhäusern weiter.

- **Centre Hospitalier Félix Guyon**, Allée des Topazes, 97405 Saint-Denis, ✆ 0262-905050
- **Centre Hospitalier Universitaire**, Avenue François Mitterrand, 97410 Saint-Pierre, ✆ 0262-359000

Homosexualität

Réunion unterliegt in allen Bereichen dem französischen Gesetz, Homosexuelle dürfen also nicht diskriminiert werden. Die kreolische Bevölkerung toleriert Schwule und Lesben, ist in dieser Hinsicht jedoch nicht so aufgeschlossen, wie man es sonst in vielen Teilen Europas kennt. Es gibt vereinzelt kleine homosexuelle Communities, etwa in Saint-Denis, Saint-Pierre oder Saline les Bains. Die touristischen Einrichtungen sind insbesondere an der Westküste tolerant gegenüber homosexuellen Kunden. Genauere Informationen gibt es unter: www.gay-sejour.com.

Internet

Mit der Aufhebung der Roaming-Gebühren innerhalb der EU haben Reisende die Möglichkeit, mit ihrem Smartphone ohne zusätzliche Gebühren online zu gehen. Reisende aus der Schweiz sollten sich bei Bedarf ein Zusatzdatenpaket zulegen. Tourismusbüros und Unterkünfte sowie zahlreiche Bars und Cafés an der Küste bieten ebenfalls kostenfreies WLAN (*Wifi*) an.

Kinder

Die Familie hat auf Réunion eine große Bedeutung, entsprechend sind auch die meisten touristischen Einrichtungen kinderfreundlich ausgestattet. Einige Hotels haben spezielle Angebote für Familien; Zustellbetten für Kinder (*lit supplémentaire*) sind gegen einen geringen Aufpreis so gut wie überall erhältlich. Auch in Restaurants sind Kinder stets gern gesehene Gäste. Die Insel ist für Kinder genauso gefährlich oder ungefährlich wie ein Urlaub in den Alpen oder am Mittelmeer; es gibt keine bedrohlichen Tiere und Pflanzen.

Folgende Attraktionen sind besonders geeignet für Kinder: das Aquarium de La Réunion in Saint-Gilles (s. S. 128), der Unterwasserpfad in L'Ermitage (s. S. 130), die Schildkrötenfarm Kélonia oder das Museum Stella Matutina in Saint-Leu (s. S. 139 u. 145), der Croc Park in L'Étang-Salé (s. S. 149), das Teelabyrinth in Grand Coude (s. S. 224) und das Nationalparkzentrum Maison du Parc in der Plaine des Palmistes (s. S. 207). Außerdem lassen sich auch kleinere Wanderungen oder Klettertouren gut mit Kindern unternehmen.

Kleidung

Am besten eignet sich für eine Reise auf Réunion das Zwiebelprinzip, also mehrere Kleidungsschichten übereinander. Im Südsommer ist es an der Küste sehr heiß, sodass man selbst in kurzen Hosen und luftigem Shirt schwitzt. In den Bergen ist es dagegen selbst zu dieser Jahreszeit frisch, besonders bei schlechtem Wetter oder am Abend. Socken, lange Hosen und Fleecejacken sind also geboten, besonders für alle, die auf Wanderhütten nächtigen oder zum Piton des Neiges aufsteigen möchten – hier haben schon viele beim Warten auf den Sonnenaufgang gefroren. Lange Kleidung empfiehlt sich übrigens auch zum Schutz gegen die Mücken!

Im Südwinter ist es auch an der Küste abends frisch und oft windig, sodass lange Kleidung notwendig wird. Tagsüber wird es dann jedoch wieder angenehm warm.

Medien

Auf der Insel gibt es drei regionale Tageszeitungen, die über das tägliche Inselgeschehen berichten und die es überall auf der Insel zu kaufen gibt: Le Journal de l'Île (www.clicanoo.re), Le Quotidien de La Réunion (www.lequotidien.re) und Témoignages (www.temoignages.re).

Neben dem öffentlichen-rechtlichen Sender Réunion La Première gibt es mit dem Privatsender Antenne Réunion und dem musiklastigen, einst als Piratensender gestarteten Télé Kréol zwei weitere offizielle Inselkanäle. Über Satellit oder IP-TV sind weitere Sender zu empfangen, die wie z. B. Canal+ teils ein speziell zugeschnittenes Programm zeigen.

Im Radio gibt es zahlreiche private Sender mit viel Werbung, Interaktion mit den Zuhörern und Musik. Beliebt sind etwa Radio NRJ, Free Dom, RTL, Chérie FM und Kreol FM.

Mietwagen (s. a. „Verkehrsmittel")

Wenn es auf Réunion etwas im Überfluss gibt, dann sind es Autos. Auch an Autovermietungen mangelt es nicht – von den großen internationalen Anbietern bis hin zur kleinen Werkstatt, die nebenbei Autos vermietet. Dementsprechend sind auch Qualität und Service sehr unterschiedlich. Die Mietpreise steigen während der Hauptferienzeiten im August und zum Jahreswechsel stark an.

Nachtleben

Saint-Gilles ist auf der Insel für sein interessantes und abwechslungsreiches Nachtleben bekannt, aber auch in Saint-Denis und Saint-Pierre gibt es einige Ausgehmöglichkeiten. In den Talkesseln, auf der Hochebene und an der Ostküste ist am Abend dagegen kaum etwas los. Auf der ganzen Insel gibt es jedoch immer wieder Konzerte und kleine Festivals (*kabars*). Informationen über alle Veranstaltungen findet man im Ausgehmagazin Azenda, das in vielen Bars gratis ausliegt, und auf der entsprechenden Internetseite: www.azenda.re.

Spielcasinos mit Roulette und Black Jack gibt es in Saint-Denis, Saint-Gilles-les-Bains und Saint-Pierre. Auch die Theater von Réunion haben einen guten Ruf, hier gastieren häufig französische Theater- und Konzertgruppen.

Notfall/Notruf

- Polizei: ✆ 17
- Feuerwehr: ✆ 18
- Rettung: ✆ 15
- Bergrettung: ✆ 0262-930930
- Seerettung: ✆ 0262-434343

Öffnungszeiten

Die Öffnungszeiten von Supermärkten und sonstigen Geschäften sind nicht einheitlich geregelt. Je nach Größe machen diese oft zwischen etwa 12 und 15 Uhr Mittagspause. Manche Geschäfte sind am Sonntagvormittag geöffnet, haben aber am Sonntagnachmittag und Montagvormittag geschlossen, andere sind sonntags komplett geschlossen und dafür montags ganztägig geöffnet. In kleinen Obst- und Gemüseläden (*boutik*) kann man meist jeden Tag einkaufen.

Post

Auf der Insel gibt es flächendeckend Postfilialen; die Öffnungszeiten variieren je nach Größe der Filiale. Eine Postkarte oder ein Brief nach Europa kostet 1,65 € und braucht ca. eine Woche. Die Post in Frankreich streikt jedoch immer mal wieder, sodass die Ansichtskarte auch mal einen ganzen Monat unterwegs sein kann!

Reiseveranstalter

- **alizee reisen**, ✆ 07641-9548890, info@alizee-reisen.de, www.alizee-reisen.de. Reisen auf Réunion sowie Tauchtrips nach Mayotte und auf andere umliegende Inseln.
- **ASI Reisen**, ✆ 030-3187793360, +43 512-54600060 (AT), +41 43-5084758 (CH), buchung@asi.at, www.asi-reisen.de. Anbieter von Gruppenreisen, der sich auf nachhaltige Erlebnisse für Reisende spezialisiert hat.
- **atambo tours**, ✆ 069-74220986, info@atambo.de, www.atambo.de. Maßgeschneiderte Erlebnisreisen, mit besonderem Augenmerk auf nachhaltigem Reisen.
- **Iwanowski's Individuelles Reisen**, ✆ 02133-26030, www.afrika.de. Der Afrika-Spezialist hat maßgeschneiderte Selbstfahrer- und Wanderreisen auf Réunion in seinem Portfolio.

- **Let's Go Tours AG**, ✆ +41 52-6241077, tours@letsgo.ch, www.letsgo.ch. Schweizer Veranstalter, der auch Rundreisen per Fahrrad anbietet.
- **reiseAgentur Brandner**, ✆ 0711-579889, info@reiseagentur-brandner.de, www.reiseagentur-brandner.de. Erfahrener Anbieter von Gruppen-, Individual- und Wanderreisen auf Réunion.
- **Réunion Tour Guides**, reunion.tour.guides@gmail.com, www.reunion-tour-guides.com. Sophie und Catherine, die hervorragend deutsch sprechen, bieten begleitete Tagesausflüge nach Maß auf ihrer Heimatinsel an.
- **Traumziele reisen**, ✆ 089-30784598, info@traumziele.com, www.traumziele.com. Individuell geplante Reisen nach Réunion, Seychellen und Mauritius. Auch Organisation von Hochzeiten.

Sicherheit

Warnung vor Haiattacken

Die zunehmenden Haiangriffe auf Schwimmer und Surfer ab 2011 haben zu verstärkten Vorkehrungen geführt (s. S. 25), wodurch sich die Situation entspannt hat. Dennoch ist natürlich nach wie vor örtlichen Warnungen und Verboten Folge zu leisten. An den bewachten Stränden gibt es Flaggen, die verschiedene Sicherheitsstufen signalisieren: Die grüne Flagge heißt, dass das Baden uneingeschränkt möglich und sicher ist. Orange bedeutet, dass das Baden zwar erlaubt, aber nicht ohne Risiko ist. Die rote Flagge zeigt an: Baden verboten. Die orangefarbene Flagge mit Haisymbol besagt, dass die meteorologischen Bedingungen Haie in Strandnähe locken können und dass sich diese unmittelbar im Badebereich befinden könnten. Auch gute Schwimmer sollten vorsichtig sein und Warnhinweise unbedingt beachten! Die bewachten Strände der Insel sind: Boucan Canot, Les Roches Noires (Saint-Gilles), L'Ermitage & Ermitage Village, Handiplage de la Saline les Bains, Saint-Leu, L'Étang-Salé, Saint-Pierre. Die Zeiten sind jeweils vor Ort signalisiert.

Ansonsten ist die Insel ein absolut sicheres Reiseziel! Nur vor Taschendieben sollte man sich in Acht nehmen, aber das gilt andernorts in Europa genauso. Besonders auf den Märkten und an den Stränden sollte man auf seine Sachen achtgeben. An einigen Stränden gibt es Schließfächer, in denen man Wertsachen sicher verwahren kann. Weiter ist es ratsam, im Auto keine (Wert-)Gegenstände sichtbar liegen zu lassen.

Sport und Erholung

An Land

Bungee Jumping

Seit Kurzem werden an verschiedenen Spots Bungee-Sprünge angeboten, z. B. beim Viadkukt der Route des Tamarins in Saint-Leu mit einem Sprung von mehr als

120 m (nach eigenen Angaben der höchste im Indischen Ozean) oder bei der Brücke beim Fluss Bras de la Plaine zwischen Saint-Pierre und Saint-Louis (immerhin 115 m).

- **Air Jump 974**, Pont de la Fontaine, Saint-Leu, ✆ 0692-435-436, www.airjump974.com
- **Vertikal Jump**, Pont du Bras de la Plaine, St.-Pierre, ✆ 0693-861865, www.vertikaljumpreunion.com

Canyoning

Die Insel bietet verschiedene Spots zum Canyoning, sowohl in den Talkesseln, wie Takamaka, Fleur Jaune oder Trou de Fer, als auch außerhalb, wie im Rivière de Langevin. Die Schluchten werden kletternd, rutschend, schwimmend, wandernd und springend erkundet, es gibt Touren für Anfänger und für Fortgeschrittene. Im Südwinter sind einzelne Spots nicht zugänglich, da sie zu wenig Wasser führen, im Südsommer andere Spots, da sie zu viel Wasser führen. Infos zu lokalen Touranbietern finden sich in den Reisepraktischen Informationen der jeweiligen Orte, die folgenden Anbieter operieren quasi inselweit, eine Voranmeldung ist – allein aus logistischen Gründen – unerlässlich:

- **Run Évasion**, 23 Rue du Père Boiteau, Cilaos, ✆ 0262-318357, runevasioncilaos@gmail.com, www.facebook.com/people/RUN-Evasion/100054275570194/?locale=fr_FR
- **Cilaos Aventure**, 12 Chemin de la Chapelle, Cilaos, ✆ 0692-667342, team@cilaosaventure.com, www.cilaosaventure.com
- **Ricaric**, 46 Rue Cour Vue Belle, La Saline, Saint-Paul, ✆ 0692-865485, ricaric@canyonreunion.com, www.canyonreunion.com

Canyoning ist ein Spaß für Anfänger wie für Fortgeschrittene

Fahrradfahren und Mountainbiken

Das gut ausgebaute Straßennetz lädt auf den ersten Blick dazu ein, die Insel auf dem Fahrrad zu erkunden oder zumindest einige Abstecher mit Muskelkraft zu bewältigen. Man sollte sich aber nicht täuschen und die eigenen Fähigkeiten realistisch einschätzen: Wer das Landesinnere erleben möchte, muss auf den Strecken in die Cirques oder auf den Vulkan kräftig in die Pedale treten und enorme Höhenunterschiede bewältigen – und das bei Höchsttemperaturen. Auch die alte Nationalstraße an der Küste ist längst nicht immer flach, dazu ist es hier oft sehr windig. Auf anderen Straßen gibt es tiefe Abwassergräben, die das Regenwasser abführen, für unachtsame Radfahrer aber gefährlich sein können. Kurz: Réunion ist für geübte und trainierte Fahrradfahrer ein Paradies, besonders die abgelegenen Straßen des Inselinneren. Das Mountainbiking ist in den letzten Jahren auf der Insel immer populärer geworden, daher hat der französische Radsportverband rund 700 km markierter Pisten angelegt. Mountainbikes können im Fahrradverleih oder sogar in einzelnen Hotels gemietet werden, sie heißen hier „VTT" (= „*vélos tout terrain*"). Eine gute Adresse für Mountainbikeverleih und -touren ist z. B. **Rando Réunion Passion** in Saint-Gilles-les-Bains (s. S. 137).

Klettern und Bouldern

Réunion ist als tropisches Klettergebiet einzigartig mit seinen Basaltfelsen vulkanischen Ursprungs. Die Kletterrouten, die sich sowohl in den Talkesseln als auch in Küstennähe finden, sind im Allgemeinen gut ausgebaut. Besonders beliebte und schöne Spots sind Paille en Queue bei Saint-Paul (einfach zugänglich!), Waki Playa in Entre-Deux und die Site de Fleur Jaune in Cilaos, die auch zum Picknicken, Baden und Zelten einlädt. Zum Bouldern sind die unzähligen Möglichkeiten in der Ravine des Avirons zu empfehlen. Infos bietet z. B. www.ffme974.org. Bücher mit den Topos (Kletterrouten) der Insel: „Topo Falaise – Escalade île de La Réunion" (ISBN: 9782908330854) – und speziell zum Bouldern: „Escalade Reunion Topo Bloc" (ISBN: 9782908330533).

Reiten

Auf der Insel gibt es mehrere Anbieter von Reitausflügen, z. B. zum See Grand Étang (s. S. 208), am Strand von L'Étang-Salé (s. S. 150) oder durch vulkanisches Gebiet (s. S. 198).

Wandern

Mit mehr als 900 km markierter Wanderwege ist Réunion ein Paradies für Wanderer. Die Wege befinden sich vermehrt in den Talkesseln und auf der Hochebene; für die Fernwanderwege (*sentier de grande randonnée*) GR 1 und GR 2 sind mehrere Tage zu veranschlagen. Aufgrund der speziellen Oberflächenstruktur der Insel mit den beiden Massiven Piton de la Fournaise und Piton des Neiges sowie den drei Cirques dient das Wandern nicht nur dem sportlichen Ausgleich, sondern ist oft die einzige Möglichkeit, an Orte zu kommen, die mit dem Bus oder Wagen schlichtweg unerreichbar sind. Gleichzeitig sind die Wege ein Abbild der kurzen, aber reichen Geschichte der Insel, denn sie folgen oft den Spuren der einstigen Sklaven. Noch bis ins letzte Jahrhundert stellten die heutigen Wanderpfade oft die einzige Verbindung zwischen zwei Orten dar, insbesondere in den Talkesseln.

Zahlreiche eingerichtete Berghütten sorgen dafür, dass man seine Touren präzise planen und in Etappen einteilen kann. Sie ermöglichen sogar, den gesamten Aufenthalt auf der Insel als Wanderurlaub einzurichten. Für solche Wanderprofis ist die Durchquerung der wilden Talkessel, einschließlich der Besteigung des Piton des Neiges, sicher am lohnendsten. Dafür braucht man – je nach Kondition – vier bis sechs Tage. Zur Ausrüstung gehören bei solchen Touren unbedingt Sonnencreme und Regenschutz sowie feste Bergschuhe, Taschenlampe und warme Kleidung für den Abend. Wegen der Feuchtigkeit und der schweißtreibenden Tätigkeit sind Shorts langen Hosen vorzuziehen.

Allgemein ist es ratsam, sich vorab bei lokalen Tourismusbüros oder beim Office National des Forêts (ONF, ✆ 0262-904800) zu erkundigen, ob es in den Tagen zuvor starke Regenfälle (Rutschgefahr) gegeben hat und ob bestimmte Wege begehbar sind. Das ONF bietet auf seiner Website aktuelle Informationen über gesperrte Wege: www.onf.fr/la-reunion/sommaire/loisirs_en_foret/randonner/organiser. Bei mehrtägigen Touren sollte man sich vorher über das Wetter informieren: www.meteofrance.re/accueil.

Unterwegs auf dem Wanderweg Canalisation des Orangers

Obwohl es zwischendurch überall kleine Läden gibt, sollte man eine kleine Notfallration an Nüssen oder Müsliriegeln und auf jeden Fall ausreichend Wasser mit sich führen. In Karten eingezeichnete Flüsse führen nicht immer Wasser oder sind evtl. nicht zugänglich, obwohl man sie überquert. Wanderer, die alleine unterwegs sind, sollten die Herberge über ihren Aufenthaltsort und die geplante Route informieren, sodass sie im Notfall vermisst werden.

Auch wer nicht seinen kompletten Urlaub, sondern nur einzelne Tage oder ein paar Stunden auf Wanderschaft verbringen möchte, wird auf Réunion fündig. Es gibt ein riesiges Angebot an sportlichen oder gemütlicheren Wanderungen, die man bequem an einem halben Tag durchführen kann. Jeder einzelne Cirque eignet sich für ein- oder zweitägige Wanderungen. Diese haben den Vorteil, dass man am Ende immer zum Ausgangspunkt (dem Standort des Mietwagens oder der Unterkunft) zurückkehrt. Reizvolle Wanderregionen liegen aber nicht nur im Gebirge, wo sich die Ortschaften Cilaos, Hell-Bourg und Plaine des Cafres am besten als Ausgangsunkte eignen, sondern auch in Küstennähe. Verschiedene Wanderungen werden in den jeweiligen Kapiteln im Routenteil vorgeschlagen.

Informationen zu den Berghütten und die Möglichkeit zur Reservierung erhält man auf der allgemeinen Réunion-Tourismus-Website: www.reunion.fr/reserver oder ✆ 0262-907878.

Für geübte Wanderer und Kartenleser sind die blauen Karten vom Institut Géographique National (IGN) empfehlenswert. Mit einem Maßstab von 1:25.000 ist die Insel auf 6 Karten abgebildet. Viel begangene und gut instand gehaltene Wanderwege sind hier rot markiert. In seltenen Fällen kann es jedoch vorkommen, dass eingezeichnete Wege nicht mehr gepflegt werden und die Beschilderung demontiert wurde. Für selbst organisierte Touren ist es immer hilfreich, sich vorher mit der lokalen Bevölkerung auszutauschen; die Menschen vor Ort wissen meist sehr genau, ob die Wege begehbar sind oder nicht.

Gutes Kartenmaterial gibt es in verschiedenen Buchläden in Saint-Denis oder Saint-Pierre, teilweise auch in den Tourismusinformationen und in großen Supermärkten.

- **Librairie Gérard**, 5 Rue de la Compagnie, Saint-Denis, ✆ 0262-200815
- **Librairie Autrement**, 39 Rue Désiré Barquisseau, Saint-Pierre, ✆ 0262-353535

Wanderungen mit professioneller Führung haben den Vorteil, dass man hierbei viel über Tiere und Pflanzen sowie die Geschichte der Insel erfahren kann. Geführte Wanderungen bietet der Deutsche Christoph Kindler mit seinem Team (https://aar-reunion.jimdofree.com/startseite-deutsch).

Bei allen Wanderungen gilt die Faustregel: Je früher man aufbricht, desto besser! Die Wolkendecke zieht sich regelmäßig in den Vormittagsstunden zu, die beste Sicht hat man meist sofort nach Sonnenaufgang. Das bedeutet, dass man auch schon einmal im Dunkeln aufbrechen sollte, wenn zum Startpunkt der Wanderung noch einige Kilometer mit dem Auto zurückzulegen sind. Auch in den Abendstunden kann man mit Glück noch gute Sicht haben und evtl. einen spektakulären Sonnenuntergang genießen. Zu beachten ist dabei, dass die Nacht auf Réunion schnell hereinbricht – und das viel früher als im europäischen Sommer!

Zum Schluss noch einige Hinweise, die eigentlich selbstverständlich sein sollten, aber leider trotzdem nicht immer beachtet werden: Beim Wandern sollte man unbedingt auf den gekennzeichneten Wegen bleiben und Pflanzen und Tiere respektieren! Für Picknicks stehen zahlreiche Bänke oder Pavillons zur Verfügung. Auch wenn diese teilweise mit Mülleimern versehen sind, sollte man seinen Müll am besten einfach wieder mitnehmen und am Übernachtungsort entsorgen. Gleiches gilt für Zigarettenstummel.

Im und auf dem Wasser

Hochseefischen

Die Fanggründe vor der Insel sind dicht bevölkert und werden von einer ständig steigenden Zahl von Sportfischern genutzt. Das Zentrum des Hochseeangelns ist der Hafen von Saint-Gilles-les-Bains, wo die gut ausgerüsteten Boote des Pêche-aux-gros-Clubs (*www.reunionfishingclub.com*) liegen und wo abends der Fang gewogen und notiert wird. Doch auch Le Port und Saint-Pierre sind gute Ausgangspunkte für das Hochsee-Abenteuer.

Die Jagd gilt hauptsächlich den riesigen Marlinen und Thunfischen und beginnt bereits etwa 200 m vor der Küste. Hier wirft man die frisch gefangenen Köder, die silbrig glänzenden Bonitos, aus. Hat dann tatsächlich ein großer Marlin angebissen, beginnt für den Mann oder die Frau auf dem „Thron" und den Fisch ein verbissener Kampf, der manchmal fünf Stunden dauern kann. Und die Resultate? Gelbflossenthunfische von über 100 kg oder Schwarze und Blaue Marline von 100–300 kg sind keine Seltenheit. Eine Frau, die einen 551 kg schweren Schwarzen Marlin fing und sich mit ihm einen 7-stündigen Kampf lieferte, ging in die lokale Geschichte ein!

Die Jagd auf die Großfische findet zwischen November und April statt, wenn der Ozean am wärmsten ist. Obwohl eigentlich der Schiffsbesitzer der Eigentümer des Fangs ist, wird die Beute je nach Wunsch der Teilnehmer nach den Ausflügen aufgeteilt.

Wichtige Adressen für Hochseeangler finden sich unter dem jeweiligen Ort.

Kitesurfen

Um das Kitesurfen zu lernen, eignet sich Réunion nicht, da die Korallen in den Lagunen zu hoch liegen und ein stürzender Anfänger gnadenlos darüber geschleift und verletzt würde – zudem würden auch noch die Korallen dabei beschädigt. Demnach gibt es auf der Insel keine Schule fürs Kitesurfen. Könner finden jedoch zwei bekannte und beliebte Spots vor: am Restaurant La petite Vague am Strand Trou d'Eau in Saline les Bains und in Saint-Pierre am Strand des Viertels Ravine Blanche, gegenüber von Friedhof und Gendarmerie.

Kitesurfer am Strand bei Saint-Pierre

Der passionierte Kitesurfer Pierre Godet betreibt in der Nähe des Spots in Saint-Pierre einen kleinen Surf-Shop, auch mit gebrauchtem Material:

- **Ocean Players**, 2b Rue de la Cayenne, Saint-Pierre, ✆ 0262-681648, contact@ocean-players.com, www.ocean-players.com

Rafting

Auf den wilden Flüssen Rivière du Mât und Rivière de Marsoins kann man beim Rafting rasante Wasserabfahrten erleben. Gute Monate, in denen die Flüsse viel Wasser führen, sind von Dezember bis März. Den größten Anbieter gibt es im Nordosten der Insel:

- **Raft Aventure**, Bras Canot, 97470 Saint Benoît, ✆ 0692-703646, contact@runaventures.com, www.runaventures.com

Schwimmen und Baden siehe „**Sicherheit**" und „**Strände**"

Segeln

In den Häfen von Saint-Gilles-les-Bains und Saint-Pierre liegen einige Segelboote, jedoch gibt es nur wenige touristische Anbieter. Oft ist der Wind an der Westküste zu schwach, in Saint-Pierre im Südwinter dagegen zu stark. Einen Katamaran samt Skipper chartern oder an einer Hochsee-Segeltour teilnehmen kann man z. B. von Saint-Gilles-les-Bains aus:

- **Lady la fée**, ✆ 0692-691299 (mobil), www.ladylafee.re

Surfen

Der Ozean auf Réunion prallt an vielen Stellen ungehindert und mit mächtiger Brandung gegen die Küste. Surfer und Wellenreiter müssen sich über die Windverhältnisse und die Inselstruktur im Klaren sein: Die quer durch das Land verlaufenden Gebirgsketten teilen Réunion in eine Luv- und eine Leeseite. Da der stetige Passat meist aus südöstlicher Richtung kommt, ist die Westküste windabgewandt und für die wirklichen Könner nicht so interessant (ideal aber für Einsteiger in diese Sportarten). Im Übrigen hat der Passat nicht immer die gleiche Stärke: Zwischen Mai und November bläst er recht beständig mit mindestens fünf Windstärken, während er sich zwischen Dezember und April oft bis zu Orkanstärken steigert. Die beste (windigste) Tageszeit ist der Mittag, nach 15 Uhr flaut dann der Wind regelmäßig wieder ab.

Wo sind nun die besten Möglichkeiten zum Surfen und Wellenreiten? Die nördliche Küste von Saint-Denis bis Saint-Benoît hat zwar keine Sandstrände, aber eine mächtige Brandung und lang gestreckte Wellen. Wirkliche Könner finden hier ein Paradies, für Anfänger des Sports kann es jedoch gefährlich werden: Wer von der Uferbrandung „geschluckt" und über den Kieselstrand geschleift wird, kommt nicht ohne kleinere oder größere Verletzungen davon!

Aufgrund dieser vielseitigen Bedingungen galt Réunion lange als einer der besten Surfspots im Indischen Ozean. In den 2010er-Jahren ist die Insel allerdings wiederholt durch **Haiangriffe** auf Surfer in die Schlagzeilen geraten. Zwischenzeitlich war das Surfen sogar ganz verboten, mittlerweile aber wieder erlaubt. Integrierte **Sensoren in den Surfbrettern** sollen neuerdings Haie von Surfern fernhalten, auch sonst sind die **Schutzmaßnahmen verstärkt** worden.

Trotz eines nie auszuschließenden Restrisikos gibt es dank dieser Entwicklungen seit 2022 wieder mehr Wellenreiter, dabei handelt es sich derzeit aber nahezu ausschließlich um Einheimische. Das Angebot an Surfschulen, Equipment-Verleihen etc. – zumindest für Trips außerhalb der Lagune – ist spürbar zurückgegangen, zudem ist die Ausübung des Sports durch den Mehraufwand auch teurer geworden. Wie schnell und umfassend die internationale Surfszene nach Réunion zurückkehrt und sich die entsprechende Infrastruktur neu konstituiert, werden die nächsten Jahre zeigen. Interessierte sollten sich rechtzeitig vor der Reiseplanung und auch vor Ort **über die aktuelle Situation informieren**. Erste Infos finden sich etwa online auf www.surfingreunion.com oder www.info-requin.re. In jedem Fall gilt: Lokale Sicherheitshinweise sollten unbedingt beachtet werden!

Tauchen

Korallen in allen Formen und Farben wachsen entlang des Riffs, das der Westküste vorgelagert ist und für Wassertemperaturen von 22–27 °C in der Lagune sorgt. Dazu kommt ein Reichtum an Fischen und Schalentieren, der seinesgleichen sucht. Papageien- und Schmetterlingsfische, Weich- und Tischkorallen, Gorgonien-Felder und Porzellanmuscheln verwandeln kurz hinter dem Ufer das Meer in ein riesiges, farbenprächtiges Aquarium, dessen natürliche Formen nur atemberaubend genannt werden können: Da gibt es steile Felsabstürze, Höhlen und Grotten, Riffe und senkrechte Basaltsäulen – sogar Schiffswracks sind zu sehen, die Pflanzen und Tieren zu einer neuen Heimat geworden sind. Die beliebtesten Tauchspots liegen vor Saint-Gilles, Saint-Leu, L'Étang-Salé und Saint-Pierre; sie unterscheiden sich in Fisch- und Korallenbeständen sowie in den vorhandenen Strömungen.

Der französische Tauchverband schreibt vor, dass die Schulen die Verantwortung für den medizinischen Zustand ihrer Schüler tragen. Daher benötigen Anfänger ein maximal 3 Monate altes, Fortgeschrittene ein maximal 1 Jahr altes Attest vom Arzt. Für 30 € kann dieses auch von einem Arzt auf der Insel erstellt werden.

In der Luft

Gleitschirmfliegen

Besonders in Saint-Leu gibt es eine große Anzahl von Gleitschirmflugschulen und Anbietern von Tandemflügen. Informationen für Touristen, die mit eigenem Material anreisen, gibt bei dem lokalen Gleitschirmflugclub Parapangue (www.parapangue.re). Mit Flugschein, aber ohne eigenes Material kann man betreut vom lo-

An der Ostküste herrscht oft starker Wind mit hohem Wellengang

kalen Personal bei Parapente Réunion fliegen (103 Rue Georges Pompidou, Saint-Leu, ✆ 0262-829292, info@parapente-reunion.fr, www.parapente-reunion.fr).

Beliebte Spots sind:

- **Colimaçons**: Spot in Saint-Leu auf etwa 800 m; besonders gut geeignet für Anfänger. Hier kann man auch gut mit dem Bus (KarOuest, Linie 30 von Saint-Leu, Haltestelle Site Parapentiste, http://karouest.re) anreisen.
- **Dos-d'Âne**: Oberhalb von Saint-Paul mit guter Sicht auf den Rivière des Galets und den Eingang nach Mafate. Vorsicht vor dem Nordwind!
- **Piton Textor**: Spot am Vulkan.
- **Piton de l'Entonnoir**: Spot oberhalb von Saint-Joseph und einziger im Süden der Insel.

Sprache und Sprachkurse

In größeren Tourismusanlagen spricht das Personal zumeist Englisch, nicht aber in kleinen, familiär geführten Herbergen. Speisekarten in Restaurants sowie Informationsblätter gibt es teilweise auf Englisch, manchmal sogar auf Deutsch. Hier hat Réunion Nachholbedarf. Man ist jedoch besonders in den letzten Jahren sehr bemüht, auch internationalen Touristen gerecht zu werden. Doch auch wenn man nicht die gleiche Sprache spricht: Die Einheimischen begegnen Touristen durchweg offen und herzlich. Deutsch als Fremdsprache ist eher unter Kindern und Jugendlichen verbreitet, da die Sprache an den Schulen gelehrt wird. Es gibt zudem Schüleraustauschprogramme mit deutschen Schulen.

Réunion ist als Destination zum Französischlernen noch recht neu, dementsprechend gibt es bislang erst wenige Sprachschulen. Der Deutsche David Penkert hat 2011 die Sprachschule DP Langues gegründet und bietet Französisch-Kurse für internationale Sprachschüler an. Unterkünfte bei Gastfamilien können vermittelt werden. Es werden auch weitere Informationen und Hilfen für die Organisation des Aufenthaltes vor Ort angeboten:

- **DP Langues**, 364 Rue Saint Louis, Saint-Paul, ✆ 0262-559756, contact@dplangues.com, https://dplangues.com

In Saint-Pierre befindet sich die Sprachschule K'Osez, was auf Kreolisch „sprecht" bedeutet. Hier werden nicht nur Französisch- und Kreolkurse für internationale Sprachschüler angeboten, sondern auch Deutsch-, Englisch- und Spanischkurse für Franzosen. Auch hier bietet das Team Hilfe zur Organisation des Aufenthaltes:

- **K'Osez**, 157 Rue Augustin Archambaud (Les Casernes), 97410 Saint-Pierre, ✆ 0692-622826 (mobil), www.kosez.re

Strände

Réunion hat einige feinsandige Strände, die fast ausschließlich an der westlichen und südwestlichen Küste liegen; **Schwimmen** ist (wenn nicht anders angegeben) **in gesicherten Bereichen** möglich. Im Einzelnen sind dies folgende (von Saint-Denis aus entgegen dem Uhrzeigersinn):

- **Plage de Boucan Canot**: nördlichster Sandstrand, etwa 5 km vor dem Ortseingang von Saint-Gilles-les-Bains gelegen und über die N1a zu erreichen. An Wochenenden und in den Ferien ziemlich voll, im nördlichen Abschnitt etwas leerer. Schöner Blick auf den Felsklotz des Cap Boucan Canot.
- **Plage des Roches Noires**: beliebter und belebter Hausstrand des ohnehin schon quirligen Fremdenverkehrszentrums Saint-Gilles-les-Bains. Die sich an den Hängen hinaufziehende Bebauung mit Hotel- und Appartementanlagen weckt Erinnerungen an mediterrane Touristenorte.
- **Plage de Saint-Gilles-les-Bains**: 7 km langer Sandstrand südlich des Hafens, über mehrere Stichstraßen von der N1a aus zu erreichen. Im grünen Hinterland sind etliche Hotels, Bungalows und Restaurants versteckt. Das Wasser der Lagune ist nicht tief und der Meeresboden von Seeigeln bevölkert (Badeschuhe!).
- **Plage de l'Ermitage les Bains**: schönster Strand südlich von Saint-Gilles; umsäumt von Filaos-Bäumen und mit einer flachen und warmen Lagune, die bestens zum Baden und Schnorcheln geeignet ist.
- **Plage de la Saline les Bains und Trou d'Eau**: südlich des Hotels und Campingplatzes. Auch südlich davon (Pointe des Trois Bassins; La Souris Chaude) gibt es sandige Abschnitte und Badegelegenheiten.
- **Plage de Saint-Leu**: kleiner, windgeschützter Strand mit grauem Sand, am nördlichen Ortseingang (hinter der Schildkrötenfarm) gelegen. Kein gesicherter Schwimmbereich!
- **Plage Citerne 46**: geschützte Lagune südlich von Saint-Leu. Gute Parkmöglichkeit.
- **Plage de L'Étang-Salé les Bains**: lang gestreckter und breiter Strand mit schwarz-grauem Sand, beliebt bei Einheimischen.
- **Plage de Saint-Pierre**: schöner Sand- und Kieselstrand, durch einen Dünen- und Grüngürtel von der Uferpromenade (Boulevard Hubert Delisle) getrennt. An Wochenenden – besonders nach dem Markt von Saint-Pierre – viel besucht; aber es bleibt immer noch genügend Freiraum für jeden.
- **Plage de Pêcheur**: kleiner Sandstrand im Viertel von Terre Sainte, der insbesondere von den Anwohnern genutzt wird. Zum Schwimmen nicht sonderlich geeignet, jedoch ist hier der Sonnenuntergang im Südsommer sehr malerisch! Zugang über die kleine Brücke am Hafen Richtung Osten.
- **Plage de Grande Anse**: 9 km hinter Saint-Pierre gelegener, sehr schöner Sandstrand mit Kokospalmen und abgetrenntem Bassin zum Schwimmen. Zugang über die Stichstraße von der N2 aus, hinter dem Campingplatz. Brandung und Strömungsverhältnisse jenseits des Piton de Grande Anse können sehr gefährlich werden!

Wegen der Sonnenbrandgefahr sollte man bei längerem Schwimmen, besonders aber beim Schnorcheln, möglichst auch ein T-Shirt o. Ä. tragen – auch weil Sonnencreme das Wasser verunreinigt!

Strom

Die Stromspannung beträgt 220 Volt, die Steckdosen sind die gleichen wie in Frankreich oder Deutschland.

Telefonieren

Die internationale Vorwahl nach Réunion ist 00262, die nationale Vorwahl ist 0262. Diese Kombination kann durchaus zu Verwirrungen führen. Ruft man also von Deutschland an, wählt man 00262-262 und dann die eigentliche Telefonnummer. Die Handynummern beginnen mit 0692 oder 0693. Um von Réunion nach Frankreich anzurufen, muss man die internationale Nummer für Frankreich (0033) nicht wählen.

Seit 2017 fallen innerhalb der EU keine Roaming-Gebühren mehr an. Telefon- und Internetnutzung sind zu den gleichen Konditionen möglich wie im Heimatland, was die Kommunikation mit dem eigenen Handy während der Ferien auf Réunion erheblich vereinfacht bzw. vergünstigt. Jedoch sollte man beachten, dass nicht alle SMS ankommen – ob ins Heimatland oder innerhalb der Insel. Für Reisende mit Schweizer Mobiltelefon gelten diese Vorzüge leider nicht und es entstehen hohe Roaming-Gebühren; hier sollte man sich unbedingt vorher beim Anbieter erkundigen.

Trinkgeld

Wie in Frankreich sind die Servicegebühren von 10–15 % jeweils im Preis enthalten. Es ist jedoch üblich, ein Trinkgeld (*pourboire*) von etwa 10 % des Rechnungsbetrags zu geben, wenn man mit dem Service zufrieden war; dieses lässt man einfach auf dem Tisch liegen.

Uhrzeit

Réunion ist der Mitteleuropäischen Zeit im Winter um drei Stunden voraus; durch die Zeitumstellung in Mitteleuropa sind es im Sommer nur zwei Stunden. Die Sonne geht im Südsommer etwa um 19 Uhr, im Südwinter etwa um 18 Uhr unter.

Unterkunft

Campingplätze – *camping*

Es gibt nur wenige gut ausgestattete Campingplätze auf der Insel. Die zwei größten sind in Hermitage les Bains und in L'Étang-Salé les Bains; ansonsten kann man bei verschiedenen Bauern (*camping à la ferme*) auf dem Gelände zelten. Obwohl das Zelten an den vielen öffentlichen Plätzen wie Stränden, Flussufern oder Bergplateaus ausdrücklich verboten ist, campen hier dennoch etliche Touristen und Einheimische. In den Bergen gibt es neben ausgewiesenen Zeltplätzen (die jedoch keine sanitären Anlagen oder Wasserstellen haben) zahlreiche inoffizielle Bereiche, die sich großer Beliebtheit erfreuen. Das Campen hier wird jedoch nur geduldet, solange kein Müll zurückgelassen und die Natur respektiert wird.

Berghütten und Wanderherbergen – *refuges* und *gîtes*

Die Hütten und Herbergen liegen entweder am Rand von Wanderwegen oder in kleinen Bergdörfern und sind teilweise nur zu Fuß erreichbar. Die Ausstattung ist einfach, meist jedoch sind diese Herbergen mit viel Liebe hergerichtet. Die Zimmergrößen variieren, es gibt Doppel- und Mehrbettzimmer. In den Berghütten empfiehlt sich aus hygienischen Gründen ein Seidenschlafsack, da die Bettwäsche hier nicht immer frisch ist. In den Gîtes dagegen bekommt man in der Regel frische Bettwäsche und Handtücher.

Gegessen wird meist gemeinsam mit allen anderen Gästen an einem großen Tisch. Es gibt ein Tagesgericht, auf Nachfrage kann man gewöhnlich auch vegetarische Gerichte bekommen. Reserviert wird telefonisch bei der Hütte direkt oder online: www.reunion.fr/reserver.

Pensionen – *chambres d'hôtes*

Chambres d'hôtes sind von Privatleuten angebotene Zimmer. Diese liegen entweder separat, beispielsweise in einem Nebengebäude, oder aber direkt im Wohnhaus der Besitzer. Meistens, jedoch nicht immer, hat man ein eigenes oder mit anderen Touristen geteiltes Bad. Dies ist eine gute und beliebte Art der Unterkunft sowie eine hervorragende Gelegenheit, in Kontakt mit der lokalen Bevölkerung zu kommen. Die Vielzahl der angebotenen Zimmer ist einfach bis mittelmäßig ausgestattet, jedoch gibt es vereinzelte Chambres d'hôtes, die der gehobenen Klasse angehören und einen sehr professionellen Service bieten. Reservierungen direkt beim Vermieter oder teilweise online: www.reunion.fr/reserver.

Hotels – *hôtels*

Die meisten Hotels befinden sich an der Westküste: in Saint-Gilles-les-Bains, Boucan Canot, L'Ermitage les Bains, La Saline les Bains sowie in Saint-Denis und Saint-Pierre. Hier gibt es einige große, professionell geführte Hotelanlagen. In den Talkesseln, auf der Hochebene und an der Süd- und Ostküste sind größere Hotels rar. Die Preise für guten Service sind jedoch höher, als man das von Mittteleuropa gewohnt ist. In kleineren Anlagen mangelt es zwar teilweise an Professionalität, jedoch niemals an Herzlichkeit! Zimmer mit Klimaanlage sind im Südsommer durchaus zu empfehlen, vor allem, wenn man die heißen Nächte nicht gewohnt ist.

Bei den günstigeren Hotels, vor allem in den Städten, ist zu beachten, dass der Standard niedriger ist als etwa in Deutschland oder Frankreich. Die Ausstattung ist oft alt und abgenutzt, gelegentlich ist auch mal etwas kaputt. Die im Buch aufgeführten Hotels der unteren Preiskategorien sind als einfache und funktionale, jedoch saubere Übernachtungsstätten gedacht und eignen sich keinesfalls für einen Wellness-Urlaub.

Hotelbuchungen sind mittlerweile weitestgehend über die bekannten großen Online-Plattformen möglich. Da diese jedoch eine Pauschale einbehalten, empfiehlt es sich, direkt bei den Unterkünften zu buchen und damit die lokale Wertschöpfung zu fördern.

Ferienwohnungen – *locations saisonnières*

Es gibt zahlreiche Ferienwohnungen verschiedener Ausstattung auf der Insel. Diese Häuser, Bungalows, Appartements oder Einzimmerwohnungen können monats- oder wochenweise, in seltenen Fällen auch für einzelne Tage gemietet werden. FI steht in Anzeigen für ein separates (Schlaf-)Zimmer; F2, F3 usw. dementsprechend für mehrere Zimmer. Weitere Informationen und Buchung auf der Internetseite von Île de la Réunion Tourisme: www.reunion.fr/reserver.

Über die Internetplattform AirBnB werden auch Zimmer oder Wohnungen offeriert; dies trägt jedoch nicht unbedingt zur positiven Entwicklung der ohnehin trägen Wirtschaftslage und des Tourismus auf der Insel bei, da die meist privaten Anbieter ihre Mieteinnahmen oft nicht versteuern und natürlich mit den offiziellen Herbergen um Gäste konkurrieren.

Verhaltenstipps und Umgangsformen

Die Umgangsformen auf der Insel entsprechen im Großen und Ganzen den französischen Gepflogenheiten. Zur Begrüßung gibt man sich zwei Küsschen auf die Wange und Pünktlichkeit ist nicht die allerwichtigste Tugend. In Restaurants und Bars gilt ebenfalls das Rauchverbot.

Frauen können auf Réunion problemlos alleine reisen. Man sollte jedoch wissen, dass das Kennenlernen zwischen Männern und Frauen auf der Insel recht offensiv vonstattengeht. Der Mann möchte dabei schnell herausfinden, ob eine Frau noch „zu haben" ist. Wer kein Interesse hat, kann einfach einen Verlobten erfinden, und der Verehrer wird sein Glück woanders versuchen.

Verkehrsmittel

Auto/Mietwagen

Réunion hat mehr als 3.000 km asphaltierte Straßen; die Qualität ist jedoch sehr unterschiedlich. Die vierspurige Autobahn Route des Tamarins ist in einem sehr guten Zustand. Kleine Straßen in den Bergen sind dagegen oft mit Schlaglöchern versehen und wurden seit Jahren nicht erneuert. Die Autobahn reicht von Saint-Benoît bis Saint-Pierre und Le Tampon; ebenfalls gut ausgebaut ist die Querverbindung von Le Tampon über die Plaine des Palmistes nach Saint-Benoît. Verschiedene Umgehungsstraßen, wie in Saint-Joseph, befinden sich im Bau.

Wenn man nicht gerade in den Alpen wohnt, sind Fahrten in die Talkessel nicht nur spektakulär, sondern auch eine Herausforderung. Die Straße verläuft in zum Teil sehr engen Haarnadelkurven; diese Straßenabschnitte sind überdies ständig durch Erdrutsche und Steinschlag gefährdet. Dazu kommen die Abwassergräben, die nach Regenfällen das Wasser abführen, direkt neben der Straße; schon eine unachtsame Sekunde reicht, um mit dem Auto hierin stecken zu bleiben. Immer wie-

Die Hauptverkehrswege sind größtenteils in gutem Zustand, hier die N2 bei Saint-Philippe

der durchfährt man *radiers*, also kleine, betonierte Überlaufzonen, an denen bei starken Niederschlägen das herunterlaufende Wasser die Straße kreuzt. Die Schilder „*risque d'inondation*" weisen auf mögliche Überschwemmungsgefahr hin. Sie sind ernst zu nehmen, wenn im *radier* Wasser ist – Flutwellen können sich in Sekundenschnelle nähern und haben schon so manches Auto mitgerissen. Die östliche Küstenstraße (von Saint-Philippe nach Sainte-Rose) ist sehr kurvenreich und führt durch alle Dörfer an der Küste, was landschaftlich schön ist, aber die Fahrgeschwindigkeit beeinträchtigt.

Die Verkehrsdichte in den Innenstädten von Saint-Denis und Saint-Pierre ist besonders um die Mittagszeit, nach Feierabend und am Wochenende hoch. Auch auf der Autobahn bei Saint-Paul und vor Saint-Denis bildet sich tagtäglich Stau. Die Verkehrsschilder und die allgemeinen Verkehrsregeln entsprechen denen in Frankreich oder Deutschland. Auf der Autobahn darf man 110 km/h und bei Regen 100 km/h fahren; auf Landstraßen 80 km/h und innerorts 50 km/h. Eine Besonderheit ist das réunionesische rot-weiße Verkehrsschild, das einen ausbrechenden Vulkan zeigt und auf mögliche Behinderungen auf der Route du Volcan aufmerksam macht. Besondere Beachtung sollte man auch den Lastwagen mit Zuckerrohr schenken, die es während der Erntezeit besonders an der Nord- und Südküste gibt.

Das Tankstellennetz ist – entsprechend der allgemeinen Motorisierung – dicht; wenige oder keine Tankstellen gibt es nur in den Talkesseln bzw. am Vulkan. Entlang der Autobahn gibt es Tankstellen, die 24 Stunden geöffnet sind, an einigen Tankstellen in den Städten gibt es bis 24 Uhr Benzin. Man wird an allen Tankstellen bedient und kann direkt oder an der Kasse zahlen. Die Benzinpreise auf der Insel sind fixiert, das heißt sie werden einmal in der Woche offiziell festgelegt und sind dann an allen Tankstellen gleich.

Der EU-Führerschein sowie der Schweizer Führerausweis sind auf Réunion gültig. Es gibt insbesondere an der Westküste häufig Alkoholkontrollen. Auch wenn die Einheimischen gerne noch nach einigen Gläsern Wein fahren, sollte man hier eher vorsichtig sein.

Der ideale Weg, Réunion kennen zu lernen, ist sicherlich der mit dem Mietwagen. Alle internationalen Verleihfirmen sind hier vertreten, dazu kommen zahlreiche mehr oder weniger seriöse lokale Autovermietungen, für die in Prospekten, Tageszeitungen und in den Gelben Seiten geworben wird. Eine Vorausbuchung ist ratsam, insbesondere für die Weihnachtsferien und die französischen Sommerferien.

Die Preise variieren je nach Mietdauer, Fahrzeugmodell und -zustand sowie nach dem angebotenen Service der Firma. So kann man regelrechte Schrottkisten schon ab 15 € pro Tag mieten, jedoch ist die Gefahr hier groß, dass man auch einmal liegenbleibt und einen halben Tag damit verliert. Eine gutes, verlässliches Auto ist bei einem Aufenthalt von 2 Wochen für 30 bis 35 € pro Tag zu bekommen. Firmen, die teilweise keine Niederlassung am Flughafen haben, bieten meist einen Shuttleservice passend zur Ankunft an. Auch wenn die Insel klein ist, sollte man darauf achten, unbeschränkte Freikilometer zu haben, da sich die gefahrenen Kilometer auch auf der Insel schnell summieren.

Informationen zu einzelnen Anbietern finden sich im Routenteil bei den jeweiligen Orten.

Motorräder

Seit einigen Jahren entwickelt sich auf der Insel auch die Motorrad-Szene, die die kurvigen Straßen für ihre Vorlieben nutzt. Mittlerweile gibt es einen professionellen Verleih von guten Maschinen inklusive Equipment:

- Motos des Îles, 31 Rue Léon Lepervanche, Le Port, ✆ 0693-467134, motosdesiles@gmail.com, www.motosdesiles.fr.

Busse

Es gibt auf der Insel verschiedene Busgesellschaften. Die Cars Jaunes bedienen den regionalen Verkehr auf der Insel und haben Busbahnhöfe (*gare routière*) in allen größeren Städten. Die Tickets sind günstiger, wenn man sie am Schalter im 5er-Pack kauft. Von Saint-Denis gibt es nach Saint-Benoît und Saint-Pierre direkte Verbindungen (2 € bzw. 5 €). Leider kann man die Tickets nicht reservieren, sodass zu Stoßzeiten die jeweils nächste Fahrt schon ausgebucht sein kann. Fahrpläne unter: www.carjaune.re.

Die einzelnen Verwaltungsbezirke auf der Insel sind durch lokale Busgesellschaften abgedeckt, die ein kleineres und dichteres Netz an Buslinien bedienen. Hinweise gibt es unter folgenden Links für die einzelnen Regionen der Insel:

Die Regionalbusse Cars Jaunes halten in allen größeren Städten

- Saint-Denis und Umgebung: www.citalis.re
- Westen: www.karouest.re
- Süden: www.carsud.re, www.alterneo.re
- Osten: www.estival.re

Das beliebteste Verkehrsmittel der Insel ist nach wie vor das Auto. Gerade die Innenstädte sind oft verstopft und zu Stoßzeiten zu meiden. Jedoch bleibt es die einfachste Art, die Insel touristisch zu erkunden. Wer dagegen viel Zeit mitbringt, kann Réunion auch gut mit dem Bus bereisen.

Taxi

Wartende Taxis gibt es nur in Saint-Denis und am Flughafen. In Saint-Pierre gibt es Taxis von privaten Anbietern, jedoch existiert keine zentrale Rufnummer und die Nummern der Anbieter selbst wechseln oft. Bei Bedarf muss man zudem noch das Glück haben, dass der Fahrer auch gerade arbeitet. Wenn möglich, wendet man sich am besten an eine Touristeninformation oder an die Rezeption eines Hotels.

Zoll

Réunion ist zwar ein Teil Frankreichs; da es sich um ein besonderes Zollgebiet handelt, gelten aber geringere Reisefreimengen als sonst bei Reisen innerhalb der EU. Bei der Einreise nach Réunion bzw. der Rückreise in die Rest-EU ist die Einfuhr von 200 Zigaretten (oder 100 Zigarillos oder 50 Zigarren oder 250 g Tabak), 1 Liter Alkoholika über 22 % oder 2 Liter Alkoholika bis 22 % sowie von 4 Liter Wein und 16 Liter Bier abgabefrei. In die Schweiz darf man 5 Liter Alkohol bis 18 % und 1 Liter über 18 % sowie 250 Zigaretten einführen.

Zyklone

Zyklone sind die tropischen Wirbelstürme, die sich über dem Indischen Ozean aufbauen. Sie können im Südsommer – etwa von Dezember bis April – durch aufgeheizte Wassertemperaturen in den Tiefen des Ozeans entstehen. Feuchte Luft steigt auf und gerät in Bewegung. Ab einer Geschwindigkeit von 118 km/h spricht man von einem Zyklon, die Stürme können aber auch über 200 km/h erreichen.

Wenn ein Zyklon auf die Insel zukommt, müssen Warnhinweise und Alarmstufen unbedingt beachtet werden. Es gibt verschiedene Alarmstufen:

① *Vigilance cyclonique*: Diese Stufe tritt etwa zwei bis drei Tage vor der zu erwartenden Ankunft des Zyklons ein. Über die Medien wird die Bevölkerung informiert, dass sich auf offener See ein Zyklon bildet oder dass dieser auf die Insel zukommt. Mehrtägige Wanderungen in den Bergen sind verboten. Hauseigentümer werden aufgefordert, die Dächer etc. zu prüfen.

② *Alerte orange*: Einen Tag (also 24 Stunden) vor der Ankunft des Zyklons wird die Bevölkerung dazu aufgefordert, sich vorzubereiten. Die Schulen bleiben zu, erste Bergstraßen und die Flughäfen werden geschlossen. Es wird davon abgeraten, längere Wege mit dem Auto zurückzulegen. Terrassenmöbel werden untergestellt, Fensterläden verriegelt. Spätestens jetzt sollte man sich mit Kerzen, Lebensmitteln und Wasser eindecken!

③ *Alerte rouge*: Diese Alarmstufe tritt 3 Stunden vor Ankunft des Zyklons ein. Solange sie gilt, bleibt alles geschlossen. Es ist verboten, das Haus zu verlassen. Das Telefonnetz sollte man nur in dringenden Fällen belasten. Oft fallen Strom und Wasser aus, was manchmal noch Tage nach dem Zyklon anhält. Während des Zyklons informiert man sich am besten über das Radio. Die Aufhebung der Alarmstufe rot wird etwa 1–2 Stunden vorher verkündet. Wer kein Radio hat oder kein Französisch spricht, kann einfach abwarten, bis das Leben draußen auf der Straße wieder losgeht.

④ *Alerte violette*: Diese Alarmstufe wurde Ende 2018 eingeführt, um auf besonders starke Winde von über 200 km/h aufmerksam zu machen. Bei diesen muss es sich nicht unbedingt um Zyklone handeln.

Im Allgemeinen erkennt man schnell an den Titelseiten der Zeitungen, wenn sich ein Zyklon nähert. Auch werden fremdsprachige Touristen oft von Kellnern oder Kassierern darauf hingewiesen. Während des Zyklons heißt es: Warten. Auch wenn der ohrenbetäubende Lärm, das Knarren und Quietschen der Häuser angsteinflößend ist, halten die Gebäude doch einem mittleren Zyklon stand. Die Zyklone der letzten Jahre haben zwar die Natur und die Infrastruktur teilweise stark beschädigt, aber keine Menschenleben gekostet. Die ansonsten trockenen Flussbetten werden innerhalb kurzer Zeit zu reißenden Strömen und nehmen alles mit, was den Weg versperrt, seien es Bäume oder Brücken. Während und nach dem Zyklon sollte man kein Leitungswasser trinken, da das Grundwasser durch die starken Regenfälle verunreinigt wird. Aus dem gleichen Grund ist einige Tage lang das Schwimmen in Lagunen und Bassins verboten.

Das kostet Sie das Reisen auf Réunion

Stand Frühjahr 2023

Wie teuer wird eine Reise? Das ist eine mitentscheidende Frage bei der Urlaubsplanung. Die folgenden Seiten sollen einen groben Anhaltspunkt für die Kosten einer Réunion-Reise geben; einzelne Angaben zu Mayotte finden sich auch in Kapitel 9, v. a. ab S. 293. Generell ist Mayotte ca. 10 % teurer als Réunion. Die Währung auf Réunion und Mayotte ist – wie auf dem französischen Festland auch – der Euro.

Beförderung

Hin- und Rückflug

Die Flugpreise variieren je nach Reisezeit und Fluggesellschaft sehr stark. In der Nebensaison kosten die Tickets für den Flug von Paris aus ca. 600–900 €; in der Hochsaison, insbesondere über Weihnachten und im August, liegen die Preise zwischen 900 und 1.500 €, zeitweise wird es aber noch erheblich teurer. Bei den Zubringerflügen sollte man darauf achten, dass man am gleichen Pariser Flughafen abfliegt wie man ankommt. Unter Umständen ist es günstiger, mit dem Zug nach Paris zu fahren und erst von dort aus zu fliegen. Über TGV Air kann man günstig das Zugticket dazu buchen, was über Straßburg auch von Deutschland aus interessant ist. Es lohnt sich auf jeden Fall, die Preise der verschiedenen Anbieter im Internet zu vergleichen.

Mietwagen

Ein Preisbeispiel aus dem Angebot einer lokalen Firma (unlimitierte km, Steuern, Vollkaskoversicherung, mit Selbstbehalt bis 1.100 €, zusätzlicher Fahrer kostet extra). Preise in Euro pro Tag je nach Mietdauer:

Typ	Passagiere	1–7 Tage	7–14 Tage
Ford Ka	4	27	25
Peugeot 107	4	29	27
Ford Fiesta	5	29	30

Die **Benzinpreise** sind an allen Tankstellen der Insel gleich und insgesamt etwas höher als auf dem französischen Festland. 1 Liter Super: 1,67 €, 1 Liter Diesel: 1,50 €.

Busse

Bustickets kosten etwa 2 €. Sie werden günstiger, wenn man sie im Voraus im 5er-Pack am Busbahnhof kauft. Eine Fahrt von Saint-Denis bis nach Saint-Pierre mit dem Car Jaune kostet etwa 2 €, mit dem Z'éclair 5 €.

Aufenthaltskosten

Übernachtung

Die Höhe der individuellen Übernachtungskosten hängt zum großen Teil davon ab, welche Art von Urlaub geplant ist: Übernachtet man hauptsächlich in einfachen Wanderhütten (ca. 15–20 € pro Nacht pro Person) oder eher in Sternehotels (s. ***-Angaben nach den Hotelnamen) an der Küste (ab ca. 85–150 €)? Insgesamt liegen die Übernachtungspreise etwas höher als in Mitteleuropa bzw. der Zimmerstandard ist bei gleichem Übernachtungspreis geringer.

Die im Buch vorgestellten Unterkünfte auf Réunion und Mayotte werden anhand eines einfachen Preisschlüssels kategorisiert:

- €: bis 70 €
- €€: 70–120 €
- €€€: 120–170 €
- €€€€: ab 170 €

Die Preise gelten für zwei Personen im Doppelzimmer einschließlich Frühstück. Sie können jedoch je nach Saison abweichen oder kurzfristig erhöht werden.

Restaurant

Das Preisniveau ist bei Produkten des täglichen Bedarfs sowie in Restaurants etwas höher als auf dem französischen Festland, im Schnitt ungefähr 10 %. Obst und Gemüse kauft man auf den lokalen Märkten frisch und etwas günstiger als im Geschäft. Viele Restaurants und Hotels bieten zur Mittagszeit preiswerte Menüs an. Die Restauranttipps im Buch sind wie folgt gestaffelt (Preise gelten für ein Hauptgericht ohne Getränke):

- €: bis 10 €
- €€: 10–20 €
- €€€: mehr als 20 €

Ausflüge/Aktivitäten

Die folgenden Preisangaben sind nur als Richtwerte zu verstehen, sie variieren von Anbieter zu Anbieter.

- Canyoning: ca. 50 € für einen halben und 60 € für einen ganzen Tag
- Helikopterrundflug: ab 100 €
- Mountainbikeverleih: ca. 35 €
- Gleitschirmfliegen: ab 65 €
- Tauchen: ab 55 €

Eintrittspreise

In staatlichen Museen ist der Eintritt entweder frei oder sehr günstig (2–3 €). Bei privaten oder von der Region getragenen Einrichtungen ist meist mit höheren Eintrittspreisen zu rechnen, beispielsweise kostet der Eintritt für das Aquarium in Saint-Gilles-les-Bains 9,50 € (Kinder 6,50 €).

3. REISEN AUF RÉUNION

Wer auf Réunion reist, hat grundsätzlich **zwei Möglichkeiten**: Man kann entweder von einer festen Unterkunft aus mit dem Mietwagen oder Bus Tagesausflüge machen oder eine Rundreise mit verschiedenen Übernachtungsstationen planen. Die Entscheidung für das eine oder das andere ist eine Frage persönlicher Vorlieben. Allerdings ist für die erste Variante zu bedenken, dass für einzelne Ausflugsziele bis zu 2 Stunden Anfahrtsweg einzuplanen sind, obwohl die Distanzen auf der Insel nie mehr als 100 km betragen. Mit dem Bus sind Hin- und Rückreise an einem Tag oft gar nicht möglich. Viele Sehenswürdigkeiten liegen zudem nicht gerade in fußläufiger Nähe der Bushaltestellen, sodass eine Rundfahrt mit dem Auto in jedem Fall bequemer und praktischer ist. Die in diesem Buch beschriebenen Ausflüge sind als Tagesexkursionen von dem jeweiligen Standpunkt an der Küste oder Talkessel konzipiert.

Rundreise oder feste Unterkunft?

Bei der **Planung des Tagesprogramms** sollte man berücksichtigen, dass die Sehenswürdigkeiten auf der Insel oft mehr als nur einige Minuten beanspruchen. Für Ortsdurchfahrten oder sehr kurvige Streckenabschnitte benötigt man häufig mehr Zeit als gedacht! Auch sollte genügend Zeit für Pausen, kleine Spaziergänge oder ein erfrischendes Bad eingeplant werden. Auf den Teilkarten der Insel in diesem Buch kann man die individuellen Routen für den Tag genau studieren. Die Nutzung eines GPS erleichtert die Suche, allerdings darf man sich nicht zu sehr auf die vom Gerät errechnete Fahrzeit verlassen. Die Devise ist: eher zu wenig als zu viel für einen Tag einplanen, damit die Tour nicht in Stress ausartet. Es kann sein, dass einzelne Fahrtziele nicht im GPS verzeichnet sind, man sollte also zusätzlich immer die Karte zur Hand haben. Generell ist es jedoch sehr einfach, sich auf der Insel zurechtzufinden, da Berge und Meer stets als gute Orientierungshilfen dienen.

Zeitmanagement

Zwar kann man die Insel problemlos an einem Tag umrunden, allerdings gewinnt man so nur einen oberflächlichen Eindruck. Wer nicht alles alleine planen möchte, kann sich auch an auf die Insel spezialisierte **Reiseveranstalter** wenden oder einzelne Ausflüge mit professionellen Guides unternehmen; diese werden von den Hotels vermittelt, man kann sie aber natürlich auch direkt kontaktieren (Internetadressen s. S. 60).

In kleineren Unterkünften in den Bergen haben **Wanderer** oft die Möglichkeit, ihr Gepäck zu „deponieren". Wer beispielsweise in Cilaos in der Herberge übernachtet, dann 3 Tage in Mafate verbringen und anschließend wieder auf dem gleichen Weg zurückkehren will, kann sein Gepäck in der Zwischenzeit in Cilaos lassen. Für Wanderer ist es meist praktischer, verschiedene Quartiere zu nutzen. Zum einen natürlich bei mehrtägigen Touren, aber auch bei Tageswanderungen ist es oft sinnvoll, direkt vor Ort zu starten, da das Wetter besonders in den Morgenstunden eine gute Sicht verspricht. Ein Wanderurlaub auf der Insel könnte also so aussehen, dass man für jeweils einige Nächte Station in Salazie, Cilaos, auf der Hochebene und im Süden bezieht und am Ende der Reise noch einige Tage an den Stränden der Westküste ausspannt.

Früher Aufbruch

Während eines zweiwöchigen Urlaubs kann man auf Réunion einiges sehen; wer mehrere ausgedehnte Wanderungen plant, sollte jedoch am besten 3–4 Wochen bleiben. Für einen **2-wöchigen Aufenthalt** auf Réunion schlage ich folgende Route vor, die jedoch beliebig geändert werden kann – da die Insel so klein ist, gibt es zahlreiche gute und flexible Kombinationsmöglichkeiten:

Gebiet	Seite	Unternehmung/Reiseziel	Tage	Touristische Interessen
Südküste	210	Stadtrundgang Saint-Pierre, Sud Sauvage, Strände und Felsküste, kleinere Spaziergänge und Wanderungen an der Küste und am Fluss	2	Markt, Einkaufen, Landschaft, Baden, Museum, Sakralbauwerke, Nachtleben
Talkessel Cilaos	160	Verschiedene Wanderungen, Canyoning	2	Landschaft, Wandern
Hochebene	188	Vulkan, Wanderung Grand Bassin	2	Landschaft, Wandern
Ostküste	240	Sucrerie de Bois-Rouge, Flüsse und Bassins, kleine Wanderungen und Spaziergänge	1	Landschaft, Museum
Talkessel Salazie	255	Hell-Bourg, Wanderung, Canyoning	1	Landschaft, Wandern, Canyoning, Botanik
Talkessel Mafate	265	Rundwanderung mit Übernachtung im Talkessel	3	Landschaft, Wandern
Westküste	110	Strand und Unterwasserpfad L'Hermitage, Hafen und Nachtleben Saint-Gilles-les-Bains, Konzerte in Saint-Leu, Gleitschirmfliegen	3	Baden, Wassersport, Tauchen, Wandern, Unterwasserwelt, Nachtleben, Musik

Der Ausblick vom Piton des Neiges beim Sonnenaufgang

Für einen Aufenthalt von drei oder mehr Wochen können einzelne Stationen der Route beliebig verlängert werden, um hier ausgedehnte Wanderungen zu unternehmen. Auch ein Besuch der Hauptstadt Saint-Denis mit ihrer kulturellen Vielfalt und kleinere Ausflüge in die Umgebung wären dann interessant. Ein Besuch von nur einer Woche auf der Insel lohnt sich angesichts der weiten Anreise kaum. Wer nur so wenig Zeit auf der Insel verbringen kann, sollte sich in seiner Planung beschränken und beispielsweise lediglich einen Talkessel besuchen (Cilaos oder Salazie), sich ein Ziel auf der Hochebene und an der Südküste auswählen, um dann noch an einer Lagune an der Westküste entspannen zu können.

Die schönsten und vielseitigsten **Wanderungen** auf der Insel sind meines Erachtens folgende:

- Wanderung Grand Galet – Cap Blanc – Le Grand Pays – La Plaine des Sables (Südküste, 5–6 Stunden, 12 km, knapp 1.800 Höhenmeter, s. S. 226)
- Abstieg zum Dorf Grand Bassin (Hochebene, knapp 5 Stunden, 10 km, 710 Höhenmeter, S. 194)
- Wanderung Cassé de Takamaka und Bassin des Hirondelles (Forêt de Bébour, 3,5–4 Stunden, 8,5 km, 300 Höhenmeter, s. S. 205)
- Rundwanderung Bras Rouge – Bassin Bleu (Cilaos, 5 Stunden, 15 km, 850 Höhenmeter, s. S. 168)
- Wanderung zum Îlet Alcide (Westküste, 3 Stunden, 7 km, 300 Höhenmeter, s. S. 124)

Touren für „Profis"

Diese Wanderungen bieten abwechslungsreiche Landschaften, atemberaubende Aussichtspunkte und einen Einblick in das traditionelle, kreolische Leben. Geübten Wanderern, die sich etwas länger auf der Insel aufhalten, empfehle ich die **Aufstiege zum Piton des Neiges oder Piton de la Fournaise**. Diese Touren sind lang, mühsam und landschaftlich nicht sehr abwechslungsreich, bieten aber eine sportliche Herausforderung. Ein einzigartiges Erlebnis ist der Aufenthalt im Talkessel von Mafate, mindestens genauso schön und weniger zeitaufwendig ist jedoch ein Abstieg zum Dorf von Grand Bassin. Den Talkessel von Mafate kann man auch von einem der gut zugänglichen Aussichtspunkte von oben bestaunen.

4. SAINT-DENIS UND UMGEBUNG

Saint-Denis ist das politische, wirtschaftliche und kulturelle Zentrum des französischen Überseedepartements. Hier gibt es die größte Auswahl an Restaurants und Boutiquen, an Buchläden und Souvenirgeschäften. Auch viele Mietwagenfirmen und Reisebüros sind hier vertreten. Über den nahen Flughafen Roland Garros sind tägliche Verbindungen mit dem Mutterland Frankreich sowie anderen Zielen im Indischen Ozean gegeben. Die Hauptstadt verfügt selbst über keinen Hafen; lediglich ein kleiner Jachthafen befindet sich hinter dem Flughafen. Der wirtschaftlich bedeutsame Industriehafen der Insel liegt etwas weiter südlich in Le Port.

Das Stadtzentrum wird noch vom engen Straßenraster der kolonialen Epoche (Parkplatzmangel!) und von modernen Zweckbauten geprägt. Die Außenbezirke an den Hängen des Roche Écrite werden eher von Villen und Einfamilienhäusern bestimmt. Nach Osten geht die Stadt nahtlos in die Ortschaften Le Butor, Sainte-Clotilde und Le Chaudron über, während im Westen – hinter der Flussmündung des Rivière Saint-Denis – die Steilküste der Bebauung ein Ende setzt. Der zu Stoßzeiten starke Autoverkehr wird hauptsächlich über die Autobahn von Le Port sowie vom Flughafen Roland Garros und von Sainte-Marie herangeführt, weswegen die vierspurige Küstenstraße oft verstopft ist. Trotzdem stellt sie den einfachsten Weg in das Zentrum der lebhaften Provinzstadt dar.

Oft verstopft

Redaktionstipps

➤ Bei einem **Stadtrundgang** die abwechslungsreiche Geschichte und Architektur der Stadt erkunden; an Sonntagen haben die meisten Geschäfte geschlossen, dafür ist es herrlich ruhig und beschaulich (ab S. 94).

➤ Bei der Besichtigung des Museums **Maison Carrère** Interessantes über die lebhafte Geschichte Réunions erfahren (S. 98).

➤ Den Tag in einer der lebhaften **Bars** am Platz hinter der Kathedrale Sainte-Marie ausklingen lassen (S. 96).

➤ Die kurze, aber sportliche Wanderung zum nahegelegenen **Point de Vue Pic Adam** unternehmen und die grandiose Aussicht genießen (S. 107).

➤ Auf dem **Markt in Le Chaudron** das kreolische Leben und die Vielfalt an Früchten entdecken (S. 105).

Saint-Denis

Die Hauptstadt des Departements ist mit knapp 154.000 Einwohnern gleichzeitig die größte französische Stadt im Überseegebiet. Lange galt Saint-Denis als verschlafen, langweilig und wenig entwickelt. In den letzten 15 Jahren ist jedoch einiges in die Stadtentwicklung investiert worden, insbesondere standen dabei der Erhalt historischer Gebäude und die Visualisierung der reichhaltigen Stadtgeschichte im Mittelpunkt. Viele der kolonialen Bauwerke sind heute aussagekräftig beschil-

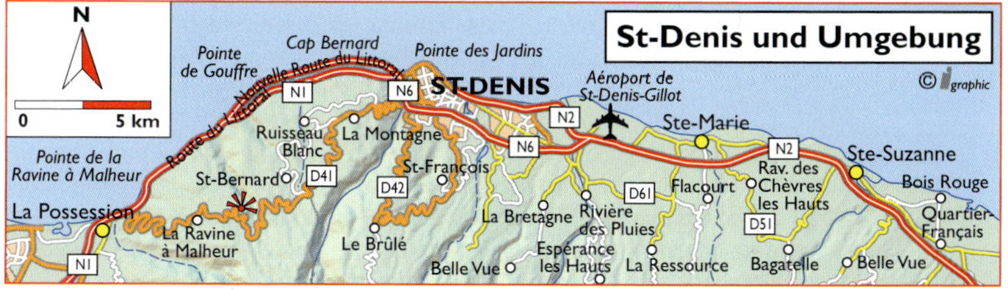

Die Siegessäule auf der Avenue de la Victoire

dert und versetzen Touristen wie Einheimische in die lebhafte Vergangenheit der Stadt. Weitere Sehenswürdigkeiten sind die Moschee, die Kirchen, die Märkte, die Museen und die Tempel, die über das ganze Stadtzentrum verteilt sind. Auch die zahlreichen kulturellen Veranstaltungen sind ein Erlebnis, etwa die Märkte und Konzerte am Barachois, der Straße an den Kanonen, die regelmäßig am Samstagabend stattfinden. Ähnlich reizvoll ist die landschaftliche Umgebung von Saint-Denis; sie wird im Süden durch die Hänge des bis zu 2.276 m hohen **Roche Écrite** und im Westen durch die markante **Route du Littoral** geprägt.

Die historische Entwicklung von Saint-Denis begann 1735, als der Gouverneur Mahé de La Bourdonnais den bis dahin unbedeutenden Flecken zum Sitz der Kolonialverwaltung für die Maskarenen erhob. Im ausgehenden 18. Jh. wurde die Stadt mit dem typischen Schachbrettmuster von Straßen überzogen, das auch für andere alte Kolonialstädte – wie z. B. Port Louis auf Mauritius – so typisch ist. Mitte des 19. Jh. floss viel Geld in die Prachtvillen der „Zuckerbarone", die hier ihre Macht und ihren Reichtum zur Schau stellten und aufwendige Feste feierten. Trotzdem erreichte Saint-Denis erst dann eine Einwohnerzahl, die über die einer Kleinstadt hinausging, als die ehemalige Kolonie Réunion als französisches Departement eingegliedert wurde. Neu geschaffene Institutionen, Banken, Wohnhäuser für die französischen Beamten sowie ein allgemein gesteigerter Lebensstandard führten schließlich dazu, dass moderne Zweckbauten nach und nach alte kreolische Gebäude ersetzten und die Stadt ein neues Antlitz erhielt.

Aufschwung nach Eingliederung Réunions

Stadtrundgang

Da am Schachbrettsystem der schmalen Straßen im Zentrum nach Ende der Kolonialzeit nichts geändert wurde, ist Saint-Denis nicht auf den modernen Autoverkehr eingerichtet. In den Hauptverkehrszeiten quälen sich lange Autoschlangen im Stop-and-go durch die vielen Einbahnstraßen und es herrscht akuter Parkplatzmangel. Nicht nur deshalb lautet die erste Empfehlung für eine Stadtbesichtigung: zu Fuß gehen! Auf einem etwa zweistündigen Spaziergang kann man alle wichtigen Sehenswürdigkeiten und die beliebtesten Einkaufsstraßen bequem erreichen. Wer die Innenstadt an einem Sonn- oder Feiertag besucht, muss zwar auf den Einkaufsbummel verzichten, dafür ist es dann aber herrlich ruhig.

Besser zu Fuß

Pardon!

info

1983 kam der junge Deutsche Peter Mertes nach Réunion, um hier bei rauschenden Festen und schönen Frauen im angenehm tropischen Klima das Leben zu genießen. Zunächst war er nicht begeistert vom Inselalltag. Um Réunion wieder verlassen und woanders sein Glück versuchen zu können, benötigte er jedoch Geld. Da sein Budget gering war, bedruckte er Taschen und T-Shirts, die sich zu seiner eigenen Überraschung sehr gut verkauften. Die Marke Pardon! war geboren, die Produktion fand allerdings zu Beginn noch auf abenteuerlichen, selbst gebauten Drucktischen statt. Als Logo wählte Mertes in Reminiszenz an die gleichnamige deutsche Satirezeitschrift einen Teufel, der den Hut zieht. Die Motive auf den Kleidungsstücken sind eine Mischung aus Provokation und hintersinnigem Witz, kombiniert mit einem lokalen Bezug. Themen sind etwa die anstrengenden Wanderungen in den Talkesseln, die Trink- und Essgewohnheiten auf der Insel oder die Auswirkungen des letzten Zyklons. Die Motive stießen nicht immer auf Gegenliebe, beispielsweise solche, die den Papstbesuch auf Réunion polemisch kommentierten.

Zwischen Peter Mertes und der Insel war es keine Liebe auf den ersten Blick, dafür aber eine umso tiefer gehende. Heute engagiert er sich in der Stadtentwicklung von Saint-Denis, das Viertel um die Cathédrale Sainte-Marie hat er nachhaltig mitgeprägt. Der kleine Platz ist einer der wenigen Orte in Saint-Denis, die zum Verweilen in den Cafés, Bars und Restaurants einladen. Am Abend locken Musik und Kultur auf den Kirchplatz. Diese Entwicklungen gingen nicht ohne Auseinandersetzungen mit Vertretern der Stadt und dem Pater der Kathedrale vonstatten. Peter Mertes glaubte jedoch immer an seine Ideen und scheute keinen Streit. Das von ihm organisierte Oktoberfest in Saint-Denis wird mit der auch nach 12 Uhr mittags servierten Weißwurst nicht ganz den bayrischen Traditionen gerecht, die Liebhaber deutscher Würste stören sich jedoch nicht daran. Für die Entwicklung der Stadt Saint-Denis sowie für alle Touristen und Insulaner, die sich an den aussagekräftigen T-Shirts und Stofftaschen erfreuen, bleibt nur zu hoffen, dass sich Peter Mertes auch in den kommenden Jahren fröhlich weiterstreitet!

Hinweis

Der Stadtplan Saint-Denis befindet sich in der hinteren Umschlagklappe.

Idealerweise ergattert man nahe der **Place Sarda Garriga (1)** einen Parkplatz. Diesen Platz erreicht man automatisch über die Küstenstraße bzw. -autobahn, vom Flughafen Roland Garros über die N2 (200 m hinter dem ehemaligen Bahnhof) oder von Saint-Gilles über die N1 (150 m hinter der Brücke über den Rivière Saint-Denis). Der Name Sarda Garriga geht auf den Gouverneur zurück, der 1848 die Abschaffung der Sklaverei auf Réunion verkündete. Den Platz umgibt ein hübscher Park, in dem sich die markante **Statue des Gouverneurs Mahé de La Bourdonnais (2)** erhebt; sie ist ein Abguss des Bronzebildnisses von Port Louis auf Mauritius. Bertrand François Mahé de La Bourdonnais (1699–1753) war ein französischer Admiral, der besonders beim Ausbau der Kolonien mitwirkte. Zeitweise war er Gouverneur von Mauritius und Réunion. Im Zuge der weltweiten Kolonialismus- und Rassismus-Debatte ist in den letzten Jahren allerdings auch an diesem Standbild wiederholt Kritik geübt worden.

Von hier aus verbindet die belebte und lang gezogene Avenue de la Victoire, die später in die Rue de Paris übergeht, als stadtbestimmende Achse den Ozean mit

Leider nicht von innen zu besichtigen: das Hôtel de la Préfecture

Ehemaliger Gouverneurssitz

dem Park Jardin de l'État. Rechter Hand liegt eines der schönsten und ältesten Gebäude der Insel, das **Hôtel de la Préfecture (3)**. Noch unter La Bourdonnais errichtet (1733), diente es zunächst als Magazin und wurde zwei Jahre später zum militärischen Stützpunkt ausgebaut. 1767 beseitigte man die fortifikatorischen Elemente und gestaltete den mächtigen Bau zum Gouverneurssitz um. Die gestaffelte Dreiflügelanlage, die sich zum Indischen Ozean hin öffnet, steht in einem herrlichen Park und ist mit ihrem eleganten Äußeren und wertvollen Interieur ein Schmuckstück der französischen Kolonialarchitektur. Leider ist das Innere des Gebäudes für die Öffentlichkeit nicht zugänglich.

Gegenüber, auf der anderen Seite der Avenue de la Victoire, gibt es einige nette Cafés, und im kleinen Park kann man manchmal den Réunionais beim Boule-Spiel zusehen. Stadteinwärts auf der Avenue führt der Weg vorbei an einigen alten kreolischen Häusern, die heute Restaurants oder Büros beherbergen. Kleine Hinweistafeln erläutern jedoch die historische Bedeutung der Gebäude und gewähren Einblicke in das frühere Stadtbild von Saint-Denis.

Kirche in toskanischem Stil

Etwas weiter südlich auf der Avenue de la Victoire steht linker Hand die römisch-katholische **Kathedrale Sainte-Marie (4)** vor einem kleinen Platz. Das schlichte, weiße Gotteshaus wurde 1829–32 im toskanischen Stil erbaut, das Peristyl mit seinen drei Rundbogen kam 1880 hinzu. Das darüber liegende Giebelfeld wurde in Toulouse angefertigt und stellt das Martyrium des Heiligen Dionysius (Saint-Denis) und seiner beiden Begleiter dar. Im Inneren sind u. a. ein wertvoller Stuhl aus Indien und eine Votivstatue für Johannes den Täufer sehenswert. Auf dem Vorplatz, dem Place de la Cathédrale, steht ein hübscher Brunnen aus dem Jahr 1854, dessen allegorische Figuren Handel, Seefahrt, Industrie und Landwirtschaft symbolisieren. Der dahinter liegende Platz an der Ruelle Edouard lädt mit einigen Bars, Cafés und

Restaurants zum Verweilen unter freiem Himmel ein – und das sogar noch nach Sonnenuntergang, wenn sonst in der Stadt die sprichwörtlichen Bordsteine hochgeklappt werden.

Die Kathedrale Sainte-Marie

Auf der anderen Seite der Avenue erhebt sich gegenüber der Kathedrale die **alte Universität (5)**. Das massive, ebenfalls leuchtend weiße Gebäude wurde bereits 1759 errichtet und diente unter anderem als Missionars-Kolleg (Lazaristen), Kaserne, Sitz der Marineverwaltung und als Altersheim. Nach einem Brand im Jahre 1994 zogen die meisten Fakultäten der Universität auf das moderne, großzügige Campus-Gelände des Vorortes Le Chaudron um.

An die alte Universität schließt sich auf der rechten Straßenseite eines der schönsten Architekturensembles der Insel an. Das **alte Militärkrankenhaus (6)** aus dem Jahr 1829, in dem heute ein Teil der Präfektur untergebracht ist, liegt hinter einem schönen Park, der die Form eines 70 m langen und 8 m breiten „U" hat. Das **alte Rathaus (7)**, jenseits der Straßenkreuzung gelegen, stammt aus der gleichen Zeit und war der Mittelpunkt des alten Saint-Denis. Hinter dem hohen Eisengitter erhebt sich das zweistöckige Bauwerk, geschmückt mit einer zwölfsäuligen, doppelstöckigen Eingangsgalerie und bekrönt von einem Glockenturm, über dessen kleiner Kuppel die französische Flagge weht. Ein markantes Denkmal auf der davor liegenden Straßenkreuzung ist die **Siegessäule** (1918), die dem Ganzen einen Hauch von Pariser Flair gibt! An diesem Punkt hört die Avenue de la Victoire auf und beginnt die Rue de Paris.

Auf dem Weg nach Süden auf der Rue de Paris bietet sich ein kleiner

Das alte Rathaus ist der Mittelpunkt des ursprünglichen Saint-Denis

Abstecher an. Biegt man auf der Rue Maréchal Leclerc nach rechts ab, sind es nur ca. 150 m bis zum **Großen Markt (8)** mit seiner sehenswerten Halle von 1865. Was den Verkauf von Obst und Gemüse angeht, ist der Kleine Markt (s. u.) bunter und lebhafter, dafür findet man auf dem täglich geöffneten *Grand Marché* ein breiteres Angebot an Souvenirs. Insbesondere afrikanische und madagassische Waren sind zahlreich und preiswert zu bekommen, aber auch Blechspielzeug, Musikinstrumente, Stickereien und andere „Schnäppchen". In unmittelbarer Nachbarschaft befindet sich mit dem **Théâtre du Grand Marché** eine der wichtigsten kulturellen Institutionen des Überseedepartements. Hier werden Schauspiele von Autoren aufgeführt, die aus dem Raum des Indischen Ozeans sowie aus Südafrika und Australien stammen.
Centre Dramatique de L'Océan Indien – Théâtre du Grand Marché, *2 Rue du Maréchal Leclerc, Saint-Denis, ✆ 0262-203399, www.cdnoi.re.*

Zurück auf der Rue de Paris führt der Weg vorbei an der **Maison Carrère (9)**, die u. a. die Touristeninformation beherbergt. Im Jahr 1905 ließ sich der Zuckerhändler Raphaël Carrère hier mit seiner Frau Amélie und den fünf gemeinsamen Töchtern nieder. Da das Haus für eine 7-köpfige Familie zu klein war, wurde drei Jahre später eine weitere Etage errichtet. Die Zimmer sind teilweise mit historischen Möbelstücken der Kolonialzeit eingerichtet und zeigen Fotografien und Videoprojektionen zu verschiedenen Themen der Stadtentwicklung und der Insel im Allgemeinen. Im Erdgeschoss ist das Tourismusbüro untergebracht.

Touristeninformation

La Maison Carrère, *14 Rue de Paris, Saint-Denis, ✆ 0262-418300, info@lebeaupays.com, www.lebeaupays.com. Di–Fr 9–16.30, Mo/Sa 8.30–16.30 Uhr, Eintritt frei.*

Weiter auf der Rue de Paris in südlicher Richtung finden sich noch mehrere sehenswerte kreolische Villen sowie die **Arthothèque (10)**, die 1991 auf Initiative

Eine kulturelle Institution seit über 30 Jahren: die Arthothèque

des Generalrats von Réunion zur Vermittlung von zeitgenössischer Kunst gegründet worden ist. Die Sammlung mit 1.500 Exponaten zeigt lokale sowie nationale und internationale Künstler.

Zeitgenössische Kunst

Arthothèque, *26 Rue de Paris, Saint-Denis, ✆ 0262-417550, artotheque@cg974.fr, https://artotheque.re. Di–So 9.30–17.30 Uhr, Eintritt frei.*

Der Rue de Paris weiter in südlicher Richtung folgend, geht es vorbei an mehreren interessanten Häusern. Darunter sind sowohl kleine kreolische Holzhäuschen als auch großzügige Villen mit hübschen Gärten und schönem Schnitzwerk an den Veranden. In einem der prächtigsten Gebäude überhaupt ist das **Musée Léon-Dierx (11)** untergebracht. Die ehemalige Bischofsresidenz aus dem Jahr 1846 wurde 1912 in ein Kunstmuseum umgewandelt und ist nach dem lokalen Maler, Poeten und Bildhauer Léon Dierx (1838–1912) benannt. Die umfangreiche Ausstellung zeigt unter anderem eine Bronzemaske von Picasso und drei Keramiken von Gauguin sowie kleinere Werke von Gustave Caillebotte, Paul Cézanne und Maurice Denis. Außerdem werden réunionesische Künstler ausgestellt, Adolphe Leroy (1832–1892) ist mit eindrücklichen Abbildungen der Talkessel und Berge auf der Insel vertreten.

Umfangreiche Sammlung

Musée Léon-Dierx, *28 Rue de Paris, Saint-Denis, ✆ 0262-202482, musee-dierx@cg974.fr, https://musee-leondierx.re/fr. Di–So 9–17 Uhr, 2 € (erm. 1 €).*

Etwa 200 m weiter läuft die Rue de Paris in einem Kreisel aus, hinter dem sich auf mehr als 50.000 m² der herrliche Stadtpark **Jardin de l'État (12)** erstreckt, eine botanische Sehenswürdigkeit mit vielen seltenen Exemplaren. Der ehemals königliche Garten stammt aus dem 18. Jahrhundert und wurde insbesondere von Nicolas Bréon (1785–1864) geprägt, der verschiedene Obstbäume aus Madagaskar, Mauritius und dem arabischen Raum angepflanzt hat. Bis heute wurde der Park stetig erweitert, er ist eine herrliche Möglichkeit, der lauten Stadt für einen kleinen Spaziergang zu entfliehen. Vor dem Gebäude des Muséum d'Histoire Naturelle befindet sich ein großer Brunnen mit Wasserspiel. Im Garten gibt es auch eine kleine Snackbar, die während der Woche geöffnet ist. Am Wochenende finden im Jardin de l'État Veranstaltungen statt; am Seniorentag der Stadt ist der ganze Park bevölkert von Kreolen, die zu traditioneller Musik tanzen und picknicken.

Im Jardin de l'État sind zahlreiche seltene Baumarten zu entdecken

Im Herzen des Jardin de l'État befindet sich in den ehemaligen Räumen des Justizpalastes von 1835 das **Musée d'His-**

Naturkundemuseum

toire Naturelle (13). Das 1834 im Kolonialstil erbaute Museum zeigt heute zahlreiche Exponate zum Thema Biodiversität sowie zur Flora und Fauna des südwestlichen Indischen Ozeans. So kann man im Untergeschoss Nachbildungen des um 1690 ausgestorbenen Vogels Dodo, der einst auf Réunion und Mauritius zu Hause war, betrachten. Neben zahlreichen anderen Meerestieren gibt es auch einen Quastenflosser zu sehen, eine sehr seltene Fischart, die im Kanal von Mosambik zu Hause ist.

Musée d'Histoire Naturelle, *Jardin de l'État, 1 Rue Poivre, Saint-Denis, ✆ 0262-200219, www.departement974.fr/sites-culturels/index.php/Muséum/présentation-muséum/museum-dhistoire-naturelle.html. Di–So 9.30–17.30 Uhr, 1. Mai geschl., 2 € (erm. 1 €).*

Belebte Geschäftsstraße

Um auf den Rundweg zurückzukommen, nimmt man wieder die Rue de Paris in Richtung Stadtmitte. Hinter dem Leon-Dierx-Museum geht es dann nach rechts in die Rue Roland Garros, und – an prächtiger kreolischer Wohnarchitektur vorbei – bis zur Rue Juliette Dodu. Hier biegt man nach links ab und erreicht die Rue Maréchal Leclerc an der **Hauptpost (14)**. Die Rue Maréchal Leclerc ist eine der Hauptgeschäftsstraßen der Stadt. Hier liegen dicht nebeneinander Restaurants, Boutiquen und auch Banken. Das auffälligste Bauwerk ist das hohe Minarett der **Großen Moschee Noor-e-Islam (15)**, das bereits weit vor der Hauptpost sichtbar wird. Die 1905 erbaute und von außen recht schmucklose Moschee der kleinen muslimischen Gemeinde kann besichtigt werden *(9–12 und 14–16 Uhr)*. Zu den Gebetsräumen haben Frauen – wie in jeder Moschee auf der Insel – allerdings keinen direkten Zugang. Sie können außerhalb der Gebetszeiten bis zur geöffneten Tür gehen und von dort aus einen Blick ins Innere werfen.

An der Kreuzung mit der Rue Jules Olivier, wo die Rue Maréchal Le-clerc deutlich nach rechts abknickt, biegt man rechts in die Rue Jules Olivier ein und folgt ihr bis zur zweiten Querstraße (Rue Sainte-Anne). Dort biegt man nach links ab und stößt bald auf die **Pagode Guan-Di (16)**. Sie liegt inmitten eines ehemaligen chinesischen Viertels.

Von hier aus wird am Ende der Straße, wo die Rue Sainte-Anne wieder auf die Rue Maréchal Leclerc zurückführt, bereits der

Der hinduistische Tamoul-Tempel

Kleine Markt (17) sichtbar. In den Vormittagsstunden pulsiert hier das Leben und das gesamte landwirtschaftliche Warenangebot Réunions wird präsentiert. Es ist lohnend, sich etwas Zeit zu nehmen und alle Eindrücke, Gerüche, Farben und kreolischen Wortfetzen auf sich wirken zu lassen. Zudem bietet sich an, für die Fortsetzung des Rundgangs einige Früchte als Wegzehrung mitzunehmen.

Nach dem Marktbesuch führt ein Abstecher auf der Rue Maréchal Leclerc nach rechts zum barock wirkenden hinduistischen **Tamoul-Tempel (18)**, der nach etwa 150 m auf der linken Seite liegt. Der Tempel komplettiert nach der Kathedrale, der Moschee und der Pagode die Sakralbauten der hier versammelten Weltreligionen. Er wurde nach dem Zweiten Weltkrieg gebaut und ist mit hinduistischen Götterbildern geschmückt.

Barocker Hindu-Tempel

Um zum Ausgangspunkt des Stadtbummels zurückzugelangen, sollte man nicht die stark befahrene Küstenstraße wählen, sondern die Rue Maréchal Leclerc wieder bis hinter die Linkskurve zurückgehen, vor der Moschee nach rechts in die Rue Jules Auber einbiegen (im Haus Nr. 53 verbrachte Vinh San, Kaiser von Annam/ Vietnam, ab 1916 Jahre seines Exils), an der Rue des Sables nach links und in die nächste Querstraße (Rue Juliette Dodu) wieder nach rechts abbiegen. Auf dieser Strecke kommt man an den interessantesten Geschäften, einigen Restaurants und sehr schönen Beispielen kreolischer Architektur vorbei. Die Rue Juliette Dodu stößt auf die Küstenstraße, wo man im Park **Le Barachois (19)** und im davor liegenden Parc d'artillerie auf halbkreisförmige Bastionen, alte Kasernen und Kanonenstellungen stößt – militärische Relikte des frühen 19. Jh. Mit den vielen Boulespielern, den Spielplätzen, den Restaurants und den promenierenden Urlaubern haben diese Plätze heute weitaus friedlicheren Charakter.

Von hier hat man den Ausgangspunkt des Rundgangs bald wieder erreicht.

Außerhalb des Zentrums

Im Quartier Le Butor hat 2016 das Kulturzentrum **La Cité des Arts (20)** eröffnet. Die moderne Architektur des Hauptgebäudes ist inspiriert von durch Wind und Regen geformten Oberflächen – eine Reminiszenz an die natürliche Umgebung auf der Insel. In mehreren kleinen Gebäuden befinden sich Säle für Konzerte, Tanzveranstaltungen und Ausstellungen sowie Ateliers für Künstler.
La cité des Arts, *23 Rue Léopold Rambaud, Saint-Denis, ✆ 0262-920990, contact@citedesarts.re, www.citedesarts.re. Mo–Sa 10–12.30 und 13.30–18 Uhr, bei Veranstaltungen auch länger.*

Seit März 2022 gibt es auf Réunion eine Seilbahn mit 46 Gondeln: Die **Téléphérique** befördert nicht etwa Reisende in die Berge, sondern verbindet die oben gelegenen Wohnviertel um Bois-de-Nèfles mit dem unten gelegenen Viertel Le Chaudron, in dessen Umkreis sich viele Arbeitsplätze und Einkaufsmöglichkeiten befinden. Obwohl also eigentlich ein „schlichter" Bestandteil des öffentlichen Nahverkehrs, ist auch für Touristen ein kleiner Ausflug damit interessant, kann man doch von der Gondel aus die Architektur und Wohnviertel gut von oben beobach-

Neue Seilbahn

ten und Ausblicke über Saint-Denis bis hin zum Flughafen genießen! Ein Ticket ist zwei Stunden gültig, währenddessen kann man beliebig oft aus- und einsteigen und einen kleinen Spaziergang einlegen.
Téléphérique-Station *bei der Mairie Chaudron* **(21)**, *täglich 6–20 Uhr. Ticket (gilt auch für den Bus): 1 €.*

Kreolischer Garten

Der kreolische Garten **La Vallée Heureuse (22)** ist für Besucher im Rahmen einer Führung zugänglich: insbesondere für Botaniker und Gartenliebhaber ein traumhafter Ort mit Kamelien, Azaleen und Hortensien sowie endemischen Pflanzenarten. Einige bemerkenswerte, teilweise seltene Bäume und Bambusarten – sogar Reste eines Urwaldes – sind ebenso zu sehen.
La Vallée Heureuse, *Vidal Pascale Boyer, Allée Félicien Vincent, Le Brûlé, Saint-Denis, ✆ 0692-878187 (mobil), pboyervidal@wanadoo.fr. Führungen (mit Teepause) nach Anmeldung jeden zweiten Sonntag im Monat 9 und 14 Uhr. An anderen Tagen nach Vereinbarung (ab 5 Personen), 8 € (erm. 5 €). Die Anfahrt von Saint-Denis mit dem Auto dauert etwa 20 Minuten: der Ausschilderung Bellepierre/Le Brûlé folgen, im Dorf Le Brûlé an der Kirche parken (da es beim Garten selbst keine Parkplätze gibt) und die letzten 5 Minuten zu Fuß der Beschilderung folgen. Mit dem Bus fährt man mit der Linie 12 mit Umstieg in die angehängte Linie 12A der Citalis bis zur Haltestelle nahe der Kirche Les Azalées in Le Brûlé.* *Siehe auch S. 107f.*

Reisepraktische Informationen Saint-Denis

Information
Office de Tourisme, *14 Rue de Paris (im Kolonialhaus Maison Carrère), Saint-Denis, ✆ 0262-418300, info@lebeaupays.com, www.lebeaupays.com. Di–Fr 9–16.30, Mo/Sa 8.30–16.30 Uhr.*

Krankenhaus
Centre Hospitalier Universitaire Félix Guyon, *Allée des Topazes, Saint-Denis, ✆ 0262-905050.*

Post
La Poste, *60 Rue du Maréchal Leclerc. Mo–Fr 8.30–17.30, Sa 8–12.30 Uhr.*

Fluggesellschaften
Air France, *7 Avenue de la Victoire, Saint-Denis, Di–Fr 8.30–16 Uhr.*
Air Austral, *4 Rue de Nice, Saint-Denis, ✆ 0825-013012, Mo 9–17.30, Di–Fr 8.30–17.30, Sa 8.30–11.45 Uhr.*
Corsair, *2 bis Rue du Maréchal Leclerc, Saint-Denis, Mo–Fr 10–17 Uhr.*

Unterkunft (→ *Karte s. hintere Umschlagklappe*)
Pension Touristique Aïssa € **(5)**, *24 Rue Saint-Jacques, Saint-Denis, ✆ 0262-203702 oder 0692-513678 (mobil). Kleine Familienpension, 7 Zimmer mit Bad. Sympathische und herzliche Gastgeber, die Zimmer sind jedoch etwas dunkel. Im Innenhof kann man sich unter dem Mangobaum von der Hektik der Stadt erholen.*
Le Cap Vert €–€€ **(7)**, *17 A Avenue du Maréchal de Lattre de Tassigny, Sainte-Clotilde, ✆ 0262-920505 oder 0692-192276 (mobil), hotel.cap.vert@outlook.fr. Einfaches,*

kleines Familienhotel mit 9 hellen Zimmern mit Gemeinschaftsbad in einem Vorort zwischen Flughafen und Saint-Denis.

Hôtel Select €–€€ (6), *1 Rue des Lataniers, Saint-Denis, ✆ 0262-411350 oder 0692-919292 (mobil), https://hotel-select.fr. Einfaches, zweckmäßiges Hotel mit Pool in Fußnähe zum Stadtzentrum. Die 55 klimatisierten Zimmer sind geräumig und wurden teilweise in den letzten Jahren renoviert.*

L'Austral*** €€–€€€ (3), *20 Rue Charles Gounod, Saint-Denis, ✆ 0262-944567, hotel-austral@wanadoo.fr, www.hotel-austral.fr. Größerer, zentral gelegener Hotelkomplex mit über 50 standardmäßig eingerichteten Zimmern. In einem kleinen Pool kann man sich nach der Hitze der Stadt erfrischen.*

Maison d'Edith €€€ (1), *59 Chemin Commins, La Montagne, ✆ mobil: 0692-696605, maisondedith@gmail.com, www.maisondedith.com. Herzliches Bed & Breakfast in einer Kolonialvilla aus dem 19. Jahrhundert mit stilvoll antik eingerichteten Zimmern. Große Veranda und Garten. 2 Nächte Mindestaufenthalt. 15 Minuten bis ins Zentrum.*

Le Juliette Dodu*** €€€€ (2), *31 Rue Juliette Dodu, Saint-Denis, ✆ 0262-209120, hotel@hotel-juliette-dodu.fr, www.hotel-juliette-dodu.fr. Das verwinkelte, gemütliche Hotel im kreolischen Stil befindet sich im Zentrum von Saint-Denis. Von den oberen Stockwerken aus sieht man die Berge und das Meer. Kleiner Pool zur Abkühlung, Extras wie Babysitter-Service werden geboten.*

Villa Angelique**** €€€€ (4), *39 Rue de Paris, Saint-Denis, ✆ 0262-790079, contact@villa-angelique.fr, www.villa-angelique.fr. Nobles Hotel in einer alten, denkmalgeschützten Kolonialvilla direkt im Zentrum. Die luxuriös und ausgefallen eingerichteten Zimmer werden allen Ansprüchen gerecht. Dazu gehört ein kleines Restaurant mit schöner Terrasse; leider stört hier der Straßenlärm etwas. Sehr gutes Frühstück mit vielen frischen Früchten!*

Hôtel Bellepierre**** €€€€ (8), *91 bis Allée des Topazes, Bellepierre, Saint-Denis, ✆ 0262-515151, info@hotel-bellepierre.com, www.hotel-bellepierre.com. Komfortables Hotel in einem Wohnviertel oberhalb von Saint-Denis mit guter Aussicht auf die Stadt und auf den Ozean. Die über 80 Zimmer sind mit Designmöbeln zeitgenössisch-modern eingerichtet.*

Essen und Trinken *(→ Karte s. hintere Umschlagklappe)*

Bois la tasse! € (1), *12 Rue Alexis de Villeneuve, Saint-Denis. Di–Fr 11–17.30, Sa bis 18 Uhr. Winziges Café mit sehr gutem Kaffee und Tee sowie hausgemachten Limonaden; dazu feine Kuchen und Kekse.*

La KT Dral €€ (2), *5 Ruelle Saint-Paul, Saint-Denis, ✆ 0262-511282 oder 0692-959200 (mobil). Mo–Sa 12–24 Uhr. Untergebracht in einem sanierten, denkmalgeschützten Haus, besticht das Restaurant und Café innen mit raffiniertem Design. Die ruhige Terrasse mit dem roten Mobiliar ist ein schöner Ort zum Relaxen. Gutes Essen zu angemessenen Preisen. Am Wochenende gibt es Konzerte oder Themenabende.*

L'arbre à pain Casta € (3), *Rue Alexis Villeneuve, Saint-Denis, ✆ 0262-318714, Mo–Sa 6–19, So 6–12.30 Uhr. Kleine, sehr gute Bäckerei und Konditorei mit schöner Sitzgelegenheit am Platz hinter der Cathédrale Sainte-Marie.*

Le Massalé € (4), *30 Rue Alexis de Villeneuve, Saint-Denis, ✆ 0262-217506. Mo–Fr 14–20, Sa–So 10–20 Uhr. Große Auswahl an kreolischem Kleingebäck wie Samosas, Krapfen mit eingebackenem Gemüse (beignets) oder Nems. Auch lecker sind die süßen Varianten wie Roche Coco oder Bonbon Miel. Der Besitzer ist indischer Abstammung; er erklärt gerne die verschiedenen Köstlichkeiten und wartet geduldig, bis man sich bei der großen Auswahl entschieden hat.*

L'Igloo € **(5)**, *67 Rue Jean-Châtel, Saint-Denis, ✆ 0262-213469. Mo–Sa 11.30–Minimum 22, So 15–23.45 Uhr. Hier gibt es nach Meinung vieler Einheimischer seit 1988 das beste italienische Eis in der ganzen Stadt. Besondere Kreationen sind der selbst hergestellte Quark und Joghurt.*

Le Reflet des Îles €€€ **(6)**, *Ecke Rue de l'Est und Rue de Pasteur, Saint-Denis, ✆ 0262-217382. Di–Sa 12–14 und 19–22 Uhr. Hier gibt es traditionelle kreolische Küche, stilvoll serviert in der kleinen Ausgabe der traditionellen marmites (Töpfe).*

Les Bons Enfants € **(7)**, *82 Rue Sainte-Anne, Saint-Denis, ✆ 0262-206918. Tgl. 9–14 und 17–22 Uhr. Restaurant im Stil einer Kantine mit kreolischem Essen. Um die Auswahl zu erleichtern, werden die Gerichte hinter einer Glasscheibe präsentiert. Weitere Filialen gibt es in den größeren Orten der Insel.*

Le Gadiamb €€€ **(8)**, *104 Rue Roland Garros, Saint-Denis, ✆ 0262-201079. Mo–Sa mittags und abends. „Le Gadiamb" bedeutet so viel wie „angenehm". Und der Name hält, was er verspricht; das Restaurant ist in einem kleinen, bunten kreolischen Haus untergebracht, ruhig gelegen hinter dem Petit Marché. Die Einrichtung ist stilvoll und mit antiken Gegenständen gestaltet. Die Karte bietet kreolische Gerichte, angereichert mit Gemüse. Hervorragende Auswahl an Rhum arrangé, der gratis offeriert wird.*

L'Atelier de Ben €€€ **(9)**, *10 Rue de la Compagnie, Saint-Denis, ✆ 0262-418573, atelierdeben974@yahoo.fr, https://latelierdeben.com. Di–Fr 12–13.15 und 19.30–21.15 Uhr. Hier zaubern Chefkoch Ben und sein Team feinste französische Küche mit réunionesischen Nuancen auf den Teller! Täglich wechselnde Menüs.*

Ausgehen *(→ Karte s. hintere Umschlagklappe)*

Mahé La Bourdonnais (10), *14 Rue de l'Amiral Lacaze, Saint-Denis, ✆ 0262-583551, contact@mahe.re, www.mahe.re. Di/Mi 17.30–24, Do–Sa bis 5 Uhr. Beliebter Club in alten Gemäuern in der Innenstadt. Wechselnde Musikrichtungen.*

Café Edouard (11), *13 Ruelle Edouard, Saint-Denis, ✆ 0262-284502. Mo–Sa 10–24, So ab 16 Uhr. Nette Kneipe mit Fassbier und gemütlichem Außenbereich (Bierzeltgarnituren!) für gesellige Abende.*

Le Passage du Chat Blanc (12), *26 Rue Jean Chatel, Saint-Denis, ✆ mobil: 0692-970005, www.chatblanc.re. Konzertabende oder Tanznächte mit verschiedenen DJs.*

Sonstiges *(→ Karte s. hintere Umschlagklappe)*

Le Hammam Sarah (1), *42 bis Rue Alexis de Villeneuve, Saint-Denis, ✆ 0262-516904 oder 0692-876514 (mobil). Orientalisches Spa im Herzen von Saint-Denis mit schlichtem, aber edlem Ambiente. Hamam, Jacuzzis, Sauna, Massagen und andere Wellness-Behandlungen. Im traditionellen Teesalon kann man den Besuch bei hausgemachtem Gebäck ausklingen lassen. Bei Redaktionsschluss liefen noch umfangreiche Sanierungsarbeiten, die im Laufe des Jahres 2023 abgeschlossen sein sollen.*

TEAT Champ Fleuri (2), *Espace culturel de Champ Fleuri, 2 Rue du Théâtre, Sainte-Clotilde, ✆ 0262-419325, www.teat.re. Wichtige Kulturinstitution mit lokalen, nationalen und internationalen Konzerten, Tanz, Theater und weiteren Veranstaltungen. Der Saal mit rund 900 Plätzen liegt außerhalb des Stadtzentrums.*

Aquanor (3), *1 Route Digue, Sainte Clotilde, ✆ 0262-201010, contact@aquanor.re, www.aquanor.re, Mo/Di/Do/Fr 11.30–18.30, Mi/Sa/So ab 9 Uhr. Freibadanlage in der Nähe von Saint-Denis mit vielen Rutschen, Restaurant, Wellnessbecken und Fitnessanlage.*

Golf, *Parc de Loisirs du Colorado, La Montagne, ✆ 0262-237950, www.golfclubcolorado.fr. Golfplatz oberhalb von Saint-Denis, auf 600 m Höhe.*

Wochenmarkt im Stadtteil Le Chaudron

Einkaufen (*→ Karte s. hintere Umschlagklappe*)

Wochenmarkt, *Mittwoch und Sonntag 6–12 Uhr im Stadtteil Le Chaudron nahe der Kirche.*

Librairie Gérard (4), *5 Rue de la Compagnie, Saint-Denis, ✆ 0262-200815. Gut sortierter Buchladen im Zentrum, nahe der Avenue de la Victoire.*

Pressing Fontaine Frères, *Waschsalon und Reinigung, 129 Rue du Général de Gaulle, Saint-Denis. Di–Fr 9–12.15 und 13.15–18, Sa 8–12 Uhr.*

Serge Gélabert Photo (5), *85 Rue Juliette Dodu, Saint Denis, ✆ 0262-217056, mobil: 0692-852079, www.sergegelabert.com. Fotoatelier des bekannten Fotografen für professionelle Urlaubserinnerungen.*

O Zartisans Kréateurs (6), *159 Rue Jean Chatel, Saint-Denis, ✆ 0692-769069. Di–Fr 10–12 und 14–18, Sa 9–12 und 13–19 Uhr. Kleine Boutique mit verschiedenen, lokal produzierten Produkten: Von der Marmelade bis zur Korbflechterei finden sich hier allerhand Souvenirs.*

Feste/Veranstaltungen

Marché de Nuit, *Markt mit verschiedenen Anbietern und Darbietungen, jeden ersten Samstag im Monat ab 19 Uhr, Barachois.*

Fête de la Musique, *Festival am 21. Juni – wie in vielen anderen französischen Städten – mit zahlreichen Gratiskonzerten.*

Kaloo Bang, *Musikfestival Ende September an der Uferpromenade.*

Taxis

Allo Taxi ✆ *0262-282744, mobil: 0692-854134.*
Taxi Plus ✆ *mobil: 0692-314314, www.taxi-la-reunion.fr.*

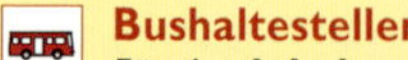

Bushaltestellen

Für den **lokalen** *Busverkehr:* **Bus Citalis**, *Haltestelle Hôtel de Ville, 2 Rue de Paris, Saint-Denis. Weitere Infos: www.citalis.re.*
Für den **regionalen** *Busverkehr:* **Gare Routière Car Jaune**, *5 Rue de la Gare Routière, Saint-Denis.*

Mietwagen

Au Bas Prix, *Aéroport Roland Garros, Sainte-Marie,* ✆ *0262-488189, www.aubasprix.re.*
ITC Tropicar, *Aéroport Roland Garros, Sainte-Marie,* ✆ *0262-310707, www.itctropicar.com.*
Multi Auto, *67 Rue Léopold Rambaud, Sainte-Clotilde, Saint-Denis,* ✆ *0262-290166, www.multiauto.fr.*
Jumbo Car, *Aéroport Roland Garros, Sainte-Marie,* ✆ *0262-288585, www.jumbocar-reunion.com.*

Ausflüge in die Umgebung

Hinweis

Zu den Ausflügen in die Umgebung von Saint-Denis siehe Faltkarte.

Mit dem Rad

Der Rad- und Wanderweg **Le Sentier Littoral Nord** führt 21 km an der Küste entlang – von Saint-Denis über Sainte-Marie nach Sainte-Suzanne. Verschiedene Stationen sind mit Wasserstellen, sanitären Anlagen, Picknick-Pavillons, Spielplätzen und Informationstafeln ausgestattet. Alte Gebäude und andere historische Stätten, wie den Leuchtturm Bel Air in Sainte-Suzanne, kann man ebenso wie verschiedene Pflanzenarten unterwegs entdecken. Der Weg beginnt in Saint-Denis an den Barachois und führt über den Friedhof zum Parc de Tamarins. Weiter geht es dann am Flughafen vorbei zum Jachthafen in Sainte-Marie, vorbei am Parc de Bois Madame und am Flussbett der Ravine des Chèvres, weiter zum Aussichtspunkt Grand Hazier. Der Leuchtturm in Sainte-Suzanne (s. S. 276) befindet sich kurz vor dem Endpunkt am Spielplatz Village Desprez nach einem längeren Tunnel. Vorsicht: Der Flughafen muss umfahren werden; dafür hält man sich an den normalen Fahrradweg. Da der Weg teils uneben und es dazu oft windig ist, lohnt es sich hier, ein E-Gravelbike zu leihen.
Fahrradverleih: *Vélo & Oxygen, 12 Juliette Dodu, Le Barachois, Saint-Denis,* ✆ *0262-416438, contact@velo-oxygen.re, www.facebook.com/VeloOxygen. Di–Sa 8–12 (Mo/Sa ab 9), 14–18 Uhr. Halber Tag E-Bike ab 24 €. Auch Helme werden verliehen. Das Geschäft liegt unweit des Startpunkts des Sentier Littoral an den Barachois. Weitere Informationen in der Touristeninformation, www.lebeaupays.com.*

Wanderung Point de Vue Pic Adam

Lage: s. Reisekarte E2
Länge: ca. 4 km (Hin- und Rückweg)
Höhenmeter: ca. 300
Schwierigkeitsgrad: leicht
Dauer: knapp 2 Stunden
Anfahrt: Mit dem Auto von der N6 auf die D49 in Richtung Bois de Nèfles, ab hier der Ausschilderung folgen (insgesamt 20 Min. von Saint-Denis); ausgewiesener Parkplatz am Beginn des Wanderwegs. Wer öffentliche Verkehrsmittel bevorzugt, hat zwei Alternativen: Man kann mit dem Citalis-Bus 24 von Sainte-Clotilde Centre bis Bois de Nèfles und dann weiter mit dem Bus 24B bis Piton Bois de Nèfles fahren. Oder man nimmt die Seilbahn Téléphérique (s. S. 101) bis Bois de Nèfles und von dort den Bus.

An Bananenstauden und Ananasplantagen vorbei führt der Weg zunächst über Treppen hinauf zum vorgelagerten Picknickplatz. Ab hier geht es langsam, aber stetig bergauf durch den Wald, bevor der Aussichtspunkt (*Point de Vue*) Pic Adam nach rechts ausgeschildert ist. Von hier hat man einen herrlichen Blick auf Saint-Denis. In Richtung Osten blickt man auf Saint-André, dazwischen liegen saftig grüne Zuckerrohrfelder. Diese Tour sollte unbedingt am frühen Morgen auf dem Programm stehen, bevor die Wolken aufziehen. Mit etwas Glück klart es aber am Nachmittag noch einmal auf, sodass sich der Ausflug auch dann lohnt.

Die Mühe des Aufstiegs lohnt sich: Aussicht vom Point de Vue Pic Adam

Rundfahrt Le Brûlé mit Abstechern zum Wasserfall Cascade Maniquet und zum Roche Écrite

Abenteuerliche Fahrt

Die Fahrt mit dem Auto nach Le Brûlé (s. a. S. 102) ist schon ein Abenteuer für sich. Von der N6 aus schlängelt sich die D42 über 10 km kurvenreich an stattlichen Villen der Kolonialzeit vorbei, hinauf zum kleinen Dorf Le Brûlé. Unterwegs erlau-

Der Wasserfall Cascade Maniquet

ben viele kleine Parkplätze einen kurzen Halt, um die Aussicht auf die Stadt zu genießen. Vom Dorf geht es auf der Route Forestière de la Roche Écrite noch 4 km weiter bis zu einer Gabelung. Der untere Abzweig führt in etwa 1,5 km zum Beginn des Fußwegs zum Wasserfall; der Weg ist mit einem kleinen Schild gekennzeichnet. In 15 Minuten steigt man von hier aus zur **Cascade Maniquet** hinunter. Schon vom Weg aus hat man einen herrlichen Blick auf den Wasserfall. Unerschrockene können im Bassin baden – das Wasser ist jedoch eisig kalt.
Anfahrt mit dem Bus: *Linie 12 (Citalis) bis zum Dorf Le Brûlé, dann weiter mit der Linie 12A bis zur Haltestelle Val Fleuri. Von hier noch etwa 3 km zu Fuß auf der Forststraße, bis der kleine Weg zum Wasserfall abzweigt.*

Der obere Abzweig der Route Forestière de la Roche Écrite führt zum Ausgangspunkt für die Wanderung auf den **Roche Écrite**. Der Aufstieg auf den 2.276 m hohen Gipfel ist für geübte Wanderer in etwa 3 ½ Stunden (nur für den Aufstieg) zu bewältigen. Ca. 1.000 Höhenmeter werden bis zum Ziel überwunden. Bei klaren Sichtverhältnissen hat man von oben einen fantastischen Blick auf die Talkessel Salazie und Mafate. Man kann den Gipfelanstieg auch auf zwei Tage verteilen und in der Gîte de la Roche Écrite übernachten.
Gîte de la Roche Écrite, *Plaine des Chicots, Saint-Denis, ✆ 0262-439984. Reservierung telefonisch oder online über https://book.reunion.fr.*

Auf der Rückfahrt nach Saint-Denis kehrt man zunächst zum Dorf Le Brûlé zurück, biegt dort hinter der Bürgermeisterei rechts auf die D43 in Richtung Saint-François ab und erreicht den Ausgangspunkt über eine gut ausgebaute, aber genauso kurvenreiche Straße (ca. 14 km). Auch auf dieser Strecke offenbaren sich immer wieder schöne Ausblicke. Die D43 führt – genau wie die D42 – geradewegs ins Zentrum der Hauptstadt.

Rundfahrt La Montagne und Colorado

Gebirgiges Terrain

Im südwestlichen Hinterland bietet die knapp 34 km lange Verbindung zwischen Saint-Denis und La Possession eine Fülle schöner Ausblicke, Wandermöglichkeiten und reizvoller Abstecher. Die gebirgige Region von La Montagne und Colorado weist eine interessante Vegetation und ein angenehmes Klima auf. Man kann entweder von der Hauptstadt aus über die Bergstrecke hin- und auch wieder zurückfahren oder die gesamte Strecke bis nach La Possession zurücklegen, um dann über die Autobahn zurückzukommen. Wer die Inselrundfahrt im Uhrzeigersinn unternimmt (also andersrum als in diesem Buch beschrieben), kann auf der Etappe von Saint-Gilles-les-Bains nach Saint-Denis auch die Bergstraße anstelle der Autobahn nehmen und den Abstecher auf diese Weise in die Rundfahrt einbauen.

Die Rundfahrt – von Saint-Denis über die Bergregion nach La Possession und über die Autobahn wieder zurück – beginnt im Stadtzentrum. Von der alten Universität aus geht es über die Rue du Pont auf das westliche Ufer des Rivière Saint-Denis. An der Kirche Notre Dame de la Délivrance biegt man links auf die D41 ein. Von der Place de la Préfecture bzw. der Küstenstraße aus ist es günstiger, zunächst der N1 in Richtung Le Port zu folgen und dann an der ersten Abfahrt nach der Brücke abzufahren. Die Straße D41 ist mit dem Hinweis „La Montagne" gut ausgeschildert und nicht zu verfehlen.

Anspruchsvolle Strecke

Kurz hinter der Stadtgrenze beginnt bereits der steile Aufstieg in Haarnadelkurven, die sich beinahe über die ganze Strecke hinwegziehen: Bis nach La Possession muss sich der Autofahrer 430-mal durch enge Windungen quälen. Die D41 war lange Zeit die einzige Landverbindung zwischen Saint-Denis und den Städten an der Westküste, bis in den 1960er-Jahren schließlich mit großem Aufwand die Küstenautobahn gebaut wurde. Vor der Eröffnung dieser Bergstrecke 1850 wurde der Personentransfer zwischen La Possession und der Hauptstadt mit Ruder-Fähren durchgeführt! Für den Ausblick auf Saint-Denis sind die ersten Kilometer der Strecke die schönsten. Überreste von Bastionen und Kanonenstellungen bezeugen, dass dieser erhöhte Standpunkt schon zu Zeiten von Mahé de La Bourdonnais zur Verteidigung der Hauptstadt genutzt wurde.

Der Ort La Montagne liegt 400 m ü. M. und ist mit seinen Ferienhäuschen, Villen und schönen Gärten sehenswert. Kurz darauf (knapp 9 km hinter Saint-Denis) geht links eine 2 km lange Stichstraße nach Colorado (Parc de Loisirs du Colorado) ab. Hier wurde eine großzügige Freizeitanlage in 700 m Höhe geschaffen, die mit ihren Kinderspielplätzen, Picknick-Pavillons, dem 9-Loch-Golfplatz, drei Tennisplätzen und einem Reitclub außerordentlich beliebt ist. Auch für Wanderer und Drachenflieger ist Colorado eine gute Adresse. Am Piton de Tête hat man bei klarem Wetter eine gute Sicht auf die Stadt, in das tiefer gelegene Tal des Rivière Saint-Denis und auf das Meer.

Wunderbare Ausblicke

Auf der D41 geht es weiter bis nach La Possession, wobei zwischen den Ortschaften Le Dix Septième und La Ravine à Malheur wundervolle Ausblicke bis zur Küste möglich sind. In engen Windungen führt die Bergstraße schließlich wieder hinab (noch einmal ein schöner Aussichtspunkt) und mündet vor La Possession auf die Autobahn (Route du Littoral), die in 13 km nach Saint-Denis zurückführt. Insgesamt ist diese Rundfahrt (ohne Abstecher) 47 km lang. Da über zwei Drittel der Strecke aus engen, kurvigen und steilen Abschnitten bestehen, sollten hierfür gut zwei Stunden reine Fahrzeit einkalkuliert werden.

5. DIE WESTKÜSTE UND DER CIRQUE DE CILAOS

Überblick

Die Westküste, die „côte sous le vent", also die windabgewandte Seite der Insel, ist die Sonnenseite Réunions. Sie hat ein trockeneres und sonnigeres Klima als der Rest der Insel, sodass die Landschaft oft savannenartig aussieht. Entlang der Küste findet man neben den meisten schönen Stränden die am besten ausgebaute touristische Infrastruktur und den Badeort **Saint-Gilles-les-Bains**, der mit seinem Jachthafen das touristische Zentrum der Insel darstellt. Der Ort bietet Badespaß und verschiedene Wassersportaktivitäten sowie eine große Auswahl an Restaurants und Bars. Eine Vielzahl von Stränden mit insgesamt mehr als 25 km Länge lädt zum Entspannen ein. Der Indische Ozean zeigt hier eine farbenreiche Unterwasserwelt bei jährlich angenehmen Temperaturen von über 21 °C. Im etwa 15 km südlich gelegenen **Saint-Leu** liegt das Zentrum des Funsports der Insel – hier kann man gleitschirmfliegen, tauchen, mountainbiken, klettern und bouldern. Der lebhafte Ort ist zwar kleiner als Saint-Gilles-les-Bains, dafür aber auch ursprünglicher.

Redaktionstipps

➤ Die beeindruckende, gleichzeitig aber auch barbarische Kolonialgeschichte bei einem Besuch des **Musée historique de Villèle** entdecken (S. 125).
➤ Bei einer Führung im **Unterwasserpfad L'Ermitage** die Vielfalt von Korallen und Fischen im ökologischen System bewundern (S. 130).
➤ Am **Le Gouffre** donnert der Ozean dramatisch gegen die schwarzen, schroffen Felsen (S. 149).
➤ Bei einem Besuch der ehemaligen und neu renovierten Zuckerfabrik **Stella Matutina** anschaulich die Geschichte des Zuckerrohrs erleben, das nach wie vor eine große Rolle für die Insel spielt (S. 145).
➤ Im abgelegenen und nur zu Fuß erreichbaren **Camp Marron** in den Bergen von Dimitile erfahren, wie einst die Sklaven auf der Insel gelebt haben (S. 158).
➤ Bei einem Aperitif am Strand den Sonnenuntergang genießen (S. 134).
➤ **Kreolische Musik** auf einem der zahlreichen Konzerte am Sonntagabend an der Promenade in Saint-Leu kennenlernen (S. 138).
➤ Auf einer Autofahrt die **spektakuläre Straße nach Cilaos** auf sich wirken lassen (S. 160).
➤ Den berühmt-berüchtigten **Wein** der Traube Isabelle von Cilaos degustieren (S. 162).

Routenhinweis

Beschrieben wird im Folgenden die Strecke von Saint-Denis bis Saint-Paul über die N1. Dann folgt eine Strecke von etwa 40 km, ausgehend von Saint-Paul auf der alten Nationalstraße **N1a** Richtung Süden, die bei L'Étang-Salé wieder auf die vierspurige N1 (Route des Tamarins) stößt. Weiter geht es auf der N1 bis nach Saint-Louis und über den großen Rivière Saint-Etienne nach Pierrefonds und schließlich nach Saint-Pierre. Beschrieben werden **Abstecher** zum Piton Maïdo, in die Bergdörfer Les Makes und Entre-Deux sowie die Tour in den **Cirque de Cilaos**. Ausflugsziele in die Berge werden vom jeweiligen Ausgangspunkt an der Küste vorgestellt.
Wer nicht an der Küste entlangfahren möchte, kann alternativ auch die höher gelegene Bergstraße **D3** Richtung Süden nehmen, die einem die typischen Landschaften der Insel und einfache kreolische Dörfer näherbringt. Die D3 ist als 'Route Hubert Delisle' ausgeschildert. Zwischen den beiden Straßen gibt es zahlreiche Querverbindungen, sodass man die Streckenabschnitte auch problemlos kombinieren kann. Die ganze Strecke von Saint-Denis bis nach Saint-Pierre ist auf der N1 ca. 85 km, auf der D3 ca. 105 km lang und theoretisch an einem Tag zu schaffen. Wer eine oder mehrere Sehenswürdigkeiten besuchen und Wanderungen unternehmen möchte, sollte allerdings mindestens eine Übernachtung einplanen.

Während um Saint-Gilles-les-Bains die langen, weißen Sandstrände liegen, ist der Sand etwas weiter südlich, bei L'Étang-Salé-les-Bains, schwarz und im Südsommer so heiß, dass man kaum barfuß darauf laufen kann. Die Buchten entlang der Küste werden durch steile Klippen getrennt, die spektakuläre Felsformationen bilden. Oft sitzen auf ihnen Angler, was besonders im Sonnenuntergang ein schönes Motiv abgibt.

Traumstrände säumen die Westküste

Lohnende Abstecher ins Landesinnere

Nicht nur die Küste selbst ist sehenswert; verschiedene Ausflüge locken im Westen der Insel ins Landesinnere. Ein Highlight ist der Ausflug zum **Piton Maïdo** mit einem beeindruckenden Blick in den Talkessel von Mafate oder der **Wald von Tévelave** mit seiner einzigartigen Vegetation. Das Kunsthandwerkerdorf L'Éperon eignet sich sehr gut zum Souvenirkauf.

Ob an der Küste oder in den Bergen, eine Vielzahl an historischen und religiösen Stätten sowie Museen ermöglichen es dem Besucher, die Kultur und den Glauben Réunions zu entdecken und zu erleben. Zudem gibt es zahlreiche kleinere Spaziergänge oder längere Wanderungen, auf denen man die Landschaft genießen kann.

Saint-Denis – Saint-Paul

Von Saint-Denis aus hat man die Wahl, entweder die landschaftlich reizvolle, aber deutlich längere D41 zu nehmen (Streckenbeschreibung s. S. 108) oder die Küstenautobahn N1, bekannt als **Route du Littoral** oder **Route en Corniche** (s. a. S. 28). Die Bedeutung dieses kurzen Stücks Autobahn kann man nur ermessen, wenn man weiß, dass bis zur Eröffnung der Bergstraße D41 über La Montagne im Jahr 1850 eine Verbindung von der Hauptstadt zur Westküste allein mittels Ruderfähren vonstatten ging. Schließlich wurde der Plan einer an der Steilküste herumführenden Trasse in die Tat umgesetzt, zunächst als enge und oft verschüttete Küstenstraße sowie als Eisenbahnverbindung, die durch einen 10 km langen Tunnel (1882 eröffnet; damals der längste der Welt!) verlief. 1963 konnte nach nur 13-monatiger Bauzeit das technische Paradestück eingeweiht werden, 1976 folgte eine Erweiterung auf vier Spuren. Wegen Überlastung und Steinschlaggefährdung (vor allem nach starkem Regen und Wind) wurde 2014 beschlossen, die Strecke über dem Wasser auf Viadukten neu zu bauen. Seit 2016 sieht man das langsame Fortschreiten des gigantischen Projekts entlang der aktuellen Route du Littoral. Seit Ende 2022 ist die Straße bereits auf Teilstrecken für den Verkehr freigegeben.

Über Wasser fahren

Der Weg von Saint-Denis berührt als erstes die Ortschaft **La Possession** (ca. 33.000 Einwohner). Der Ort selbst hat für Reisende nicht viel Sehenswertes aufzuweisen, kann jedoch als Ausgangspunkt für eine Wanderung in den Talkessel von Mafate oder nach Dos-d'Âne dienen.

Unterkunftstipp

Lodge Roche Tamarin – *Village Nature**** €€€€, 142 Chemin Boeuf Mort, La Possession, ✆ 0262-446688, infos@villagenature.com, https://villagenature.com. Die etwas überteuerte Unterkunft liegt im Wald oberhalb der Stadt und besteht aus 16 rustikalen Bungalows in Holzbauweise mit Terrasse und Blick auf die Stadt und den Hafen, einige mit Whirlpool. Restaurant und Spa. Die Gebäude sind über Stege miteinander verbunden. Pool.*

Hinter La Possession, vor der Überquerung des Rivière des Galets, zweigen die N1001 und wenig später die N7 zur Hafenstadt **Le Port** ab. Dieser knapp 33.000 Einwohner zählende Ort ist wichtig für die insulare Wirtschaft, Sehenswürdigkeiten gibt es jedoch nicht. Le Port verfügt seit 1884 über einen Hafen, der vielfach modernisiert und erweitert wurde und über den der gesamte maritime Im- und Export abgewickelt wird; auch Kreuzfahrtschiffe legen hier an. Im Zentrum des Ortes gibt es eine **Touristeninformation**, die über die gesamte Westküste sowie über Wandermöglichkeiten im Cirque de Mafate informiert (*22 Rue Léon de Lépervanche, ✆ 0262-423131, www.ouest-lareunion.com. Mo–Fr 9–12.30 und 13.30–17 Uhr*).

Abstecher nach Dos-d'Âne

Ab der Kreuzung von der N1 und N7 ist ein landschaftlich schöner Ausflug nach Dos-d'Âne durchführbar, ein kleines Dorf in den Bergen in der Nähe des Cirque

Aussicht in den Cirque de Mafate am Cap Noir

de Mafate. Dazu nimmt man im Kreisverkehr die Ausfahrt Richtung Rivière des Galets und folgt dann der D1 gut 16 km. In der Ortschaft Dos-d'Âne führt rechts eine ausgeschilderte Stichstraße zu einem Parkplatz. Ab hier kann man eine einfache, kurze Wanderung zum Aussichtspunkt **Cap Noir** machen (251 Höhenmeter), der aus etwa 1.200 m Höhe einen schönen Blick in den Cirque de Mafate ermöglicht. Der Ausflug ist eine Alternative zum Piton Maïdo, wenn man für diesen wegen der längeren Anfahrt keine Zeit hat (s. S. 121). Wer länger unterwegs sein will, kann eine knapp 3 km lange Rundwanderung zum Aussichtspunkt **La Roche Verre Bouteille** unternehmen. Da es teilweise recht steil und über Leitern geht (bei Regen Rutschgefahr!), sollte man mindestens 2 Stunden einplanen. Hier starten auch mehrere längere Wanderrundwege, u. a. Richtung Roche Écrite (GR R2).

Unterkunft

Im Ort gibt es eine Handvoll einfacher Chambre d'hôtes (um 50 € pro Nacht), die meisten bieten auch Essen an, z. B. das **Les Acacias** *€ (34 Rue Germain Elisabeth, Dos-d'Âne, La Possession, ✆ 0262-320147; zwei einfache Zimmer mit Bad, auch Verpflegungsmöglichkeit) oder das* **Auberge du Cap Noir** *€ (Route du Cap Noir, 3 Allée Pignolet, Dos-d'Âne, ✆ 0262-320766, 0262-320082; vier Zimmer mit eigenem Bad, Verpflegung). Infos und Buchung auch unter www.reunion.fr/reserver.*

Saint-Paul

Von der N1 nimmt man die Ausfahrt Saint-Paul Centre (oder eine der beiden vorherigen und folgt dann dem Boulevard du Front de Mer, der parallel zur N1 verläuft). Die lang gezogene Stadt mit knapp über 103.000 Einwohnern hat historische Bedeutung für Réunion: Im Jahr 1663 kamen hier in der Bucht „La Baie du meilleur Ancrage" die ersten dauerhaften Siedler der Insel an, damit ist Saint-Paul die älteste Gemeinde Réunions und war auch die erste Hauptstadt. Seitdem zählte die Insel zu den Kolonien Frankreichs im Indischen Ozean.

Die Innenstadt selbst ist für Touristen zwar weniger interessant; dennoch lohnt sich ein kurzer Spaziergang. Orientiert man sich von Norden kommend am Küstenverlauf, gelangt man zur langen Straße direkt am Ufer, die zunächst Boulevard du Front de Mer, dann **Quai Gilbert** und schließlich Rue de

Marktstand in Saint-Paul

An der Waterfront von Saint-Paul

la Baie heißt. Wo auf der rechten Seite die alten Kanonen aufs Meer hinausweisen, gibt es genügend Parkplätze und einen weiten Blick bis zum Cap la Houssaye. Von hier aus kann man an der Gendarmerie vorbei zum Zentrum spazieren, sich das Rathaus (Mairie) mit seinem schönen Brunnen an der Rue Sarga Gariga anschauen und an den Geschäften der Rue M. et A. Leblond vorbeibummeln. Im Zentrum bietet das Innere der im späten 18. Jh. im neoklassischen Stil erbauten **Villa Rivière** Einblicke in die Kolonialgeschichte der Insel (*34 Rue du Commerce, ✆ 0262-592018, www.villariviere.com. Besuch nur mit Führung (ca. 1 Std.): Sept.–Juni 9, 10, 11, 14, 15, Juli–Sept. zusätzlich 16 Uhr, Okt.–Juni Voranmeldung erforderlich (auch online möglich), Infos und Führungen auch auf Englisch. Erw. 9 €, Kinder 5 €*). Besonders lebhaft geht es im Zentrum zu, wenn direkt am Meer der Markt abgehalten wird (*Fr 6–17, Sa 6–12 Uhr*) – mit einer riesigen Auswahl an exotischen Früchten und Gemüsen, aber auch Kleinkunst, Kleidung oder Küchenutensilien.

Lebhafter Markt

Verlässt man die Stadt südlich auf der alten Nationalstraße (N1a) oder auf der Rue de la Baie, liegt nach wenigen Hundert Metern rechts der **Cimetière Marin**, einer der schönsten und eindrucksvollsten der alten Friedhöfe Réunions. Viele berühmte Männer und Frauen der Insel sind hier beigesetzt, u. a. die Dichter Charles Leconte de Lisle (1818–1894) und Eugène Dayot (1810–1852). Ihre Grabmäler sind aufwendig gestaltet und von einem blühenden Blumenmeer umgeben. Das bedeutendste Grab jedoch ist das des berüchtigten Piraten La Buse (s. S. 117).

Auf der anderen Seite der Straße befindet sich in Sichtweite des Friedhofs in einem hübschen Park die **Grotte des Premiers Français**. Es handelt sich um eine große und einige kleinere Grotten, die bei der Besiedlung der Insel den ersten Franzosen Unterschlupf geboten haben sollen, solange ihre Häuser in Saint-Paul noch nicht fertig gebaut waren. Die dunklen und feuchten Grotten selbst sind meistens wegen Einsturzgefahr gesperrt. Der Park jedoch ist beliebt für Familienpicknicks.

Wohnstätte der ersten Franzosen

info

Wer war La Buse?

Die Zeit der Piraten zählt zu den frühen, aber prägenden Epochen nicht nur Réunions, sondern des gesamten Indischen Ozeans. Vom harten Durchgreifen der Spanier und Portugiesen in der Karibik abgeschreckt und gleichermaßen von den enormen Reichtümern angezogen, die die Handelskompanien damals durch den Indischen Ozean transportierten, verlegten die Piraten ihre Tätigkeit in dessen Gewässer und schlugen ihr Hauptquartier auf Madagaskar auf, wo sie im Norden der Insel sogar eine eigene Republik errichtet haben sollen. Es heißt, dass damals das Aufbringen eines einzigen holländischen oder französischen Schiffes den Lebensunterhalt von Piratensippen über mehrere Generationen hinweg ermöglichte. Nach Schwierigkeiten mit der madagassischen Bevölkerung verlagerten die Seeräuber ihre Aktivitäten auf die Maskarenen-Gruppe, wo die Île Bourbon, wie Réunion damals hieß, ihnen sogar volle Bürgerrechte versprach.

Unter jenen, die die Wandlung vom wagemutigen Piraten zum anständigen französischen Bürger nicht mitmachen wollten, war Olivier Levasseur, den seine Zeitgenossen „der Bussard" (frz. La Buse) nannten. Er war der erfolgreichste und berüchtigtste Seeräuber der Epoche, ein immens hohes Kopfgeld war auf ihn ausgesetzt. Die Karriere von La Buse ist zeittypisch: Von den schwierigen Bedingungen in der Karibik vertrieben, kam er 1720 nach Madagaskar und häufte auf seinen Expeditionen zu den Seychellen, nach Ostafrika, Mauritius und Réunion unvorstellbare Reichtümer an. Schließlich jedoch konnten ihn die Franzosen fassen. Sie brachten ihn nach Réunion, wo er am 7. Juli 1730 zum Tode verurteilt und am selben Abend in Saint-Paul aufgeknüpft wurde. Unter dem Galgen soll er unter dem Ausruf „Mein Schatz demjenigen, der dies versteht!" ein verschlüsseltes Schriftstück unter die Schaulustigen geworfen haben. Kopien dieses Kryptogramms zirkulieren bis heute, aber trotz vieler Versuche, den Text zu dechiffrieren, ist der sagenhafte Goldschatz bislang nicht gefunden worden. Stattdessen haben Bergungsversuche auf Mauritius oder den Seychellen etliche Schatzsucher Jahre ihres Lebens und riesige Investitionen gekostet ...

Das Grab von La Buse findet sich, beschildert und mit einer Kanone bestückt, auf dem Cimetière Marin de Saint-Paul nahe dem Haupteingang. Interessant ist, dass viele Einwohner vom jenseitigen Weiterwirken des Piraten überzeugt sind. Sie kommen des Nachts zu seinem Grab, bitten in okkulten Sitzungen um Beistand oder wünschen die Rache von La Buse auf ihre Feinde herab.

Le Tour des Roches – Abstecher in die urtümliche Landschaft des Naturschutzgebiets L'Étang de Saint-Paul

Lage: s. Reisekarte C2
Länge: ca. 8 km; mit dem Rad oder Auto machbar;
Anfahrt: von Saint-Paul kommend die D4 Richtung Norden bis zur Ausfahrt nach Savannah – Bois de Nèfles, 300 m nach der Tankstelle rechts abbiegen Richtung Tour des Roches. Der Weg ist sehr gut ausgeschildert und führt vorbei an verschiedenen Stätten, die die Geschichte der Besiedlung Réunions inmitten einer üppigen Vegetation wiedergeben. Die einzelnen Stationen sind das Grande Maison de Savannah, Vieux Saint-Paul, La Perrière, Moulin à Eau, Maison Rouge, Source à Bouillon, Pavé Lougnon, Lavoir de Grande Fontaine, Poudrière bis zur Ravine Bernica am Endpunkt, von wo die D5 wieder nach Saint-Paul auf die N1a führt. Besonders im Südsommer ist hier guter Mückenschutz zu empfehlen!

Küste vor Saint-Paul

Der Startpunkt liegt an der alten Zuckerfabrik der Familie Le Marchand (**Grande Maison de Savannah**) im Ortsteil Savannah. Der Weg verläuft am Rand des **Naturschutzgebiets Étang de Saint-Paul**, das durch Sümpfe, einen See mit Papyrusgras, Wasserpflanzen, aber auch Kokospalmen und andere Bäume geprägt ist. Das Areal ist 447 ha groß, die sich auf zwei Schutzzonen verteilen. Neben etlichen Vogelarten leben hier auch Chamäleons. Erste Station ist der Ort, an dem sich einst die der ersten Siedler in Vieux Saint-Paul niedergelassen haben.

Le Pèrriere ist bekannt für seine hiesigen **Mango-Plantagen** – im Südsommer fallen den Besuchern die süßen Früchte mitunter direkt vor die Füße. Die Nähe zum Süßwasser-Teich Étang de Saint-Paul brachte den ersten Siedlern der Insel gute Ernten und bedeutete die Grundlage für das später erbaute Bewässerungssystem in der Gegend. Bis heute zu sehen ist die Wassermühle, die **Moulin à Eau**, die früher zum Mahlen von Maniok genutzt wurde, der stärkehaltigen Wurzelknolle, die einst die Ernährungsgrundlage der Insel darstellte. Die ursprüngliche Mühle von 1820 wurde vor einigen Jahren originalgetreu nachgebaut. In dem angrenzenden Becken kann man einen Sprung ins kühle Nass wagen. Weiter führt die Tour vorbei am Maison Rouge, einem Relikt alter kolonialer Wohnstätten. Spätestens am nächsten Stopp an der Source à Bouillon sollte man sich eine Erfrischung im Wasser gönnen.

Alte Fußwege, einst in mühevoller Handarbeit mit Steinen gepflastert, verlaufen an der Pavé Lougnon. Das alte Waschhaus „Lavoir Grande Fontaine" ist heute mit Schilf bewachsen und gibt ein skurriles Bild natürlich überwucherter Kultur ab. Kurz vor Ende der Tour passiert man die Ruinen des ersten aus festen Materialien gebauten Hauses, **La Poudrière** (Pulverhaus), das auf Anweisung des Gouverneurs zur Aufbewahrung von Schießpulver errichtet wurde. Als letzte Station erreicht man den kleinen Flusslauf Ravine Bernica.

Von der oberhalb von Saint-Paul gelegenen Ortschaft Sans Souci kann man auf einem recht flachen, aber lang gezogenen Weg über die 'Canalisation des Orangers' in den Talkessel von Mafate hineinlaufen. Vom Gare routière in Saint-Paul kann man mit dem Bus 74 kar'ouest bis zur Haltestelle 'Citerne Rouge' fahren. Hier weist ein kleines Schild auf den Weg hin, der dann stets gut erkennbar ist. Bis zum Dorf Roche Plate läuft man etwa 5–6 Stunden.

Abstecher für Kaffeeliebhaber

Weiter oberhalb auf der D4, der man ab Savannah weiter geradeaus folgt, erreicht man die Kaffeeplantage **Ferme Sliti/Domaine des Caféiers**. *Hier wird auf einer Höhe von 1.000 m nach Vorgaben des biologischen Landbaus Kaffee produziert, eine spezielle Sorte namens Bourbon. Der Ertrag der noch recht jungen Plantage wird auf dem Markt in Saint-Paul verkauft oder zu horrenden Preisen nach Japan exportiert. Für Kaffeeliebhaber ist der Besuch sehr empfehlenswert. Anfahrt von Saint-Paul auf der D4 Richtung Savannah; in Bois de Nèfles vor der Kirche links in den Chemin Lagiroday abbiegen.*
Ferme Sliti/Domaine des Caféiers, *1156 Chemin Féoga 2, Bois-de-Nèfles, Saint-Paul, ✆ mobil: 0692-293033, https://fermesliti.wordpress.com. Eintritt mit Führung 8 €, Besuch nur mit Reservierung (einen Tag vorher anmelden) Mo–Mi und So jeweils um 9.30 Uhr.*

Cap La Houssaye und Boucan Canot

Weiter auf der landschaftlich schönen alten Nationalstraße (N1a) geht es direkt an der Küste entlang. Schnell ist das **Cap La Houssaye** erreicht, ein markanter Felsklotz samt Aussichtspunkt und Parkplatz. Das Kap bildet das südliche Ende der

Blick auf das Cap La Houssaye

Bucht von Saint-Paul und ist nach dem bretonischen Seefahrer Guillaume La Houssaye benannt. Von hier kann man in einer Stunde bis zu dem vor Saint-Paul gelegenen **Cap La Marianne** und zurück spazieren, stets mit Blick auf den Ozean. Auch wenn er über keine Markierungen verfügt, ist der zunächst noch betonierte Weg nicht zu verfehlen. Zunächst geht es auf einem Pfad etwas bergauf; man erhält schnell eine gute Weitsicht über die Bucht von Saint-Paul bis zum Hafen von Le Port. In der Saison von Juni bis Oktober kann man von diesem Weg aus mit Glück **Wale beobachten**; wer ein Fernglas im Gepäck hat, sollte es hier unbedingt mitnehmen. Der Weg führt weiter entlang der Felswand und man passiert das Cap La Marianne. Beim Erreichen der Steinmännchen kehrt man um und geht den gleichen Weg zurück.

Beliebter Strand

Weiter südlich liegen die Sandstrände: zunächst **Boucan Canot**, der nördlichste Badeort Réunions. Der lange Sandstrand gilt als einer der schönsten der ganzen Insel und ist entsprechend gut besucht. Hier tummeln sich auch die Reichen und Schönen sowie die Jugend der Insel. Die kleine Straße am Strand ist heute verkehrsberuhigt und lädt zum Flanieren ein. Allerdings ist das Baden wegen starker Strömung und Haigefahr meist nur in dem natürlichen Pool und am bewachten Strandabschnitt erlaubt bzw. zu empfehlen.

Reisepraktische Informationen Saint-Paul

Unterkunft

Die unten genannten Unterkünfte liegen entweder im Ort selbst oder am südlich gelegenen Strand Boucan Canot.

Kia Ora, Chambre d'hôtes €€, *Mylène und Bruno Godeluck, 204 Rue Saint-Louis, Saint-Paul, ✆ 0262-253168, reservation@kiaorarun.com, www.kiaorarun.com. Zentral in Saint-Paul gelegen, bietet das B&B drei freundlich dekorierte Zimmer (eins mit eigenem Bad, die anderen beiden teilen sich ein Badezimmer). Das Frühstück mit frischen Früchten wird auf der Terrasse neben dem großen Pool serviert. Sehr familiäre Atmosphäre mit hilfsbereiten Gastgebern. Vor Ort nur Barzahlung.*

Les Boucaniers €€, *29 Rue Boucan Canot, Boucan Canot, Saint-Gilles, ✆ 0262-242389, les-boucaniers@wanadoo.fr, www.les-boucaniers.com. Kleine Anlage für Selbstversorger in Strandnähe. Terrassen mit Aussicht; einfache Ausstattung.*

Villa Maïdo €€€€, *18 Rue de l'Ile Rousse, Plateau Caillou, Saint-Paul, ✆ 0262-094362, www.villa-maido.com. Luxuriöse Chambre d'hôtes oberhalb von Saint-Paul. Die Zimmer in der Villa Maïdo sind mit viel Kunst und Geschmack eingerichtet. Es gibt einen Fitnessraum, außerdem verfügt die Gartenanlage über einen Pool und einen Pavillon mit Jacuzzi.*

Le Saint-Alexis Hôtel & Spa**** €€€€, *44 Route de Boucan Canot, Boucan Canot, Saint-Gilles, ✆ 0262-244204, reception@hotelsaintalexis.com, https://de.hotelsaintalexis.com. Luxuriöses Hotel mit direktem Strandzugang und Wellnessbereich mit großem Pool, Sauna, Hamam und Fitnessraum in Boucan Canot. Zum Hotel gehört ein großes, beliebtes Restaurant über drei Ebenen mit Blick aufs Meer.*

Essen und Trinken

Case Bambou €–€€, *35 Rue de Boucan Canot, ✆ 0262-245929, mobil: 0692-484884, Boucan Canot, Saint-Gilles. Tgl. geöffnet. Nettes Café-Restaurant direkt gegen-*

über dem Strand, Pizza und Gegrilltes sowie weitere Kleinigkeiten stehen auf der Karte. Leckere Cocktails, zudem gibt es hausgemachtes Eis.

Là-Bas, Ter La *€€–€€€, 3b Rue Eugène Dayot, Saint-Paul, ✆ 0262-571051. Di–Sa abends, Do–Sa auch mittags geöffnet. Kleines Restaurant in einer ruhigen Seitenstraße im Zentrum von Saint-Paul. Internationale Küche.*

La Capitainerie *€€–€€€, 1 Quai Gilbert, Saint-Paul, ✆ 0262-577936. Tgl. 10– ca. 22 Uhr. Restaurant mit vielfältiger Küche, auch Frühstück sowie Eis und Crêpes am Nachmittag. Auf der schönen Terrasse kann man sich herrlich bei einem Getränk vom Markttrubel erholen.*

Le Bistrot de Pépé Gentil *€€€, 15 Place des Coquillages, Boucan Canot, Saint-Gilles, ✆ 0262-221278, le.pepe.gentil@gmail.com, www.facebook.com/lebistrotdepepe gentil. Gutes Restaurant mit vielen Fischgerichten in gepflegter Atmosphäre. Zwar nicht mit Meerblick, aber dafür ein schöner Garten und angemessene Preise.*

Ausgehen

La Cerise Café Cultural, *1 Rue Eugène Dayot, Saint-Paul, ✆ 0262-962169, info@lacerise.re, www.lacerise.re. Do–Sa 17–24 Uhr. Von Jungen und Junggebliebenen besuchte Bar mir vielen Konzerten, Improvisationstheater und weiteren Veranstaltungen.*

Rundflüge

Félix ULM, *✆ mobil: 0692-873232, felixreunion@gmail.com, www.felixulm.com. Panoramaflüge über die verschiedenen Cirques mit kleinen und sehr leisen Flugzeugen, die neben dem Piloten nur für einen Passagier Platz bieten. Rundflüge ab 85 €.*

Feste/Veranstaltungen

August: *Fête de la mer et des littoraux, das Fest des Meeres, der Küste und der Fischer mit vielfältigem Programm für Jung und Alt an der Promenade.*

Busverbindungen

Gare Routière, *145 Chaussée Royale, Saint-Paul. Anreise mit den Linien 01, 02, 03, S2, S3 und T der Gesellschaft Car Jaune bis Saint-Paul Centre oder Boucan Canot.*

Ausflug zum Piton Maïdo

Anfahrt

s. Reisekarte C–D3

Spektakulärer Ausblick

Um den einzigartigen Ausblick des Aussichtspunkts auf dem Piton Maïdo zu genießen, muss man nur von einem Parkplatz wenige Meter hoch gehen – der Gipfel auf 2.205 m gehört zu den spektakulärsten der Insel und ist dazu auch noch unbestritten der am einfachsten zugängliche. Die Anfahrt mit dem Auto dauert eine gute Stunde – man muss also früh los, wenn man den Ausblick ohne Wolken genießen möchte.

Von Saint-Paul kommend, fährt man am südlichen Ende der Stadt auf die D6 nach Fleurimont. Hier geht es dann links ab auf die D8. Man folgt der Beschilderung Le

Guillaume, La Petite France und Piton Maïdo. (Alternative über die D3, wenn man von Saint-Gilles-les-Bains kommt: Nördlich vom Stadtzentrum folgt man der D10 ansteigend bis Saint-Gilles-les-Hauts und biegt dann links auf die D6 Richtung Fleurimont. Rechts geht es weiter Richtung Guillaume auf der D8). Die asphaltierte, aber enge Forststraße (Route Forestière 8) schlängelt sich wenige Kilometer hinter Guillaume in nicht enden wollenden Kehren steil hinauf (von der Küste sind über 2.000 Höhenmeter zu überwinden), durchquert dabei die einzelnen Vegetationsstufen über Gemüsefelder und Akazien bis zum Tamarindenwald mit dem endemischen, selten vorkommenden Calumet-Bambus. Von anderen Anfahrtswegen, die auf Karten verzeichnet sind, ist abzuraten, da sie teils schwer passierbar sind. Mit dem Bus kann der Piton Maïdo von Saint-Paul mit der Linie 61 des kar'ouest erreicht werden (*Haltestelle Maïdo Point de Vue, ab Saint-Paul 5.40, 9.25, 12.15 und 15.30 Uhr, zurück 6.53, 10.45, 13.40 und 17.10 Uhr (nur Mo–Sa)*).

Anfahrt über viele Kurven

Nächster Ort ist der kleine Weiler **La Petite France** unterhalb vom Piton Maïdo. Hier kann man bei einem kreolischen Mittagessen im Ort wieder Kraft tanken, z. B. bei **Chez Doudou** (*394 Route du Maïdo, ✆ 0262-325587, Di–So 11.45–15 Uhr*). Neben gutem Essen bekommt man mit etwas Glück eine musikalische Einlage vom Koch auf der Gitarre zu hören.

Kreolischer Snack

In der Umgebung kultivieren Geranienbauern die aromareichen Pflanzen, aus deren Stängeln und Blättern (nicht die Blüten!) jene kostbare Essenz destilliert wird,

Aussicht vom Piton Maïdo

die die französische Parfüm- und Seifenindustrie verwendet. Von den Preisen, die im Mutterland für die teuren Marken bezahlt werden, können die Kleinbauern nur träumen – sie müssen sich leidlich abrackern, um aus 700 kg Blättern gerade einmal 1,1 kg des kostbaren Parfümöls zu gewinnen. Einige Fabrikationsstätten, in denen die Essenz in einer mühsamen, altmodischen Prozedur gewonnen wird, bieten Besichtigungen an: so das **Maison du Géranium**, wo Isabelle und Jean-Jacques ihren Besuchern das Verfahrens des Geranienkochens vorführen. Die Verkostungen

info

Die Wiederentdeckung des Schwarzen Goldes

Mit den Seefahrern der Ostindienkompanie gelangte 1715 der Kaffeebaum der Sorte „Arabica" aus dem Jemen auf die Insel. Schon davor hatte man den einheimischen „café marron" entdeckt und zu nutzen versucht. Doch der Geschmack war zu bitter, außerdem enthielt der Kaffee im Vergleich zum Arabica viel weniger Koffein. Kurzum verbot König Louis XV. den Export, um so den Anbau der neuen Sorte zu fördern. Nach anfänglichen Schwierigkeiten, den eingeführten Kaffeebaum bis zur Blüte zu bringen, verhalf dieser Kaffee der Insel im 18. Jahrhundert zu wirtschaftlichem Aufschwung.

Jahrzehnte später, 1771, entdeckte der junge Arbeiter Monsieur Leroy in einer Baumschule im Norden der Insel unter den jungen Zöglingen des Kaffeebaums Arabica einige außergewöhnliche Exemplare und pflanzte sie oberhalb der Pflanzstätte an. Sein Vorgesetzter glaubte nicht recht an das Gelingen des Experiments, versprach Leroy aber, im Erfolgsfall dem Kaffee seinen Namen geben zu dürfen. Wenige Jahre später erntete Leroy zu seinem eigenen Staunen die ersten Kirschen von herausragender Qualität, den „Café Leroy". Heute kennt man ihn unter dem Namen **Bourbon Pointu**. Nach auf der Insel kursierenden Erzählungen handelt es sich dabei um eine Kreuzung der Sorte „Arabica" mit dem einst ungenießbaren endemischen „café marron". Wissenschaftlich bewiesen ist dies allerdings nicht.

Einträglich, aber mühsam: die Kaffeeernte

Lange in Vergessenheit geraten, haben japanische Kaffeeliebhaber den Bourbon Pointu wiederentdeckt; besonders der niedrige Koffeingehalt von nur 0,4–0,6 % und die leichte Bekömmlichkeit zeichnen diese Sorte aus. In den Wäldern fanden Kaffeeanbauer alte Pflanzen und begannen mit ihrer erneuten Kultivierung. Seit 2003 entstanden auf einer Höhe von 800–1.000 m einzelne erste Plantagen. Der Wiederanfang war jedoch beschwerlich; in den ersten Jahren haben weniger als 50 % der Ernte die Qualitätsstandards zum **Grand Cru** erfüllt. Der Expansion des Kaffeeanbaus auf der Insel steht leider die mühsame Handarbeit bei der Ernte der Kaffeekirschen im Weg – da ist der subventionierte Anbau des Zuckerrohrs noch die bequemere Arbeit. Trotz der Hindernisse nimmt die Zahl der Hersteller inzwischen zu. Da die Nachfrage das Angebot aber nach wie vor deutlich übersteigt, sind die Preise weit höher als sonst bei Kaffee üblich.

Wer auch zu Hause in den Genuss des Kaffees kommen möchte: Einige spezialisierte Röstereien in Deutschland, Österreich und der Schweiz vertreiben den Bourbon Pointu.

von Sirup, Honig, Tee und mit Geranien (Storchschnäbel) versetztem Rum runden die Besichtigung ab.
La Maison du Géranium, *Chez Jean-Jacques Magdeleine, 1400 Route du Maïdo, La Petite France, Le Guillaume, ✆ mobil: 0692-821500. Tgl. außer Do 9–16 Uhr.*

Unterkunft

Magdeleine Dominique et Rose €, *13 Chemin de l'École, La Petite France, ✆ 0262-325350, mobil: 0692-751539, dominique.magdeleine@only.fr. Vier saubere Zimmer für je zwei Personen, eigenes Bad, Heizung. Guter Ausgangspunkt für einen frühen Start zum oder ausgehend vom Piton Maïdo.*

Aussichtspunkt und Start der Wanderung

Etwa 14 km hinter Le Guillaume erreicht man dann den Parkplatz zum 2.205 m hohen Gipfel des Piton Maïdo (es gibt noch einen weiteren Parkplatz, an dem die Wanderung zum Grand Bénare startet, s. u.). Der Lohn für die etwa einstündige Anfahrt: ein herrlicher Überblick über den gesamten **Cirque de Mafate**; tief unter sich sieht man den Ort La Nouvelle, der 3.019 m hohe, mächtige Gros Morne erhebt sich direkt vis-à-vis, und zur Seite, ebenfalls an der steilen Abbruchkante, sieht man den Piton Bernica und den weiter südlich liegenden **Grand Bénare**, zu dem man vom Piton Maïdo in knapp drei Stunden über einen Weg aus spitzem Gestein gelangt. Dieser Ausblick ist sicher einer der Höhepunkte einer Réunion-Reise – vorausgesetzt, dass nicht Nebel oder Wolken die Sicht behindern. Deshalb gilt hier das Gleiche wie für alle Exkursionen ins gebirgige Inland: Je früher man startet, desto besser, und am allerbesten sind die frühen Morgenstunden kurz nach Sonnenaufgang!

Von hier kann man in drei Stunden über einen steilen Weg in das Dorf **Roche Plate** im Cirque de Mafate hinunterwandern. Wer eine kleinere, ruhige Wanderung entlang der Abbruchkante machen möchte, für den bietet sich der Weg zum für sich genommen unspektakulären **Piton des Orangers** an. Hierfür nimmt man den Pfad Richtung Îlet Alcide und geht zunächst auf Steinplatten, bevor man in einen herrlichen Tamarindenwald gelangt, der etwas Schatten spendet. Während ca. 45 Minuten hat man hier schöne Aussichten. Vom Piton des Orangers kann man auch weiterlaufen und an die Wanderung zum Îlet Alcide (s. S. 124) anknüpfen.

Wanderung zum Îlet Alcide

Lage: s. Reisekarte C–D3/D2
Länge: ca. 7 km
Höhenmeter: ca. 300
Schwierigkeitsgrad: leicht bis mittel
Dauer: 3 Stunden
Anfahrt: Von der Straße in Richtung Piton Maïdo biegt hinter La Petit France die erste Straße links mit der Beschilderung Îlet Alcide die Route des Cryptomérias (Route Forestière 68) ab; von hier sind es noch 5 km bis zum Parkplatz.

Etwas weniger spektakulär, aber mindestens genauso schön ist die Sicht vom Aussichtspunkt „La Terrasse“ vom Îlet Alcide. Anfang des 20. Jahrhunderts hat ein junger Mann namens Parclain Vincent Alcide passende Flächen für den Anbau und die Destillation von Geranien gesucht. Dabei ignorierte er, dass die Höhe eigentlich nicht für den Anbau geeignet ist, und ließ sich, eingegrenzt vom Rivière des Galets, auf dem Plateau nieder. Während mehr als zwanzig Jahren baute er hier unerlaubterweise Geranien an und stieg nur von Zeit zu Zeit zur Küste hinab, um seine Produkte zu verkaufen. Dies ging so lange gut, bis ein Forstwart seine Machenschaften entdeckte und diesen ein abruptes Ende bereitete.

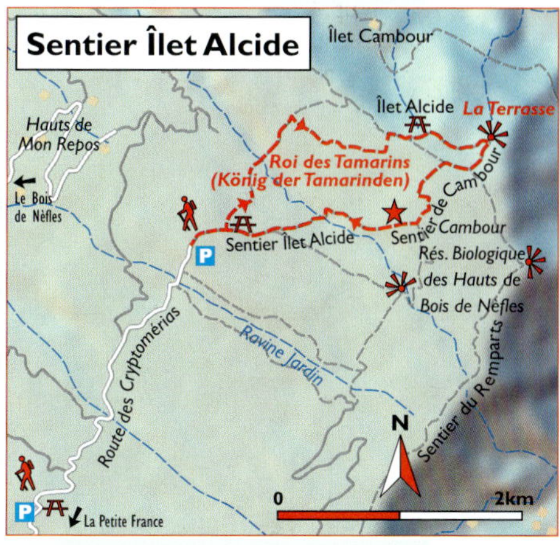

Ausgangspunkt der kleinen Rundwanderung ist der Kreisverkehr am Parkplatz am Ende der Forststraße **Route des Cryptomérias**. Zunächst geht es wenige Höhenmeter hinauf, dann aber hinunter in Richtung Ravine la Plaine, die man über eine schöne Tamarindenholztreppe erreicht. Der Weg steigt nun wieder an und überquert zwei kleine Flussläufe. An der Weggabelung hält man sich rechts – obwohl der Weg geradeaus auch zum Îlet Alcide führt. Am Îlet Alcide selbst gibt es eine alte, verfallene Hütte mit strohgedecktem Dach. Nun geht es auf dem Rundweg des Îlet Alcide entlang, dem „Contournement à mont d'alcide". Der Boden ist hier selbst bei guten Wetterverhältnissen oft matschig. Kurze Zeit später gelangt man zu dem **Aussichtspunkt La Terrasse**; bei gutem Wetter hat man von der Wiese einen herrlichen Ausblick auf den Talkessel von Mafate: der richtige Augenblick für eine Rast.

Von hier biegt der Weg rechts ab und führt weiter auf dem Sentier de Cambour durch das Bioreservat von Bois de Nèfles. An der Abzweigung geht es rechts weiter auf dem Sentier Îlet Alcide. Hier steht der **Roi des Tamarins**, der König der Tamarinden. Dieser 19 m hohe Tamarindenbaum dominiert das Bioreservat. Er ist über 400 Jahre alt, weist einen Umfang von 3,89 m auf, hat die ersten Siedler auf der Insel gesehen und zahlreichen Zyklonen standgehalten! Weiter geht es absteigend über mehrere Flussläufe auf dem Weg in Richtung Parkplatz.

Saint-Gilles-les-Hauts

Der höhergelegene Teil von Saint-Gilles-les-Bains ist mit dem Badeort über die D10 verbunden, die mitten durch die Zuckerrohrfelder führt. Auf dem Rückweg von der Forststraße des Piton Maïdo Richtung Saint-Gilles-les-Bains bietet sich ein Besuch des historischen Museums (Musée historique de Villèle) an der D6 im Ortsteil Villèle und des Kunsthandwerkerdorfs L'Éperon (Village Artisanal de L'Éperon) nahe der D10 an.

Heimatmuseum

Das Heimatmuseum **Musée historique de Villèle** wurde 1974 eröffnet und zeigt eine Sammlung von kolonialen Besitztümern. Anders als die meisten kreolischen Villen wurde das Gutshaus der Familie Desbassyns in den 1780er-Jahren nicht aus Holz, sondern aus Stein gebaut. Die kompakte, schneeweiße Villa hat noch viel von ihrem ursprünglichen Interieur und der Gebäudeaufteilung bewahren können. Die Familie, der u. a. auch ein Minister des Bürgerkönigs Louis-Philippe angehörte, war

Die Chapelle Pointue

eine der reichsten der Insel und besaß zu jener Zeit mehr als 400 Sklaven. Eine der wichtigen Gestalten dieses Anwesens (im negativen wie im positiven Sinn) war Madame Desbassyns, die kurz vor ihrem Tod mit 90 Jahren der Gemeinde 1841 das Gotteshaus Chapelle Pointue schenkte.

In sieben Räumen auf zwei Etagen werden verschiedene Inventare wie Möbel, Dekorationsgegenstände und Gemälde ausgestellt. Im Außenbereich ist in einem separaten Gebäude die alte Küche zugänglich. Dieses Museum führt vor Augen, welche Macht und welchen Reichtum die weiße Oberschicht der Plantagenbesitzer einst besessen hat. Das Haus kann man von innen nur im Rahmen einer Tour besichtigen, der Garten ist frei zugänglich.

Außerdem darf man auf dem zehn Hektar großen Gutsgelände den herrlich duftenden Park mit seinen Eukalyptus- und Ylang-Ylang-Bäumen, Kaffeesträuchern und seiner überquellenden Blumenpracht nicht versäumen, ebenso wenig wie die Reste der ab 1825 erbauten Zuckerfabrik. Auch die alten Sklavenunterkünfte sind noch zu sehen. Das interessante runde Gebäude der **Chapelle Pointue**, das in einem oktogonalen zweiten Stock ausläuft und eine schöne gemauerte Westfassade besitzt, liegt malerisch in einem Tamarinden- und Eukalyptushain jenseits der D6, 300 m von der Villa entfernt.

Musée historique de Villèle, *Domaine Panon-Desbassyns, Saint-Gilles-les-Hauts, ✆ 0262-556410, www.departement974.fr/sites-culturels/index.php/Villèle/présentation-villele/musee-historique-de-villele.html. Di–So 9.30–12.30 und 13.30–17.30 Uhr. Geschlossen 1. Mai sowie vom 24. Dez. bis 2. Jan. Das Haus selbst ist nur mit Führung zu besuchen. Diese ist zwar auf Französisch, aber immerhin gibt es Erklärungsblätter auf Deutsch. 2 €, Kinder 1 €. Mit dem Bus kar'ouest 67 bis Musée Villèle.*

Kunsthandwerk In der Nähe haben sich in **L'Éperon**, ebenfalls an der D10 gelegen, 1978 einige Kleinkünstler in das Gebiet um die stillgelegte Zuckerfabrik verliebt und sich entschieden, hier gemeinsam ein Kunsthandwerkerdorf, das **Village Artisanal de l'Éperon** (*http://village.artisanal.free.fr. Mo–Sa vormittags und nachmittags geöffnet, kleiner Biomarkt Sa 8–12 Uhr*), aufzubauen. Von Saint-Gilles-les-Bains oder der Route des Tamarins ist das Dorf L'Éperon über die D10 ausgeschildert (Abfahrt „Éperon" folgen). Mit dem Bus kar'ouest 67 von Saint-Gilles-les-Bains oder Boucan Canot bis zur Haltestelle École l'Éperon.

Reisepraktische Informationen Saint-Gilles-les-Hauts

Unterkunft

Côte cannelle *€€, 63 Route de Fatima, Le Bernica Saint-Gilles les Hauts, ✆ 0262-199800, www.cotecannelle.fr. Die Unterkunft befindet sich in einem liebevoll restaurierten, alten kreolischen Landhaus, es gibt drei Zimmer (eigenes Bad) und zwei Appartements (kleine Häuschen, mit Küche). Ein kleines Spa (Pool, Hamam, Massageangebot) rundet das Angebot ab. Oberhalb der Küste direkt an der D4 gelegen, bis zum Strand sind es ca. 15 Minuten mit dem Auto.*

Essen & Trinken

La Krêpe Rit *€, Village Artisanal de l'Éperon, 96 Rue Fond Génerese, Saint-Gilles-les-Hauts, ✆ 0262-443598. Mo–Sa 11–14.30, Fr/Sa auch 19–22 Uhr. Einfaches Restaurant mit einer breiten Auswahl an Crêpes.*

Le Silo *€€€, 38 Rue Fond Génerese, Saint-Gilles-les-Hauts, ✆ 0262-277624. Di–Sa 12–14.30 Uhr, Fr/Sa auch 19.30–22.30 Uhr. Schickes Restaurant im Village Artisanal mit ruhiger Gartenterrasse. Auf der wechselnden Karte finden sich zahlreiche lokale Produkte, wie frischer Fisch und Ziegenfrischkäse.*

Saint-Gilles-les-Bains

Saint-Gilles-les-Bains – der Hauptbadeort der Insel – liegt etwa 35 km südlich von Saint-Denis. Fest in den Händen von „métros", also Franzosen aus dem Mutterland, hat sich der Ort mit dem Ausbau der Straße von Saint-Denis vor 30 Jahren rasant entwickelt und gleicht heute einem jeden Badeort an der Mittelmeerküste. Einst war er lediglich der Hafen von Saint-Gilles-les-Hauts und lag stets in dessen Schatten. Mit nur einzelnen übrig gebliebenen kreolischen Häusern im Zentrum mangelt es dem einstigen Fischerdorf an einigen Stellen an Charme, jedoch befindet sich hier jede erdenkliche **touristische Infrastruktur**, von Museen und Ausflügen auf dem Meer bis hin zu Restaurants und Sportgeschäften. Dementsprechend ist auch das Preisniveau für Übernachtungen eher hoch. Darüber hinaus gibt es alles, was für Wassersportinteressierte von Belang sein kann. Auch das Nachtleben in den zahlreichen Bars und Diskotheken ist auf der ganzen Insel bekannt. Der stadtnahe Strand **Roches Noires** ist zwar zentral gelegen und hat feinen Sand, jedoch keine schattenspendenden Bäume. Mit der neugebauten Promenade, den angrenzenden Restaurants, Bars und Cafés und dem nahen Hafen verströmt die Waterfront hier eine sehr urbane Atmosphäre. Südlich des Hafens liegt der ebenfalls schöne **Plage des Brisants**. Baden ist hier allerdings seit 2013 wegen Haiangriffen verboten.

Wassersport & Nachtleben

Im Jachthafen von Saint-Gilles tummeln sich zahlreiche Anbieter von Freizeitaktivitäten auf und unter Wasser. Eine Auswahl von Bars und Restaurants bietet eine gute Küche und ein ansprechendes Abendprogramm. An der Place Paul-Julius Bernard, direkt oberhalb des Hafens, befinden sich die Touristeninformation sowie der Markt der Stadt (mittwochvormittags).

Unterwasserwelt entdecken

Direkt im Hafen, der über mehrere Fußgängerbrücken erschlossen ist, liegt das **Aquarium von Réunion**, in dem man die Unterwasserwelt der Insel entdecken kann. In verschiedenen Aquarien mit über 600.000 Litern Wasser sind mehr als 500 einheimische Fischarten zu sehen. Aufgeteilt in fünf verschiedene Ökosysteme der Unterwasserwelt, wird hier die Lebenswelt der Fische und Korallen anschaulich präsentiert. Im angeschlossenen Souvenirgeschäft findet man eine gute Auswahl an Andenken und Informationen rund um das Meer, die Talkessel und den Vulkan.

Aquarium de la Réunion, *Jachthafen Saint-Gilles, ✆ 0262-334400, www.aquariumdelareunion.com, Erw. 9,50 €, Kinder (4–12 Jahre) 6,50 €, tgl. 10–18 Uhr, letzter Eintritt um 17.30 Uhr.*

Jachthafen von Saint-Gilles-les-Bains

Tanzfestival

Etwas oberhalb von Saint-Gilles-les-Bains liegt an der D10 das Freilichttheater **TEAT Plein Air**, das 1970 beim Festival de l'Océan Indien eingeweiht wurde. Das Betonbauwerk hat 825 Sitzplätze und zeigt regelmäßig kreolische, französische und weitere Künstler aus der Region des südindischen Ozeans. Neben Schauspiel wird auch Tanz und Musik aufgeführt. Jährlich findet im November das Tanzfestival Total Danse statt. Tickets können online oder im Tourismusbüro Saint-Gilles erworben werden.
TEAT Plein Air, *Route du Théâtre, Saint-Gilles, ✆ 0262-419325, www.teat.re.*

Oberhalb des Theaters beginnt der Trampelpfad zu den drei Bassins Malheur, Cormorans und des Aigrettes. Diese sorgen für die Trinkwasserversorgung von Saint-Gilles. Der Wanderweg zu den Bassins ist offiziell gesperrt. Leider wird dies von vielen Einheimischen und Touristen nicht respektiert.

L'Ermitage les Bains

Folgt man der Hauptstraße in Saint-Gilles-les-Bains und biegt dann rechts am Hafen Richtung Aquarium ab, gelangt man wieder auf die Küstenstraße N1a, die Richtung Saint-Leu an den zwei längsten Stränden der Insel vorbeiführt, aber auch an Pensionen, Bungalowanlagen und Hotelburgen. Fast zusammengewachsen mit

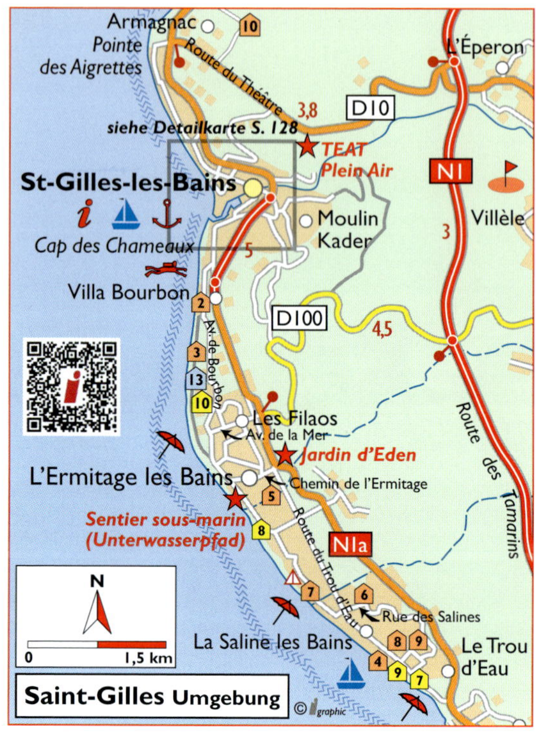

Saint-Gilles-les-Bains liegt hier der Ortsteil und gleichnamige Strand **L'Ermitage les Bains**. Die flache und warme Lagune ist gesäumt von einem breiten Filaowald. Eine Vielzahl von Bars laden Tag und Nacht zum Essen und Trinken ein, besonders am Wochenende wird es hier voll. Bei Sonnenschein zeigt sich hier ein funkelndes Spiel der Farben: Das Türkis der Lagune spielt mit dem Weiß des Strandes und dem Grün der Filaobäume sowie dem Blau des Himmels.

Die Lagune eignet sich bestens zum Schnorcheln und zum Entdecken der Unterwasserwelt. Dafür gibt es den **Unterwasserpfad Sentier sous-marine de L'Ermitage**, der vom Réserve Naturelle Marine de La Réunion gepflegt wird. Ausgestattet mit Schnorchel, Taucherbrille und Schwimmflossen kann man gratis an einer geführten Tour des Unterwasserweges teilnehmen. Dabei werden die Vielfalt und die Anfälligkeit des marinen Ökosystems erklärt. Touren finden fast täglich statt; Termine können beim **Office de Tourisme in Saint-Gilles-les-Bains** erfragt werden. Reservierung unter ✆ mobil: *0692-891868. Informationen unter www.reservemarinereunion.fr.* **Treffpunkt:** *am blauen Stand 100 m südlich vom Restaurant Go Cap Méchant. Die Ausrüstung kann man auch bei den örtlichen Surfshops für etwa 5 € mieten.*

Botanischer Garten

Unweit von L'Ermitage an einem Kreisverkehr der N1a liegt der englische Landschaftsgarten **Jardin d'Eden**. In dem Botanischen Garten findet man auf 2,5 ha über 700 verschiedene Baumarten, Gewürze und Duftpflanzen, auch ein japanischer Zen-Garten ist vorhanden.

Es ist ratsam, sich zur Besichtigung den kleinen Führer zu leihen, den es auch in englischer Sprache gibt, und dabei nicht nur auf die Flora zu achten: Dann übersieht man nämlich die Chamäleons, die scheinbar regungslos inmitten der üppigen Vegetation verharren. Bei einem Besuch sollte man sich gut gegen Mücken schützen!
Jardin d'Eden, *155 ancienne Route Nationale 1 (N1a), Saint-Gilles-les-Bains,* ✆ *0262-338316, contact@jardindeden.re, www.jardindeden.re. Tgl. 10–18 Uhr, 25. Dez. und Neujahr geschlossen, Erw. 8 €, Kinder (4–13 J.) 5 €.*

Am Strand von L'Ermitage

La Saline les Bains

Baden in der Lagune

Weiter Richtung Süden liegt der Strand von **La Saline les Bains**. Die Lagune mit dem warmen Wasser lädt auch hier zum Baden ein. Es gibt zwei Strandabschnitte: Planch Alizé und Trou d'Eau. Im Teil von Trou d'Eau, was übersetzt Wasserloch bedeutet, ist das Wasser tiefer und eignet sich gut zum Schnorcheln. Obwohl es hier etwas ruhiger zugeht, gibt es eine gute Auswahl an Restaurants und Bars direkt am Strand. Mit dem richtigen Wind sieht man hier auch Wind- und Kitesurfer.

Etwas südlich von La Saline les Bains, von Saint-Gilles kommend auf der N1a über die Brücke der Ravine des Trois Bassins, beginnt vom Parkplatz des **Pointe de Trois Bassins** ein kleiner Küstenpfad. Vom Parkplatz kann man auf unmarkierten, aber gut ausgetretenen Wegen Richtung Süden einen kleinen Spaziergang entlang der Felsküste bis zum Wohnviertel La Souris Blanche unternehmen. Weiter oben an der Ravine de Trois Bassins liegen zwei bekannte Brücken: das Viaduc de Trois Bassins, eine der größten Brücken der Route des Tamarins, und weiter unterhalb die alte Eisenbahnbrücke (s. a. S. 28).

Sonnenuntergang am Trou d'Eau

Reisepraktische Informationen Saint-Gilles-les-Bains und L'Ermitage les Bains

Information/Allgemeines

L'Office de Tourisme, *1 Place Paul-Julius Bernard, Saint-Gilles-les-Bains, ✆ 0262-423131, accueil@ouest-lareunion.com, www.ouest-lareunion.com. Tgl. 10–13 und 14–18 Uhr.*

Les Brisants, *Waschsalon, 192 Avenue du Général de Gaulle, Saint-Gilles-les-Bains. Waschsalon auf der Hauptstraße hinter dem Hafen.*

Unterkunft (→ Karte S. 128)

Camping Ermitage Lagon €–€€ **(3)**, *60 Avenue de Bourbon, L'Ermitage, Saint-Gilles, ✆ 0262-963670, mobil: 0693-101087, contact@campingermitage.re, https://campingermitage.re. Autofreier Campingplatz mit guten sanitären Anlagen und direktem Zugang zum Strand. Gut 60 Zeltplätze, dazu 20 Safarizelte und 25 einfache Bungalows. Zelte können auch vor Ort gemietet werden.*

Les Porcelaines €€ **(8)**, *23 Rue des Porcelaines, La Saline les Bains, ✆ 0262-241661, mobil: 0692-773452, location.lesporcelaines@gmail.com, www.bungalowporcelaines.com. Anlage mit Garten, Pool und einfachen, aber sauberen kleinen Bungalows mit Küche in Strandnähe.*

Hôtel les Bougainvilliers €€ **(5)**, *27 Ruelle des Bougainvilliers, L'Ermitage, Saint-Gilles, ✆ 0262-338248, bougainvilliers@wanadoo.fr, www.bougainvillier.com. Familiäres, charmantes Hotel mit 15 Zimmern nahe der Lagune von L'Ermitage in einer ruhigen Sackgasse. Faire Preise.*

Hôtel de la Plage €€ **(1)**, *20 Rue de la Poste, Saint-Gilles-les-Bains, ✆ 0262-240637, mobil: 0692-800757, hoteldelaplagereunion@hotmail.fr, www.hoteldelaplage.re. Kleines,* *farbenfrohes Hotel im Zentrum von Saint-Gilles. Teilweise mit Balkon. Große Gemeinschaftsterrasse und Küche.*

Hôtel Les Créoles*** *€€–€€€* **(2)**, *43 Avenue de Bourbon, L'Ermitage, Saint-Gilles, ✆ 0262-265265, resa@hotellescreoles.com, https://v2.hotel-les-creoles.com. 22 großzügige, aber schlicht eingerichtete Studios mit kleiner Kochnische und Balkon mit Blick auf den Pool. Wassergymnastik, Tischkicker, Billard und ein Fitnessraum werden geboten.*

Senteur Vanille *€€–€€€€* **(10)**, *Route du Théâtre, Saint-Gilles-les-Bains, ✆ 0692-781305, contact@senteurvanille.com, www.senteurvanille.com. Villen, Bungalows und Appartements mit stilvoller Einrichtung, überwiegend aus Holz. Oberhalb von Saint-Gilles, mit Meerblick und Kochgelegenheit.*

Le Nautile*** *€€€–€€€€* **(7)**, *60 Rue Lacaussade, La Saline Les Bains, ✆ 0262-338888, hotel@nautile.re, http://nautile.re/fr/hotel. Hotel mit direktem Zugang zum Strand, gutem Restaurant und deutschsprachigem Personal. Material für Wasseraktivitäten wird teils gratis zu Verfügung gestellt.*

Le Swalibo*** *€€€–€€€€* **(6)**, *9 Rue des Salines, La Saline les Bains, Saint-Gilles, ✆ 0262-241097, info@swalibo.com, https://swalibo.fr. Strandnahes Hotel mit 30 Zimmern, dekoriert mit schönen, farbenfrohen Malereien, tropische Gartenanlage mit Pool.*

Poz Lagon *€€€–€€€€* **(9)**, *89 Rue des Scalaires, La Saline les Bains, ✆ mobil: 0692-607099, contact@pozlagon.com, www.pozlagon.fr. Zwei schöne, kleine Bungalows. Auf der eigenen Veranda mit Sicht auf den Ozean befinden sich Kühlschrank und Mikrowelle sowie der Zugang zum eigenen Whirlpool. Mit Frühstück.*

Villa de la Plage *€€€€* **(4)**, *52 Route du Trou d'Eau, La Saline les Bains, Saint-Gilles-les Bains, ✆ 0262-618816, mobil: 0692-668632, contact@lavilladelaplage.fr, www.lavilladelaplage.fr. Kleines, herzliches Bed and Breakfast in einem schönen Haus direkt am Strand. Sehr gutes Frühstück und die Möglichkeit zur Massage mit Meeresrauschen im Hintergrund.*

Essen und Trinken *(→ Karte S. 128)*

Chez Mité *€* **(1)**, *6 Rue de la Plage, Saint-Gilles-les-Bains, ✆ 0262-242292. Mo–Sa 11.30– ca. 15 Uhr. Kleines Restaurant im Kantinenstil mit schattiger Terrasse. Täglich gibt es eine kleine Auswahl an frischen kreolischen Gerichten und Salaten. Geschlossen wird, wenn alles Essen verkauft ist.*

Chez LouLou *€* **(2)**, *86 Rue du Général de Gaulle, Saint-Gilles-les-Bains, ✆ 0262-244041. Mo–Sa 7–13 und 15–19, So 7–13 Uhr. Die inselweit wohl bekannteste Bäckerei-Konditorei in dem markanten – und sehr schönen – hellblauen kreolischen Haus an der Hauptstraße in Saint-Gilles. Hier gibt es Samosas, eine große Auswahl an Macatias (réunionesischen Brötchen) sowie Salate oder Tagesgerichte zum Mitnehmen.*

Le 66 Burger Club *€€* **(3)**, *38 bis Boulevard Roland Garros, Saint-Gilles-les-Bains, ✆ mobil: 0693-974179. Tgl. 11.30–14.30 und 19–22 Uhr. Mehr als 30 verschiedene Burger; in traditioneller oder kreolischer Interpretation. Angenehmes Ambiente und guter Service.*

La Case à Pains *€* **(4)**, *27 Rue du Port de Plaisance, Saint-Gilles-les-Bains, ✆ 0262-963301. Tgl. 6.30–19 Uhr. Große Auswahl an leckeren Broten, teilweise aus Bio-Produkten. Auch belegte Brote und süßes Kleingebäck, welches zusammen mit dem Kaffee auch auf der Terrasse verzehrt werden kann. Weiteres Geschäft: 93 Avenue de Bourbon, L'Ermitage.*

La Glacerie *€* **(10)**, *98 Avenue de Bourbon, L'Ermitage, Saint-Gilles-les-Bains, ✆ 0262-783854. Di–Sa 13–19, So 10–19 Uhr. Süße Versuchungen stehen reichlich zur Auswahl:*

Einen Stopp wert: die Bäckerei Chez LouLou

von der einfachen Kugel hausgemachtem Eis bis zu Torten, Crêpes und Waffeln in verschiedensten Variationen. Zu empfehlen sind die regionalen Fruchtsorbets, wie Litschi oder Tangor (ähnlich wie Mandarine).

Ti Mahi-Mahi €€–€€€ **(5)**, *167 ter Rue du Général de Gaulle, Saint-Gilles-les-Bains, ✆ mobil: 0692-109066, www.letimahimahi.com. Di–Sa 12–15 Uhr. Das kleine Restaurant wird vom Fischerboot Mahi-Mahi beliefert, das direkt im Hafen um die Ecke liegt. Die Karte wird je nach Fang angepasst. Sehr beliebt, Reservierung empfohlen.*

Sauvage €€ **(6)**, *Plage des Brisants, Saint-Gilles-les-Bains, ✆ 0262-448873, www.sauvage.re. Tgl. 8–23 Uhr. Restaurant im oberen Teil des Strandes nahe dem Hafen. Mit den Füßen im Sand und leckerem Essen kommt hier das Urlaubsflair nicht zu kurz. Serviert werden Fisch-, Fleisch- und auch einzelne raffinierte vegetarische Gerichte sowie Cocktails und Aperitifs.*

La Bodega 974 €€ **(7)**, *80 Route de Trou d'Eau, La Saline les Bains, ✆ 0262-356669. Tgl. 8–23 Uhr. Hier genießt man ein wirkliches Urlaubsgefühl! Auf einer stilvollen Terrasse im Sand kann man bei Cocktails und sehr guten Tapas und Samosas den Sonnenuntergang genießen. Die kleine Speisekarte bietet einfache Gerichte. Am Wochenende finden auch Konzerte statt.*

L'Esplanade €€ **(11)**, *15 Rue de la Plage, Saint-Gilles-les-Bains, ✆ 0262-387429. Tgl. 9.30–24 Uhr. Tapas-Bar und Restaurant direkt an der Promenade in Saint-Gilles. Dank der schönen Aussicht lohnt der Besuch zu jeder Tageszeit. Es gibt Fischgerichte, Burger, italienische Speisen und Salate, außerdem Cocktails und Snacks.*

La Varangue du Lagon – Chez Denis €€–€€€ **(8)**, *28 Rue du Lagon, La Saline-les-Bains, ✆ 0970-358664, www.la-varangue-du-lagon-chez-denis.fr. Mo–Fr 8–22, Sa/So bis 23 Uhr. Strandrestaurant mit guter Küche. Direkt angegliedert auch eine Snackbar. Sonntags ab 18 Uhr Konzerte von Jazz bis Rock.*

Rondavelle L'uniVert €€ **(9)**, *70 Route de Trou d'Eau, La Saline-les-Bains, ✆ 0262-615436 https://l-univert.re. Tgl. 8–22 Uhr. Restaurant-Café-Bar zum Entspannen direkt* *am Strand. Die Küche bietet gesunde (vegetarische) Gerichte, teils in Bioqualität. Auch gutes Frühstück mit frischen Früchten.*

Ausgehen (→ Karte S. 128)

Titty Club (12), *14 Rue des Brisants, Saint-Gilles-les-Bains, ✆ 0693-208893. Fr/Sa 23.30–5 Uhr. In dieser Diskothek direkt am Hafen kann man bis in den Morgen zu Elektro und House tanzen.*

La Villa Club (13), *71 Avenue Bourbon, L'Ermitage, Saint-Gilles, ✆ 0262-430856, mobil: 0692-601900, www.lavilla-club.com. Fr–So abends geöffnet Die stilvoll eingerichtete Diskothek mit Außenbereich und afrikanischer und kreolischer Musik wird gern von Einheimischen besucht.*

Ô Bouche à Oreille (14), *2 Rue de la Poste, Saint-Gilles-les-Bains, ✆ 0262-270057, https://obo-restaurant.com. Tgl. 12–14.30, Di–Do/So auch 18.30–21.30, Fr/Sa bis 22.30 Uhr. Stilvoll und gemütlich eingerichtete Cocktailbar auf 2 Etagen im Herzen von Saint-Gilles-les-Bains. Eine große Auswahl an fruchtigen Cocktails mit oder ohne Alkohol; für den kleinen Hunger leckere Sandwichs, Salate und Burger.*

Einkaufen

Wochenmarkt: *jeden Mittwochmorgen 7–13 Uhr auf dem Marktplatz im Stadtzentrum von Saint-Gilles-les-Bains und jeden Sonntagmorgen im Zentrum von L'Ermitage.*

Pardon!, *57 Rue du Général de Gaulle, ✆ 0262-244958, Mo–Sa 9.30–19, So 9–13 Uhr, www.pardon.re. Geschäft der lokalen T-Shirt-Marke, s. Infokasten S. 95.*

Poissonerie, *94 Avenue de Bourbon, L'Ermitage, Saint-Gilles. Di–Sa 9–13 und 15–19.30, So 7–13.30 Uhr. Für Selbstversorger: kleines Fischgeschäft im Zentrum von L'Ermitage.*

Aktivitäten (→ Karte S. 128)

TAUCHEN

Corail Plongée (2), *Port de Saint-Gilles, Saint-Gilles-les-Bains, ✆ 0262-243725, info@corail-plongee.com, www.corail-plongee.com. Das kleine, sympathische Tauchcen-*

Strandpanorama in Saint-Gilles

Das Wassersportangebot im Hafen von Saint-Gilles ist groß

ter – ausgestattet mit Duschen und Umkleiden – liegt direkt (von der Innenstadt kommend) am Eingang des Hafens. Das auch englischsprachige Team lädt vom Schnuppertauchen bis zum Nachttauchen in die über 20 nahegelegenen Tauchspots ein. Hier sieht man mehr Fische als bei Tauchgängen im Süden. Schnuppertauchen beispielsweise ab 75 €.

SEGELN

Lady la Fée, *✆ mobil: 0692-691299, ladylafee1@yahoo.fr, www.ladylafee.re. Auf dem Katamaran Lady la Fée kann man Halbtagesausflüge mit Frühstück oder Kaffee und Kuchen buchen. Empfehlenswert ist der Ausflug zum Sonnenuntergang mit Apèro. Je nach Wunsch kann man beim Segeln aktiv teilnehmen oder sich entspannen, man kann auch vor der Küste baden gehen und mit etwas Glück sieht man Delfine. Ausflüge ab 54 €.*

DELFIN- UND WALSAFARI/KATAMARANTOUREN

Grand Bleu (4), *Port de Saint-Gilles, ✆ 0262-332832, info@grandbleu.re, www.grandbleu.re. Tgl. 7.30–18.30 Uhr. Anbieter einer Vielzahl von Ausflügen; Informationen auch in der kleinen Hütte im Hafen neben dem Aquarium. Ausfahrten mit kleinem Frühstück, um Delfine oder in der Saison (Südwinter) Wale zu beobachten. Bei einem Ausflug am Abend gibt es zum Sonnenuntergang einen Cocktail, mit Glück kann man auch noch Delfine oder einen Wal sehen. Ausflüge ab 16 €.*

KAJAK UND STAND UP PADDLING

Kayak Transparent, *Plage du Trou d'Eau, Saline Les Bains, ✆ mobil: 0692-307474, contact@kayak-transparent-reunion.fr, www.kayak-transparent-reunion.fr. Tgl. von 9 Uhr* bis Sonnenuntergang. Stand direkt am Strand zwischen Bodega und dem Parkplatz. Verleih von Kajaks mit durchsichtigem Boden und SUP-Boards sowie geführte Touren. Ab 15 €.

HOCHSEEFISCHEN

Blue Pêche au Gros (3), *Port de de Saint-Gilles, Saint-Gilles-les-Bains, ✆ mobil: 0692-609010, bluemarlin97434@gmail.com. Tages- oder Halbtagesausflüge zum Hochseeangeln für bis zu 6 Personen auf einem 10 m langen Boot. Ausflüge ab 130 €.*
Réunion Fishing Club (5), *Enceinte Portuaire, 10, Saint-Gilles-les-Bains, ✆ 0262-243610, mobil: 0692-761728, https://reunionfishingclub.com. Hochseeangeln, Bootsvermietung.*

JETSKI

Jet Ski 974, *Enceinte Portuaire, Saint-Gilles-les-Bains, ✆ mobil: 0693-015885, www.jetski974.com. Ab 75 €.*

MOUNTAINBIKE

Rando Réunion Passion (1), *167 Rue du Général de Gaulle, Saint-Gilles-les-Bains, ✆ 0262-451867, https://randoreunionpassion.com. Di–Sa 9–12 und 14–18 Uhr. Fahrradverleih und Anbieter von begleiteten Mountainbikeausflügen; ab 69 €.*
Austral Réunion Location, *31 Rue du Lagon, La Saline-les-Bains, ✆ 0262-246314, mobil: 0692-579424, location.arl@gmail.com. Tgl. 8–18 Uhr. Verleih von E-Bikes; Reservierung notwendig.*

HELIKOPTERUNDFLÜGE

Corail Helicopteres, *Héliport de Saint-Gilles Ermitage, Echangeur Villèle – Route des Tamarins, Saint-Gilles, ✆ 0262-222266, reunion@corailhelico.com, www.corail-helicopteres.com. Rundflüge mit unterschiedlicher Dauer (und Preis!).*

WELLNESS

Thalatropic, *21 Port de Plaisance, Saint-Gilles-les-Bains, ✆ 0262-240505, thalatropic@orange.fr, www.bien-etre-reunion.com, Di–Sa 8–17 Uhr. Am Jachthafen von Saint-Gilles-les-Bains gelegenes Wellness- und Schönheitscenter. Von Fußpflege und Epilation bis zum Hamam mit ätherischen Ölen wird alles zur Entspannung angeboten.*

Feste/Veranstaltungen

November: *Total Danse, Tanzfestival.*

Busse

Anreise von Saint-Denis oder Saint-Leu mit dem Bus Car Jaune S3 oder S4 oder nach Boucan Canot mit den Linien 02 oder S4.

Autovermietung

Avis Réunion – *Agence Saint-Gilles-les-Bains, Route de l'Ermitage, Saint-Gilles-les-Bains, ✆ 0262-312000, https://avisreunion.com.*
Hertz – *Agence Saint-Gilles-les-Bains, 27 Avenue de Bourbon, Saint-Gilles-les-Bains, ✆ 0262-332181, www.hertzreunion.com.*
ITC Tropicar, *27 Rue de Bourbon, Saint-Gilles-les-Bains, ✆ 0262-310707, contact.itc@gbh.fr, www.itctropicar.com.*

Saint-Leu

Gute Bedingungen zum Gleitschirmfliegen

Etwa 15 km über die N1a südlich von Saint-Gilles liegt das kleine, lebhafte Städtchen Saint-Leu, das als **Village Créole**, also als „authentisch kreolisches Dorf", klassifiziert ist. Mit Möglichkeiten zum Tauchen, Gleitschirmfliegen, Klettern und Bouldern ist Saint-Leu heute die Hauptstadt des Funsports auf Réunion. An zwei langen Stränden kann man in der Lagune schwimmen; der ruhigere ist der am südlichen Stadtausgang gelegene „Citerne 46". Oder man flaniert auf der von schattenspendenden Filaobäumen gesäumten **Promenade**. In den runden Pavillons finden am Sonntagabend **Konzerte** statt, die auf der ganzen Insel bekannt und beliebt sind.

Lange waren die Einheimischen in dem kleinen Ort unter sich geblieben, doch dieser ist insbesondere seit der Eröffnung der Route de Tamarins im Jahr 2009 – und damit in Pendeldistanz zu Saint-Denis – schlagartig gewachsen, und Grundstücke erreichen hier Preise, wie man sie lange nur von Saint-Gilles-les-Bains kannte.

Das Zentrum des Ortes zieht sich entlang der Hauptstraße, die parallel zur Küste verläuft. Südlich der Promenade liegt der kleine Fischerei- und Jachthafen, anschließend finden sich die Strände.

Tipp

Um Saint-Leu und die Umgebung auf der alten, mit Fahrradwegen ausgestatteten Nationalstraße zu erkunden, bietet sich eine kurze **Fahrradtour** *an. Infos zum Fahrradverleih siehe Reisepraktische Informationen,* *S. 143.*

Die Band Saodaj' beim Konzert in Saint-Leu

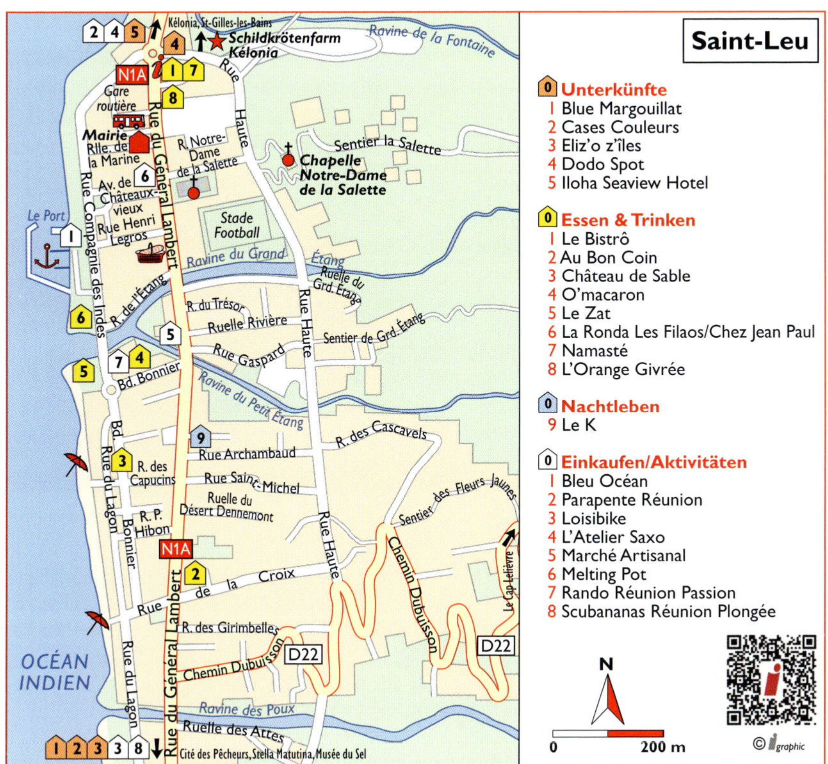

Rathaus und die Kapelle Notre-Dame-de-la-Salette (Place Raymond-Vergès)

Das Rathaus (Mairie) in der 58 Rue du Général Lambert aus dem 18. Jahrhundert wurde einst im Auftrag der Ostindienkompanie als Lagerstätte von Gewürzen und Kaffee errichtet. Aus Vulkangestein erbaut und mit hölzernen Schindeln aus Tamarinden gedeckt, ist es ein solides Gebäude, das 2013 komplett saniert wurde. In der Nähe, hinter der gleichnamigen Kirche, liegt auf einem kleinen Hügel die Kapelle Notre-Dame-de-la-Salette. Man sagt, es sei der Jungfrau Maria zu verdanken, dass Saint-Leu im Jahr 1859 von der auf der Insel grassierenden Pest und Cholera verschont geblieben ist. Noch heute pilgern Gläubige jedes Jahr am 19. September an diesen heiligen Ort, der das ganze Jahr über mit Kerzen und Blumensträußen in allen erdenklichen Farben bestückt ist.

Schutz vor Pest und Cholera

Kélonia

Die berühmteste Sehenswürdigkeit von Saint-Leu ist die 1978 eröffnete **Schildkrötenfarm Kélonia**. Man erreicht die Farm kurz hinter dem Ortsausgang links

Außenbecken auf der Schildkrötenfarm Kélonia

Aufzucht gefährdeter Schildkrötenarten

an der N1a. Bis zum Jahr 1999 wurden die Tiere, wenn sie ihr verarbeitungsfähiges Alter erreicht hatten, geschlachtet und wanderten in die Produktion von Schmuck, Brillengestellen oder Schildkrötensuppen. Dann setzten sich die Tierschützer durch und heutzutage dient die Anlage nur noch der Aufzucht. Die meisten Tiere werden später in jene Regionen zurückgebracht, in denen sie inzwischen ausgestorben, vom Aussterben bedroht oder stark dezimiert sind.

In Aquarien unter freiem Himmel kann man die Meeresschildkröten beobachten. Schautafeln informieren über deren Leben von der Geburt bis zur Geschlechtsreife. Zur Anlage gehört auch ein Ausstellungssaal, den man in einem ehemaligen Kalkofen errichtet hat; die obere Etage bietet außerdem die beste Sicht auf die Schildkrötenfarm und die Lagune von Saint-Leu.
Kélonia, l'Observatoire des Tortues Marines, *46 Rue du Général de Gaulle, Saint-Leu, ✆ 0262-348110, https://museesreunion.fr/kelonia. Tgl. 9–18 Uhr, Neujahr, 1. Mai, 1. November und 25. Dezember geschlossen. Geführte Touren um 10, 11.30, 14, 15.15 und 16.30 Uhr. Letzter Einlass 17 Uhr, 8 €, Kinder 5 €.*

Pointe du Sel

Einzige Saline der Insel

Weiter auf der Küstenstraße Richtung Süden liegt das Salzmuseum, **Musée du Sel**. Es wurde 2007 im Lager der alten Saline eröffnet, bis heute ist dies der einzige Ort auf Réunion, an dem Salz produziert wird. Neben dem Museum lohnt ein Abstecher an die Küste, die hier steil ins Meer abfällt. Mutige und Trittsichere können hinabsteigen und in einem geschützten Becken schwimmen.
Musée du Sel, *25 Pointe au Sel les Bas, Saint-Leu, ✆ 0262-346700, www.departement974.fr/sites-culturels/index.php/musée-du-sel/présentation-Sel/pratique.html. Di–So 9–17 Uhr. 1. Mai geschlossen.*

Reisepraktische Informationen Saint-Leu

Information

L'Office de Tourisme, *am nördlichen Ende des Ortes, 1 Rue Le Barrelier/Ecke Rue du Général Lambert, Bâtiment Espace Laleu 1, Saint-Leu, ✆ 0262-423131, accueil @ouest-lareunion.com, www.ouest-lareunion.com. Mo–Fr 9–12 und 13.30–17.30, Sa 9–12 und 14–17 Uhr.*

Unterkunft (*→ Karte S. 139*)

Eliz'o z'îles € (3), *7 Chemin de Mazeau, Piton, Saint-Leu, ✆ 0262-194833, mobil: 0693-006902, https://elizoziles.re. Günstige Backpacker-Unterkunft in einem kreolischen Haus mit Terrasse. Einfacher Standard in Doppel- oder Mehrbettzimmern. Gemeinschaftsküche und Waschmaschine stehen zur Verfügung.*

Dodo Spot € (4), *67 Rue du Général Lambert, Saint-Leu, ✆ 0262-347698, www.allonslareunion.com/en/reunion-accommodations/gites-guest-houses/dodo-spot/index.html. Einfache, saubere Unterkunft am nördlichen Ortsausgang. In dem verwinkelten Haus versteckt sich eine Reihe von Zimmern; die meisten mit privatem Bad, Kochbereich und Sitzgelegenheit auf der Terrasse. Leider direkt an der Straße, dennoch gutes Preis-Leistungs-Verhältnis!*

Cases Couleurs €€ (2), *51 Chemin de la Pépinière, Saint-Leu, ✆ mobil: 0692-668296, casescouleurs@gmail.com, www.cases-couleurs-reunion.com. 14 in warmen Farben eingerichtete, klimatisierte Studios in vier Villen mit Terrassen und Pool, inmitten eines großen Gartens gelegen. Die Zimmer haben eine kleine Küchenecke und ein eigenes Bad. 400 m vom Strand von Pointe du Sel entfernt, 2 km südlich vom Ort.*

Iloha Seaview Hotel * €€–€€€ (5)**, *44 Rue Georges Pompidou, Pointe des Châteaux, Saint-Leu, ✆ 0262-348989, hotel@iloha.fr, www.iloha.fr. Über der Bucht von Saint-Leu, nördlich des Ortes, liegt das freundliche Hotel mit 50 Bungalows und 30 Zimmern. In der großzügigen Anlage stehen Restaurants und Bars sowie zwei Pools und der Wellnessbereich für die Gäste zur Verfügung. Entspanntes Ambiente und sehr guter Service.*

Blue Margouillat ** €€€€ (1)**, *96 Impasse Jean Albany, Saint-Leu, ✆ 0262-346400, info@blue-margouillat.com, www.blue-margouillat.com. Das bis ins kleinste Detail perfekt eingerichtete Hotel besticht mit dem nostalgischen Charme kreolischer Architektur in moderner Interpretation. Alle 12 Zimmer und die Suiten haben Meerblick. Das hauseigene Restaurant verwöhnt mit exzellenter Küche und mit herrlichem Blick auf den Sonnenuntergang über dem Ozean. Schöner Pool.*

Essen und Trinken (*→ Karte S. 139*)

Le Bistrô €€ (1), *87 Rue du Général Lambert, Saint-Leu, ✆ 0262-571673. Di–Sa 12–14 und 19–23.30 Uhr. Bei Einheimischen beliebte Restaurant-Bar direkt am Kreisverkehr im Norden von Saint-Leu. Am Wochenende auch Konzerte.*

Au Bon Coin € (2), *277 Rue du Général Lambert, Saint-Leu, ✆ 0262-348180. Mo–Mi und Fr/Sa 11.30–14.30 und 18–21.30 Uhr. Gute und günstige Küche mit kleiner Terrasse an der Hauptstraße. Überschaubare Auswahl an Fisch- und Fleischgerichten plus Tagesmenüs.*

Château de Sable €€ (3), *52 Rue du Lagon, Saint-Leu, ✆ 0262-347926. Do–Mo 11.45–14.15 (So ab 11) und 19–21.30, Di 12–14.15 Uhr. Restaurant mit Terrasse direkt am Strand der Lagune von Saint-Leu. Eine gute Adresse für Gerichte mit Fisch und Meeresfrüchten. Ein kleiner Ableger mit etwas einfacherer, aber ebenfalls guter Küche (Burger, Gratins, Salate) hat Mi–Sa in Sichtweite direkt in der gleichen Straße geöffnet:* **La Cantine du Chateau de Sable**.

Das Hôtel de Ville

O'macaron *€€* **(4)**, *2 D Boulevard Bonnier, Saint-Leu, ✆ 0262-336639, o.macaron@orange.fr, https://omacaron.re. Di–Sa 8–18.30, So 8–12.30 Uhr. Sehr gute kleine Konditorei, die auch herzhafte Gerichte anbietet. Zu empfehlen sind v. a. die Tarte au Citron (Zitronentarte) und die Tarte aux Noix (Nusstörtchen).*

Le Zat *€€–€€€* **(5)**, *14 Avenue de la Compagnie des Indes, Saint-Leu, ✆ 0262-422092, www.restaurant-le-zat.com. Tgl. 7.30–22.30 Uhr. In dieser Strandbar mit gutem Restaurant kommt der frische Fang der Fischer von Saint-Leu direkt vom Ozean auf den Tisch. Demnach ändert sich die Karte täglich mit dem, was das Meer hergibt. Mit den Füßen im Sand kommt beim Essen Urlaubsstimmung auf.*

La Ronda Les Filaos/Chez Jean Paul *€* **(6)**, *an der Strandpromenade nahe dem Jachthafen, Saint-Leu. Eine der Rondavellen an der Promenade, die auch bei Einheimischen für eine Erfrischung oder einen Aperitif zum Sonnenuntergang beliebt sind.*

Namasté *€€* **(7)**, *2 Rue Haute, Saint-Leu, ✆ 0262-349962, www.facebook.com/cuisinethai974. Di–Sa 19–24, Do–Sa zusätzlich 11.30–15 Uhr. Das Restaurant am Kreisverkehr am nördlichen Stadteingang serviert trotz des indischen Namens gute thailändische Küche. Schöne große Holzterrasse, Gerichte auch zum Mitnehmen, regelmäßig Partys und Konzerte.*

L'Orange Givrée *€* **(8)**, *2 Rue Barrelier, Saint-Leu, ✆ 0262-705003. Schnellrestaurant mit frischen Kleinigkeiten und Säften in farbenfrohem Ambiente und mit fröhlich-freundlichem Personal. Mo–Fr 8–14.30 Uhr.*

Nachtleben *(→ Karte S. 139)*

An der Promenade in Saint-Leu finden Sonntag abends Gratiskonzerte statt (ab ca. 19.30 Uhr), die bei den Einheimischen beliebt sind. Einige Essensstände sorgen dabei für das leibliche Wohl.

Le K (9), *im Le Séchoir, 209 Rue du Général Lambert, Saint-Leu, ✆ 0262-343138, lesechoir@lesechoir.com, www.lesechoir.com. Kulturzentrum und der Treffpunkt der Junggebliebenen in Saint-Leu. Musikkonzerte, Theateraufführungen, akrobatische Animationen und anderes kommen hier auf die Bühne, wahlweise im Saal oder unter freiem Himmel. Programm auf der Homepage.*

Aktivitäten *(→ Karte S. 139)*

Bleu Océan (1), *Port De Plaisance, Saint-Leu, ✆ mobil: 0692-695178, contact@bleu-ocean.re, https://bleu-ocean.re. Tauchcenter in einem Kleinbus direkt am kleinen Hafen, spezialisiert auf die Lagune von Saint-Leu. Tauchgänge für Anfänger ab 70 €.*

Scubananas Réunion Plongée (8), *375 Rue du Général Lambert, Saint-Leu, ✆ mobil: 0692-856637, contact@reunionplongee.com, www.reunionplongee.com. Das alteingesessene Tauchcenter bedient Spots entlang der Westküste. Für Anfänger Tauchgänge ab 95 €.*

Parapente Réunion (2), *103 Rue Georges Pompidou, Saint-Leu, ✆ 0262-248784, mobil: 0692-829292, contact@parapente-reunion.fr, www.parapente-reunion.fr. Die Gleitschirmschule besteht schon seit fast 30 Jahren, hat ein Team von über 15 erfahrenen Fluglehrern und verfügt über das neueste Material. Verschiedene Flüge können gebucht werden, vom einfachen Flug über die Lagune über den sportlichen Rundflug und bis zum Flug in den Sonnenuntergang. Flüge ab 80 €.*

Loisibike (3), *357 Rue du Général Lambert, Saint-Leu, ✆ 0262-550250, reunion@loisibike.fr, https://loisibike.re. Mo–Sa 8.30–12 und 13.30–18.30 Uhr. Verleih von Mountain- und E-Bikes am südlichen Ortsausgang von Saint-Leu.*

Rando Réunion Passion (7), *23bis Rue de la Compagnie des Indes, Saint-Leu, ✆ 0262-262382, https://randoreunionpassion.com. Di–Sa 9–12 und 14–18 Uhr. Fahrradverleih und Anbieter von begleiteten Mountainbikeausflügen.*

Blumenschmuck an der Kapelle Notre-Dame-de-la-Salette

Feste/Veranstaltungen

Mai: *Leu Tempo Festival, Stadtfest mit Straßen- und Kleinkunst, Marionetten- und Akrobatikdarstellungen und Konzerten. Ein Besuch lohnt sich. Infos unter www.lesechoir.com.*
September: *Fête de Notre-Dame-de-la-Salette, Prozession zu Ehren der Jungfrau Maria, die die Stadt vor einer Mitte des 19. Jh. grassierenden Cholera-Epidemie bewahrt haben soll.*
September/Oktober: *Pré World Cup Parapente, der Wettbewerb im Gleitschirmfliegen bietet ein farbenfrohes Spektakel am Himmel; dazu gibt es ein musikalisches und kulinarisches Rahmenprogramm.*

Einkaufen (→ Karte S. 139)

L'Atelier Saxo (4), *26 Avenue des Artisans, Pointe des Châteaux, Saint-Leu, ✆ 0262-347572, www.saxorun.com. Besichtigung der Werkstatt von Saxo zur Herstellung von Schildpattmessern, Schmuck und Porzellanmalerei. Teilweise kann man die Objekte auch kaufen. Beim Kauf von Schildpattprodukten sind die Bestimmungen des Artenschutzes zu beachten, entsprechende Zertifikate werden ausgestellt. Der Besuch muss vorher angemeldet werden.*
Marché Artisanal (5), *112 Rue du Général Lambert, Saint-Leu. Di–Sa 9.30–18.30, So 9–13 Uhr. In der Markthalle wird Handwerkskunst verschiedener einheimischer Künstler verkauft.*
Melting Pot (6), *74 Rue du Général Lambert, Saint-Leu, ✆ 0262-348130. Mo–Sa 9–18.30 Uhr. Boutique mit réunionesischem Kunsthandwerk und Bekleidung im Stadtzentrum von Saint-Leu. Große Auswahl an Objekten aus Holz, Stein, Vacoa, Kokospalme und anderen lokalen Ressourcen.*

Busse

Gare Routière Car Jaune, Place de la Mairie, Saint-Leu. Linien 02 von Saint-Denis, S3 oder S4 sowie die Flughafenlinie T von Saint-Pierre.

Autovermietung

MyCarLoc, *63 Rue du Général Lambert, Saint-Leu, ✆ mobil: 0693-939221, www.mycarlocreunion.fr. Die Firma liefert ihre Mietautos auch zu Unterkünften entlang der Westküste oder zum Flughafen.*

Ausflüge um Saint-Leu

Les Colimaçons

Alles über Kokosnüsse

Schon ganz zu Beginn dieses Ausflugs lohnt sich ein erster Stopp. Unterhalb der Route des Tamarins kann man nämlich in der **Maison du Coco** alles über die Kokosnuss erfahren, ausprobieren und verkosten, entweder ganz auf eigene Faust oder mittels einer interaktiven Führung (für Gruppen auch auf Englisch). Zudem gibt es ein kleines Geschäft mit allerlei Souvenirs rund um die Kokosnuss sowie ein Bistro.

La Maison du Coco Réunion, *134 Rue Georges Pompidou, Saint-Leu, www.maisondu cocoreunion.com. Anreise mit dem Bus 30 oder 37 bis Maison Mourouguin. Tgl. 9.30–16.30 Uhr, 5 €, 12 € mit Führung 10 und 14 Uhr).*

Nördlich von Saint-Leu folgt man nun der D12 und D13 zu dem Weiler Les Colimaçons, einer ehemaligen Domäne der Grafen de Châteauvieux. Weiter auf der Straße kommt man zur **Église du Sacré-Cœur-des-Colimaçons**, die von 1860 bis 1863 aus Lavagestein erbaut wurde. Der Vorplatz bietet eine fantastische Aussicht über die Lagune von Saint-Leu und auf den Ozean.

Église du Sacré-Cœur-des-Colimaçons

Im oberhalb der Kirche liegenden botanischen Garten **Conservatoire Botanique National de Mascarin** kann man auf engstem Raum die Vielfalt der Flora Réunions beobachten und weltweit einzigartige Pflanzen erkunden. Zusätzlich gibt es eine Sammlung von Kaffeesträuchern, tropischen Früchten, Palmen, Kakteen sowie verschiedenen Orchideen und Farnen. In dem hübschen kreolischen Haus sind ein kleiner Souvenirshop und ein Café untergebracht. Der Eingang befindet sich direkt neben der Kirche von Les Colimaçons.

Conservatoire Botanique National de Mascarin, *2 Rue du Père Georges, Saint-Leu, ✆ 0262-242725, cbnm@cbnm.org, www.cbnm.org. Anreise mit dem Bus 30 oder 31 des kar'ouest bis Jardin Botanique. Di–So 9–17 Uhr. Führungen 11, 14 und 15 Uhr. 7 €, Kinder 5 €.*

Unterkunfts-Tipp

Kaz ORÈA €€, *408 Rue George Pompidou, Saint-Leu, ✆ mobil: 0692-397401, contact@kazorea.com, https://kazorea.com. Bed & Breakfast mit Bungalows und (teureren) Appartements. Etwas abgelegen, aber mit Pool und schöner Aussicht auf den Ozean.*

Stella Matutina

Direkt hinter dem südlichen Ortsausgang von Saint-Leu geht es auf der D11 kurz vor dem Friedhof hoch in Richtung Piton Saint-Leu. Einst hatte die Zuckerfabrik Stella Matutina im Ortsteil Stella große wirtschaftliche Bedeutung für die Insel. Heute zum **Musée agricole et industriel de La Réunion – Stella Matutina** umgebaut, lädt sie zu einer Zeitreise des Zuckerrohrs ein. Anschaulich werden die Geschichte des Zuckerrohranbaus von den Anfängen bis zur heutigen Zeit dargestellt sowie die einzelnen Produktionsschritte anhand alter Maschinenanlagen er-

klärt (Audioguide, Schilder auf Französisch und Englisch). Neben der Dauerausstellung gibt es temporäre Ausstellungen, für die kein Eintritt erhoben wird.
Stella Matutina, *6 Allée des Flamboyants, Piton Saint-Leu, Saint-Leu, ✆ 0262-345960, https://museesreunion.fr/musee-stella-matutina. Di–So 9.30–17.30 Uhr (Einlass bis 16.45 Uhr), Neujahr, 1. Mai, 1. November und 25. Dezember geschlossen. Geführte Rundgänge nur auf Nachfrage und nach Reservierung. Eintritt 9 €, Kinder 6 €.*
Anreise: Mit dem Auto, mit dem Bus kar'ouest Linie LGO oder Car Jaune S4 von Saint-Leu bis zur Haltestelle Stella 1.

info

Zuckerrohr

Einst war Zucker das süße Gold und galt als Luxusartikel. Auch heute noch gehört Zuckerrohr zu den wichtigsten Kulturpflanzen. Angebaut wird die Pflanze in tropischen oder subtropischen Gebieten, da sie ganzjährig eine Temperatur von 25–28 °C zum Wachsen braucht. In diesen Gebieten wird die Pflanze schon seit Jahrtausenden kultiviert. Zwischen 700 und 900 n. Chr. gelangte Zucker durch die Araber in den Mittelmeerraum. Auf Réunion wurde Zuckerrohr im 17. Jahrhundert durch die Holländer eingeführt.

Heute werden Kreuzungen verschiedener Zuckerrohrformen angebaut. Der Halm der Pflanze ist etwa 7cm dick und ist gefüllt mit einem weißen Mark, das den eigentlichen Rohrzucker enthält. Geerntet werden die Pflanzen nach ca. 10–14 Monaten. Die Ernte findet noch mehrheitlich durch Handarbeit statt. Da der Zucker sich rasch zersetzt, werden die Rohre zunächst auf großen Waagen (balance) gewogen, bevor es schnell in die Zuckerfabrik geht.

In der Fabrik werden die Halme zunächst in kleine Stücke geschnitten und dann von Walzen zerquetscht und ausgepresst, um den süßen Saft zu erhalten. Dieser wird dann filtriert und eingekocht. Die Kristallisation des Zuckers geschieht beim Abkühlen. Beim Schleudern wird der zunächst gewonnene braune Zucker vom Sirup abgeschieden. So entsteht der braune Rohrzucker. Für die Weiterverarbeitung zu weißem Zucker wird dieser anschließend raffiniert.

Aus dem Sirup, der sogenannten Melasse, wird in der weiteren Verarbeitung Rum gewonnen. Die anfallenden Reste der Zuckerrohrhalme, der sogenannten Begasse, werden als Brennstoff oder zur Herstellung von Papier und Karton verwendet.

Le Tévelave

Idyllisches Dorf

Auf 926 m Höhe über dem Meer liegt das Dorf **Tévelave**, das auch als Village Créole klassifiziert und für einen großflächigen Primärwald bekannt ist. Der Name soll sich von dem madagassischen „Tavilava" (‚großer Wald') ableiten. Im Dorfkern liegt das kleine Freilichtmuseum **Ecomusée du Tévelave**; hier werden einzelne, typische Relikte aus dem Alltag der Vergangenheit ausgestellt, vom Tischlerwerkzeug bis zu Toilettenutensilien.
Ecomusée du Tévelave, *Route du Kiosque, Tévelave, Les Avirons, ✆ mobil: 0692-308117, http://tevelavemusee.wixsite.com/musee, 2 €.* **Anfahrt:** *südlich von Saint-Leu zunächst über die D11, die dann links auf der D15 kurvenreich durch Zuckerrohrfelder ansteigt. Dann rechts auf die D3 und dann links auf die D16 abbiegen. Zurück geht es über die kurvige D16, vorbei an Les Avirons, Richtung Küste.*

Wanderung im Forêt du Tévelave

Forststraße im Wald von Le Tévelave

Lage: s. Reisekarte D4
Schwierigkeitsgrad: leicht
Dauer: knapp 2 Stunden
Anfahrt: Auf der Forststraße in Richtung Piton Maïdo geht es noch etwa 10 km bis zum Ausgangspunkt der Wanderung. (Parkplatz 200 m unterhalb des Kilometersteins 10 km bis Le Tévelave). Bei Drucklegung war die Zufahrtsstraße zur Wanderung allerdings gesperrt; bitte vorher im Office de Tourisme über den aktuellen Stand informieren!

Die Wanderung führt durch den Wald von Tévelave bis zu einem Aussichtspunkt auf Les Makes. Um zum **Sentier du Gol** zu gelangen, der einen zum Aussichtspunkt bringt, geht man vom Parkplatz einige Minuten auf dem Sentiers des Tamarins. Bei der Weggabelung geht es rechts weiter Richtung **Point de Vue sur Les Makes**, dem Aussichtpunkt auf das Dorf Les Makes, oberhalb von Saint-Louis.

Der gut ausgebaute Rundweg führt durch einen mehr als 30 Jahre alten Tamarindenwald, der mit Farn dicht bewachsen ist. Nach dem Aussichtspunkt führt der Weg wieder in den Wald und trifft dann wieder auf die Gabelung, an der man rechts zurück zum Parkplatz abbiegt. Um eine gute Aussicht zu haben, sollte man hier am frühen Vormittag unterwegs sein.

Reisepraktische Informationen Le Tévelave/Les Avirons

Unterkunft/Essen und Trinken

Restaurants und Unterkünfte gibt es in Le Tévelave nur vereinzelt und mit unregelmäßigen Öffnungszeiten. Für beides fährt man besser in das unterhalb gelegene Les Avirons.

Chez Mamie *€€, 371 Route des Vacoas, Les Avirons, ✆ 0262-380039, mobil: 0692-825527, http://chambreschezmamie.e-monsite.com. Zwischen Les Avirons und Le Tévelave. Die Unterkunft bietet drei freundlich und bunt eingerichtete Zimmer für bis zu 5 Personen, inkl. Frühstück, auf Wunsch auch Abendessen. Im schönen Garten mit Meerblick kann man nach einer Wanderung prima entspannen. Familiäre Atmosphäre.*

Ô Pavillon Des Saveurs *€€, 86 Rue du Général de Gaulle, Les Avirons, ✆ 0262-385344, www.opavillondessaveurs.com. Di–Do 11–14 und 18–20.30, Fr/Sa bis 22, So 11–14 Uhr. Gutes Restaurant im Zentrum von Les Avirons. Phillipe und seine Tochter Mickaelle verwöhnen ihre Gäste mit abwechslungsreichen Gerichten in modernem Ambiente.*

Die Küstenstraße zwischen Saint-Leu und L'Étang-Salé les Bains

Abwechslungsreiche Küste

Der landschaftliche Reiz der N1a liegt in der abwechslungsreichen Küste, die sowohl wilde Felspartien als auch sanfte Sandstrände aufweist. Hinter dem Ortsausgang von Saint-Leu kommt man an einem verlassenen Ofen vorbei, der an die Zeit erinnert, als man aus den abgestorbenen Korallen Kalk herstellte. Rechts der Straße liegt das Kap Pointe du Sel, dessen Name auf die alten Salinenanlagen verweist, deren Ruinen man noch gut erkennen kann. Hier befindet sich auch das Salzmuseum (s. S. 140).

Auf der folgenden Strecke wird es wieder dramatischer: Man passiert zwei **Souffleurs**, Felsformationen, an denen das Meerwasser bei starkem Seegang in natürliche Gänge gepresst wird und dann in enormen Fontänen emporspritzt. Vorbei an der Pointe des Avirons hat man bald L'Étang-Salé les Bains erreicht.

L'Étang-Salé les Bains

Beschaulicher Ort

Im Gegensatz zu L'Étang-Salé les Hauts, das sich aufgrund der Landwirtschaft schon früh entwickelt hatte, wuchs der Küstenort L'Étang-Salé les Bains erst mit dem Anschluss an die Eisenbahn im Jahr 1881. Ende des 19. Jahrhunderts hat man hier eine Vielzahl von Bäumen gepflanzt um den sandigen Untergrund zu fixieren, welche das Landschaftsbild bis heute prägen. Der kleine Ort lebt vom Tourismus, bietet jedoch nicht die touristischen Infrastrukturen wie Saint-Leu oder Saint-Gilles. Dafür geht es hier eher beschaulich zu. Der schwarze, etwa 5 km lange Sandstrand nördlich der Stadt mit den Filaobäumen bietet unzählige Möglichkeiten zum Spazieren und Sonnenbaden. Im Südsommer sollte man hier jedoch nicht barfuß laufen, da man sich sehr schnell die Füße am aufgeheizten schwarzen Sand verbrennen kann. Neben dem pittoresken Fischerhafen im Ort liegt noch ein weiterer kleiner Strand, Bassin Pirogue. Hier ist das Wasser ruhiger.

Schwarzer Sandstrand in L'Étang-Salé les Bains

Der **Croc Park** ist ein kleiner Tierpark etwas außerhalb vom Ortszentrum mit hauptsächlich Krokodilen, rund 150 Exemplare leben hier. Mittwochs und sonntags finden öffentliche Fütterungen jeweils um 16 Uhr statt. Weiter gibt es noch andere Reptilien, Lemuren, Schildkröten und einige Ponys in einem Erlebnisbauernhof, dazu Karussells und Wasserspiele.
Croc Parc, *1 Route Forestière, L'Étang-Salé les Bains, ✆ 0262-914041, www.crocparc.re. Di–So 10–17, Fütterung Mi und So 16 Uhr. Erw. 13 €, Kinder ab 3 Jahren 11 €.*

Fährt man auf der Küstenstraße N1a weiter Richtung Süden, gelangt man an die **Lavaklippen Roches des Oiseaux** und **Le Gouffre**. Letztere bilden ein nahezu geschlossenes Becken. Dennoch finden die anrollenden Wellen ihren Eingang und der Ozean brandet spektakulär mit hoch aufschäumender Gischt ans Land. Daneben steht eine Vielzahl von Kreuzen, oft mit Bildern, von Menschen, die sich hier das Leben genommen haben. In beiden Richtungen erstreckt sich ein gut markierter, sandiger Küstenweg entlang der schwarzen Klippen, der zu einem kleinen Spaziergang einlädt. Wenn man hier Richtung Süden läuft, erblickt man eine Landschaft mit unzähligen Steinmännchen. Entlang der ruhigen Landstraße gibt es gut ausgebaute Radwege, die zu einer Fahrradtour einladen.

Viele Steinmännchen

La forêt domaniale de L'Étang-Salé

Der kommunale Wald von L'Étang-Salé erstreckt sich über etwa 1.000 ha. Seine schattigen Bäume, mehrheitlich Filaos, Eukalyptus und Flamboyants, dienen der Stabilisierung des sandigen Bodens, sein Wegenetz ist bei einheimischen Spaziergängern und Joggern beliebt, aber auch per Rad oder zu Pferd erkundbar. Erreichbar ist der Wald u. a. über die N1 von L'Étang-Salé Richtung Saint-Louis. Bei der Abzweigung Richtung Golfclub hält man sich auf dem Chemin du Zoo, an dem zahlreiche kleine Parkplätze liegen.

Reisepraktische Informationen L'Étang-Salé les Bains

Information

Office de Tourisme de l'Étang Salé, *74 Rue Octave Bénard, L'Étang-Salé les Bains, ✆ 0262-250236, contact@otisud.com, www.sudreuniontourisme.fr. Di–Sa 9–12 und 13–17, So 9–12 Uhr.*

Unterkunft

Camping de L'Étang-Salé €, *Rue Guy Hoarau, L'Étang-Salé les Bains, ✆ 0262-917586, camping.es@civis.re, www.camping-reunion.com. Nahe am Strand gelegener Zeltplatz mit 70 Plätzen, Spielplatz und Feuerstellen. Autos können auf einem separaten Parkplatz abgestellt werden.*
Ti fleurs aimées €, *Annie Duplacieux, 425 Chemin de la Ravine Sèche, L'Étang-Salé les Hauts, ✆ 0262-383261, ti.fleurs-aimees@orange.fr, www.creole.org/tifleurs. Kreolisches Chambre d'hôtes nahe der D18. Einfache Ausstattung, aber sauber und sehr freundlich.*
Floralys €€, *2 Avenue de l'Océan, L'Étang-Salé les Bains, ✆ 0262-917979, reservation@floralys.re, https://exsel.re/floralys. Hotel gegenüber vom Strand mit kleinen, schlicht ein-*

gerichteten Zimmern in verschiedenen Bungalows. Zum Hotel gehören ein Swimmingpool und ein Garten sowie eine Bar und ein Restaurant. Es werden verschiedene Animationen angeboten, wie Wassergymnastik, Casinoabend, Konzerte, Open-Air-Kino und Massagen.

Essen und Trinken

Côté Pain *€, Centre commercial Carine, Local 4 Bat A, L'Étang-Salé les Bains, ✆ 0262-917126, www.cotepain.re. Di–Sa 6–13 und 14.30–19, So 6–13 Uhr. Sehr gute Bäckerei mit Bio-Brot und -Backwaren, kleine Terrasse zum direkten Verzehr.*
L'Eté Indien *€€, 1 Rue des Salines, L'Étang-Salé les Bains, ✆ 0262-000200, www.ete-indien.re. Mi/Do 11.30–22, Fr/Sa bis 23 Uhr. Restaurant mit Eisdiele und Bar, große Auswahl an Gerichten (kreolisch/französisch, Pizza, Burger) und großzügige Portionen direkt an der Hauptstraße, strandnah.*

Sport

REITEN

Les Écuries d'Eldorado, *22 Chemin Band'colons, L'Étang-Salé les Hauts, ✆ 0692-877448, ecuries.eldorado@gmail.com, www.eldorado.re. Ausritte durch den Wald und am Strand von L'Étang-Salé les Bains auf speziell angelegten Pfaden für Pferde fernab vom Straßenverkehr. Ab 31 €.*

TAUCHEN

Plongée Salée, *5 Rue Motais de Narbonne, L'Étang-Salé les Bains, ✆ 0262-917123, contact@plongeesalee.com, www.plongeesalee.com. Tauchschule und Ausflüge zu den Spots an der Südwestküste der Insel.*

FAHRRADVERLEIH

Reunion Mountain Bike, *Rue Guy Hoarau, L'Étang-Salé, ✆ mobil: 0693-214500, reunionmountainbike@gmail.com, www.reunionmountainbike.com. Fahrradverleih und geführte Radausflüge an verschiedenen Orten der Insel.*

GOLF

Golf Club de Bourbon, *✆ 0262-263339, contact@golf-bourbon.com, www.golf-bourbon.com. Gut ausgebauter 18-Loch-Golfplatz in einzigartiger Landschaft. Tgl. 7.30–18 Uhr.*

Busse

Anreise mit dem Car Jaune Linie 02 oder S3 und der Flughafenlinie T von Saint-Denis oder Saint-Pierre oder mit Alternéo mit der Linie Littoral von Saint-Pierre.

Saint-Louis

Die Strecke von L'Étang-Salé les Bains nach Saint-Louis kann man entweder auf der N1 an der Küste entlang zurücklegen, oder über L'Etang-Salé les Hauts auf der kurvenreichen D11. **Saint-Louis** selbst ist eine kleine Provinzstadt (die Kommune hat knapp 54.000 Einwohner) mit einem sehenswerten tamilischen Tempel, einer Moschee und einer Kirche. Ansonsten hat der Ort Touristen nicht allzuviel zu bieten.

Die Zuckerfabrik Sucrerie du Gol

Saint-Louis' wirtschaftlicher Lebensnerv ist **La Sucrerie du Gol** westlich der Innenstadt, die einzig übrig gebliebene Zuckerfabrik im Süden der Insel. Hier und auf den umliegenden Plantagen arbeiten Réunionais meist indischer Abstammung. Von Juli bis Dezember kann man die Geheimnisse der Zuckerherstellung bei einer Führung durch die Anlagen der Zuckerfabrik erkunden. Bei dem Rundgang werden alle Verarbeitungsphasen des Zuckerrohrs bis zum Zucker direkt in der Praxis der Fabrik gezeigt: von der Anlieferung des Zuckerrohrs, über das Mahlen und Verdampfen bis hin zur Kristallisierung. *Zuckerführung*

La Sucrerie du Gol, *Usine du Gol, Rond point du Gol, Saint-Louis, ✆ 0262-910547, visitesucrerie@tereos.com, www.spiritourisme.com. Führungen Di–Sa 9.30, 11.30, 14, 15, 16 und 17 Uhr, Voranmeldung erforderlich. Abendführungen Do–Sa. Erw. 10 €, Kinder (Zutritt erst ab 7 Jahren) 6 €, Abendführung + 2 €. Anfahrt: auf der Straße zwischen L'Étang-Salé les Bains und Saint-Pierre die Ausfahrt Le Gol, am Kreisverkehr Le Gol die Ausfahrt Sucrerie du Gol und den Schildern „visite de la Sucrerie – La Boutik" folgen. Mit dem Alternéo-Bus Linie 23 bis Haltestelle Pièce Murat. Für Führungen Reservierung erforderlich.*

Ebenfalls in Saint-Louis befindet sich das kleine **Museum MADOI** (Musée des arts décoratifs de l'océan Indien). In dem Gebäude auf der alten Kaffeeplantage Domaine de Maison Rouge werden antike Möbelstücke und Haushaltswaren gezeigt. Auf dem weitläufigen Gelände kann man die Geschichte des Kaffeeanbaus und der Verarbeitung anschaulich erleben.

MADOI, *17a Chemin Maison Rouge, Saint-Louis, ✆ 0262-912430, www.museesreunion.re. Di–So 9–17.30 Uhr, 1. Jan., 1. Mai, 1. Nov. und 25. Dez. geschlossen, Erw. 5 €, Kinder 2 €. Anfahrt siehe La Sucrerie du Gol, ab dort ausgeschildert.*

Ausflug nach Les Makes

Von der Westküste kommend geht es auf der Nationalstraße 1 bis Saint-Louis Centre. Vom Zentrum aus ausgeschildert geht es auf der D20 kurvenreich hinauf in das idyllische Dorf Les Makes. Den 850 m hoch gelegenen Ort erreicht man auf einer landschaftlich sehr reizvollen Strecke entlang dem Bras du Mouchoir Gris. Hier bieten ein paar Restaurants kreolische Spezialitäten an.

Sternwarte Bekannt ist Les Makes u. a. wegen seiner Sternwarte, dem **Observatoire Astronomique des Makes**, die an bestimmten Terminen angemeldete Besucher empfängt, um Mond und Sterne zu beobachten.

Observatoire Astronomique des Makes, *18 Rue G. Bizet, Les Makes, La Rivière, ✆ 0262-378683, accueil@observatoire-astronomie.re, www.observatoiredesmakes.com. Reservierungen telefonisch Mo–Fr 8–13 Uhr. Mit dem Bus Anreise vom Gare Routière Saint-Louis mit der Linie 24 der Busgesellschaft Alternéo bis zur Haltestelle Église des Makes und dann noch 5 Min. zu Fuß.*

La Fenêtre

Ausblick aus dem „Fenster“ Nicht verpassen sollte man diesen Aussichtspunkt, der nicht umsonst „das Fenster“ heißt. Dazu geht es weiter in die Berge. Ab dem Ortsausgang von Les Makes geht die D20 in die Forststraße Route Forestière 14 über. Auf steilen Serpentinen mit atemberaubenden Ausblicken hat man nach gut 10 km ab dem Dorfkern von

Aussicht von La Fenêtre auf den Talkessel von Cilaos

Les Makes den Aussichtspunkt **La Fenêtre** erreicht, den man schon vorher an seinem Sendemast erkennen kann.

Vom Parkplatz sind es noch wenige Schritte, um von hier aus über 1.500 m Höhe auf den gesamten **Cirque de Cilaos** mit seinen Flüssen, Ortschaften, Feldern und den umgebenden Gipfeln blicken zu können. Da es in dieser Region besonders neblig ist, empfiehlt es sich der Ausflug auf jeden Fall für den Vormittag, besser noch für den frühen Morgen.

Wer diesem Ausflug noch etwas Bewegung hinzufügen möchte, kann in ca. 1 Stunde auf den höher gelegenen **Piton de Petit Mapou** wandern (vom Aussichtspunkt La Fenêtre aus links halten). Von hier eröffnet sich ebenfalls ein herrlicher Ausblick auf Cilaos, den man zumeist sogar ganz alleine genießen kann.

Tipp

Für Schwindelfreie

An der Forststraße befindet sich ein **Hochseilgarten**, *in dem man sich gut gesichert durch die Baumwipfel schwingen und klettern kann. Für die Parcours hoch in den Bäumen im Wald von Les Makes sollte man drei Stunden einplanen sowie schwindelfrei sein. Es gibt fünf verschiedene Parcours in vier verschiedenen Schwierigkeitsgraden.*
Makes Aventures, *Hochseilgarten, Route forestière des Makes, Les Makes, Saint-Louis, ✆ mobil: 0692-302929, info@makesaventures.com, www.makesaventures.com. Mi–So 9–17 Uhr (letzter Einlass 13.30 Uhr), in den Schulferien auch Di geöffnet. Erw. 23 €, Kinder bis 12 Jahre 16 €. Günstigere Familientarife.*

Unterkunft in Les Makes

Le Vieil Alambic *€€, 55 Rue Montplaisir, ✆ mobil: 0692-256430, http://levieilalambic.com. Nettes Bed & Breakfast mit vier Zimmern für 2–3 Personen, auf Wunsch auch mit Halbpension, ebenfalls etwas oberhalb des Dorfs.*

Ausflug nach Entre-Deux

Hinter Saint-Louis überquert man den Rivière Saint-Etienne. Bei der alten Zuckerfabrik Pierrefonds, deren Ruinen heute leider nicht mehr zu besichtigen sind, biegt man von der vierspurigen N1 auf die D26 ab. Dieser folgt man parallel zum Rivière Saint-Etienne und überquert den Fluss über eine Brücke mit schwindelerregenden Ausblicken. Etwa 11 km später erreicht man wieder den Ortskern von Entre-Deux.

Zwischen zwei Schluchten

Lange Zeit war das Dorf Entre-Deux, wie der Name schon sagt, isoliert auf einem Sporn „zwischen den zwei“ Schluchten der **Flüsse Bras de Cilaos** und **Bras de la Plaine**, die sich unterhalb zum Rivière Saint Etienne zusammenschließen. Hier wurde nach der Einführung der Mokkabohne auf der Insel im Jahr 1715 Kaffee angebaut; das Gebiet ist erst seitdem besiedelt. Lange war die Siedlung nur über einen einzigen Pfad zugänglich und ist auch heute nach starken Regenfällen oft von Saint-Louis oder Saint-Pierre abgeschnitten.

Mit den blühenden Gärten, Gemüse- und Fruchtplantagen, kreolischen Häusern und lebendigem Kunsthandwerk ist es das **schönste Dorf der Insel** – so sagen es jedenfalls viele Inselbewohner. Viele alte kreolische Villen, mit Tamarindenschin-

Kirchturm der Église Saint-Vincent de Paul, im Hintergrund die wolkenverhangenen Berge von Dimitile

deln verkleidet, konnten bewahrt werden und stehen im seltsamen Kontrast zur weißen Église Saint-Vincent de Paul mit ihrer hohen Kampanile, die im provenzalischen Stil gehalten ist.

Tipp

Um mehr über die Geschichte des Dorfes zu erfahren, gibt es geführte **Dorfrundgänge** *(ca. 90 Min.) auf Englisch und Französisch von Johnny Mignon, der viele Details zu kreolischen Häusern und Gärten, Kaffeeanbau und der Sklaverei im Dorf kennt. Di–So 9.30 Uhr, 15 € pro Person, Kontakt: ✆ mobil: 0693-812065. Alternativ ist im Tourismusbüro auch eine Karte eines Dorfrundgangs mit Erklärungen erhältlich.*

Kunsthandwerk **Les Artisans de l'Entre-Deux** ist eine Vereinigung von Kunsthandwerkern im Dorf. Es sind zumeist pensionierte Dorfbewohner, die einem traditionellen Handwerk nachgehen, von Stickerei über die Herstellung von Kräutertees und Konfitüren sowie Schmuck bis zur Verwertung der Fasern der Choca-Pflanze. Aus dieser traditionellen Pflanze, *Choca bleu*, welche eigentlich zum Kochen verwendet wird, werden auch leichte Sandalen hergestellt. Auf individuelle Reservierung kann man einzelne Kunsthandwerker besuchen. Eine Liste mit Adressen und Telefonnummer ist in der Touristeninformation in Entre-Deux erhältlich.

In etwa einer Stunde kann man einen leichten Spaziergang zum **Bassin Sassa** und zurück zum Dorf machen. Ausgangspunkt ist die Touristeninformation, an der man auch parken kann. Mit dem Rücken zur Touristeninformation geht man links die Hauptstraße hinunter. Direkt nach dem Zebrastreifen geht es links in die Rue Julius Horeau hinein; ein kleines Schild weist zum Bassin Sassa. Nach etwa 70 m geht es rechts zwischen zwei Häusern auf einem Schotterweg weiter. Dem Verlauf folgend leitet der Weg einen rechts hinunter in eine kleine Schlucht, in der der Weg gut markiert weiterführt. Einige Stellen sind, besonders nach Regenfällen, etwas matschig. Der Weg führt in der Schlucht bis zum Bassin Sassa. Dann geht es wieder hoch zur Straße, an der man links abbiegt. An dem Stoppschild geht es weiter geradeaus, an der Kirche vorbei, danach biegt man gegenüber dem Schwimmbad links in die Straße ein und dann an den Toilettenhäuschen wieder rechts ab, wo man wieder an der Touristeninformation ankommt. *Spaziergang*

Es gibt viele Geschichten darüber, wer Sassa war. Die einen sagen, es war eine Sklavin, die gerne Zeit an diesem Bassin verbracht hat. Andere erzählen, dass die Sklavin Sassa ihrem Herrn nicht gehorchte und zur Strafe gefesselt und in das Bassin geworfen wurde. So gibt es vermutlich noch unzählige weitere Geschichten über das Bassin …

Reisepraktische Informationen Entre-Deux

Information/Touren

Office de Tourisme de l'Entre-Deux, *13 Rue Fortuné Hoareau, Entre-Deux, ✆ 0262-396980, contact@otisud.com, www.sudreuniontourisme.fr. Mo–Sa 9–12 und 13–17, Okt. und Nov. zusätzlich So 8–12 Uhr.*

Kreolie 4x4, *4 Impasse des Avocats, ✆ mobil: 0692-865226, kreolie4x4@hotmail.fr, www.kreolie4x4.com. Ausflüge in die Berge von Dimitile mit einem Allradwagen, ab 125 € p. P. zum Gipfel, mit Snack zum Mittagessen.*

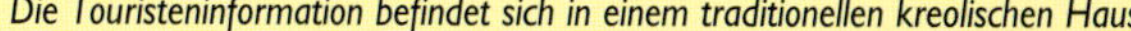

Die Touristeninformation befindet sich in einem traditionellen kreolischen Haus

Z'ile 4x4, ✆ *mobil: 0692-085383, resazile4x4@anmenanou.com, www.zile4x4.com. Organisierte Ausfahrten in die Berge von Dimitile und zu anderen Orten der Insel, ab 109 € p. P.*

Unterkunft

Hinweis: *Oben am Aussichtspunkt von Dimitile gibt es zwei einfache Gîtes de Montagne,* *s. S. 158.*

Entre 2 Songes *€–€€, Camping, 9 Chemin Macaire, Entre-Deux,* ✆ *mobil: 0692-825775, entre2songes@orange.fr, https://entre2songes.re. Kleiner Campingplatz mit guten sanitären Anlagen und Gemeinschaftsküche. Alternativ können kleine Baumhaus-Bungalows gemietet werden.*

Ti Kaz Ananas *€€, 16 Rue Césaire, Entre-Deux,* ✆ *0692-386048, tikazananas.entredeux@gmail.com, https://tikazananas.re/#chambre. Kleines Bed & Breakfast mit nur 2 Betten in einem kleinen, kreolischen Bungalow mit Kochnische und stilvoller Terrasse. Auf Wunsch vegetarische und dennoch réunionesische Küche zum Abendessen, Massage und Verleih von E-Bikes. Die Eier für das Frühstück kommen von den Hühnern aus dem eigenen Garten!*

L'Échappée Belle *€€€, 13 Impasse du Palmier, Entre-Deux,* ✆ *mobil: 0692-555537, lechappee-belle974@orange.fr, www.lechappee-belle.com. Der schöne, großzügige Garten mit Pool lädt zum Verweilen ein, sodass die Unterkunft dem Namen, der so viel bedeutet wie „schöner Ausflug", durchaus gerecht wird. Die kreolischen Bungalows sind modern eingerichtet. Das Frühstück mit frischem Kuchen und Früchten wird auf der Terrasse serviert. Eine Küche für Selbstversorger steht zur Verfügung. Fahrradvermietung. Zwei Nächte Mindestaufenthalt.*

Hotel Dimitile ***** €€€€, 30 Route du Bras-Long, Entre-Deux,* ✆ *0262-392000, resa@dimitile.eu, www.dimitile.eu. Hübsches 4-Sterne-Hotel mit 18 Zimmern in einem restaurierten Haus aus dem 18. Jahrhundert und verschiedenen Nebenhäusern. Bar und Pool in einem gepflegtem Garten und herrlicher Aussicht auf die Berge von Dimitile. Das Hotel wird zurzeit umfassend und unter Berücksichtigung ökologischer und sozialer Nachhaltigkeit renoviert; Wiedereröffnung voraussichtlich im September 2023.*

Essen und Trinken

L'Entredeusienne *€, Bäckerei-Konditorei, 1d Rue de l'Eglise, Entre-Deux,* ✆ *0262-881470. Mo–Sa 5.30–19, So 5.30–12 Uhr. Gute Bäckerei mit Brot, süßem und salzigem Kleingebäck und Salaten in der Straße gegenüber der Kirche, mit Sitzmöglichkeiten auf der Terrasse.*

Vavang'art *€–€€€, 4c Rue Hubert Delisle, Entre-Deux,* ✆ *0692-609928, contact@vavangart.com, https://vavangart.com. Mi–So 11.30–14, Do–Sa auch 18–22 Uhr. Alternative Restaurant-Bar und Kunststätte für lokale Kreative und aufgeschlossene Reisende. Es gibt kleine vegetarische Tapas oder Brunch am Sonntag, dazu hausgemachte Säfte oder Bier aus einer Mikrobrauerei. Dazu Repair-Cafés, Konzerte und andere Veranstaltungen.*

Le Longanis *€€, 9 bis Rue du Commerce, Entre-Deux,* ✆ *0262-397056, mobil: 0692-461309. Di–So 11–14, Fr/Sa auch 18–21 Uhr. Im Herzen von Entre-Deux serviert dieses traditionelle Restaurant kreolische Küche; hinten raus gibt es auch einen ruhigen Garten. Die freundliche Bedienung reicht zum Digestiv einen Rhum arrangé – natürlich eingelegt mit Langanis. Einzelne Rezepte sind auf der Internetseite zu finden.*

L'Arbre à Palabres *€€, 29 Rue Aimé Cesaire, Entre-Deux, ✆ 0262-444723, mobil: 0692-927526, larbreapalabres@yahoo.fr. Mi–So 10–17, Sa bis 23 Uhr. In einem typischen kreolischen Haus mit ruhigem Garten gibt es kreolische, afrikanische und asiatische Küche. Wie der Name verspricht, lässt es sich unter dem Baum sehr gut reden. Wechselnde kleine Kunstausstellungen im Restaurant.*

Feste/Veranstaltungen

Juli: *Fête du Choca, Fest der traditionellen Choca-Pflanze.*
Dezember: *TransDimitile, Berglauf.*

Busse

Anreise mit dem Car Jaune Linie S5 von Saint-Pierre.

Ausflug in die Berge von Dimitile

Die hinter Entre-Deux liegenden mächtigen Berge von Dimitile grenzen das Dorf vom Talkessel von Cilaos ab; von dem lang gezogenen Kamm von Dimitile hat man eine gigantische Aussicht über den ganzen Kessel mit seinen vielen kleinen Weilern bis zum Col du Taïbit, gekrönt von dem höchsten und dem dritthöchsten Berg der Insel; dem Piton des Neiges und dem Grand Bénare, die den Cirque zum Talkessel von Mafate hin abgrenzen. *Mächtige Bergkette*

Kapelle mit Sicht auf die Plaine des Cafres in den Bergen von Dimitile

Vom Dorf Entre-Deux folgt man der D26 in Richtung **Ravine des Citrons** und dann stets weiter bergauf. Schon von der Straße aus hat man herrliche Ausblicke auf den gigantischen Wald der Bergkette. Die Forststraße führt weit hinauf, bevor sie kurz nach einem weißen Tor („Le Portail") in einem Parkplatz endet.

Der Wanderweg **Sentier de la Chapelle** geht hinter dem Parkplatz links hinauf und kreuzt immer wieder die Piste, die nur mit dem Geländewagen befahrbar ist. Der schweißtreibende Anstieg, teilweise über mit Holzpfählen ausgelegte Treppen, endet nach etwa zwei Stunden direkt an einer Kapelle. Von hier geht es denselben Weg wieder zurück.

Freilichtmuseum zur Sklaverei

Weiter bergauf geht es links in etwa einer halben Stunde zum Aussichtspunkt auf Cilaos und zum Camp Marron. Der Geschichte nach war Dimitile, was auf Madagassisch so viel wie der Späher bedeutet, ein Sklave, der im 18. Jahrhundert gelebt hat. Er galt als besonders gefährlich und sein Verbleiben ist bis heute ungeklärt. Heute thematisiert das kleine Freilichtmuseum das Leben der Sklaven mit Bildern, Texten und Nachbauten.
Camp Marron, *Corré Sully, ✆ mobil: 0693-206127. Tgl. 9.30–13.30 Uhr, Eintritt 2 €. Bei schlechtem Wetter geschlossen!*

Hinweis
Wer nicht zu Fuß zum Bergkamm von Dimitile aufsteigen möchte, kann auch mit einem Allradfahrzeug hinauffahren (s. S. 155).

Unterkunft/Essen und Trinken
Ticaze Gilbert €, *✆ mobil: 0692-934605, lucie.lorion@gmail.com. Einfache und kleine, aber sehr herzliche Gîte nahe dem Aussichtspunkt auf Cilaos und dem Einstieg in den Weg „Sentier Jacky Inard".*
Le Gîte Là-Haut €, *Chemin du Dimitile, ✆ mobil: 0692-717668, https://legitelahaut.re. Laure und Rudy haben die ehemalige Gîte Emile, gelegen auf 1.700 m Höhe mit Blick auf Plaine des Cafres und den Ozean, übernommen und führen sie mit Liebe zur Natur und großer Detailfreude. Die Unterkünfte – vom Doppelzimmer bis zum Schlafsaal – sind frisch renoviert. Frühstück und Abendessen aus frischen und lokalen Zutaten bieten etwas mehr Abwechslung als in manch anderer Herberge.*

Wanderung vom Bras de Cilaos über den Sentier Bayonne nach Le Dimitile

Lage: s. Reisekarte E4–5
Länge: 10 km
Höhenmeter: ca. 1.700
Schwierigkeitsgrad: schwer
Dauer: 6–7½ Stunden, Streckenwanderung
Anfahrt: Der Ausgangspunkt der Wanderung liegt auf der Straße nach Cilaos (N5), zwischen den letzten Häusern des Weilers La Ferme und den ersten Behausungen der Siedlung Îlet Furcy. Anreise mit dem Bus Alternéo Nr. 60 von Saint-Louis Richtung Cilaos mit zur Haltestelle „Tailleur De Pierres".

Hinweis

Bei dieser Wanderung muss man **genug Wasser** *mitnehmen, da es unterwegs – abgesehen vom Anfang der Tour – keine Wasserstellen gibt. Es empfiehlt sich weiter, die Wanderung auf* **zwei Tage** *aufzuteilen und in einer der* **Gîtes** *zu schlafen (s. o.). Zu den Gîtes muss man vom Museum aus noch ein Stück laufen. Am nächsten Tag kann man entweder nach Entre-Deux hinabsteigen oder über den Sentier Jacky Inard zum Piton des Neiges oder nach Cilaos weiterwandern (s. S. 171).*

Der anspruchsvolle Wanderweg **Sentier Bayonne** ist einer der schwierigsten der ganzen Insel; über Wurzeln und Steine geht es steil bergauf über 1.700 Höhenmeter hinauf in die Berge von Dimitile. Belohnt wird man immer wieder mit spektakulären Aussichten auf den Ozean, das oberhalb von Saint-Louis gelegene Dorf Les Makes, die Berge von Dimitile und den Talkessel von Cilaos.

Der Weg geht zunächst leicht abwärts in Richtung Ozean hinab in das großzügige Bett des Bras de Cilaos, der sich bei starken Regenfällen und Zyklonen schlagartig füllen kann. Auf der anderen Seite der Schlucht geht es zunächst sanft, dann aber steil bergauf, bis man auf die ersten Häuser der kleinen Ortschaften von Entre-Deux trifft und eine zeitlang neben einer kleinen Straße langläuft.

Man passiert die nahe Ortschaft Grand Fond Extérieur. Hier weist eine Hinweistafel auf den beginnenden Sentier Bayonne und den Schwierigkeitsgrad hin. Unten sieht man jetzt gut die Weiler Îlet Furcy und Petit Serré; die Schlucht des Bras de Cilaos wird immer wieder von der Vegetation verdeckt, sodass man ihre Schönheit oft nur erahnen kann.

Der Weg ist hier steil, schmal, oft rutschig und verläuft entlang des Bergkamms Bayonne. Wegen der **Sturzgefahr** ist hier Vorsicht geboten! Immer wieder hat man Aussicht auf die kleinen Weiler am Bras de Cilaos. Während des ganzen Aufstiegs gibt kein weiteres Hinweisschild über den Fortschritt des Anstiegs; kleine Abschnitte des Abstiegs geben den müden Beinen Erholung. Der Ausblick gibt immer mehr die Sicht in den Talkessel von Cilaos frei; zwischendurch sind kleine Leitern auf dem steilen Weg installiert. Bei dem mit einer Informationstafel bestückten Aussichtspunkt ist man dann endlich am Bergkamm von Dimitile angekommen und wird mit einer herrlichen Aussicht belohnt. Folgt man diesem Weg weiter, gelangt man zum Camp Marron, dem Freilichtmuseum, weiteren Aussichtspunkten sowie den Gîtes von Dimitile (s. S. 158).

Cirque de Cilaos

Fahrt nach Cilaos ist ein Muss

Eine Fahrt in den Cirque de Cilaos gehört mit über 430 Kurven auf knapp 40 km zu den **schönsten Landschaftserlebnissen**, die Réunion zu bieten hat. Auch für Besucher, die nicht an Wanderungen interessiert sind, und für solche, die bereits den Cirque de Salazie kennengelernt haben, lohnt sich die Anfahrt unbedingt. Der 100 km² große und 1.200 m hohe Talkessel weist ein unverwechselbares Profil auf, das man an anderen Orten der Insel nicht findet. Der Name des Ortes und des Talkessels wird vom madagassischen „Tsilaosa" abgeleitet, das so viel bedeutet wie „Jemand, den man nicht verlassen kann". Dies wird auf die Sklaven zurückgeführt, die einst in den unwegsamen Bergen Zuflucht suchten.

Den einzigen Zugang zum Cirque bildet die knapp 38 km lange Nationalstraße N5, die über die N1 und den Ort Saint-Louis am einfachsten zu erreichen ist. Von Osten (Saint-Pierre) kommend, überquert man zunächst das breite Flussbett des Rivière Saint Etienne, welcher normalerweise nicht viel Wasser führt. Mit den Regenfällen von Zyklonen steigt der Wasserspiegel jedoch stark an. Die alte Brücke wurde dabei immer wieder beschädigt und hat nach Zyklonen noch wochenlang zu Verkehrschaos geführt, weil die Verbindung zwischen Nord und Süd auf der Insel stark eingeschränkt war. Seit 2013 gibt es jedoch die neue Doppelbrücke, die ihre Standhaftigkeit schon bei einigen Zyklonen bewiesen hat.

Von der N1 geht es Richtung Saint-Louis Centre und Cilaos ab und man folgt zunächst der Beschilderung Richtung La Rivière und Cilaos. Auf der nun mit vielen Kurven ansteigenden und stark befahrenen N5 kommt man schließlich zum eingeschnittenen Tal des Bras Cilaos (s. auch Wanderung S. 158). Mit schönem Blick

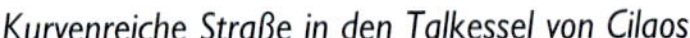

Kurvenreiche Straße in den Talkessel von Cilaos

auf das landwirtschaftlich genutzte Gebiet am gegenüberliegenden Flussufer und immer am steilen Fels zur Linken entlang, windet sich die Straße durch eine wilde Berglandschaft.

Wilde Berglandschaft

Ab und zu durchfährt man kleine Orte wie **Le Petit Serré**, sonst genießt man nur die grandios und manchmal fast bedrohlich wirkende Natur. Die Nationalstraße ist asphaltiert und gut befahrbar, in einigen Kurven jedoch sehr eng, sodass man ständig auf Gegenverkehr gefasst sein sollte. Hier gilt mehr noch als bei den anderen Bergstraßen Réunions, dass bei Regen eine extreme Steinschlaggefahr besteht; vor allem im Dunkeln sollte man also sehr vorsichtig sein!

16 km hinter La Rivière geht die bisher ständig ansteigende N5 plötzlich in engen Serpentinen hinab zum Zusammenfluss des Petit und des **Grand Bras de Cilaos**, beim Ort Le Pavillon überquert eine Brücke das Wildwasser. Nun hat man das eigentliche „Tor" zum Cirque erreicht. Der Weg ab hier ist erst seit 1935 mit Autos oder Kutschen zu befahren (vorher wurden Reisende, die sich das leisten konnten, auf Gestellen den Schwindel erregenden Pfad hinaufgetragen!). Als Autofahrer muss man auf der jetzt folgenden Strecke konzentriert sein und sollte keine Aversionen gegen Haarnadelkurven, Tunnel oder steil abfallende Schluchten haben.

Vorsicht: Haarnadelkurven

Hinter der Ortschaft Peter Both zweigt rechts ein 2 km langer Weg nach **Le Palmiste Rouge** ab, einem kleinen Dorf mit knapp 1.000 Einwohnern, das noch hauptsächlich von der Landwirtschaft geprägt ist. Der Name des Weilers fußt auf einer hier vorkommenden Palme mit rotem Stamm (*Acanthophoenix rubra*). Weiter auf der N5 geht es noch etwa 10 km hinauf, bis sich das weitläufige Städtchen Cilaos durch erste Häuser und schöne Gärten ankündigt. Per Bus kann man mit der Linie 60 der Gesellschaft Alternéo vom Gare Routière in Saint-Louis anreisen; der Platz ganz vorne rechts bietet auf der Fahrt die beste Aussicht.

Tipp: Unterkunft

Domaine Papangue *€–€€, 3 Sentier du Brûlé, Palmiste Rouge, Cilaos, ✆ 0262-314554, reservation@domainepapangue.com, www.domainepapangue.com. Kleines Chambre d'hotes mit 4 Zimmern mit je eigenem Bad in einem kleinen kreolischen Haus. Ginette und Malik versorgen liebevoll ihre Gäste, z. B. mit Tee aus dem eigenen Garten. Beheizter Pool. Abendessen auf Vorbestellung.*

Cilaos

Der etwa 1.200 m hoch gelegene Ort liegt fast genau in der Mitte des Talkessels und bietet an klaren Tagen einen fantastischen Blick auf die Gipfel des Piton des Neiges (3.070 m), Le Grand Bénare (2.898 m) und die Trois Salazes (2.132 m).

Ihren Lebensunterhalt bestreiten die gut 5.500 Einwohner durch den Anbau von Linsen, Mais, Tabak und Wein; daneben sind die Stickereien weit über den Ort hinaus bekannt (*Les broderies de Cilaos*) und gelten als typisches Souvenir, das dementsprechend im Ort vermarktet wird. Mit der Technik der Weißstickerei wurde die abgelegene Bergregion schon im 19. Jahrhundert von einer Bretonin bekannt gemacht, der Tochter des Dorfarztes, die einen Zeitvertreib suchte. Ab den 1950er-

Stickerei und Landwirtschaft

In der Weinkooperative Chai de Cilaos sollte man einen Schluck probieren

Jahren erlebte die Stickerei dann eine Renaissance. In der **Maison de la Broderie** kann man den Frauen bei ihren kunstvollen Handarbeiten zuschauen und natürlich auch schöne Stücke kaufen.
Maison de la Broderie, *4 Rue des Écoles, Cilaos, ✆ 0262-317748, maisondelabroderie.cilaos@orange.fr. Mo–Do 8–12 und 12.45–16.30, Fr 8–12 Uhr. Erw. 2 €, Kinder 1 €.*

Am Sonntagvormittag findet in der Rue des Écoles zudem der Wochenmarkt statt.

Bekannt ist der Talkessel von Cilaos auch für seine Linsen. Die lokalen Linsenbauern haben sich zu der Anbaugemeinschaft **Association des Producteurs de Lentilles de Cilaos** (APLC) zusammengeschlossen und verkaufen unter geschütztem Namen die Linsen.
APLC, *Rue du Père Boiteau, Place du Marché Couvert, Cilaos, ✆ 0262-316128. In der Regel Mo, Di, Do und Fr 8–12 und 13–16 Uhr.*

Spezieller Wein in neuem Keller

Die ersten Weinreben erreichten 1665 mit den Booten der ersten Siedler die Insel. Im 19. Jh. kam die bei der Landbevölkerung beliebte Traube Isabelle nach Réunion. 1935 wurde ihr Anbau in Frankreich verboten, offiziell wegen des schlechten Geschmacks und der gesundheitsschädlichen Wirkung; tatsächlich sollte so die Überproduktion von Wein im Land eingedämmt werden. 2003 kippte die EU das Verbot. In Cilaos hatten sich aber längst auch andere Sorten etabliert. Die Weinlese findet von Dezember bis Mitte März statt. In dem kleinen Ausstellungslokal der Weinkooperative **Chai de Cilaos** kann man einen Film zur Geschichte des Weins auf der Insel sehen sowie den Wein degustieren (und natürlich auch kaufen). Seit 2019 hat die Winzergemeinschaft einen neuen Weinkeller.
Chai de Cilaos, *34 Rue des Glycines, Cilaos, ✆ 0262-317969, contact@lechaidecilaos.com. Mo–Sa 9–12 und 14–17.30, So 9–13.30 Uhr.*

Eine besondere Anziehungskraft auf Besucher entwickelte Cilaos im Jahre 1815, als Paulin Techer aus Saint-Louis die **Thermalquellen** entdeckte, die vier Jahre später zum ersten Mal von Touristen genutzt werden konnten. Unter ständigem Ausbau expandierte das Geschäft mit der Gesundheit, bis 1948 ein Zyklon die Anlagen von Irénée, Véronique und Docteur Manès zerstörte. Das letzte der neuen Thermalbäder wurde nach den damals modernsten architektonischen und therapeutischen Gesichtspunkten gestaltet und 1987 eröffnet. Seitdem ist der Kuraufenthalt in Cilaos wieder ein Begriff. Nach einer Wanderung oder anderen sportlichen Aktivitäten ist das Thermalbad mit Sauna, Unterwasserduschen für eine Hydromassage, Algenpackungen, Dampfbädern, Jacuzzi und diversen Massagen und Fitnessräumen perfekt zum Entspannen. Das Wasser stammt aus den zwei natürlichen Quellen Véronique und Irénée. Allerdings sollte man bei einem Besuch bedenken, dass Frankreich eine andere Saunakultur pflegt und der Ausbaustandard nicht dem mitteleuropäischer Wellnesstempel entspricht. Bitte unbedingt Badehose bzw. -anzug mitnehmen!

Aufstieg zum Kurort

Thermes de Cilaos, *Route de Bras-Sec, Cilaos, ✆ 0262-317227, contact@thermescilaos.re, www.thermescilaos.re. Mo–Sa 8–12 und 13–17.30, So 9–17.30 Uhr.*

Kirche Notre-Dame-des-Neiges von Cilaos

Das Dorf Cilaos selbst lädt zum Spazieren am kleinen See **La Mare à Joncs** oder der Kirche **Notre-Dame-des-Neiges** ein. Diese wurde in den 1930ern im Art-déco-Stil gebaut und ist leicht an ihrem markanten Turm erkennbar.

Tipp

Cilaosa Parc Aventure, *1 Allée Bois Rouge, Cilaos, ✆ 0692-032627, contact@cilaosparc.com, www.cilaosparc.com. Sa/So, in den Schulferien tgl. 9–17 Uhr. Klettergarten mit unterschiedlich schweren Parcours ab 3 Jahren. Von Cilaos auf der D241 Richtung Bras Sec. Erw. 21 €, Kinder ab 10 €. Reservierung erforderlich (telefonisch oder online).*

Îlet à Cordes

Vom Ort Cilaos führt die enge und kurvenreiche D242 in etwa 30 Minuten weiter in den entlegenen Weiler Îlet à Cordes („Insel der Seile“). Auch hier erinnert der Name an geschichtliche Ereignisse: Einst haben Sklaven hier Zuflucht gesucht. Um keine Wegspuren zu hinterlassen, haben sie sich mit Seilen zum 1.100 m hohen Plateau hochgekämpft. Hier scheint fast die Zeit stehengeblieben zu sein – es gibt keine Geldautomaten und Tankstellen. Dagegen steht nach wie vor die landwirtschaftliche Produktion im Vordergrund – und kleine Geschäfte, die Wanderer mit dem Nötigsten versorgen. Zudem gibt es einfache Unterkünfte.

Einsames Dorf

Tipp: Unterkunft

Gîte de l'Îlet €, *27 Chemin Terre Fine, Îlet à Cordes, Cilaos, ✆ mobil: 0692-647448, grondin.gite@gmail.com, www.gitedelilet.re. Einfache und saubere Gîte mit Zimmern unterschiedlicher Größe. Abends werden am offenen Feuer typisch kreolische Gerichte – auch mit lokalem Gemüse wie Chouchou – gekocht.*

Reisepraktische Informationen Cilaos

Information

Office de Tourisme de Cilaos, *2 Rue Mac-Auliffe, Cilaos, ✆ 0262-317171, contact@otisud.com, www.sudreuniontourisme.fr. Mo–Sa 8.30–12.30, 13–16.30, sonn- und feiertags 9–12 Uhr. Buchung von Unterkünften, Infos zu Wanderungen und Transportmitteln (Busfahrplan).*

Unterkunft

Gîte La Case Bleue €, *15 Rue Alsace Corré, Cilaos, ✆ mobil: 0692-657496, https://book.reunion.fr/fr/hebergements/1064859/gite-la-case-bleue/details. Kleine, einfache Herberge in einem blauen kreolischen Haus mit einem Doppelzimmer, einem Schlafsaal mit sieben Betten und einer Küche zur allgemeinen Benutzung. Gute Ausgangsbasis für Wanderungen.*

Le Petit Randonneur €, *61 Rue du Père Boiteau, Cilaos, ✆ 0262-317955, le-petit-randonneur@orange.fr. Einfache, aber saubere Herberge beim gleichnamigen Restaurant am Einstieg einiger Wanderwege. Wie der Name schon sagt: ideal für Wanderer.*

Case Nyala €€, *8 Ruelle Des Lianes, Cilaos, ✆ 0262-318957, www.case-nyala.fr. Chambre d'hotes mit viel Charme in einem kleinen kreolischen Haus mit Garten. Zum Frühstück gibt es eine reiche Auswahl selbst gemachter Konfitüren.*

Le Bois Rouge €€–€€€, *2 Route des Sources, Cilaos, ✆ 0262-475757, mobil: 0692-438166, giteleboisrouge@gmail.com, https://hotel-le-bois-rouge-cilaos.business.site. Zentral gelegene Herberge in einem markant gelben kreolischen Haus. Die fünf Zimmer mit Terrasse sind in verschiedenen Holzarten der Insel verkleidet: Tamarinde, Ti-Natte, Knopfbusch, Gewürzbaum und Eukalyptus. Auf Wunsch kann man sich zu den Wanderwegen bringen lassen. Fahrradverleih.*

Tsilaosa Hôtel & Spa **** €€€–€€€€, *21 Rue du Père Boiteau, Cilaos, ✆ 0262-373939, mobil: 0692-665444, accueil@tsilaosa.com, www.tsilaosa.com. Kleines Hotel im Dorfkern von Cilaos mit liebevoll-verspielt kreolisch dekorierten und beheizbaren, ruhigen Zimmern. Das dazugehörige Café bietet hausgemachte Spezialitäten zum Essen und Trinken und verwendet dafür lokal hergestellte Produkte. Kleiner, aber feiner Wellnessbereich und Massageangebot. Weinverkostungen werden auf Wunsch im Haus organisiert.*

Essen und Trinken

L'Instant Plaisirs €, *28 Rue du Père Boiteau, Cilaos, ✆ mobil: 0692-457199. Mi–Mo 12–17 und 18.30–20 Uhr. Kleine Creperie am Ortseingang von Cilaos. Die süßen und herzhaften Crêpes und Waffeln können auch auf der Terrasse und im Garten verspeist werden.*

Le Cottage €€, *2 Chemin des Saules, Cilaos, ✆ 0262-310461, danycottage@orange.fr. Restaurant im rustikalen Ambiente eines Holzcottages mit Blick auf den kleinen See. Kreolische und europäische Küche; das Rougail Z'andouille (geschmorte Schweinewurst) ist die Spezialität des Hauses.*

Blick von Cilaos in Richtung Trois Salazes

Chez Noë *€€–€€€, 40 Rue du Père Boiteau, Cilaos, ✆ 0262-317993, www.restaurant-cheznoe.fr/de. Mo–Sa 8–22, So bis 16 Uhr. Sehr gutes Restaurant mit Linsenspezialitäten sowie europäischen Gerichten und guter Patisserie. Zentral gelegen.*
La Lentille des Gourmets *€€–€€€, 40 E Chemin des Trois Mares, Cilaos, ✆ 0262-318585, hotel@lecilaos.re, http://leschenets-lecilaos.re. Tgl. 19–21.30 Uhr. Restaurant im Hotel Le Cilaos. Gehobene kreolische und französische Küche mit lokalen Produkten.*
L'Atelier des Saveurs *€€€, 46 Rue du Père Boiteau, Cilaos, ✆ 0262-307136, https://atelierdessaveurscilaos.business.site. Restaurant in einem kreolischen Haus im Zentrum. Sehr gute Auswahl an Weinen und erlesene Gerichte bis hin zum Dessert aus lokalen Produkten.*

Aktivitäten

MOUNTAINBIKEVERLEIH

Tof ' Bike, *68 Rue du Père Boiteau, Cilaos, ✆ 0262-734205, mobil: 0692-256161. Mo–Sa 8–12 und 14–18 sowie So 8–12 Uhr.*

CANYONING/KLETTERN

Run Évasion, *23 Rue du Père Boiteau, Cilaos, ✆ 0262-318357, runevasioncilaos@gmail.com. Halbtages- oder Tagesausflüge in Gruppen auf der ganzen Insel. Erfahrener Anbieter, der hier auch einen kleinen Outdoorladen betreibt.*
Cilaos Aventure, *12 Chemin de la Chapelle, Cilaos, ✆ mobil: 0692-667342, team@cilaosaventure.com, www.cilaosaventure.com. Erfahrener Anbieter von Canyoning und Klettertouren mit staatlich diplomierten Guides. Ausflüge für verschiedene Alters- und Erfahrungsgruppen v. a. in Cilaos, jedoch auch in Mafate oder Salazie. Programmkalender s. Website. Ausflüge ab 45 €.*

Ricaric, *135 Chemin Acadine, La Saline, Saint-Paul, ✆ mobil: 0692-865485, https://ricaric.re. Inselweit operierende Agentur mit Sitz in Saint-Paul.*

Einkaufen

L'Archipel des Métiers d'Arts, *82 Rue du Père Boiteau, Cilaos, ✆ mobil: 0692-912826. Mo–Sa 8.30–18, So bis 15 Uhr. Vereinigung lokaler Kunsthandwerker und Wellnessanbieter in einem Gebäude nahe der Touristeninformation.*

Feste/Veranstaltungen

Januar: *Fête de la Vigne, Weinfest.*
Mai: *Cross du Piton des Neiges, Berglauf von etwa 15 km und einem Höhenunterschied von 1.900 m, Informationen: www.avalasse.fr.*
Oktober: *Fête des Lentilles, Linsenfest.*

Busse

Anreise vom Gare-Routière in Saint-Louis mit dem Bus Linie 60 bis ins Dorf von Cilaos.

Wandertouren um Cilaos

Vom Ortszentrum in Cilaos aus kann man mehrere Wanderungen starten. Informationen dazu gibt es auch im Office de Tourisme de Cilaos. Im Folgenden werden drei Wanderungen beschrieben: zur Felsformation La Chapelle und zum Wasserfall des Bras Rouge sowie die Aufstiegsmöglichkeit auf den Piton des Neiges.

Eingang der Felsformation La Chapelle

Wanderung zur Felsformation La Chapelle

Lage: s. Reisekarte E4
Länge: 8 km
Höhenmeter: 800 m
Schwierigkeitsgrad: mittel
Dauer: 4 Stunden, Streckenwanderung (gleicher Weg zurück)
Anfahrt: Beim Ortseingang in Cilaos biegt man gegenüber der Bäckerei links in den Chemin de Filaos. Hier kann man am Straßenrand das Auto parken.

Der Straße Chemin de Filaos, an der man das Auto abgestellt hat, folgt man absteigend, steigt ein paar Treppenstufen runter, und hält sich dann links auf dem Chemin de la Chapelle, von dem dann der Wanderweg Sentier de la Chapelle abgeht. Kleine Schilder weisen den Weg nach Îlet à Cordes und La Chapelle. Es geht zunächst steil hinab durch den Wald und über kleine Flussbetten, vereinzelt vereinfachen Holzstufen den

Weg. An der Gabelung, an der es weiter geradeaus Richtung Îlet à Cordes geht, hält man sich rechts auf dem Pfad, der Richtung **La Chapelle** weist. Es geht in engen Kehren steil aufwärts auf den Kamm, der die Flüsse Bras Rouge und Bras Henry Dijoux trennt. Oben angekommen kann man die Aussicht in die Schlucht des Bras Rouge genießen, bevor es in diese hinabgeht. Am Flussufer angekommen hält man sich rechts stromaufwärts; je nach Wasserlauf verläuft der Weg rechts oder links; oder mit den passenden Schuhen einfach im Flussbett. Plötzlich versperren dann Findlinge den Weg. Weiter geht es etwas unterhalb der Findlinge links hinauf, sodass man über kurze Kletterpartien den Eingang der Höhle erreichen kann.

Spätestens hier sollte man sich die Schuhe ausziehen, um durch das Wasser waten zu können. Wenn der Wasserstand nicht zu hoch ist, kann man im knietiefen Wasser bis zum rauschenden Wasserfall am Ende der Höhle waten. In der Höhle selbst haust eine Vielzahl von Vögeln, welches ein wahres Konzert an Vogelzwitschern ergibt! Zur rechten Zeit am Mittag gelangt die Sonne durch den kleinen Spalt in die Höhle, was ein besonders eindrückliches Bild ergibt. Zurück geht es auf dem gleichen Weg.

Wanderung zum Bras Rouge – Bassin Bleu

Länge: knapp 15 km
Höhenmeter: 850
Schwierigkeitsgrad: mittel
Dauer: 5 Stunden
Anfahrt: Der Ausgangspunkt dieser Wanderung liegt zwischen der Kirche und der Touristeninformation im Zentrum von Cilaos.

Der Flusslauf des Bras Rouge mit Aussicht auf den Col du Taïbit

Man folgt dem Sentier des Porteurs in Richtung **Col du Taïbit** und passiert die alten Thermalbäder, von denen aber nicht mehr viel zu sehen ist. Man kommt kurz auf die Straße, bevor der Weg links abbiegt in Richtung Cascade de Bras Rouge. Bis zum Wasserfall geht es nun bergab durch einen schattigen Wald mit Mispeln (*bibass*), deren Früchte man zur passenden Jahreszeit kosten kann.

Der Weg führt direkt zum oberen Punkt des Wasserfalls, der spektakulär in die Tiefe stürzt. Da die vom Wasser abgeschliffenen Felsen oft rutschig sind, sollte man hier vorsichtig sein. Das Ufer eignet sich gut für eine kleine Rast oder für eine Abkühlung.

Auf der anderen Seite des Flusses steigt der Weg wieder an. Zwischendurch hat man immer wieder gute Aussicht auf den Piton des Neiges und den Piton de Sucre, der beliebt ist zum Klettern. Zunächst geht der Weg ein kurzes Stück eben weiter, bevor er wieder absteigt. An der Weggabelung, die geradeaus zum Col du Taïbit führt, hält man sich rechts Richtung **Bassin Bleu**. Steil geht es hinab und man kreuzt erneut den Fluss Bras Rouge. Ab hier geht es wieder hinauf durch den Wald. Der Weg kreuzt die Straße D242 und geht dann ein kleines Stück links von der Straße ab nochmals steil hinauf.

Das letzte Teilstück des Weges zum Bassin Bleu verläuft dann etwas flacher oberhalb der Straße. Man erreicht die Ravine Prudent mit ihrem Flussbett aus dunklem Lavagestein. Unterhalb vom Weg liegt das Bassin Bleu, das zu einer verdienten Rast einlädt. Gespeist wird es von der „Cascade de l'Eau chaude"; das Wasser ist jedoch trotzdem angenehm erfrischend. Der Weg führt dann weiter nach Cilaos. Man passiert die Abzweigung des Weges zum Piton des Neiges, hält sich aber geradeaus Richtung Dorf und gelangt so zum Ausgangspunkt der Wanderung.

Wanderung zum Piton des Neiges

Länge: 6,5 km (Strecke ab der Caverne Dufour)
Höhenmeter: ca. 600
Schwierigkeitsgrad: schwer
Dauer: 3–4 Stunden (Hin- und Rückweg), Streckenwanderung
Anfahrt: je nach Zugang, siehe ab S. 170.

Der Piton des Neiges ist mit 3.070 m der höchste Berg Réunions. Der „Schneeberg" ist zwar nicht in Schnee oder Eis gehüllt, jedoch ist er an wenigen Tagen von Raureif überzogen. Ganz selten schneit es im Südwinter auch, sodass dann der Gipfel aus Basaltgestein am Morgen mit weißen Flecken übersät ist. Im August 2003 hat es sogar auf der Plaine des Sables am Piton de la Fournaise geschneit.

Der einstige Vulkan Piton des Neiges hat sich vor etwa drei Millionen Jahren aus den Tiefen des Indischen Ozeans erhoben und ist der Ursprung Réunions. Der Vulkan hatte einst eine Höhe von 4.300 m, hat sich jedoch mit seinen Aktivitäten abgesenkt. Im Gegensatz zum immer noch aktiven und deutlich jüngeren Piton de la Fournaise ist der Piton des Neiges vor etwa 12.000 Jahren erloschen. Die drei Talkessel Salazie, Mafate und Cilaos sind aus entleerten und eingebrochenen Magmakammern des Vulkans hervorgegangen. Östlich vom Piton des Neiges existierte einst der Cirque de Marsouins. Jedoch hat sich dieser bei einer der letzten Ausbrüche mit Lava gefüllt und bildet heute den Fôret de Bélouve.

Die Gipfelanstieg auf den Piton des Neiges erfolgt in knapp zwei Stunden über den Zugang, der an der **Refuge de la Caverne Dufour** (2.479 m) vorbeiführt. Die letzten 600 Höhenmeter verlaufen leicht ansteigend über Fels- und

Schotterfelder; stets auf gut markiertem Weg. Da der Gipfel ab dem Mittag oft in Wolken hängt, ist die sicherste (und am meisten gewählte) Variante ein Aufstieg zum Sonnenaufgang. Jedoch ist der Gipfel auch in wolkenfreien Abendstunden ein Erlebnis; dieses beruht aber auf Glück mit dem Wetter. In jedem Fall empfiehlt sich warme, winddichte Kleidung sowie Sonnenschutz und eine Stirnlampe.

Unterkunft

Refuge de la Caverne Dufour/Refuge du Piton des Neiges €, *Dijoux Alain, Piton des Neiges, Cilaos, ✆ 0262-511526. Buchung unter https://book.reunion.fr/fr/hebergements. Sehr einfache und spartanische – leider auch etwas charakterlose – Schutzhütte mit knapp 50 Betten in großen Schlafsälen. Halbpension oder Selbstversorgung.*

Es gibt **mehrere Wanderwege**, die zur Refuge de la Caverne Dufour führen. Alle haben dabei ihre landschaftlichen Reize, unterscheiden sich jedoch in der Länge und Schwierigkeit. Der Zugang über den Cirque de Cilaos ist der kürzeste und steilste, aber auch der am meisten frequentierte. Der Weg ausgehend von der Plaine des Cafres ist weniger steil, aber dafür länger. Der Zustieg vom Cirque de Salazie über das Cap Anglais ist technisch anspruchsvoller. Landschaftlich besonders reizvoll ist der Zugang über die Bergkette Dimitile und den Sentier Jacky Inard direkt am Bergkamm Les Calumets entlang.

Zugang über Cilaos

Ausgangspunkt für den Zugang ab Cilaos ist der Parkplatz Le Bloc an der Straße D241 zwischen Cilaos und dem Weiler Bras Sec. Mit dem Bus der Gesellschaft Alternéo kann man mit der Linie 63 bis zur Haltestelle Le Bloc zum Ausgangspunkt

Die Refuge de la Caverne Dufour

gelangen. Ab dem Parkplatz Le Bloc geht es auf gut markiertem und ausgebautem Weg über 1.000 Höhenmeter in etwa drei Stunden durch den tropischen Wald steil aufwärts. Nach gut der Hälfte des Aufstiegs passiert man auf dem Plateau du Petit Matarum eine verlassene Schutzhütte; hier gibt es auch eine Wasserstelle, um die Trinkvorräte für den schweißtreibenden Aufstieg aufzufüllen. Angekommen auf dem Kamm des Coteau Kerveguen, geht es rechts ab zur Bergkette Dimitile; weiter geradeaus führt der Pfad zur Refuge de la Caverne Dufour, die man von hier innerhalb kurzer Zeit erreicht.

Kletterpartie auf dem Weg Jacky Inard

Zugang über Salazie

Ausgangspunkt für den Zugang zum Piton des Neiges über Salazie ist das Dorf Hell-Bourg. Die Refuge de la Caverne Dufour kann auf technisch anspruchsvollerem Weg in etwa vier bis fünf Stunden erreicht werden (knapp 7 km). Zunächst ist es der gleiche Weg wie zur Source Manouilh (s. S. 260); man geht am Ende der Hauptstraße Rue du Général de Gaulle links. In einer Rechtskurve geht der kleine Pfad Sentier du Gymnase vorbei an Schule, Sportplatz und Turnhalle. Man folgt dem Weg, der in Richtung Cap Anglais ausgeschildert ist. Es geht durch den Wald bergauf; nahe dem Waldrand hat man zwischendurch schöne Aussichten auf Hell-Bourg. An der Abzweigung geht es rechts ab zur Source Manouilh; zum Piton des Neiges geht es geradeaus weiter Richtung Cap Anglais und zum Plateau des Piton des Neiges. Ab hier wird der Weg mühsamer – über eine kleine Brücke wird der Bras Sec überquert und es geht im Zickzack auf einem kleinen Schotterweg bergauf, immer wieder mit herrlicher Aussicht auf den Cirque de Salazie. Über Leitern wird die Felswand des Cap Anglais erreicht, und der Weg zum Piton des Neiges geht rechts auf dem GR 1 weiter. Auf einer Höhe von 2.157 m liegt kurz danach die kleine Höhle Caverne Mussard, benannt nach einem früheren Sklavenjäger. Es geht weiter über die Trois Petits Bonhommes zur Refuge de la Caverne Dufour.

Zugang über die Plaine des Cafres

Der Ausgangspunkt über die Plaine des Cafres zum Piton des Neiges liegt zwischen Bourg Murat und dem Col de Bellevue; er ist von der N3 ab als Wanderweg zum Piton des Neiges ausgeschildert. Von Saint-Pierre kommend geht es nach dem Picknick-Gelände links ab. Es geht auf einer Forststraße hindurch zwischen landwirtschaftlichen Feldern. An der Stelle, wo die Straße nach links abknickt,

Das Bergmassiv des Piton des Neiges

folgt man der Schotterstraße geradeaus bis zum markierten Parkplatz. Von hier beginnt die Wanderung von knapp sechs Stunden auf dem gut markierten GR 2. Zunächst noch vorbei an landwirtschaftlichen Feldern geht es wenig, aber stetig bergauf. Vereinzelt hat man gute Einblicke in die Schlucht des Bras de Sainte Suzanne und immer wieder auf den Wald der Plaine des Cafres. Am Coteau Maigre wird es kurz steiler und über Leitern geht es bergab. An der Weggabelung hält man sich links Richtung Refuge und Piton des Neiges. Wieder ansteigend geht der Weg vorbei an den Cavernes du Bras Chansons, der Abzweigung zum Sentier Jacky Inard und hinab nach Cilaos über das Coteau Kerveguen zur Refuge de la Caverne Dufour.

Zugang über Dimitile

Von der Bergkette Dimitile (Zugang siehe Seite 157) folgt man zunächst in etwa vier Stunden dem Höhenweg Jacky Inard, der immer wieder atemberaubende Ausblicke auf den Cirque de Cilaos freigibt. Der Weg über den Kamm zwischen dem Talkessel von Cilaos und der Schlucht, die zum Dorf Grand Bassin führt, ist teilweise eine echte Kletterpartie. Streckenweise ist er mit Leitern gesichert. Der Weg steigt nochmals kurz und steil zum Coteau Kerveguen ab; an der Gabelung mit dem GR 2 hält man sich links, stets weiter Richtung Piton des Neiges. Die beiden Abzweigungen Richtung Cilaos lässt man links liegen und folgt dem Pfad, bis er nach rechts auf den GR 1 und direkt zur Refuge de la Caverne Dufour führt.

Saint-Pierre

Um 1715 ließen sich mit der Einführung des Kaffeeanbaus Siedler im Süden der Insel nieder. Mit dem stetig wachsenden Zustrom an Menschen in die Region wurde eine Stadtgründung notwendig. Erste Erwähnung findet Saint-Pierre, benannt nach dem Gouverneur Pierre-Benôit Dumas, im Jahr 1731. Einen Aufschwung erlebte die Stadt mit dem Zuckerrohranbau zu Beginn des 19. Jahrhundert, entwickelte sich danach langsam und hat heute etwa 84.000 Einwohner. Die Infrastruktur ist gut ausgebaut: mit dem Flughafen in Pierrefonds, der Universitätsklinik und dem technischen Bereich der Université de La Réunion in Terre Sainte, dem Hafen, der früheren Eisenbahnanbindung sowie der Verwaltung der Französischen Süd- und Antarktisgebiete. Auch deshalb gilt Saint-Pierre als Hauptstadt des Südens – und würde dies auch im Falle einer Teilung des Département Réunion in Nord und Süd, die immer wieder diskutiert wird.

Die Atmosphäre in Saint-Pierre gilt als einladender als die im urban geprägten Saint-Denis. Neben ei-

Redaktionstipps

- Bei einem Spaziergang am Samstagmorgen auf dem **Markt von Saint-Pierre** die große Auswahl an Früchten und weiteren Köstlichkeiten entdecken (S. 180).
- Durch das gemütliche Wohnviertel von **Terre Sainte** schlendern und am ruhigen, kleinen Strand **Plage de Pêcheurs** entspannen (S. 175).
- In der **Domaine du Café Grillé** die vielfältige Flora der Insel erkunden (S. 182).

Im Hafen von Saint-Pierre

ner Vielzahl von Geschäften, häufig in chinesischer oder arabischer Hand, immer öfter aber auch Ableger bekannter europäischer Modeketten, gibt es entlang der Haupteinkaufsstraße Les Bons Enfants zahlreiche Cafés, Bars und Diskotheken. Besonders am Wochenende findet am **Front de Mer** (Boulevard Hubert Delisle) das wöchentliche Sehen-und-Gesehen-Werden beim Ausgehen von Jung und Junggebliebenen statt, das dem Touristen einen Einblick in die modischen (und hier oft so gar nicht europäischen) Vorlieben der Inselbevölkerung gibt.

Anreisemöglichkeiten

Als Autofahrer wird man auf einer der drei Nationalstraßen (N1 aus dem Westen, N2 aus dem Osten und N3 aus dem Norden), die sich auf der nördlichen Umgehungsstraße vereinigen, automatisch nach Saint-Pierre geleitet. Um zum Zentrum zu gelangen, sollte man sich am Meer orientieren (Hinweisschild: Front de Mer) und versuchen, auf dem Strandboulevard (Boulevard Hubert Delisle) einen Parkplatz zu bekommen. Wer dabei aus westlicher Richtung anreist, sieht auf dem Weg – kurz hinter dem Kreisel – den besuchenswerten Tamilentempel (s. u.).

Wenn man vom Osten her (Saint-Joseph) in die Stadt kommt, kann man von der N2 aus, die in einigen Kurven zur Innenstadt hinunterführt, einen kleinen Abstecher zum Stadtteil Terre Sainte unternehmen. Anschließend überquert man auf einer der beiden Brücken den Rivière d'Abord, passiert den Hafen mit seinen vielen Ficus-Bäumen (banians) und befindet sich anschließend bereits auf der lang gestreckten Strandpromenade Boulevard Hubert Delisle. Von hier aus sollte die Stadtbesichtigung zu Fuß weitergehen. Im weiteren Verlauf des Boulevards hat man Gelegenheit zu einem Bad im Indischen Ozean, außerdem finden sich hier Cafés und Restaurants, Hotels und Snackbars.

Stadtspaziergang Saint-Pierre

Eine Orientierung in der Innenstadt fällt nicht schwer, da auch Saint-Pierre nach dem typischen kolonialen Schachbrettsystem angelegt wurde.

Treff für Kitesurfer

Der **Boulevard Hubert Delisle**, auch „Front de Mer" genannt, verläuft entlang der Stadt. Ganz im Westen gibt es einzelne Imbissbuden und oft spielen Einheimische hier Boule. Weiter Richtung Innenstadt, gegenüber der Gendarmarie, ist ein beliebter Kitesurf-Spot. Sobald es Wind gibt, kommen hier Kitesurfer von der ganzen Insel zusammen. Auch wenn man sich selbst nicht auf das Brett wagt, kann man hier an den Steinhütten etwas trinken, v. a. im Südsommer den Sonnenuntergang genießen oder dem Spiel der Schirme am Horizont zuschauen.

An der Ecke zur Rue François Isautier bieten Imbissbuden eine große und gute Auswahl an Samosas, Beignets, Bouchons und sonstigem herzhaftem Kleingebäck der kreolischen Küche an. Dazu noch ein Dodo, das inseltypische Bier, und man kann den Apéro als Picknick am Strand genießen. Bis zum Hafen zieht sich der Strand, an dem man auch im abgetrennten Bereich schwimmen und schnorcheln kann. Es empfiehlt sich, hier auf seine Sachen zu schauen, den Strandnachbar darum zu bitten oder die Wertgegenstände in den Schließfächern zu deponieren, solange man im Wasser ist. Zwischen Strand und Straße liegen die Gärten des Strandes, **Les Jardins de la Plage**, mit Grünanlagen, Spazierwegen und Wasserspielen

Das Rathaus von Saint-Pierre

für Kinder. Der dahinter liegende **Hafen**, einst geplant und entworfen vom Gouverneur Hubert Delisle, wurde 1883 als erster Hafen auf der Insel in Betrieb genommen. Der Konkurrenz des kurze Zeit später eröffneten Hafens in Le Port am Auslauf des Rivière des Galets konnte er nicht standhalten, sodass er heute als hauptsächlich als Jachthafen mit 400 Liegeplätzen genutzt wird. Die wenigen Fischer verkaufen ihren frischen Fang direkt am Hafen oder am Kreisverkehr in dem angrenzenden Stadtviertel Terre Sainte.

Jachthafen

Das Viertel **Terre Sainte**, nur einen Katzensprung über die kleine Brücke am Jachthafen, gilt als letztes authentisches Fischerdorf von Réunion, obwohl es heute mehr ein hippes In-Viertel von Saint-Pierre ist. Ein Spaziergang in den engen Gassen, die manchmal so klein sind, das sie einem Hauseingang gleichen, lohnt sich dennoch allemal. Der kleine Strand **Plage de Pêcheurs** im Viertel selbst ist weniger besucht als der Stadtstrand und bietet im Sommer einen herrlichen Blick auf den Sonnenuntergang, bei dem man oft noch auf dem Damm Angler in der leuchtenden Kugel der Sonne sieht.

Geht man vor der Brücke, die über den Rivière d'Abord ins Stadtviertel Terre Sainte führt, links, gelangt man zur **Grotte de Lourdes** (Rue Gabriel-Dejean). Errichtet wurde diese Gedenkstätte Ende des 19. Jh., besondere Beliebtheit wurde ihr durch ein Wunder am 27. Mai 1940 zuteil: Eine alte Dame will gesehen haben, wie sich die Statue der Jungfrau Marie bewegt hat. Heute ist die Stelle stets reichlich mit Blumen dekoriert und spiegelt nach wie vor die Verehrung der Jungfrau Maria auf Réunion wider. Direkt gegenüber liegt das 1830 erbaute **L'Entrepôt Kerveguen**. Das heute denkmalgeschützte Haus gehörte ursprünglich der Familie

Wundersame Jungfrau

Unterkünfte
1 Chez Papa Daya
2 Hôtel Le Nathania
3 Maison d'hôtes Côté Lagon
4 Hôtel Cap Sud
5 Le Terre Sainte
6 Le Saint-Pierre
7 Tipalais

Essen und Trinken/Nachtleben
1 Le Kerveguen
2 La Kaz à Lea
3 Coffee and Travel
4 Ancre Terre et Mer
5 Restaurant des Bons Enfants
6 El Pueblo
7 LongBoard Café
8 Bäckerei La Mie Kreol
9 La Terrasse
10 Le Toit
11 L'Accent du Sud
12 Café Hippi'Eat

Einkaufen
1 Aroma Crystal
2 Nanas Vanille
3 Edgar photographie

N2
N3B
Boulevard Bank
Rue Rodier
Rue de la Charité
Rue du Presbytère
Rue Marius et Ary Leblond
Rivière d'Abord
Avenue Louis Brunet
ZAC OCÉAN INDIEN
Pagode Guan Di
Église de St-Pierre
Moschee Attâyab-Ul-Massâdid
CENTRE VILLE
Médiathèque Raphaël Barquisseau
Mairie (Rathaus)
Grotte de Lourdes
L'Entrepôt Kervéguen
Gare routière Alternéo
Hubert Delisle
Port
Pl. Napoléon Hoareau
St-Pierre
Rue Pavée
Avenue Président Mitterand
Rue Georges Moy de la Croix
Centre Hospitalier Universitaire de St-Pierre
Plage des Pêcheurs
TERRE SAINTE
TANAMBO
Rue Amiral Lacaze
Promenade des Alizés
Pointe du Parc
INDIEN
St-Joseph, Ostküste
N
0
400 m

Kerveguen, die im Süden der Insel einst ein wahres Agrar- und Industrie-Imperium besaß. Seit 1997 ist das Gebäude Sitz der Verwaltung der Französischen Süd- und Antarktisgebiete (Terres australes et antarctiques françaises).

Geht man von der Grotte de Lourdes am Kino vorbei, kommt man direkt zum **Rathaus**. Das unter Denkmalschutz stehende Gebäude wurde zwischen 1767–1777 errichtet und war einst Lagerstätte von landwirtschaftlichen Erzeugnissen. Seit 1825 beherbergt es die öffentliche Verwaltung der Stadt. Davor liegt Le Jardin de l'Hôtel de Ville, der zwischen 1861–1862 angelegte Garten des Rathauses. Der von Wiesen und Schatten spendenden Palmen umsäumte Springbrunnen ist eine kleine Oase der Ruhe in der Stadt.

Weiter oberhalb liegt die **Pagode Guan Di**. Namenspate der chinesischen Pagode ist Guan Di (auch als Guan Yu bekannt), ein General aus dem 2./3. Jh., der als Gott der Soldaten und des Reichtums verehrt wird. Die 1955 erbaute Pagode beherbergt die religiöse Gemeinschaft und ist nicht für die Öffentlichkeit zugänglich.

Schöne Moschee

In der Nähe befindet sich auch die **Moschee Attâyab-Ul-Massâdid** (dt.: „die schönste aller Moscheen"). Sie wurde zwischen 1972 und 1975 von dem Architekten Wladimir Frizel errichtet, der auch den Flughafen Roland Garros entworfen hat, und hat die alte Moschee aus dem Jahr 1913 ersetzt. Mit 625 m² ist ihr Gebetssaal der größte der Insel und bietet bis zu 1.200 Gläubigen Platz. Das Dach besteht aus fünf Kuppeln und das Minarett reicht 42 m in die Höhe. Auch von innen ist die Moschee mit den holzgeschnitzten Türen und der Mosaikverkleidung sehr sehens-

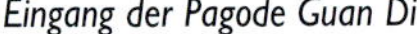

Eingang der Pagode Guan Di

wert. Bei einem Besuch sind unbedingt die Schuhe auszuziehen. Außerdem ist auf angemessene Kleidung zu achten (Schultern und Knie bedeckt, notfalls stehen Besuchern Kittel zur Verfügung). Mit etwas Glück trifft man auf den Hausmeister, der einem eine kurze Führung gibt und in den Gebetsraum lässt. *Geöffnet täglich 9–12 und 14–16 Uhr.*

Kuppel und Minarett der Moschee Attâyab-Ul-Massâdid

Ein paar Schritte weiter in Richtung Meer steht in der kleinen Rue du Collège Arthur die **Médiathèque Raphaël Barquissau** aus dem Jahr 1773. Ursprünglich lagerte die französische Ostindien-Kompanie in dem zweigeschossigen Gebäude Kaffee, später dann Zuckerrohr. Heute dient es als Stadtbücherei.

Die Markthalle, der **Marché Couvert**, in der täglich der Basar von Saint-Pierre stattfindet, steht seit 1998 unter Denkmalschutz. Die Metallkonstruktion ist typisch für die Architektur der zweiten Hälfte des 19. Jahrhunderts. Der strahlenförmige Dachstuhl hat einen Durchmesser von 36 m und ist 13 m hoch. Einst mit kreolischen Schindeln gedeckt, besteht das Dach heute aus Wellblech. Man kann hier Korbwaren (zumeist aus Madagaskar) und ein wenig Schmuck, Vanille und Konfitüren kaufen.

Alte Eisenbahnstrecke

Geht man zurück zum Boulevard Hubert Delisle, kommt man zum **alten Bahnhof**, der heute die Brasserie Gare beherbergt. Er war Endstation der 120 km langen Eisenbahnstrecke von 1880. Nach Abschluss der Restaurierungsarbeiten 2019 erstrahlt das denkmalgeschützte Gebäude wieder in originalgetreuem Glanz. Hier ist wieder ungefähr der Ausgangspunkt des Spaziergangs erreicht.

Im Westen der Stadt liegt am Boulevard Hubert Delisle (Ecke Rue Luc Lorion) der **Friedhof** (cimetière), dessen kleine, hübsche Gräber oft mit einem Foto ausgestattet sind. Besondere Aufmerksamkeit zieht das Grab des bekannten Serienmörders und Banditen Sitarane auf sich. Als Simicoudza Simicourba in Mosambik geboren, kam er Ende des 19. Jahrhunderts als junger Mann nach Réunion. Mit zwei Komplizen versetzte er die Bewohner von Saint-Pierre mit seinen Untaten in Angst und Schrecken, außerdem sagt man ihm einen Hang zu okkulten Praktiken und Hexerei nach. Noch heute werden an seinem Grab Rum, Zigaretten und rote

Denkmal auf dem Friedhof von Saint-Pierre

Stofffetzen niedergelegt, um seine bösen Kräfte zu besänftigen – oder zu beschwören. *Geöffnet tgl. 9–18 Uhr.*

Farbenfroher Tempel

Weiter westlich liegt der tamilische **Tempel Narassingua Peroumal**. Diese farbenfrohe Gebetsstätte wurde nach mündlicher Überlieferung im Jahr 1860 von indischen Arbeitern der Zuckerrohrfabriken des Quartiers Ravine Blanche errichtet. Von 1962 bis 1972 wurde der Tempel aus privaten Spenden der Familie Pavadépoullé Augustins, des Präsidenten der tamilischen Gemeinde, ausgebaut. So wurden einzelne hölzerne Teile des Tempels durch Stein- und Betonkonstruktionen ersetzt. Nach erneuter Renovierung im Mai 2010 wiedereröffnet, ist der Tempel ein sichtbares Zeichen der indischen Kultur auf der Insel.
Temple Narassingua Peroumal, *44 Allée Narassingua Peroumal, Ravine Blanche, Saint-Pierre. Geführte Besuche können über das Office de Tourisme du Sud de la Réunion gebucht werden: www.sudreuniontourisme.fr. Beginn meist am frühen Nachmittag, Dauer ca. 90 Minuten. Erwachsene 17 €, Kinder 8 €. Schultern und Knie sollten bei einem Besuch bedeckt sein!*

Jeden Samstagmorgen von 5 bis 12 Uhr findet im westlichen Teil des Boulevard Hubert Delisle der **Wochenmarkt** statt. Er gilt – neben dem Markt in Saint-Paul – als schönster der Insel und ist sowohl bei Touristen als auch bei Bewohnern der Insel sehr beliebt. Angeboten werden saisonales und lokales Obst und Gemüse sowie eine Fülle an Gewürzen (Vanille!), Konfitüren und Blumen. Verkäufer erklären gerne die für Mitteleuropäer exotischen Früchte – und wenn sie besonders gute Laune haben, darf man auch mal probieren. Im hinteren Teil des Marktes werden auch lebende Gänse und Hühner verkauft. Daneben wird Kleinkunst angeboten; vom Aquarell bis zu selbst genähter Kleidung und Schmuck findet man hier alles – oft lokal hergestellt, eine Vielzahl der Souvenirs (gerade die Korbwaren) kommt jedoch aus Madagaskar.

Saga du Rhum

Etwas außerhalb von Saint-Pierre liegt das Rummuseum **Saga du Rhum**. Nach dem Zusammenschluss der drei Rumbrennereien auf der Insel kann man seit 2008 in dem einzigen dem Rum gewidmeten Museum auf der Insel die Geschichte der berühmten und ältesten (seit 1845!) Rumbrennerei der Familie Isautier entdecken. Die Ausstellung gewährt Einblicke in die historischen und kulturellen Aspekte der Rumproduktion auf der Insel. Neben dem Anbau des Zuckerrohrs werden die einzelnen Etappen der Rumherstellung visuell dargestellt; ein Film erzählt die Geschichte des Getränks. Abschließend kann man den Rum degustieren und im museumseigenen Souvenirgeschäft kaufen.

La Saga du Rhum, *Rummuseum, Chemin Frédeline, 97453 Saint-Pierre, ✆ 0262-358190, www.sagadurhum.fr. Tgl. 10–18 Uhr, letzter Einlass um 17 Uhr. Geschlossen 1./2. Januar, 1. Mai, 14, Juli, 1. November, 25. Dezember. Erwachsene 11 €, Kinder (6–16*

Rummuseum

Jahre) 8 €, Audioguide (auch auf Deutsch) 2 €. Führungen inkl. Verkostung 10, 11, 14, 15, 16 und 16.30 Uhr (Reservierung nötig). Anfahrt mit dem Auto: von der N1/N3 Abfahrt Z. I. 1 (Ravine Blanche); ab dann ausgeschildert. Anfahrt mit dem Bus: Alternéo Bus (rosa) Nummer 3 Richtung Ravine des Cabris par Cambrai, ZI n°2', Haltestelle 'Frédeline'. Zu Fuß sind es noch etwa 5-10 Minuten: Gegenüber vom Tor weiter in die Sackgasse rechts hinein, die Abkürzung führt auf den Hof des Museums vor dem Souvenirgeschäft.

Domaine du Café Grillé

Rundgang durch die Botanik der Insel

Zwischen dem Flughafen Pierrefonds und dem Rivière Saint-Etienne liegt die **Domaine du Café Grillé** – Un Jardin Botanique Créole. Im vier Hektar großen Garten kann man auf einem Rundgang von etwa 1 km eine botanische Zeitreise der Insel erleben. Eingeteilt in 12 Zonen, wird man geführt durch verschiedenste Duftpflanzen, das Spiel der Lianen, das kreolische Unterholz, den Palmenhain und andere exotische Pflanzenarten. Außerdem können alte Destillerieanlagen besichtigt werden. Der inseleigene Kaffee Bourbon Pointu gehört zur Familie der Arabica und zeichnet sich durch eine angenehme Säure, eine leichte Bitterkeit und einen niedrigen Koffeingehalt aus. 2007 wurde die Sorte von der Speciality Coffee Association aus Japan zum Premiumkaffee gekürt, wodurch die Kaffeeproduktion auf Réunion einen Aufschwung erlebte. Den Kaffee – oder auch gute Fruchtcocktails – kann man in dem dazugehörigen Café La Savane (unabhängig vom Besuch) genießen. Bei guter Ernte ist der Kaffee auch im angegliederten Souvenirgeschäft erhältlich.

Le Domaine du Café Grillé – Un Jardin Botanique Créole, *10 Allée des Cèdres, Pierrefonds, Saint-Pierre; ✆ 0262-241540, infos@domainedu cafegrille.fr, www.domaine-cafe-grille-st-pierre.com. Di–So 9.30–17, letzter Einlass 15.30 Uhr. Erw. 9,50 €, Kinder bis 12 Jahre 4,75 €. Anfahrt mit dem Pkw: Auf der N1 zwischen Saint-Louis und Saint-Pierre, Ausfahrt Richtung Pierrefonds, dann im Kreisverkehr der Beschilderung folgen. Anfahrt mit dem Bus Car Jaune Linien S3 und S4 direkt bis zur Haltestelle Allée des Cèdres. Alternativ mit der Linie S5 von Entre-Deux oder Alternéo Bus Rose Linie Littoral bis Haltestelle Pierrefonds und die restlichen 10 Minuten zu Fuß.*

Destille in der Domaine du Café Grillé

Die Inseldiagonale der Verrückten – der Grand Raid

info

Ein Berglauf quer über die Insel von etwa 170 km mit knapp über 10.000 Höhenmeter – die besten Läufer bewältigen das in weniger als 24 Stunden! Somit wird der Lauf seinem Namen gerecht: „La diagonale des fous" – wer das schafft, kann nur verrückt sein! Einst hat der Lauf mehr oder weniger gemütlich als Inselquerung begonnen; auf Berghütten hat man entspannt zusammen gegessen und übernachtet. Heute ist der Lauf zum sportlichen Mega-Event geworden.

Aus lokalpolitischen Gründen findet der Start seit 2013 nicht mehr wie bis dahin in Saint-Philippe statt. Heute geht es ohne Schlaf am Abend von Saint-Pierre Richtung Vulkanebene, von dort rüber nach Cilaos und Mafate, um am nächsten Abend in Saint-Denis ins Ziel einzulaufen. Start- und Endpunkt ähneln dabei mittlerweile einem Volksfest; Fernsehteams senden live, Bands geben kleine Konzerte und Tanzgruppen bieten akrobatische Aufführungen. Der Lauf wird zwar im trockensten Monat Oktober veranstaltet, doch wenn die Läufer Pech haben, regnet es und wird die Strecke glatt – manche Stürze enden mit schweren Verletzungen oder sogar mit dem Tod. Dieses Spektakel zieht immer mehr Sportler an; die Startplätze sind aber auf 3.000 begrenzt. Davon sind allein über 1.250 reserviert für Inselbewohner, über 1.250 für Mutterland-Franzosen. So ist es nicht sehr verwunderlich, dass zumeist Franzosen die Ranglisten anführen. Die Auslosung der Plätze findet jeweils in einer offiziellen Zeremonie unter Aufsicht eines Notars statt.

Schon Wochen vorher reisen Läufer an und werden bereits am Flughafen vom Organisationskomitee empfangen. Wenn man den Läufern bei den Trainings- und Anpassungsläufen in den Talkesseln begegnet, fühlt man sich als normalschneller Wanderer schon mal extrem langsam. Davon sollte man sich aber nicht abhalten lassen, einzelne Teile oder auch die ganze Strecke landschaftlich genießend zurückzulegen, denn für alle „Nicht-Verrückten" ist nach wie vor der Weg das Ziel!

Infos unter www.grandraid-reunion.com.

Abstecher zum Bassin 18

Für einen Ausflug zum Bassin 18 folgt man in Saint-Pierre der Straße stadtauswärts vorbei am Hafen, dem Quartier Terre Sainte und dem mit CHU ausgeschilderten Krankenhaus. Dann hält man sich weiter unterhalb der N2 und biegt rechts Richtung „La Ravine des Cafres" ab. Nach einer Linkskurve, vor der alten Brücke, befindet sich ein kleiner Parkplatz. Am Pointe de la Ravine des Cafre zweigt rechts ein kleiner Weg ab, der durch eine alte Parkanlage führt. Links vom Ausgangspunkt kann man unten das Bassin 18 sehen, das direkt unter der Brücke liegt. Die vorgelagerten Felsen trennen das Becken vom rauen Ozean ab. Im Südwinter ist es hier sehr windig, im Sommer hingegen können sich Trittsichere den Weg hinab zum Becken suchen; es eignet sich bestens zum Schwimmen und auch zum Bouldern.

Baden und bouldern

Anfahrt mit dem Bus Alternéo der Linie Littoral bis zur Haltestelle Bassin 18.

Reisepraktische Informationen Saint-Pierre

Information/Allgemeines

L'Office de Tourisme de Saint-Pierre, *Capitainerie du Port de Plaisance Lislet Geoffroy, Place Napoléon Hoareau, 97410 Saint-Pierre, ✆ 0262-353433, saint pierre.tourisme@gmail.com, www.sudreuniontourisme.fr. Mo–Sa 9–17, So bis 12 Uhr.*
Centre Hospitalier Universitaire (CHU), *Avenue François Mitterrand, Terre Sainte, Saint-Pierre, ✆ 0262-359000, www.chu-reunion.fr. Sprachliche Komplikationen sind in diesem Krankenhaus dank vieler deutscher Assistenzärzte nicht zu befürchten.*
Laverie du Centre, *2 Rue Francois Isautier, Saint-Pierre. Waschsalon unweit der Strandpromenade. Tgl. 7–20 Uhr.*

Unterkunft *(→ Karte S. 176)*

Hôtel Le Nathania € (2), *12 Rue Francois de Mahy, Saint-Pierre, ✆ 0262-250457, www.hotelnathania.com. Funktionale, saubere Zimmer in zentraler Lage und zum kleinen Preis.*
Chez Papa Daya €–€€ (1), *27 Rue du Four à Choux, Saint-Pierre, ✆ 0262-256487, mobil: 0692-122012, chez.papa.daya@orange.fr, www.chezpapadaya.com. Altbewährtes Hotel mit einfachen, sauberen, liebevoll im kreolischen Stil eingerichteten Zimmern, teilweise mit eigenem Bad. Großzügiger, ruhiger Innenhof, Sonnenterrasse und Gemeinschaftsraum mit kleiner Küche. Sehr hilfsbereites Personal.*
Hôtel Cap Sud €€ (4)**, *6 Rue Caumont, Saint-Pierre, ✆ 0262-257564, hotel-cap sud@orange.fr, www.hotel-capsud-reunion.com. Einfaches, sauberes Hotel; zentral gelegen, jedoch fehlt es etwas an Charme.*
Le Terre Sainte* €€–€€€ (5)**, *13 Rue de L'Amiral Lacaze, Saint-Pierre, ✆ 0262-817445, reservation@leterresainte.re, www.leterresainte.re. Neues Hotel im trendigen Terre-Sainte-Viertel. Frisches, buntes Design sowohl in den Zimmern als auch in der Bar. Es gibt gut eingerichtete Familienzimmer. In den oberen Stockwerken haben die Zimmer teils Blick auf den Hafen. Vorsicht: Der Parklatz muss extra gebucht werden!*
Tipalais (7) *€€–€€€, 80 Allée Nelson Mandela, Ligne Paradis, Saint-Pierre, ✆ mobil: 0692-752421 und 0692-030576, tipalais@tipalais.com, https://tipalais.com. Das Tipalais bietet drei schön und individuell gestaltete Zimmer mit Gemeinschaftsküche sowie zwei gut ausgestattete Appartements. Schöne Gartenanlage mit Pool. Etwas außerhalb gelegen, doch ist man auch von hier aus in ein paar Minuten im Stadtzentrum – wenn es der Verkehr zulässt.*
Le Saint-Pierre*** *€€€* **(6)**, *51 Avenue des Indes, Saint-Pierre, ✆ 0262-611611, www.hotellesaintpierre.fr. Urbanes Hotel im Lounge-Stil mitten im Zentrum. Die knapp 50 Zimmer verfügen fast alle über eine kleine Kochnische auf dem Balkon. Es gibt ein Restaurant und einen kleinen Pool.*
Maison d'hôtes Côté Lagon *€€€–€€€€* **(3)**, *79 Rue Amiral Lacaze, Terre Sainte, Saint-Pierre, ✆ 0262-456328, mobil: 0692-777120, cote.lagon97410@gmail.com, www.cote-lagon.re. Warm eingerichtete Zimmer. Direkt gegenüber dem Strand in Terre Sainte. Mit Pool, Jacuzzi und Panoramaterrasse.*

Essen und Trinken *(→ Karte S. 176)*

La Kaz à Lea *€€–€€€* **(2)**, *34 Rue François Isautier, Saint-Pierre, ✆ 0262-250425. Mo–Sa 12–14 und 19–22 Uhr. 2011 eröffnetes Restaurant in einem alten,* restaurierten kreolischen Haus. Im modernen Ambiente in einer angenehmen Mischung von tropischem Barock wird man auf der schattenspendenden Terrasse mit raffiniert-kreolischer Küche bestens bedient. Besonders empfehlenswert ist das Hühnchen Cari mit frischen Palmenherzen. Das Restaurant wird seinem sehr guten Ruf gerecht.

Coffee and Travel €–€€ **(3)**, *2A Rue Augustin Archambaud, Saint-Pierre, ✆ 0262-262496, info@coffeeandtravel974.re, https://coffeeandtravel974.wordpress.com. Di–Sa 7.30–17.30 Uhr. Für Barista-Freunde gibt es hier Kaffee nach europäischem Geschmack, außerdem sehr feine Kuchen. Unweit vom Rathaus.*

Ancre Terre et Mer €€€ **(4)**, *31 Rue Amiral Lacaze, Saint-Pierre, ✆ 0262-279752, ancre.terre@gmail.com, http://restaurant-saint-pierre-ancre-terre-mer.fr. Di–Sa 11.45–14 und 18.30–20.30 Uhr. Sehr gutes Fischrestaurant in Terre Sainte. Besonders empfehlenswert sind die Tatars sowie die verschiedenen Risottos.*

Marktszene in Saint-Pierre

Restaurant des Bons Enfants €–€€ **(5)**, *124 Rue des Bons Enfants, Saint-Pierre, ✆ 0262-250827. Tgl. ca. 10–14 und 17–22 Uhr. Das Interieur versprüht zwar nicht viel Charme, aber dafür bekommt man hier zu fairen Preisen gute chinesische und kreolische Küche in großzügigen Portionen.*

Bäckerei La Mie Kreol € **(8)**, *13 Rue Désiré Barquisseau, Saint-Pierre, ✆ 0262-095536. Mo–Fr 6–18, Sa 6.30–18, So 6.30–12.30 Uhr. Leckeres französisches und kreolisches Gebäck, Salate, Brote und Getränke. Gute Maccatia Chocolat und Cookies, die oft schon mittags ausverkauft sind. Wenige Tische, um vor Ort zu Essen.*

La Terrasse €–€€ **(9)**, *Rue Amiral Lacaze, Terre Sainte, Saint-Pierre, ✆ mobil: 0693-818060. Mo–Sa 7–15 Uhr. Kleines, farbenfrohes Restaurant/Bar mit schattiger Terrasse. Serviert werden Salate, Tartes, Quiches und belegte Brote.*

L'Accent du Sud € **(11)**, *21b Rue Amiral Lacaze, Terre Sainte, Saint-Pierre, ✆ mobil: 0693-605004. Di–Sa 8.30–17 Uhr. Buchantiquariat und Café. Bei günstigem Kaffee oder Säften kann man auf der Terrasse lesen oder den Fischverkäufern gegenüber bei der Arbeit zuschauen.*

Café Hippi'Eat € **(12)**, *25 Rue Amiral Lacaze, Terre Sainte, Saint-Pierre, ✆ mobil: 0692-348277. Do–Di ca. 10–14 Uhr. Kleines Bistro mit frischer, raffinierter Küche. Hier kann man schnell und dennoch gut und in schönem Ambiente essen.*

Nachtleben (→ Karte S. 176)

Le Kerveguen **(1)**, *1 Rue de la Gendarmerie, Saint-Pierre, ✆ 0262-326230, kerveguen@saintpierre.re. Historisches Bauwerk in der Innenstadt, das zum Konzertsaal umfunktioniert wurde.*

El Pueblo **(6)**, *8 Boulevard Hubert Delisle, Saint-Pierre, ✆ mobil: 0692-852559. So–Do 16.30–0.30, Fr/Sa bis 2, So auch 11–15 Uhr. Kleine spanische Bar am Front de Mer mit wenigen Sitzmöglichkeiten draußen. Große Auswahl an Tapas für den kleinen Hunger.*

LongBoard Café (7), *18 Petit Boulevard de la Plage, Saint-Pierre, ✆ mobil: 0692-015218. Di–Sa 17–2 Uhr. Kleine Bar, oft mit Konzerten. Gut für den Apéro beim Sonnenuntergang oder am späteren Abend Konzerte.*
Le Toit (10), *16 Rue Auguste Babet, Saint-Pierre, ✆ mobil: 0692-263368. Mi–Sa 18–0.30 Uhr. Alteingesessene Bar in neuem Ambiente. Nach wie vor gut besucht, leckere Küche zu fairen Preisen. Am Wochenende häufig Konzerte.*

Einkaufen (→ Karte S. 176)

Aroma Crystal (1), *7 Rue Augustin Archambaud, Saint-Pierre, ✆ 0262-323757. Di–Sa 10–18 Uhr. Geschäft mit zahlreichen Kosmetikprodukten der Destillerie in Saint-Gilles-les-Hauts. Im Sortiment sind Cremes auf der Basis von traditionellen Pflanzen wie Geranium und Aloe Vera, aber auch exotische Seifendüfte sind hier zu erstehen.*
Nanas Vanille (2), *13 Rue Victor le Vigoureux, Saint-Pierre, ✆ 0262-870119. Mo–Sa 9.30–18.30 Uhr. Schönes kleines Geschäft mit lokalen Produkten: von Tee und Marmelade bis hin zu traditionellem und modernerem Kunsthandwerk und Grafikkunst.*
Edgar photographie (3), *6 bis Rue de l'Église, Terre Sainte, Sainte-Pierre, ✆ mobil: 0692-603038, edgar@edgar.re, http://edgar.re. Mi–Sa 10–13 und 14–18 Uhr. In dem kleinen Studio kann man die Arbeiten des bekannten Schwarzweiß-Fotokünstlers Edgar Marsy als Poster oder Postkarten kaufen.*

Aktivitäten (→ Karte S. 176)

KAJAK UND FLUSSWANDERN

Aquasens, *264 Allée des Aubépines, Saint-Pierre, ✆ mobil: 0692-200903, tofaquasens@gmail.com. Flusswanderungen und Kajakausflüge auf dem Meer im Süden und Westen der Insel. Ausflüge ab 55 €.*

RUNDFLÜGE

Corail Hélicoptères, *Aéroport de Pierrefonds, Saint-Pierre, ✆ 0262-222266, reunion@corailhelico.com, www.corail-helicopteres.com. Verschiedene Rundflüge mit unterschiedlicher Dauer (und Preisen!) in Richtung Cilaos, Mafate und Vulkan; oder aber in 55 Minuten der komplette Rundflug. Rundflüge ab 125 €.*
Mafate Hélicoptères, *142 Chemin de l'aérodrome, Saint-Pierre, ✆ mobil: 0692-408400, https://helicoptere-reunion.fr. Mafate Hélicoptères, die sonst die Bewohner des Talkessels versorgen, bieten am Wochenende auch Helikopterrundflüge für Touristen an. Die Basis ist am Flughafen in Saint-Pierre. Rundflüge ab 120 €.*

Feste/Veranstaltungen

Mai/Juni: *Sakifo, Musikfestival, Informationen unter: www.sakifo.com.*
Oktober: *Fête du Cerf, Fest des Drachensteigens (alle zwei Jahre, in den ungeraden Jahren).*
Oktober: *Start Grand Raid, Berglauf quer über die Insel, s. S. 183.*

Anreise mit dem Auto

über die N1 kommend, Ausschilderung Centre Ville oder Front de Mer folgen. Teilweise gebührenpflichtige Parkplätze.

Anreise mit dem Bus

Mit dem Bus von Saint-Denis kommend mit dem Car Jaune Linien 01, 02 oder direkt mit der Linie Z0; von Saint-Benoit mit S1 oder S2.

Badevergnügen am Plage de Saint-Pierre

Gare Routière Car Jaune, *1 Rue du Presbytère, Saint-Pierre, ✆ 0262- 818283.*
Alternéo, *Agence Commerciale und Gare Routière, 5 Ruelle du Vieux Gouvernement, Saint-Pierre, ✆ 0899-865325.*

Flughafen

Aeroport de Saint-Pierre Pierrefonds, ✆ 0262-968000 oder 0262-967766 (Fluginformation), www.pierrefonds.aeroport.fr. Der kleine, aber internationale Flughafen wurde 1999 gebaut und hat Verbindungen nach Mauritius, Rodrigues oder vereinzelt nach Madagaskar (Sainte Marie). Anreise per Taxi oder mit der Linie Littoral des Netzes Alternéo oder den Linien T und S3 des Netzes Car Jaune bis zur Haltestelle „Aerodrome".

Fluggesellschaften

Air Austral, *6 Boulevard Hubert Delisle, Saint-Pierre, ✆ 0262-354649, 0825-013012, saintpierre@air-austral.com, www.air-austral.com. Mo–Fr 8.30–17.30, Sa –11.45 Uhr.*
Air France, *73 Rue Luc Lorion, Saint-Pierre, ✆ 0262-351906, www.airfrance.com. Mo–Fr 9–16.45 Uhr.*
Corsair, *1 Rue Désiré Barquisseau, Saint-Pierre, ✆ 0262-3917. Mo–Fr 8.30–17.30 Uhr.*

Personentransportservice

Odonoata Transport, *✆ mobil: 0692-923404, odonata-transport@gmx.com, www.odonata-transport.com.*

Autovermietung

ADM Location, *25 Rue Pierre Raymond Hoarau, Saint-Pierre, ✆ 0262-24140. Direkt in der Innenstadt nahe dem Rathaus.*
Wein Location, *234 Rue Ary et Marius Leblond, Saint-Pierre, ✆ 0262-252252, www.weinlocation.com.*

6. DIE HOCHEBENE UND DIE ROUTE DU VOLCAN

Überblick

Die Hochebenen von Réunion (Les Hautes Plaines) bestehen aus der **Plaine des Cafres** und der **Plaine des Palmistes**. Sie bilden eine große Fläche, die sich zwischen dem aktiven Vulkan **Piton de la Fournaise** und den drei Talkesseln ausbreitet. Der Name der Plaine des Cafres geht auf die Tatsache zurück, dass sich einst Sklaven auf der Flucht in diesem Gebiet versteckten. Die Palmen, die einst der Plaine des Palmistes ihren Namen gaben, gibt es heute kaum mehr. Sie wurden abgeholzt, um an die begehrten Palmherzen zu gelangen.

Wenn in Saint-Pierre die Temperaturen schon unerträglich heiß werden, ist es auf den Hochebenen angenehm frisch, allerdings gibt es hier auch sehr häufig Wolken und Nebel. Für alle Aktivitäten und Wanderungen gilt daher: Je eher man morgens startet, desto besser. Entlang der N3 (Route des Plaines), der einzigen durchgehenden Straße durch die Inselmitte, reihen sich viele kleine Dörfer aneinander, die noch mehrheitlich von der kreolischen Bevölkerung bewohnt sind. Die Namensfindung für die Dörfer wurde dabei eher pragmatisch vollzogen: Quatorzième, Dix-Septième, Dix-Neuvième. Die Namen bezeichnen die Entfernungen nach Saint-Pierre bzw. zum Meer.

In Saint-Pierre beginnt die N3 als vierspurige Autobahn, dann aber wandelt sie sich ab Le Tampon

Redaktionstipps

➤ Bei einer Wanderung in das tief in einer Schlucht gelegene Dorf von **Grand Bassin** erfährt man die Ursprünglichkeit Réunions (S. 193).

➤ Das Museum **La Cité du Volcan** (S. 196) informiert über den noch immer aktiven **Piton de la Fournaise** (S. 198/201).

➤ Die **Route du Volcan** eröffnet beeindruckende Aussichten (ab S. 198), wer den Vulkan aus der Nähe erleben will, wandert zum Kraterrand (S. 201).

➤ Die **Maison du Parc** in der Plaine des Palmistes informiert über den Nationalpark von Réunion (S. 207).

➤ Der letzte große **Primärwald** der Insel, der **Forêt de Bébour**, lässt sich sowohl mit dem Auto als auch zu Fuß erkunden (S. 204).

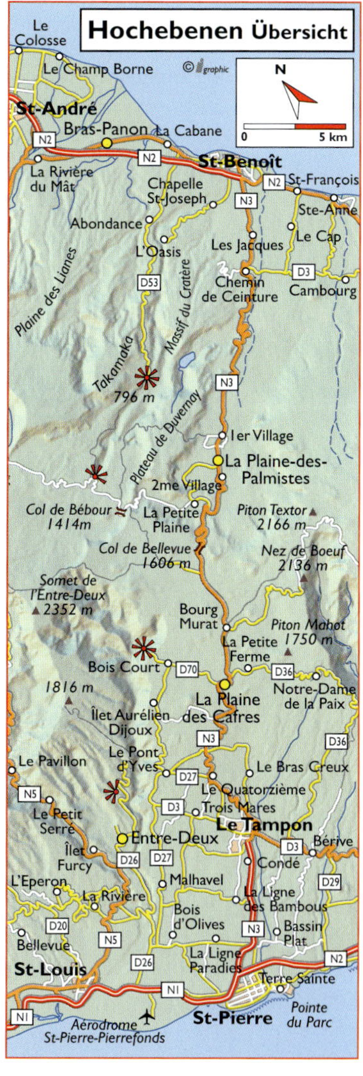

in eine zweispurige, recht befahrene Straße, die kurvenreich in die Höhe bis Bourg Murat führt.

In **Bourg Murat**, etwa 27 km von Saint-Pierre entfernt, erreicht man eine Landschaft, die nicht mehr südländisch oder gar tropisch geprägt ist, sondern mit dem satten Grün der Weiden, den grasenden Kühen und den waldbedeckten Bergen eher an Szenerien des europäischen Voralpenlandes erinnert. Hier zweigt die Straße zum **Vulkan Piton de la Fournaise** ab. Der Vulkan selbst ist eine der meistbesuchten Sehenswürdigkeiten der Insel.

Weiter Richtung Norden weisen Schilder zu den verschiedenen Wanderwegen auf den Piton des Neiges und zum Vulkan. Kurz bevor es Richtung Plaine des Palmistes wieder hinabgeht, erreicht man an der höchsten Stelle des Weges den Aussichtspunkt **Col de Bellevue**, was so viel heißt wie „Pass der schönen Aussicht". Und die Aussicht wird diesem Namen wahrlich gerecht! Sofern nicht von Wolken verhangen, hat man einen atemberaubenden Blick auf die Wälder Bébour und Bélouve, die Plaine des Palmistes mit ihren umliegenden Dörfern und dem Ozean im Hintergrund.

Nach einem ebenen Stück windet sich die Straße – umsäumt von grünen Hängen und gigantischen Aussichten – hinab nach Plaine des Palmistes und weiter, breiter werdend, nach Saint-Benoît (s. S. 249).

Routenhinweis

Von der Küstenstraße N1 bzw. N2 gibt es verschiedene Möglichkeiten, die Ortschaft **Bourg Murat** zu erreichen, wo die eigentliche Route du Volcan beginnt. Diese Alternativen sind interessant, wenn man am Vortag zu einem Hotelquartier fährt und noch etwas Zeit hat oder wenn man nach dem Besuch des Vulkans wieder auf der Heimfahrt ist.

Die bequemste Verbindung ist die ab **Saint-Pierre** (wo die N1 und die N2 zusammentreffen) über die N3. Obwohl recht stark ansteigend, ist das knapp 9 km lange, schnurgerade Stück zwischen Saint-Pierre und Le Tampon autobahnartig ausgebaut und erlaubt ein schnelles Vorwärtskommen. Etwa auf halber Strecke wäre ein Abstecher nach links möglich (D28) in das Örtchen **La Ravine des Cabris**, wo es mehrere Unterkunftsmöglichkeiten gibt (s. S. 192). Ab Le Tampon bietet sich als Alternative zur N3 noch ein Rundweg von rund 22 km Länge über die D3 und die von dieser abgehenden D36 an, die einen großen Bogen schlägt, um auf der Plaine des Cafres wieder die N3 zu erreichen. Die Höhepunkte dieser Strecke sind die Fahrt durch Reste des ursprünglichen Bergwaldes (**Forêt de la Rivière des Remparts**), der herrliche Blick in das Flusstal und auf den Morne Langevin sowie der Besuch der Wallfahrtskirche **Notre Dame de la Paix**.

Alternativ kann man zwischen Saint-Louis und Saint-Pierre die N1 auf der D26 (Richtung Entre-Deux) verlassen und nach gut 2 km auf der D27 weiterfahren. Hinter der Ortschaft **Trois Mares les Hauts** stößt diese Straße im Dorf **Dix-Septième** etwa 4 km oberhalb von Le Tampon auf die N3.

Von **Osten** kommend, empfiehlt sich bei ausreichender Zeit folgende Route: auf der N2 über **Manapany** bis zur **Grande Anse** (Aufenthalt), dann über die D31 nach **Petite-Île** (Aufenthalt) und anschließend weiter auf der D3 bis nach **Le Tampon**, wo man auf die N3 stößt. Diese Strecke ist ab Saint-Joseph und bis Le Tampon ca. 32 km lang, sehr kurvenreich und zeitintensiv, aber in gutem Zustand, und vereint schöne Sehenswürdigkeiten und Landschaftseindrücke.

Im Folgenden wird die Strecke von knapp 55 km ausgehend von Saint-Pierre beschrieben. Per Bus kann man mit dem Car Jaune (Linie S2) von Saint-Pierre nach Saint-Benoît (oder umgekehrt) fahren (knapp 2 Stunden, 2 €, Abfahrt 5–6 mal am Tag). Will man zum Vulkan, muss man an der Cité du Volcan (Vulkanmuseum) aussteigen, einen Bus bis zum Pas de Bellecombe gibt es nicht. Meist findet sich aber jemand, der einen mitnimmt.

Le Tampon – Bourg Murat

Die in beide Richtungen zweispurige Autobahn steigt von Saint-Pierre nach Le Tampon an; im Südwinter sieht man an der alleeartigen Straße im Örtchen La Ravine des Cabris lila Jacarandas und rote Flammenbäume blühen. Unterhalb von Le Tampon bietet das kleine Freilichtmuseum **Le Vieux Domaine** Einblicke in das Leben anno dazumal. Neben der typischen Kochweise am offenen Feuer präsentiert es diverse Obstbäume und Medizinpflanzen.
Le Vieux Domaine, *76 Chemin Recherchant, La Ravine des Cabris, ✆ mobil: 0692-656693, www.levieuxdomaine.org. Besuch mit Führung, Di–Sa 10 und 14 Uhr, So auf Reservierung, Dauer 2 Stunden. Erw. 8 €, Kinder 13–18 Jahre 6 €, 6–12 Jahre 4 €.*

Le Tampon

Das Städtchen Le Tampon ist Mittelpunkt einer ausgedehnten, 18.000 ha großen Kommune, die Höhenlagen von 400–1.600 m umfasst. Der Ort selbst hat etwa 40.000 Einwohner. Mit ihren zahlreichen Dörfern hat die Gemeinde insgesamt gut 80.000 Einwohner und ist damit die viertgrößte der Insel.

Bevorzugter Wohnort

Schon früh zogen wohlhabende Weiße wegen des guten Klimas in das 1725 gegründete Städtchen. Auch heute ist es aufgrund des guten Autobahnanschlusses ein beliebter Wohnort. Nahe dem Zentrum liegt ein zweiter Campus der Université de La Réunion mit den Instituten für Ingenieur- und Sportwissenschaften sowie der Pädagogischen Hochschule. 2007 wurde in Le Tampon eine moderne Mediathek eröffnet, entworfen vom réunionesischen Architekten Pierre Bertin Lebeigle. Das mehrstöckige Gebäude beherbergt nicht nur eine Vielzahl von Büchern, sondern auch einen kleinen tropischen Indoor-Garten zur entspannten Lektüre vor Ort. Ganz in der Nähe auf der Rue Victor le Vigoureux liegt das städtische Theater für 600 Zuschauer (Théâtre Luc Donat, *www.theatrelucdonat.re*), in dem neben modernen Inszenierungen auch klassische oder Jazz-Konzerte gegeben werden und außerdem regelmäßig Variété-, Folklore- oder Tanzabende stattfinden.

Um Le Tampon liegen fruchtbare Flächen. Hier werden nicht nur Zuckerrohr und Früchte angebaut, sondern auch wieder Kaffee. Patrice de Berger hat das Handwerk des Kaffeeanbaus auf Madagaskar gelernt und in seine Heimat zurückgebracht. Auf Reservierung zeigt er gerne seine Anbauflächen östlich von Le Tampon. **Café Bourbon Pointu**, *Patrice de Berger, 9 Chemin du Petit Tampon, Le Tampon, ✆ mobil: 0692-887578, https://bourbonpointu.re.*

Reisepraktische Informationen La Ravine des Cabris und Le Tampon

Unterkunft

L'Estagnon *€€, 197 Chemin Henri Cabeu, an der kilometerlangen Straße zwischen Pont d'Yves und Bois Court, ✆ 0262-599689, mobil: 0692-824585, lestagnon@gmail.com. Die freundliche Unterkunft bietet zwei Zimmer in einem rustikalen Holzchalet mit Terrasse, jedes mit eigenem Bad. Gutes Frühstück, das Abendessen (auf Wunsch) wird auf kreolische Art über dem Feuer zubereitet.*

Lodge Palmae *€€€€, 59 Chemin Jules Ferry, La Ravine des Cabris, ✆ mobil: 0692-693996, www.lodgepalmae.com. Schöne, mit asiatischen Elementen dekorierte Anlage, sehr herzliche Gastgeber. Die Unterkunft besteht aus vier äußerst großzügigen Bungalows mit eigenen, sehr schönen Bädern, Kaffeemaschine, je eigener Terrasse und Whirlpool. Reichhaltiges Frühstück. Ideal für eine besondere Gelegenheit. Zwei Nächte Mindestaufenthalt.*

Essen und Trinken

Le Longboard *€€–€€€, 265 Rue Jules Bertaut, Le Tampon, ✆ 0262-271027, mobil: 0692-883647. Di–Sa 11.45–13.15 und 18.45–21, Fr/Sa bis 21.15 Uhr. Obwohl es weitab vom Meer liegt, hat sich dieses Restaurant der Surferkultur verschrieben. Es bietet eine große Auswahl an Fleischgerichten, Pasta und Salaten. Das Restaurant liegt unterhalb des Postamts und ist an der bunten Mauer zu erkennen.*

L'Olivier *€€, 136 Rue Matius et Ary Leblond, Le Tampon, ✆ 0262-887760, mobil: 0698-115441, restaurantlolivier974_@gmail.com. Do–So 12–13.30 und 19–20.30 Uhr. Kleines, feines französisches Restaurant in einem kreolischen Haus direkt an der N3.*

Wanderführer

Wer sich nicht allein auf den Weg machen möchte, dem seien die teils englischsprachigen Tourguides von **Kokapat Rando** *empfohlen (109 Chemin Farjeau Les Trois Mares, Le Tampon, ✆ 0262-333014, mobil: 0692-699414, kokapatrando@gmail.com, www.kokapatrando-reunion.com). Neben Wanderungen werden auch Führungen durch Lavatunnel und mehrtägige Trekkingtouren angeboten. Weitere Infos auch unter https://rando-volcan.com und beim Touristenamt in Bourg Murat (s. S. 197) sowie S. 72).*

La Plaine des Cafres

Flucht vor Sklaverei

In Le Tampon endet die Autobahn, und die N3 schraubt sich als zweispurige Straße in die Höhe – zu Stoßzeiten stauen sich zahlreiche Autos an den vielen Kreisverkehren. Etwa 15 km nach Saint-Pierre erreicht man die ersten Dörfer von La Plaine des Cafres. Der Name geht auf die Sklaven zurück, die einst in dieser unzugänglichen Gegend Schutz gesucht haben, um der Knechtschaft und Rechtlosigkeit zu entfliehen. Nach Abschaffung der Sklaverei hat es sie allerdings nicht lange hier gehalten, da die Temperaturen doch deutlich niedriger liegen als an der Küste. Ihnen folgten die „kleinen Weißen der Höhe" (Petits Blancs des Hauts), der arme Teil der weißen Bevölkerung, die mit ihren meist kreolischen Frauen in diese Gegend zogen. Deren Nachkommen machen heute noch die Mehrheit der Bevölkerung aus.

Fast wie im Allgäu

Die Landschaft ist hier nicht mehr südländisch oder tropisch geprägt, sondern erinnert mit dem satten Grün der Weiden, den grasenden Kühen und den waldbedeckten Bergen eher an das Allgäu. Die Plaine des Cafres eignet sich gut als Ausgangspunkt, um Wanderungen in der Umgebung zu unternehmen.

Abstecher nach Bois Court und Grand Bassin

Beliebtes Ausflugsziel

Von der Plaine des Cafres bzw. vom Dorf Vingt-Troisieme (23ieme) aus lohnt dieser Abstecher. Von der N3 biegt man im Dorf 23ième links auf die D70 Richtung Bois Court ab. Knappe 5 km geht es geradeaus, bis es zum **Aussichtspunkt Grand Bassin** nach rechts abgeht. Das hüttenartige Gebäude am Aussichtspunkt beherbergte eine sehenswerte Wasseruhr, die leider 2013 bei einem Zyklon zerstört wurde. Das eigentlich Sehenswerte ist aber ohnehin der Blick auf das Dorf Grand Bassin, den man hier aus einer Höhe von 1.388 m genießen kann. Am Wochenende bieten Händler Souvenirs sowie Obst, Gemüse und weitere Leckereien an. Die Pavillons sind beliebt bei Familien zum sonntäglichen Picknick.

Von der Aussichtsplattform hat man – sofern sich der fast alltägliche Nebel gegen Mittag noch nicht ausgebreitet hat – freie Sicht auf das etwa 600 m tiefer liegende

Der Wasserfall von Grand Bassin

Dorf **Grand Bassin**, das in einer kleinen Schlucht liegt, eingeengt von der Bergkette Dimitile im Norden, dem Piton Bleu im Osten und vom Tal Bras de la Plaine, dem Arm der Hochebene, im Osten. Das kleine Dorf, auch **verlorenes Tal** genannt, ist nur über einen Wanderweg zu erreichen. Ansonsten sind die knapp 50 Einwohner im Tal auf den Lastenaufzug (direkt am Aussichtspunkt) und Helikopterverbindungen angewiesen. Besiedelt ist die Gegend seit 1789, einst lebten hier im Ort bis zu 250 Familien, die sich mit den zahlreich vorhandenen Obstbäumen (Bananen, Litschis, Papayas und Pampelmusen) sowie dem Anbau von Kaffee und Geranium ihren Lebensunterhalt verdienten. Die Schule ist heute aus Mangel an Nachwuchs geschlossen. Seit der Eröffnung des offiziellen Wanderwegs 1975 stellen einheimische und ausländische Urlauber eine neue Einnahmequelle dar: Es gibt mehrere einfache Unterkünfte sowie Verpflegungsmöglichkeiten im Dorf.

Nur zu Fuß erreichbar

Wanderung zum Dorf und Wasserfall von Grand Bassin

Lage: s. Reisekarte E4
Länge: 10 km
Höhenmeter: 710
Schwierigkeitsgrad: mittel
Dauer: 5 Stunden
Anfahrt: s. S. 193

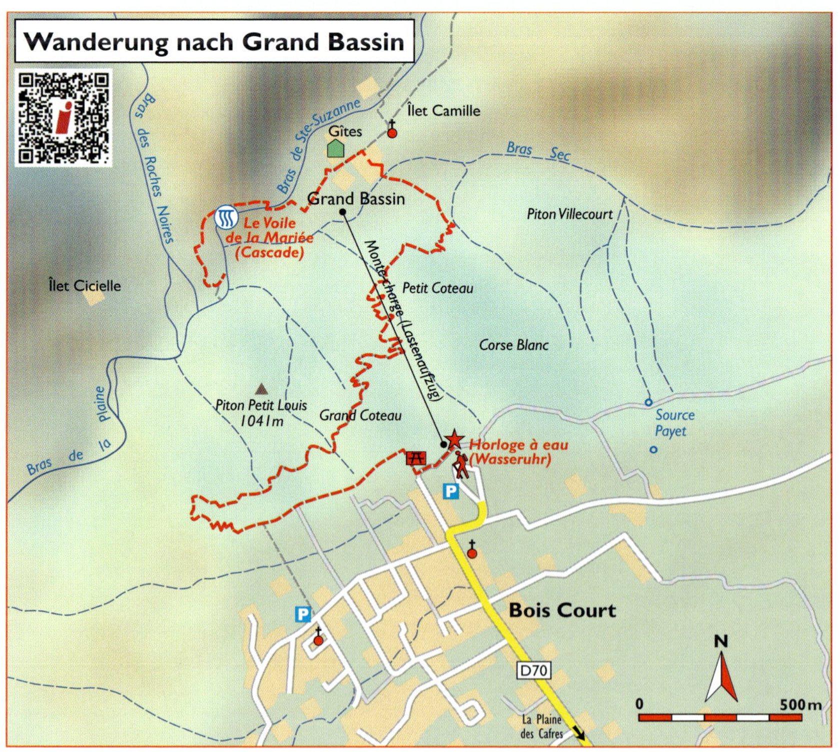

Zum Wanderweg hinab ins Dorf gelangt man, indem man sich am Parkplatz links hält. Der Weg führt in zwei Stunden bis zum Pool, dem eigentlichen Grand Bassin am Wasserfall **Cascade le Voile de la Mariée**. Zunächst flach, geht der Weg dann steil hinab, vorbei an der Kanalisation und dem Lastenaufzug (Seilbahn), der das Dorf versorgt. Nach etwas mehr als einer Stunde überquert man über einen kleinen Steg eine Ravine und passiert die ersten Häuser von Grand Bassin, wo viele Obstbäume Schatten spenden. Die schmalen Fußgängergassen im Dorf sind mit Steinmauern zu den Häusern hin abgetrennt.

Weiter durch das Dorf geht es in ungefähr 30 Minuten zum Wasserfall, den man dann von oben sehen kann. Teilweise ist der Weg ausgeschildert („Cascade“, Abzweig links). Vom oberen Aussichtspunkt kann man dann bis zum unteren Becken hinabsteigen und dort ein Bad nehmen. Wenn der Fluss viel Wasser führt, empfiehlt es sich, kurz vorher die Schuhe auszuziehen – so manch einer hat hier schon nasse Füße bekommen. Eine Erfrischung im Bassin vor dem schweißtreibenden Anstieg zurück zum Ausgangspunkt ist zu empfehlen (es geht auf dem gleichen Weg zurück). Alternativ kann man in einer der verschiedenen Gîtes im Dorf übernachten, ein gutes Essen und die Nachtruhe des abgelegenen Dorfes genießen und die Wanderung so zu einem Ausflug mit Übernachtung verlängern.

Reisepraktische Informationen La Plaine des Cafres und Grand Bassin

Unterkunft

LA PLAINE DES CAFRES

La Ferme du Kilimandjaro €, *10 Impasse Bernard Céleste, Petite Ferme, La Plaine des Cafres, ✆ 0262-431341, mobil: 0692-592519, contact@lafermedukilimandjaro.fr, http://lafermedukilimandjaro.fr. Chambres d'hôtes in gemütlichen Zirkuswagen im großzügigen Garten (mit kleiner Minigolf-Anlage und Klettergerüst). Ausgezeichnetes Frühstück mit frischen Produkten. Möglichkeit, die Bienenstöcke des Hofes zu begutachten.*

Le Millepertuis €€, *8 Rue des Mimosas, Piton Hyacinthe, La Plaine des Cafres, ✆ mobil: 0692-563905, lemillepertuis@orange.fr, www.lemillepertuis.fr. Kurz vor La Plaine des Cafres biegt man auf die Route du Piton Hyacinthe ab. Die Unterkunft befindet sich nahe der Kirche von Piton Hyacinthe und bietet zwei Zimmer (2–3 Personen) mit je eigenem Bad, die aber auch miteinander verbunden werden können. Beide sind in einem hübschen Holzhäuschen untergebracht. Das Essen, das im gemütlichen Gemeinschaftsraum serviert wird, wird z. T. aus selbst angebauten Bio-Produkten zubereitet.*

Les Géraniums** €€–€€€, *11 Rue Alfred Lacroix, N3 km 24, La Plaine des Cafres, ✆ 0262-591106, https://restaurantlesgeraniums.hotelf1.top. Das ruhige Hotel bietet 22 gut ausgestattete Zimmer. Toller Blick auf den Piton des Neiges. Das hauseigene Restaurant serviert landestypische Küche aus regionalen Produkten, besonders schön sitzt man auf der Terrasse.*

GRAND BASSIN

La Vieille Tonnelle €€, *Thérèse Séry, Grand Bassin, ✆ mobil: 0692-530641, https://la-vieille-tonnelle.business.site. Der Name der Gîte bedeutet übersetzt so viel wie „alte Gartenlaube“. Gemütlich kann man hier am Mittag auf der schattigen Terrasse unter Weinreben sehr gut essen. Einfache, aber saubere Zimmer gibt es in verschiedenen Größen, vom Zweibettzimmer mit Kinderbett bis zum Schlafsaal. Halbpension.*

Le Randonneur *€€€, Grand Bassin, ✆ mobil: 0693-113004, fontaineemilie@outlook.fr, www.gitelerandonneur.net. Die Unterkunft bietet 18 Schlafplätze in 2–4-Bett-Zimmern, gemeinsame sanitäre Anlagen sowie einen großen Garten mit Pool. Sauber, einfach, mit Halbpension.*
Les Mimosas *€€€€, Grand Bassin, ✆ mobil: 0692-618888, contact@mimosas.re, www.mimosas.re. Joceline Séry, die in Grand Bassin aufgewachsen ist, bietet zwei gemütliche Gästezimmer in einem Bungalow aus Kryptomeria-Holz mit geräumigem Badezimmer. Die traditionelle kreolische Küche, gekocht am offenen Feuer, wird verfeinert mit burgundischen Akzenten. Halbpension.*

Essen & Trinken

Crêperie Le Tinto *€€, 133 Rue Jean de Fos du Rau, N3, am km 23, ✆ 0262-591303, Mi–So mittags und abends geöffnet. Kleines und gemütliches bretonisch angehauchtes Restaurant mit einer großen Auswahl an Crêpes und Galettes, für besonders Hungrige gibt es auch Fondues und Raclettes.*
Le Vieux Bardeau *€€, Domaine AAPE (1 km nach dem Abzweig Richtung Bois Court), Route Nationale 3 – PK24, La Plaine des Cafres, ✆ 0262-590944. Do–Di 12–14, Do–Sa 18–20 Uhr. Traditionelles kreolisches Restaurant im angenehmen Ambiente einer alten kreolischen Villa mit großzügigem Garten und familiärem Charakter. Es wird exzellente lokale Küche serviert (Buffet oder à la carte). Terrasse mit Bergblick.*

Einkaufen

La Maison des Délices, *Confiseries et Confitures, François Gardon, 7 Impasse Ebeko, Chemin Notre Dame de la Paix, La Plaine des Cafres (hinter dem Ort rechts auf die D36 abbiegen, nach ca. 1 km ist man da), ✆ mobil: 0692-757377, lamaisondesdelices@hotmail.com, www.lamaison-desdelices.fr. Im „Haus der Köstlichkeiten" bieten Clémence und François Gardon Konfitüren, Gelees, Sirup- und Creme-Sorten auf der Basis des réunionesischen Zuckerrohrs in inseltypischen Geschmacksrichtungen wie Vanille, Salz (von Saint-Leu), Banane oder Rum. Bei Hochbetrieb, wie vor Weihnachten, steht auch schon mal die ganze Familie an den Töpfen und das Geschäft bleibt geschlossen; gerne kann man dann aber – dem Geklapper der Töpfe folgend – klopfen, um die Köstlichkeiten zu kaufen. Geöffnet (normalerweise) Mo–Sa 8–12 und 13–17 Uhr.*

Bourg Murat

Interaktive Ausstellung

In Bourg Murat, wo die Straße zum Vulkan (Route du Volcan) abbiegt, liegt das Museum **La Cité du Volcan** (früher Maison du Volcan) mit einer Ausstellung rund um den Vulkanismus und insbesondere den Piton de la Fournaise. Auf einer Fläche von über 6.000 m^2 werden verschiedene visuelle, akustische und interaktive Ausstellungen, ein 4D-Kino, ein Lavatunnel und weitere Attraktionen geboten, die sich an verschiedenste Besucher, vom Kind bis zum Wissenschaftler, richten. Wenn sich die Vulkan-Touristen in den frühen Morgenstunden auf den Weg machen, ist das Gebäude noch geschlossen, doch auf dem Rückweg, vielleicht nach einem anstrengenden Marsch auf den Gipfel, kann man hier einen entspannenden und interessanten Ausklang des Ausfluges erleben. Für einen Besuch sollte man etwa 1½ Stunden einplanen.

La Cité du Volcan, *Route Nationale 3, Bourg Murat, ✆ 0262-590026, https://musees reunion.fr/la-cite-du-volcan. Mo 13–17, Di–So 9.30–17 Uhr (letzter Einlass um 16.15 Uhr, 1.1., 1.5. und 25.12. geschlossen), 9 €, Kinder 6 €, 4D-Kino 2 € zusätzlich.*

Zudem gibt es in dem auf 1.600 m Höhe gelegenen Dorf (nachts wird es kalt!) einige Restaurants, Unterkünfte und kleinere Geschäfte.

Reisepraktische Informationen Bourg Murat

Information

Office du Tourisme du Tampon, *160 Rue Maurice et Katia Kraft, N3, Bourg Murat, ✆ 0262-274000. Mo–Fr 9–16 Uhr, contact@otisud.com, www.sudreunion tourisme.fr. Das rot-grüne Gebäude liegt etwas versteckt bei der Tankstelle.*

Unterkunft

Gîte de la Fournaise – Chambre d'hôtes €, *Chez Pascal, 202 N3, Bourg Murat, ✆ 0262-592975, mobil: 0692-228988, gitedelafournaise@wanadoo.fr, www.gite delafournaise.re. Einfache, aber saubere Gîte, 200 m vom Vulkanmuseum entfernt. Pascal, der neben Englisch auch Griechisch spricht, sammelt müde Wanderer auf dem befahrbaren Teil des GR 2 auch gratis mit dem Auto auf. Er selbst ist in seiner Freizeit auf den Wanderwegen unterwegs und gibt gerne Tipps und Hinweise. Auf der N3 aus Richtung Saint-Pierre kommend, liegt die Unterkunft ein Stück hinter dem Abzweig zum Vulkan.*

Coté Volcan €€, *8 Rue Josémont Lauret, Bourg Murat, ✆ 0262-704053, contact@ cote-volcan.fr, www.cote-volcan.fr. Kleines Chambre d'hotes mit 4 modern und gemütlich eingerichteten Zimmern mit eigenem Bad. Leckeres Frühstück mit selbst gemachten Marmeladen. Auf Vorbestellung gibt es auch Abendessen. Nahe der Straße zum Vulkan.*

La ferme du Pêcher Gourmand €€, *PK 25 - RN3, La Plaine des Cafres (auf halber Strecke zwischen Plaine des Cafres und Bourg Murat, links der Straße), ✆ 0262-592979, mobil: 0692-661248 (Hélène und Dany Angama), pecher-gourmand@orange.fr, www. pechergourmand.re. Die charmante Unterkunft bietet fünf gemütliche Bed&Breakfast-Zimmer (mit eigenem Bad), von der Terrasse hat man einen tollen Blick auf die Berge und den Garten, in dem sich u.a. Rutschen für Kinder befinden. Zudem stehen kleine Chalets für Familien (zwei Zimmer) zur Verfügung. Sehr leckeres Frühstück mit vielen selbstgemachten Produkten, die man auch kaufen kann. Auch Abendessen.*

Hôtel l'Ecrin** €€, *Route Nationale 3, Bourg Murat, ✆ 0262-590202, reception@ hotel-ecrin.re, www.hotel-ecrin.re. Hotelanlage mit 21 einfach und rustikal eingerichteten Zimmern in verschiedenen kleinen Bungalows. Zusätzlich stehen Pingpong-Tische, Minigolf, Swimmingpool und Jacuzzi zur Verfügung. Das Frühstücksbuffet gibt es in einem Saal mit herrlicher Aussicht auf den Ozean und den Piton des Neiges. Das Hotel liegt an der N3 am südlichen Ortseingang von Bourg Murat. Dazu gehört ein empfehlenswertes Restaurant, das* **Panoramic**.

Essen und Trinken

Le ti'kan €, *✆ mobil: 0692-411677, an der Route du Volcan gelegen, ideal für eine Einkehr nach einer anstrengenden Wanderung. Das Haus sieht von außen etwas heruntergekommen aus. Serviert wird einfaches, authentisches kreolisches Essen, günstig. Die Betreiber sind ein freundliches älteres Paar. Leider oft geschlossen.*

Le Ti' Resto Lontan *€€–€€€, ✆ 0262-439042, 209 Rue Maurice et Katia Kraft (gegenüber dem Museum). Mi–Mo 11.30–15.30 Uhr. Gute kreolische Gerichte wie Carri und Gratin de chouchou, aber auch europäische Speisen.*

O' QG *€€–€€€, 60 bis Rue Alfred Picard, Bourg Murat, ✆ 0262-382855, mobil: 0692-250217, www.oqg-restaurant.com. Tgl. 11–22, Fr bis 24, So bis 17 Uhr. Kurz hinter der Abzweigung zum Vulkan. Zwei senegalesische Brüder bringen hier kreolische Küche vom Feinsten auf den Tisch. Zudem stehen raffinierte, gesunde Salate auf der Speisekarte. Am Freitagabend wird senegalesisch gekocht. Dazu angenehme Dekoration und freundliches Ambiente. Für den Abend Reservierung empfohlen.*

Einkaufen

Le Palais du Fromage, *Sylvie Robert, Rue Alfred Picard, Bourg Murat, La Plaine des Cafres, ✆ 0262-870480. Di–So 9.30–17, im Südsommer bis 18 Uhr. Hier werden verschiedene hauseigene Käsesorten hergestellt; die Spezialität ist nach der Eigentümerin benannt: Fromage de Sylvie, eine Käse-Honig-Kreation. Auch Crêpes und Waffeln.*

Reiten

Les Écuries du Volcan, *28 Rue du Domaine de Bellevue, Bourg Burat, ✆ mobil: 0692-666290, ecuriesduvolcan@orange.fr, www.ecurieduvolcan.re. Reitstall, der sowohl kleine Ausflüge in die Umgebung als auch mehrtägige Ausritte anbietet.*

Feste/Veranstaltungen

Januar: *Miel Vert, Markt mit lokal erzeugten landwirtschaftlichen Produkten.*

Busse

Mit dem Bus kann man mit dem Car Jaune mit der Linie S2 von Saint-Pierre nach Saint-Benoît (oder umgekehrt bis Bourg Murat) fahren.

Ausflug zum Vulkan Piton de la Fournaise (Route du Volcan)

Die 30 km lange Strecke auf der Route du Volcan überbrückt von Bourg Murat bis zum Endpunkt **Pas de Bellecombe** (2.311 m) gut 800 Meter Höhendifferenz und ist teils recht eng, kurvenreich und mit Schlaglöchern versehen. Die einmaligen Landschaftseindrücke entschädigen jedoch für alle Mühen der An- und Abfahrt!

Nachdem man in Bourg Murat die N3 verlassen hat (am Kreisverkehr an der Cité du Volcan, einfach der Beschilderung folgen), ist zunächst noch nichts von der vulkanischen Einöde zu spüren, die einen erwartet. Stattdessen schweift der Blick weit über Weiden und bewaldete Berghänge. Je höher man aber kommt, desto spärlicher wird die Vegetation, zwergwüchsige Tamarinden und Baumheide treten in den Vordergrund. Nach 8 km hat man am **Nez de Bœuf** (2.136 m) einen ersten Aussichtspunkt erreicht, der einen weiten Blick in die grüne Schlucht des Rivière des Remparts bietet.

Aktivität des Piton de la Fournaise

info

Der Piton de la Fournaise ist einer der **aktivsten Vulkane der Welt** – im Durchschnitt spuckt er alle 10 Monate Lava. Im Gegensatz zu anderen aktiven Vulkanen, z.B. auf den Galapagos-Inseln oder den kleinen Antillen, ist er aber nicht explosiv: Das heißt, es werden keine kilometerhohen Aschewolken in die Luft geschleudert, sondern es fließt „nur" flüssige Lava am Krater entlang. Diese kann dafür aber sehr schnell werden. Bei großen Ausbrüchen fließt die Lava bis an die Küste, wie man z. B. an der Ostküste der Insel sehen kann (s. S. 240).

Angst vor einem Ausbruch braucht man nicht zu haben, da die empfindlichen Seismographen eine kurzfristige Warnung ermöglichen. Dann wird der Wanderweg mitunter gesperrt. So war es auch bei den letzten spektakulären Ausbrüchen von 1998, 2002 und 2007, dem vorläufig letzten großen. Alle entwickelten sich zu einem langen und von vielen Besuchern bewunderten Naturschauspiel. Im März 1998 entstanden dabei drei neue Krater und es öffneten sich an der Nordostflanke des Berges zwei Erdspalten, aus denen Magmafontänen in den Himmel aufstiegen. Erst nach 6 Monaten und 11 Tagen stellte der Vulkan seine Tätigkeit ein. **2007** sank der Krater um mehrere Hundert Meter ab (auch durch ein Erdbeben) und die Lava floss bis an die N2. In den folgenden Jahren gab es mehrere kleine Eruptionen, die meist nur einen Tag anhielten. Der Ausbruch im April/Mai 2021 erreichte zum Glück nicht die Ausmaße der drei genannten, dauerte aber immerhin anderthalb Monate; der damals neu gebildete Vulkankegel erhielt den Namen Piton Guy Valcourt Picard. Der letzte längere Ausbruch währte vom 22. September bis zum 5. Oktober 2022, allerdings flossen die Lavaströme dabei nicht bis zur Küste.

Infos zum aktuellen Stand der Dinge gibt es beim Observatoire Volcanologique du Piton de la Fournaise: www.fournaise.info und unter http://volcan.reunion.fr. Hier finden sich Infos zu Aktivitäten. Auf der Seite https://fournaise.info/webcams-piton-de-la-fournaise-reunion gibt es eine Live-Webkamera, mit der man das Geschehen am Krater verfolgen kann.

Die asphaltierte Straße macht jetzt einen weiten Bogen entlang des Talkessels und gibt bei klarem Wetter mehrmals den Blick über die Hochflächen bis hin zum Piton des Neiges frei. Am Ende des Bogens weist eine Tafel zum nahen **Cratère Commerson**, dessen Lavaströme sich bei einem Ausbruch 60 n. Chr. über 20 km in die Rivière des Remparts ergos-

Aussicht vom Nez de Bœuf

sen. Den Cratère Commerson kann man in wenigen Minuten zu Fuß erreichen (in Anbetracht der Zeit und des Wetterfaktors nur auf dem Rückweg und bei klarer Sicht; man sollte auf das charakteristische Echo achten!). Ein kleiner Pfad führt zu einer Aussichtsplattform an einem etwa 300 m tiefen Abgrund eines alten, kesselartigen Vulkankraters.

Plaine des Sables

Eindrucksvolle Einöde

Vor einem liegt nun die wüstenähnliche **Plaine des Sables**, die überhaupt nichts mehr mit den grünen Almen der Anreise gemein hat. Die ebene, rostbraune Fläche breitet sich wie eine Mondlandschaft vor dem Besucher aus, gleichermaßen karg und eindrucksvoll. Auf engen Serpentinen schlängelt sich die Route du Volcan zu ihr hinab und durchquert sie dann auf einer schnurgeraden, sandigen Piste. Am Ende der Ebene steigt die Straße wieder in mehreren Kehren an.

Unterkunft

Nach links führt die Stichstraße zur **Gîte du Volcan**, *wo mehrere Schlafsäle für Übernachtungen zur Verfügung stehen. Die Außenanlage der Gîte ist mit Liebe zum Detail hergerichtet und lädt zum Verweilen im Garten ein. Für Besucher ohne große Komfortansprüche bietet die Unterkunft eine gute Möglichkeit, den Vulkan und seine Umgebung zu erkunden, indem man am Vortag bis hierhin fährt, um am nächsten Tag frühmorgens den Vulkankrater zu besteigen. Da der Weg dort mit weißen Steinen markiert ist,*

Karge Mondlandschaft an der Plaine des Sables

Sehr einfach, aber toll gelegen: die Gîte du Volcan

kann man ihn auch in der Dunkelheit zurücklegen und zum Sonnenaufgang auf dem Piton de la Fournaise sein – ein grandioses und majestätisches Erlebnis!
Gîte du Volcan *€, Route du Volcan – Pas de Bellecombe, Sainte Rose, ✆ mobil: 0692-852091. Reservierung telefonisch oder über die Internetseite www.reunion.fr/reserver.*

Am **Pas de Bellecombe** endet die Route du Volcan in 2.311 m Höhe. Hier gibt es einen Parkplatz, dessen Größe Rückschlüsse erlaubt, wie beliebt das Ziel an Wochenenden und in Zeiten eruptiver Tätigkeiten ist. Im nahe gelegenen Pavillon sind Erfrischungen erhältlich, Essen gibt es zudem in der Gîte du Volcan (s. o). Vom Pas de Bellecombe geht es nun zu Fuß weiter. Der Weg führt zunächst zur Aussichtsplattform, von der aus man einen weiten Blick über den tiefer liegenden, alten, hufeisenförmigen Vulkankessel Enclos Fouqué hat, der etwa einen Durchmesser von 14 km hat. Man sieht hier nicht nur den mächtigen Steilabhang des eingestürzten Kraters, sondern auch die Strecke, die vor einem liegt: den Abstieg zur Caldere, den kleinen Krater Formica Léo und den weiß markierten Pfad zum **Piton de la Fournaise** (2.632 m).

Beliebter Aussichtspunkt

Wanderung zum Cratère Dolomieu

Lage: s. Reisekarte G5
Länge: 11,5 km
Höhenmeter: 488
Schwierigkeitsgrad: mittel bis schwer
Dauer: 5–6 Stunden (früh starten wegen Wolken- und Nebelbildung!)
Anfahrt: Start ist am Parkplatz Pas de Bellecombe

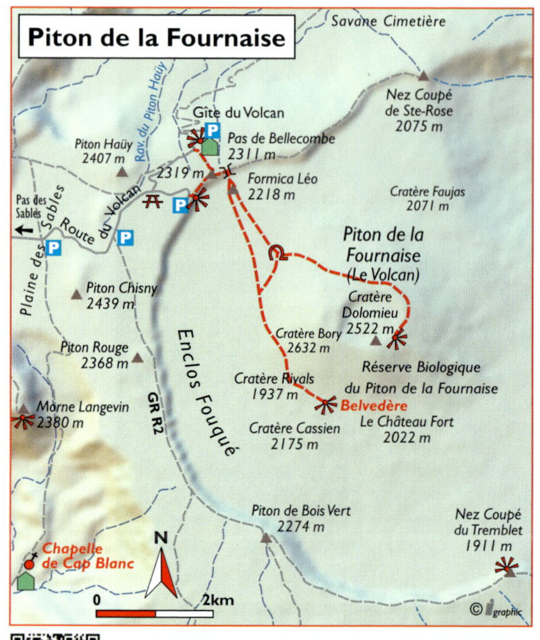

Hinweis

Aufgrund von Ausbrüchen können Wanderwege geschlossen sein, vorher informieren! Man sollte auf keinen Fall die weißen Markierungen verlassen, da plötzlich hereinbrechende Nebelwände und Wolken die Orientierung unmöglich machen können (es sollen sich hier schon Wanderer verirrt haben, die man später erfroren aufgefunden hat!). Ins Gepäck gehören Sonnen- und Regenschutz sowie, falls man zum Sonnenaufgang hinaufsteigt, eine gute Taschenlampe. Proviant und Wasser nicht vergessen!

Hinter der Aussichtsplattform am Parkplatz geht es zunächst parallel zur Abbruchkante nach links. Man passiert den Fußweg zur Gîte und begibt sich nach rechts zum Abstieg in den Vulkankessel, der recht steil, aber mit Stufen und Geländern gesichert ist.

Das nächste Ziel ist der Minikrater **Formica Léo**, der sich 1753 aufgebaut hat und mit seinem Kegel, der rötlich-braunen Farbe und dem gleichmäßigen Krater ideal-

Eindrucksvoll: Blick in den Vulkankrater

typisch ist. Wer mag, kann hier auf einem kleinen Abstecher den Formica Léo besteigen und dessen Krater umrunden. Weiter geht es auf den eigentlichen Vulkan zu, vorbei an merkwürdig geformten Klippen, der „Stricklava", tiefen Rissen und natürlich gewachsenen Grotten.

Der Pfad, der vom Pas de Bellecombe noch eben aussah, steigt in Wirklichkeit stetig an, ist aber bei durchschnittlicher Kondition gut zu bewältigen. Der Weg geht weiter geradeaus über Strick- und Brockenlava vorbei an den Überresten der inzwischen von einem Vulkanausbruch zerstörten **Chapelle de Rosemont**, einer Lavagrotte, die einst dem Maler und Vulkanforscher Jean-Joseph Patu de Rosemont als Wetterschutz gedient hat und von der nun nur noch ein Hinweisschild zeugt. Der Weg gabelt sich, man hält sich links und von nun an geht es bergauf über Basaltplatten und Schlackenlava zum Aussichtspunkt am Kraterrand des **Cratère Dolomieu**. Die Aussicht in den Kraterschlund ist eindrücklich; ein tiefes Loch, das erahnen lässt, welche Kräfte zu aktiven Zeiten des Vulkans hier brodeln. Aus einzelnen Spalten steigt noch immer Dampf aus. Zurück zum Ausgangspunkt geht es auf dem gleichen Weg. Wem das nicht reicht, der kann bei der Chapelle den Abzweig nach links nehmen und zum Aussichtspunkt **Belvedère** wandern.

Als Alternative zur oben beschriebenen Wanderung ist eine kürzere, aber ebenfalls lohnende Tour zum **Morne Langevin** (7 km, 3–4 Stunden) möglich (ausgeschildert, dann den weiß markierten Steinen folgen). Die Tour startet am Parkplatz von Pas des Sables, an der Route du Volcan gelegen (von Bourg Murat kommend rechts), und führt an der Abbruchkante der Rempart des Sables entlang bis zum Aussichtspunkt.

Eine leicht zugängliche, kurze Alternative bildet die Tour zu einem der größten Vulkankegel des Piton de la Fournaise. Dieser asymmetrische Kegel mit einer nach Osten offenen Kante bietet gute Ausblicke auf den Krater und den Piton de la Fournaise. Los geht's an der Route du Volcan, kurz vor der letzten großen Linkskurve vor dem Parkplatz vom Pas de Bellecombe (Rundtour 2 km, ca. 1 Stunde).

Bourg Murat – Saint-Benoît

Col de Bellevue

Folgt man der N3 weiter Richtung Norden, gelangt man zum **Col de Bellevue**. Mit 1.606 m ist dies die höchste Stelle der über die Hochebene führenden N3. Auf der rechten Seite liegt ein Parkplatz mit Aussichtspunkt, an dem sich ein kleiner Stopp lohnt – wenn es nicht neblig ist, was leider oft der Fall ist. Das 900–1.200 m hoch gelegene Plateau der **Plaine des Palmistes** liegt nun vor einem. Es ist hauptsächlich land-

Die kurvenreiche Straße am Col de Bellevue

wirtschaftlich (Rinder- und Schafzucht, Gemüseanbau und Blumenzucht) geprägt und kann mit schönen kreolischen Höfen, blühenden Gärten und hübschen Dörfern aufwarten. Die kleinen Palmen, die dem Ort einst den Namen gegeben haben, sind heute hier nicht mehr zu finden.

Wind und Wetter ausgesetzt

Mit der in Richtung Osten exponierten Lage ist das Plateau den starken Wetterlagen und Niederschlägen ausgesetzt, die zumeist vom Ozean her aus Richtung Osten kommend auf die Insel treffen (so auch die Zyklone); deshalb ist diese Seite aber auch grüner und feuchter als die Plaine des Cafres. Die Besiedlung des Gebiets hat im größeren Ausmaß Anfang des 19. Jahrhunderts begonnen und mit der Errichtung der Militärbasis Sainte-Agathe im Jahr 1847 einen bedeutsamen Aufschwung erlebt. Ende des 19. Jahrhunderts erhielt die Ortschaft La Plaine-des-Palmistes dann mit der Errichtung der Brücke Payet (etwa auf Höhe des Grand Étang) einen besseren Zugang zur Küste und zum Eisenbahnnetz.

Abstecher zum Forêt de Bébour und Plateau de Bélouve

Einzigartige Waldlandschaft

Bevor man die Ortschaft von La Plaine-des-Palmistes erreicht, lohnt sich der Abstecher in eine einzigartige Waldlandschaft. Links zweigt kurz hinter dem Col de Bellevue die D55 in Richtung **Petite Plaine** ab, auf der man zur Forststraße **Route Forestière 2** und auf dieser zum Forêt de Bébour sowie zum Plateau de Bélouve kommt. Der Abstecher ist recht lang (ca. 14 km) und zeitaufwendig, da er auf Höhen von knapp 1.700 m ü. d. M. ansteigt, aber empfehlenswert wegen der vielen wunderbaren Aussichtspunkte auf die großflächige Waldlandschaft. Der einzige noch existierende Primärwald der Insel besteht aus einem fast undurchdringlichen Dickicht, das die besondere Atmosphäre der Gegend ausmacht. Unzählige Plätze laden zum Picknicken ein und bieten Möglichkeiten für kleinere oder größere Wanderungen. Am Ende der Strecke findet sich die Gîte de Bélouve.

Unterkunft

Gîte de Bélouve €, *Forêt de Bélouve,* ✆ *0262-412123, 0262-907878, www.reunion.fr/reserver. Die Berghütte bietet 34 Schlafplätze, die meisten in Mehrbettzimmern (6–12 Personen), und wenige Doppelzimmer, zudem gibt es Picknickplätze. Es sind ca. 400 m vom Parkplatz bis zur Unterkunft. Von der Hütte hat man einen beeindruckenden Blick in den Cirque de Salazie. Ein kleines Museum informiert über die Geschichte des Waldes. Übernachtung und Mahlzeiten unbedingt vorher reservieren. Zahlreiche Wandermöglichkeiten in der Umgebung. Bitte beachten: Ca. 3 km vor der Hütte befindet sich ein Stahltor, das jedes Wochenende von Freitagmittag bis Montagmittag geschlossen ist, sodass man nicht mit dem Auto anfahren kann.*

Eine Möglichkeit ist die Wanderung zum berühmten Wasserfall **Trou de Fer** (s. S. 261), von der Gîte sind es bis zum Wasserfall (insg. 8,6 km) gut zwei Stunden durch dichten Wald. Am Ende steht ein Aussichtspunkt, eine Plattform mit Holzgeländer, von dem man von oben den Wasserfall sehen kann. Es ist zu Fuß nicht möglich, nach unten zu gelangen. Die Tour muss man in jedem Fall morgens früh machen, bevor der Nebel aufzieht. Die kürzeste Strecke ist hin und zurück auf dem Sentier Trou de Fer, alternativ kann man den Rückweg über den Sentier de l'École Normale antreten. Hier kreuzt man dann 3 km vor der Hütte die Forststraße.

Wanderung Cassé de Takamaka und Bassin des Hirondelles

Lage: s. Reisekarte F3/4
Länge: 8,5 km
Höhenmeter: 300
Schwierigkeitsgrad: mittel, kann aber sehr schlammig sein (auch wenn es nicht geregnet hat). Früh losgehen, da tagsüber oft Nebel aufzieht.
Dauer: 3,5–4 Stunden mit Abstecher zum Bassin
Anfahrt: Parkmöglichkeit am Infoschild ca. 1,5 km hinter dem Col de Bébour

Auf einer Wanderung von knapp drei Stunden kann man an der **Cassé de Takamaka** Einblicke in die Takamaka-Schlucht (s. S. 251) haben und sich im idyllisch gelegenen **Bassin des Hirondelles** erfrischen. Bei der Anfahrt hat man schon vom Col de Bébour eine herrliche Aussicht auf den letzten großen und zusammenhängenden Primärwald, den Forêt de Bébour. Etwa 1,5 km danach beginnt der Weg auf der rechten Seite, erkennbar an einem kleinen Infoschild. Hier kann man auch gleichzeitig parken. Vom Parkplatz hält man sich rechts; auf dem Pfad geht

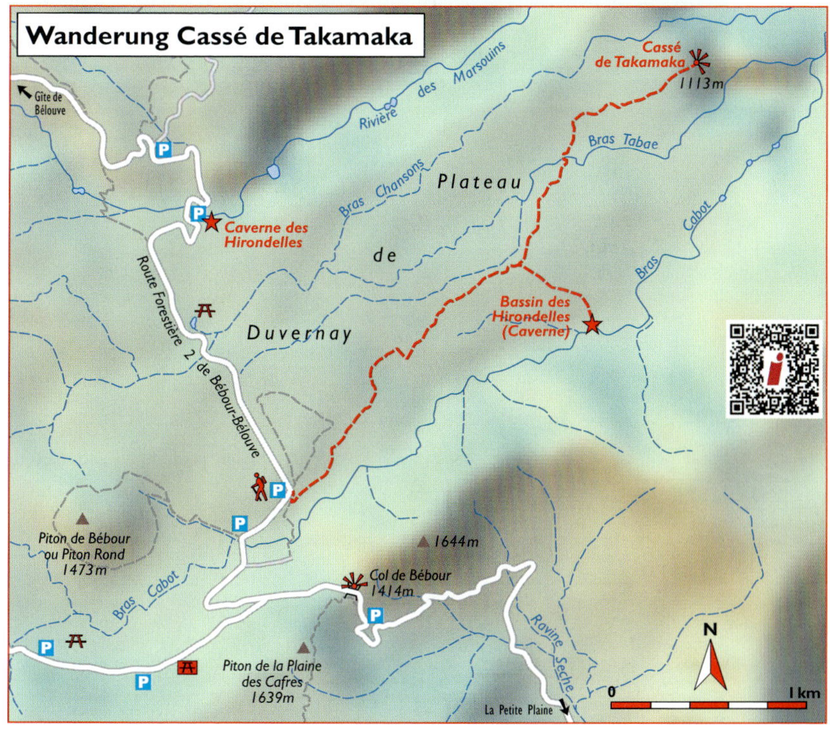

es bis zum Aussichtspunkt der Cassé de Takamaka geradeaus auf Holzstegen, eingeschlagenen Treppen oder matschigen Trampelpfaden durch den pflanzenreichen Regenwald. Es regnet hier oft, und so manch ein Wanderer ist schon ausgerutscht. Angekommen am Aussichtspunkt hat man zwar nur eingeschränkte Sicht auf die Wasserfälle und den Steilhang, der in die Takamaka-Schlucht hinabführt, das Spektakel ist aber dennoch sehenswert. In der Ferne erkennt man das Wasserkraftwerk Takamaka I. Zurück geht es auf dem gleichen Weg, jedoch nimmt man den Abzweig links zum Bassin des Hirondelles, das man nach etwa 15 Minuten erreicht. Das kühle Wasser lädt zu einer Erfrischung ein. Auf gleichem Weg geht es zurück, bei der Abzweigung hält man sich links in Richtung Forststraße.

La Plaine-des-Palmistes

Weiter auf der N3 bietet sich im Weiler Bras des Calumets ein kurzer Abstecher auf den Piton des Songes an (Start beim Parkplatz links der Straße). Nach etwa 15 Minuten genießt man von oben eine gute Aussicht auf die Ebene der Plaine des Palmistes. Der N3 weiter folgend, erreicht man bald darauf das gleichnamige Städtchen.

Der gut 6.500 Einwohner zählende, entlang der Straße entstandene Ort wurde ab der zweiten Hälfte des 19. Jahrhunderts besiedelt und war bei den Küstenbewohnern beliebt, denen im Sommer der Sinn nach einem kühlen Lüftchen stand.

Das 1927 erbaute Haus der Domaine des Tourelles

Seit 2007 befindet sich auf Réunion der neunte von inzwischen elf Nationalparks Frankreichs. Das Ziel des Parks ist der Schutz von endemischen Tier-und Pflanzenarten. Die Kernzone umfasst die Flächen des Vulkans, die Berge der Talkessel sowie Mafate und Grand Bassin; insgesamt nimmt der Nationalpark rund 40 % der Fläche der Insel ein. Seit 2010 ist er auch als UNESCO-Welterbe klassifiziert. In der 2013 eröffneten **Maison du Parc**, die Informationszentrum und organisatorisches Herz des Parks gleichermaßen darstellt, informieren verschiedene interaktive Ausstellungen den Besucher über die Vielfalt des natürlichen und kulturellen Erbes der Insel. Filme und Texte sind teils auch auf Englisch. Zudem gibt es einen kleinen Außenbereich zur Erkundung der Flora.

UNESCO-Welterbe

La Maison du Parc, *258 Rue de la République (im gleichen Gebäude wie die Touristeninformation), La Plaine-des-Palmistes, ✆ 0262-900131, www.reunion-parcnational.fr. Di–Sa 8.30–12.30 und 13.30–17 Uhr, Eintritt frei.*

Tipp

Domaine des Tourelles, *260 Rue de la République, La Plaine-des-Palmistes, ✆ 0262-514759, contact@tourelles.re, http://tourelles.re. In dem bzw. rund um das 1927 von Alexis de Villeneuve erbaute und 1993 komplett sanierte Haus befindet sich heute eine Vereinigung von Künstlern und Kunsthandwerkern. Es werden Korb- und Töpferwaren, Konfitüren, Sirup und eingelegter Rum sowie Andenken aus allen Regionen der Insel verkauft. Im Inneren ist ein historischer Rundgang zur Geschichte des Hauses und der Region aufgebaut – den Flyer mit Erklärungen gibt es auch auf Deutsch. Mo–Fr 9–18, Sa–So 10–17 Uhr.*

Abstecher zur Cascade Biberon

Wer die in einiger Entfernung links aufragende Bergkette mit ihren weiß leuchtenden Wasserfällen näher in Augenschein nehmen möchte, kann im ersten Dorf (1er village) von La Plaine-des-Palmistes die leicht zugängliche **Cascade Biberon** erkunden. Vom Col de Bellevue kommend, ist der Weg kurz nach der Domaine des Tourelles links abbiegend ausgeschildert.

Der Wasserfall Cascade Biberon

Auf dem Weg zum Parkplatz der Cascade Biberon kreuzt man nach dem Freizeitkomplex an den Picknick-Pavillons (Kiosque) das **Bassin Cadet**. Nach kurzer Zeit erreicht man den Parkplatz. In knapp 2 km verläuft ein relativ flacher Weg zum Wasserfall, der gegen Ende nochmals über gesicherte Metalltreppen zu einer Aussichtsplattform führt. Seit einem tödlichen Unfall durch einen Steinschlag ist das Becken selbst leider nicht mehr zugänglich und Schwimmen streng verboten. Jedoch lohnt sich der Ausflug auch für die Aussicht auf das über 200 Meter herabstürzende Wasser.

Abstecher zum Grand Étang

Spaziergang um den See

Weiter auf der N3 liegt links abzweigend der **Grand Étang**. Zur richtigen Jahreszeit ist der See nach Regenfällen gefüllt und bietet einen herrlichen landschaftlichen Anblick. Dann jedoch sind auch die ufernahen Wanderwege besonders rutschig und matschig. Wer sich davon nicht abschrecken lässt, kann in etwas mehr als einer Stunde bis zu den Wasserfällen **Cascades du Bras d'Annette** am anderen Ende des Sees spazieren und auf dem Rückweg über die andere Uferseite des Sees denselben umrunden.

Tipp

Wer den See lieber auf einem Pferd sitzend umrunden möchte, kann bei der **Ferme Équestre du Grand Étang** *einen Ausritt buchen. Der Pferdeliebhaber Rico Nourry bietet verschiedene Ausflüge zu Pferd an. In unterschiedlich großen Gruppen geht es mit einem Guide zum See Grand Étang und zum dahinterliegenden Wasserfall oder als Tagesauflug bis zur Ostküste hinab.*

Ferme Équestre du Grand Étang, *Route Nationale 3, Pont Payet, Saint-Benoît, ✆ 0262-509003, mobil: 0692-868825, riconourry@wanadoo.fr, https://ferme-equestre.re. Halbtagesausflüge ab 65 €.*

Reisepraktische Informationen La Plaine-des-Palmistes

Information

L'Office du Tourisme, *258 Rue de la République, bei der Maison du Parc National, La Plaine-des-Palmistes, ✆ 0262-461616, info-resa@reunionest.fr, www.reunionest.fr. Di–Sa 9–12.30 und 13.30–17 Uhr.*

Unterkunft

Gîte du Pic des Sables €, *Elian Pierre Jista, 2 Allée des Filaos, La Plaine-des-Palmistes, ✆ 0262-513733, mobil: 0692-645497. Einfache, aber sehr gemütliche Herberge an der Forststraße zum Fôret Bélouve-Bébour. Ein Schlafsaal für je 10 oder 4 Personen. Vermietung von Mountainbikes.*

Voyageur €€, *11 Rue Frémicourt Perrault, La Plaine-des-Palmistes, ✆ mobil: 0693-031049, m.lucilly@orange.fr, www.les-chambres-et-table-d-hote-du-voyageur.fr. Kleines Chambre d'hôtes, 4 Zimmer mit Berg- und Gartenblick. Auch sehr gutes Abendessen (auf Vorbestellung!).*

La Ferme Du Pommeau** €€€–€€€€, *10 Allée des Pois de Senteur, La Plaine-des-Palmistes, ✆ 0262-514070, resa@fermedupommeau.re, www.fermedupommeau.re.*

Das Rathaus von La Plaine-des-Palmistes

Kleine Hotelanlage mit 19 Zimmern verschiedener Größe, Swimmingpool und großzügiger Außenanlage. Guter, professioneller Service. Restaurant.

Essen und Trinken

L'Eskal Gourman *€, 224 Rue de la République, La Plaine-des-Palmistes, ✆ 0262-516779. Tgl. 6.30–18.30 Uhr. Bäckerei/Imbiss mit verschiedenen kalten und warmen Gerichten. Auf Nachfrage wird der Salat nach eigenen Wünschen zusammengestellt. Auf der Terrasse kann man gemütlich sitzen und dem Treiben im Dorf zuschauen.*
Le Relais des Plaines *€€, 303 Rue de la République, La Plaine-des-Palmistes, ✆ 0262-200068. Do–Di ab 11.15 und Do–Mo ab 18.30. Gutes Restaurant in einem schön erhaltenen kreolischen Haus. Die Speisekarte bietet neben regionalen Spezialitäten auch leichte Gerichte. Ein Dessert mit echt italienischem Kaffee ist sehr zu empfehlen!*

Feste/Veranstaltungen

Juni: *Fête des Goyaviers et des Produits laitiers, Fest der Guavenbauern und lokalen Milchproduzenten.*

Einkaufen

Verger Delatre – Cueillette de Goyavier, *Mickaël Delatre, Rue Pierre Cornu, La Plaine-des-Palmistes, ✆ mobil: 0692-563950. Der gut gepflegte Obstgarten hat auf 70.000 m² Guavenbäume! Von April bis August kann man die roten, süßen Früchte eimerweise selber pflücken. Pro Eimer 10 €.*

Verkehrsmittel

Anreise mit dem **Auto** *über die N3 von Saint-Pierre oder Saint-Benoît. Mit dem* **Bus** *Car Jaune Linie S2 von Saint-Pierre oder Saint-Benoît.*

7. DIE WILDE SÜDKÜSTE

Überblick

Im Gegensatz zur Westküste mit ihren vielen Sandstränden ist der Süden der Insel rauer und wird seinem Spitznamen „le sud sauvage" – **der wilde Süden** – gerecht. Dieser Abschnitt zieht sich von Saint-Pierre bis nach Saint-Philippe im Osten. Hier stellen die Lavaströme der letzten Jahrzehnte eine natürliche Abgrenzung zu den Ortschaften im Nordosten der Insel dar. Je weiter man von Saint-Pierre Richtung Osten fährt, desto präsenter wird das schwarze Lavagestein, das vor vielen Tausend Jahren im Ozean erloschen ist. Gleichzeitig gibt es in diesem Teil Réunions eine vielfältige Vegetation, die noch einmal grüner und bunter leuchtet als in anderen Teilen der Insel. Dabei ist die Region besonders regenreich und nicht immer kann man die Farbenpracht bei strahlend blauem Himmel bewundern – jedoch leuchten die eindrücklichen Farben auch im Nebel.

Redaktionstipps

- Faulenzen und sonnenbaden am Sandstrand in der Bucht von **Grande Anse** (S. 212).
- Bei der wenig begangenen Wanderung von Grand Galet über das **Cap Blanc** zur Plaine des Sables verschiedene Landschaftszonen durchsteigen (S. 226).
- Ein erfrischendes Bad nehmen im **Bassin von Manapany-les-Bains** (S. 215).
- Bei einer Wanderung oder Übernachtung im grünen **Vallée Heureuse** in Saint-Philippe sein Glück suchen (S. 232).
- Im **Jardin des Parfums et des Epices** in Saint-Philippe die Gewürz- und Pflanzenwelt der Insel erkunden (S. 235).

Routenhinweis

Beschrieben wird im Folgenden die Strecke, die zumeist auf der Nationalstraße 2 verläuft. Auf etwa 45 km geht es von Saint-Pierre über Saint-Joseph bis nach Le Tremblet hinter Saint-Philippe. Ausflüge in die Berge werden vom jeweiligen Ausgangspunkt an der Küste aus beschrieben. Ab Le Tremblet Richtung Norden s. Kapitel Ostküste, S. 240.

Zwischen Saint-Pierre und Saint-Joseph

Petite-Île

Von der N2 in Richtung Saint-Joseph führt die D31 hinauf in den kleinen Ort Petite-Île, der nach einer wahrlich kleinen Insel bzw. eher einem großen Felsen benannt ist, der direkt vor der Küste liegt. *Einzige Insel* Dies ist die einzige „Insel", die direkt zu Réunion gehört. Der Ortskern von Petite-Île liegt auf etwa 400 m über dem Meeresspiegel. Die Gemeinde, die erst 1954 gegründet wurde, ist mit ihren über 12.000 Einwohnern für ihre landwirtschaftliche Produktion bekannt, besonders Zitrusfrüchte und Knoblauch werden angebaut. Das Städtchen hat noch schöne Beispiele kreolischer Architektur aufzuweisen und mit seinem **Piton du Calvaire** eine weithin bekannte Wallfahrtsstätte.

Friedhof am Gipfel des Piton du Calvaire

Auf diese kleine Anhöhe kann man vom Ort aus in rund 20 Minuten spazieren. Von der Hauptstraße biegt man links ab, dem Schild zum Aussichtspunkt Piton du Calvaire folgend; dann wieder links und unterhalb des Friedhofs geradeaus weiterfahren (es geht wieder bergab). Rechts in die Allée des Marguerites und dann direkt wieder rechts in die Impasse des Grevilleas abbiegen, wo sich linker Hand am Ende ein Parkplatz befindet. Der geteerte Weg geht in einen Rasenweg über, an dem man sich der Treppe folgend rechts hält. Nach dem kleinen Häuschen folgt man der Straße, bis man oben zum Friedhof gelangt, der sich auf dem Gipfel befindet. Der 350 m hohe Kalvarienberg mit den Stationen der Passion Christi ist jährlich am 14. September das Ziel von mehreren Zehntausend Gläubigen; aber auch der weite Panoramablick über die gesamte Küste von Saint-Pierre bis Grand Bois, der sich vom Gipfel des Vulkanhügels bietet, ist einen Besuch wert. Mit der Buslinie Alternéo Littoral bis zur Haltestelle Église de Petite-Île und dann der Beschreibung für die Anreise mit dem Auto folgen.

Grande Anse

Die Bucht und der Strand von **Grande Anse** liegen unterhalb der N2; von Saint-Pierre kommend, biegt man kurz nach dem Ende der mehrspurigen Autobahn in einem Kreisverkehr der Beschilderung folgend rechts ab. Mit dem Bus geht es mit der Linie S1 oder S3 der Car Jaune oder der Littoral Alternéo bis zur Haltestelle „Grande Anse" und noch etwa 30 Minuten zu Fuß hinunter zur Bucht.

In der großen Bucht liegt ein herrlicher weißer Sandstrand. In einem kleinen, abgetrennten Becken kann man baden gehen (im offenen Meer sind die Strömungen zu stark, das Schwimmen ist daher verboten). Das mächtige Steingebäude stellt übrigens kein verlassenes Fort der Franzosen dar, sondern einen alten Kalkofen. Während der Woche ist es sehr ruhig hier, am Wochenende und in den Ferien ist der Strand jedoch sehr beliebt für die typischen kreolischen Picknicks. An den Imbissständen kann man erfrischende Getränke sowie Sandwiches und Samosas kaufen. Ein kleiner Parkplatz oberhalb des Strandes ist der Startpunkt für einen kleinen Rundgang zum **Piton de Grande Anse**, der eine herrliche Aussicht auf den Ozean bietet.

Toller Sandstrand

Oberhalb des Strandes von Grande Anse führt die kleine Panoramastraße D30 durch den Weiler Chemin Neuf, vorbei an hübschen kleinen Häusern und Zuckerrohrfeldern und mit Blick auf den Ozean direkt nach **Manapany-les-Bas**. Dies ist eine landschaftlich sehr empfehlenswerte Strecke. Kurz hinter der Brücke mit verengter Fahrbahn kann man am Hinweisschild „Cap de Petite-Île" in knapp 15 Minuten zu einem kleinen Aussichtspunkt hinabsteigen. Dafür folgt man dem Feldweg vorbei am Zuckerrohr. An dessen tiefstem Punkt zweigt rechts ein kleiner Trampelpfad ab, der nur noch wenige Meter weiter runter führt. Von hier hat man eine schöne Aussicht auf die Petite-Île, einen vorgelagerten Felsen, dem der nahe gelegene Ort seinen Namen verdankt.

Auch die N2 führt nach Manapany-les-Bas und durchquert den Ort. Hier ist besonders die **Villa des Brises** sehenswert. In dem denkmalgeschützten Anwesen im Kolonialstil lebte einst die Familie Payet, die auch den Bau der kleinen Kapelle

Der Strand von Grande Anse

Sonnenuntergang über der Bucht von Grande Anse

Sainte Marguerite gegenüber veranlasste. Eine Besichtigung ist derzeit zwar nicht möglich, aber auch von außen ist die Villa ein Blickfang, und wenn das Tor offensteht, kann man einen Blick in den kreolischen Garten erhaschen.

Reisepraktische Informationen Petite-Île und Grande Anse

Unterkunft

Gîtes de Charme Vèrémer 4* *€€, 40 Chemin Sylvain Vitry, Petite-Île, ✆ 0262-936107, mobil: 0693-990515, gites-de-charme-veremer@orange.fr, www.gitesveremer.com. In einem ruhigen Wohnviertel nahe beim Strand Grande Anse liegen unterhalb der N2 auf 160 m Höhe über dem Meer die Gîtes de Charme Vèrémer. Der Pool bietet eine grandiose Aussicht auf den Ozean, und in der gemeinschaftlichen Villa kann man sich Essen zubereiten.*

Palm Hôtel & Spa***** *€€€€, 43 Rue des Mascarins, Petite-Île, ✆ 0262-563030, hotel@palm.re, https://palm.re. Das erste 5-Sterne-Hotel im Süden der Insel (2007 eröffnet) hat 70 Zimmer und bietet jeglichen Komfort. Die einzelnen Bungalows passen sich harmonisch in das landschaftliche Bild des „wilden" Südens oberhalb des Strandes Grande Anse ein. Die Anlage verfügt über drei Restaurants mit musikalischem und kulturellem Programm, eine Bar & Lounge, einen Wellnessbereich sowie zwei Pools.*

Essen und Trinken

Epoca *€€–€€€, 56 Route de Grande Anse Petite-Île, ✆ mobil: 0693-901445, contact@epoca.re, www.epoca.re. Die Schweizerin Stéphanie und der Grieche Georgios* *verwöhnen seit Kurzem ihre Gäste mit Köstlichkeiten aus Küche und Keller. Gutes Restaurant in bester Lage am Strand! Sehr empfehlenswert für den Apéritif.*

L'instant Présent *€€€, 129 Rue Mahé de Labourdonnais, Petite-Île, ✆ 0262-093364. Di–Sa 9–15 und 18–23 Uhr. Kleines, feines Restaurant mit gemütlichem Ambiente. Der neue Chefkoch Dimitri zaubert frische und raffinierte Fischgerichte sowie vegetarische Delikatessen auf den Teller. Reservierung empfohlen.*

L'Oiseau Blanc *€€€, 25 Route de Grande Anse, Petite-Île, ✆ 0262-569517, mobil: 0692-450106. Tgl. 10–15 Uhr und 18.30–20 Uhr. Raffinierte und mal etwas andere kreolische Küche. Das Restaurant liegt an der Straße, die zum Strand von Grande Anse hinabführt, bietet einen einmaligen Ausblick auf den Ozean und man kann herrlich die Pailles-en-queue (Tropikvögel) beobachten. Im Südsommer kann man beim Aperitif den Sonnenuntergang genießen. Für abends Reservierung empfohlen.*

Entspannung

Akéa Spa, *Rue des Mascarins, Grand Anse, Petite-Île, ✆ 0262-564482, https://palm.re/se-ressourcer. Der 380 m² große Wellnessbereich des Palm Hôtel & Spa ist auch für externe Gäste zugänglich. In nahezu perfektem Ambiente kann man mit Blick auf den Ozean bei einer Vielzahl von Wellness-Angeboten entspannen.*

Busse

Anreise mit den Linien S1 oder S3 von Car Jaune oder dem Bus Alternéo Linie Littoral von Saint-Pierre.

Manapany-les-Bains

Von Westen kommend knickt die N2 an der **Ravine de Manapany** ein; von der Brücke ist links noch die alte Eisenbrücke des Güterverkehrs zu sehen. Kurz nach den Obstständen auf der rechten Seite liegt der Aussichtspunkt **Source Lucas** mit einem Picknick-Pavillon und mit gutem Ausblick auf Manapany-les-Bains, einen Stadtteil von Saint-Joseph. Der Beschilderung folgend führt die Route rechts hinunter nach Manapany-les-Bains und weiter rechts dann Richtung Four à Chaux und zum **Bassin Manapany**. Der Name Manapany bedeutet auf Madagassisch so viel wie „der Ort, an dem es viele Fledermäuse gibt". Im Bassin, das durch große Felsbrocken vom Meer und der starken Brandung abgetrennt ist, kann man gut schwimmen, was den fehlenden Sandstrand wieder wettmacht. Manapany gehört zur Schutzzone des grünen Geckos, der im Süden der Insel lebt.

Oberhalb des Bassins liegt der alte Kalkofen **Four à Chaux** von 1854. Er war ausgestattet mit drei Zylindern, die nur über einen Steg zugänglich waren. Diese waren mit der lokalen Zuckerfabrik verbunden. Der Ofen wurde bis zur Schließung der Zuckerfabrik 1900 genutzt, die Bauten sind heute nur noch Ruinen. Von hier zweigt ein kleiner Küstenpfad ab, auf dem man in etwa einer knappen halben Stunde an der Küste entlang und vorbei am Strand Plage de ti Sable bis zum Rivière des Remparts in Saint-Joseph laufen kann. *Ofenruine*

Weiter auf der N2 Richtung Ortskern liegt der Abzweig zum kleinen Strand **Plage de ti Sable**, der nach wie vor sehr unbekannt ist. Der schwarze Sandstrand liegt nur im Südsommer frei, und wegen der starken Strömungen ist das Schwimmen

Das Bassin von Manapany

verboten. Dennoch ist ein Besuch lohnend, um ungestört diese Oase der Ruhe genießen zu können. Auf der N2 in Richtung Osten biegt man nach dem ersten Kreisverkehr nach dem Ortseingangsschild Saint-Joseph (beim Schnellrestaurant Quick) an der ersten kleinen Straße rechts in Richtung Mülldeponie (*déchetterie*) ab. Der Straße folgt man wenige Hundert Meter bis zu den Toren der neuen Industrieanlage. An dieser (bzw. an der Baustelle) zweigt ein kleiner, ausgeschilderter Weg zum Strand ab.

Die N2 führt dann weiter in und durch das Zentrum von Saint-Joseph.

Reisepraktische Informationen Manapany-les-Bains

Information

Office du Tourisme du Sud Sauvage, *15 Allée du Four à Chaux, Manapany-les-Bains, ✆ 0262-373711, contact@otisud.com, www.sudreuniontourisme.fr. Mo–Sa 9–12 und 13–17 Uhr.*

Unterkunft

Gandalf Safari Camp €–€€, *87 Boulevard de l'Océan, Manapany-les-Bains, ✆ 0262-584559, mobil: 0692-407839, info@gandalfsafaricamp.de, www.gandalfsafari camp.de. Das kleine Gästehaus, benannt nach dem hauseigenen Schäferhund, wird geführt von dem deutschen Paar Christina und Claus. Fünf Zimmer sind thematisch nach dem Vorbild unterschiedlicher Kulturen harmonisch eingerichtet, so kann man zum Beispiel zwischen dem arabischen, madagassischen oder chinesischen Zimmer wählen (alle mit Bad). Es steht eine Gästeküche zur Verfügung. Ausflüge können direkt gebucht werden, ebenso Mietwagen oder Flughafentransfer. Außerdem kann man gegen Gebühr Übersetzungsdienste in Anspruch nehmen.*

Essen und Trinken

Chez Jo €€, *Place Luc Donat, Manapany-les-Bains, ✆ 0262-314883. Mo/Do/Fr 10–17, Sa 9–21, So 9–17 Uhr. Restaurant mit Blick auf das Bassin Manapany. Kreolische Gerichte, Gebäck und Sandwiches.*

La Table d'Elvina €€, *13 Rue Martin Luther King, Manapany-les-Bains, ✆ 0262-374062, latabledelvina@gmail.com. Di–Sa mittags und abends, So nur mittags geöffnet. Kreolische und chinesische Tagesgerichte sowie Fleischspeisen. Die Spezialität von Sébastien ist das Rougail Morue aux Chouchoux.*

Busse

Anreise von Saint-Joseph dem CarSud Linie 84 und dem Gecko Bus oder Car Jaune S1 bis Manapany-les-Bains.

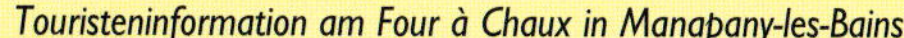

Touristeninformation am Four à Chaux in Manapany-les-Bains

Saint-Joseph und Umgebung

Landwirtschaftliches Zentrum

Etwa 20 km östlich von Saint-Pierre auf der N2 liegt der Ort Saint-Joseph; die **Hauptstadt des Sud Sauvage**, des „wilden Südens", mit gut 38.000 Einwohnern. Die Stadt und die umliegenden Dörfer sind mit ihren fruchtbaren Böden das historische und landwirtschaftliche Zentrum der Insel. Noch heute befindet sich hier die Landwirtschaftsschule. Darüber hinaus ist Saint-Joseph der **südlichste Punkt der EU**.

Die Stadt, die erst 1948 ans Strom- und Wassernetz angeschlossen wurde, entwickelte sich zunächst nur langsam. 1860 zählte sie noch weniger als 7.000 Einwohner. Insbesondere Joseph Hubert, ein Wissenschaftler und Botaniker, trieb im 18. Jahrhundert die Entwicklung der Landwirtschaft voran. Zunächst wurden hier Nelken und Muskat angepflanzt, bevor der allgemeine Aufschwung des Kaffees, des Zuckerrohrs, der Vanille und des Vetiver (zur Parfumherstellung) begann. Die Stadt war lange Zeit schwer zugänglich; der heute längst eingestellte Zug von Saint-Denis endete in Saint-Pierre. Die Zeiten sind vorbei, stattdessen machte der Autoverkehr den Bau einer Umgehungsstraße (N1002) nötig. Diese wartet leider seit 2016 auf ihre Fertigstellung, bislang leitet sie den Verkehr ‚nur' bis an den Ortsausgang von „Saint-Jo", wie die Stadt von den Bewohnern genannt wird. Immerhin ist dadurch das Zentrum mit der Einkaufsstraße von den täglichen Staus befreit und lädt zu einem kleinen Spaziergang ein.

Kreolische Häuser

Saint-Joseph besitzt zwar keine außergewöhnlichen Sehenswürdigkeiten, hat aber entlang der Hauptstraße (Rue Raphael Babet) einige kleine kreolische Häuser be-

Die Kirche von Saint-Joseph

wahren können, die in ihrer bunten Bemalung ein schönes Fotomotiv abgeben. Durch feines Flechtwerk aus den Blättern der Vacoas, das zu Taschen, Hüten, Matten u. Ä. verarbeitet wird, hat sich Saint-Joseph einen Namen gemacht.

Lange hat es in der kleinen Stadt nur eine aus Holz errichtete **Kirche** gegeben. 1851 wurde jedoch eine neuere Kirche aus Stein am gleichen Standort – direkt an der kleinen Fußgängerbrücke über den Rivière des Remparts – eingeweiht. Der Zyklon von 1881 hat diese Kirche stark beschädigt, sodass sie danach in soliderer Form wieder aufgebaut werden musste.

Blick in die Schlucht des Rivière des Remparts

Tipp: Aussicht

In etwa 20 Minuten kann man den **Piton de l'Entonnoir** *besteigen und hat vom Gipfel eine fantastische Aussicht auf Saint-Joseph und die Sud Sauvage Richtung Osten. Mit dem Auto erreicht man den markierten Parkplatz über die D3, die von der neuen Umgehungsstraße oder in Saint-Joseph direkt vor der Brücke über den Rivière des Remparts abgeht und in Richtung Plaine des Grègues führt; mit dem Bus vom Gare Routière Saint-Joseph CarSud mit der Linie 72 bis zur Haltestelle Piton l'Entonnoir. Etwas unterhalb vom Parkplatz bzw. der Bushaltestelle beginnt mit blauen Schildern markiert der Weg, der bis zum Gipfel sehr gepflegt und gut erkennbar ist. Auf dem Gipfel selbst erklärt eine Informationstafel die Aussicht. Hinunter geht es wieder auf dem gleichen Weg.*

Abstecher durch La Rivière des Remparts nach Roche Plate

Der Fluss Rivière des Remparts zählt zu den längsten auf der Insel. Umgeben von hohen Felswänden hatten sich am Ufer bereits 1848 die ersten Siedler niedergelassen, die jedoch immer wieder von Naturkatastrophen vertrieben wurden. Die letzte war eine große Geröllawine in einer Nacht im Mai 1965, die fast bis Saint-Joseph reichte und das Dorf unter sich begrub. Erst im Jahr 1980 wurde in dem kleinen Dorf **Roche Plate** (nicht zu verwechseln mit dem gleichnamigen Dorf im Cirque de Mafate) wieder eine Gîte eröffnet, um Wanderer und Touristen zu beherbergen. Wenige Bewohner leben hier im Rhythmus der Natur und zum Teil von dem, was der nahegelegene Fluss zu bieten hat. Viele kleine Bassins eignen sich gut zum Forellenfischen, sind aber auch beliebte Badestellen. Etliche Hütten sind unbewohnt oder werden nur gelegentlich als Gîtes bewirtschaftet.

Traditionelle Hütte im Dorf Roche Plate

Das Dorf kann auf einer rund vierstündigen **Wanderung** (15 km) erreicht werden, oder aber man fährt mit einem **Allradwagen** (ca. 1½ Stunden, Transfer kann man auch bei der Gîte buchen, s. u.). Zunächst kann man noch auf der gut erkennbaren Schotterpiste gehen; dann wird der Schotterweg kleiner und unwegsamer.

Aufstieg Als Variation kann man auch in weiteren vier Stunden weiter aufsteigen im Tal des Rivière des Remparts bis zum **Nez de Bœuf**, welcher an der Straße zum Vulkan liegt (s. S. 198). Dieser Wanderweg ist nicht viel begangen, aber gut erkenn- und nicht verfehlbar.

Anfahrt: *Von Saint-Pierre kommend hält man sich an dem Kreisverkehr, der direkt über die Brücke ins Stadtzentrum führt, weiter geradeaus und folgt dem Schild „Rivière des Remparts".*

Unterkunft in Roche Plate

Gîte de la Rivière des Remparts €, ✆ *0262-591394, mobil: 0692-683532. Mehrere kleine Bungalows, ausgestattet mit bequemen Holzetagenbetten, reihen sich um eine große Wiese. In einigen davon befinden sich die gemeinschaftlich genutzten Sanitäranlagen. Für das gemeinsame Abendessen steht ein weiterer Bungalow zur Verfügung. Hier servieren Jaqueline Morel und ihr Mann zunächst geröstete Fruchtchips, frischen Fruchtsaft (besonders empfehlenswert ist der Guavensaft in der Saison im September) und Punsch als Aperitif. Zum Essen kommen lokale kreolische Spezialitäten wie Choux de Choca Bleu und Papayakuchen auf den Tisch. Schon frühmorgens lockt der Duft von frisch gebackenen Crêpes zum Frühstück aus dem Bett.*

Reisepraktische Informationen Saint-Joseph

Unterkunft

Bubble Dôme Village €€, *18 Chemin Ligne des Quatre Cent Vingt, Saint-Joseph, ✆ 0263-020005, mobil: 0692-405455, https://bubbledomevillage.com. Die Bubbles sind geräumige, kugelförmige Zelte und mit einfachen, jedoch bequemen Möbeln eingerichtet. Gucklöcher bieten herrliche Ausblicke. Ein Erlebnis, nicht nur für Campingliebhaber. Etwas außerhalb gelegen.*

La Plantation – Chambre d'hôtes €€€, *124 Route de Jean Petit, Saint-Joseph, ✆ 0262-560886, mobil: 0692-335492, contact@la-plantation.re, www.la-plantation.re. Kleines Chambre d'hôtes mit geheiztem Pool und Jacuzzi, geführt von einem sehr herzlichen (englisch sprechenden) französischen Paar. Die fünf Zimmer, darunter ein Familienzimmer, und der Außenbereich sind stilvoll und mit Liebe zum Detail eingerichtet. Besonders gute Aussicht im Zimmer „Océan". Das Frühstück mit vielen selbsthergestellten, köstlichen Zutaten auf der Veranda ist inklusive. Abendessen (bis auf Do und So) auf Vorbestellung. Oberhalb des Ortskerns gelegen.*

Essen und Trinken

Saveur Gourmande €, *117 Rue Raphaël Babet, Saint-Joseph, ✆ 0262-316177. Tgl. 5.30/6–19 Uhr, Di/So ab mittags geschlossen. Gute Bäckerei vor dem Stadtzentrum von Saint-Joseph.*

Les 4 Épices €, *12 Rue du Général de Gaulle, Saint-Joseph, ✆ 0692-696219. Schnellimbiss nahe dem Busbahnhof mit kreolischer Küche, die etwas weniger schwer und fettig ist als anderswo.*

La Caz à Eva €€, *225 bis Rue Raphaël Babet, Saint-Joseph, ✆ 0262-475895. Di–Sa 11.30–14 und 18.30–21.30 Uhr. Burger und (nord)französische Küche – besonders die hausgemachten Pommes haben einen guten Ruf.*

Le Ti Comptoir €€, *15 Rue du Général de Gaulle, Saint-Joseph, ✆ 0262-870721. Di, Do, Fr 12–14 sowie Di–Sa 18.45–22 Uhr. Sehr gutes Restaurant am Stadteingang. Französische Küche aus lokalen Produkten.*

Aktivitäten/Canyoning

Ricaric *bietet Touren in der Umgebung an (s. S. 69).*

Feste/Veranstaltungen

September: *Manapany Festival, Musikfestival, früher mit Surfwettbewerben.*

November: *Fête du Curcuma (Plaine-des-Grègues), Fest der Kurkuma-Wurzel.*

Dezember: *Les Nuits du Piton, Musikfestival zum Gedenken an das Ende der Sklaverei.*

Einkaufen

Wochenmarkt: freitags 6–12 Uhr in der offenen Halle oberhalb des Gare Routière.

Busse

Gare Routière, 2 Rue du Général de Gaulle.

Anreise mit den Linien S1 oder S3 von Car Jaune von Saint-Pierre und Saint-Benoît.

Plaine des Grègues

Routenhinweis

Alternativ zur Küstenstrecke kann man, mit ausreichend Zeit, ab Le Tampon (s. S. 191) oder ab der N2 über die D29 die schöne Route durch das Landesinnere über die D3 nehmen. Über Mont Vert les Bas und Les Lianes (sehenswerte Kirche Notre Dame) geht es durch ein Anbaugebiet von Gewürzen und Geranien. Um nach La Plaine des Grègues zu gelangen, zweigt man an der Kreuzung mit der D32 links Richtung Berge ab.

Unterkunfts-Tipp

La Cour Mont-Vert *€€, 18 Chemin Roland Garros, Mont-Vert Les Bas, ✆ 0262-312110, www.courmontvert.com. Charmante Unterkunft in kreolischem Stil auf 360 m Höhe, die inmitten eines kleinen ökologischen Landbetriebs gelegen ist. Man übernachtet in Bungalows mit eigenem Bad und Terrasse mit Ausblick. 15 Minuten bis nach Saint-Pierre mit dem Auto.*

Um nach Plaine des Grègues zu gelangen, verlässt man die Umgehungsstraße am ersten der beiden Kreisverkehre nördlich der Innenstadt von Saint-Joseph nach Norden und folgt ab hier der D3, bis diese auf die D32 stößt, auf dieser erreicht man das idyllische Dorf **Plaine des Grègues** auf einem Plateau auf etwa 650 m Höhe zwischen der Ravine des Grègues und dem Rivière des Remparts. Besonders bekannt ist das Dorf für seine Produktion von Kurkuma, das auf Réunion auch „safran péi" genannt wird. Dieses orangefarbene Gewürz findet in der traditionellen kreolischen Küche viel Verwendung.

Kurkuma-Zentrum

In der **Maison du Curcuma** kann man sich über dieses lokale Gewürz informieren. Neben einem Film über die Herstellung von der Kurkumawurzel bis zum fertigen Gewürz ist das Haus des Kurkuma eher eine Art Direktverkauf von Kurkumaprodukten sowie anderer lokaler Produkte. Interessant und einmalig ist der Kurkumapunsch. Jedes Jahr im November wird hier die „Fete du Curcuma" gefeiert.

La Maison du Curcuma, *14 Chemin du Rond, Plaine des Grègues, ✆ 0262-375466, mobil: 0692-650468, bonjour@maisonducurcuma.fr. Tgl. 9–12 und 13.30–17 Uhr, Eintritt frei.*

Reisepraktische Informationen Plaine des Grègues

Unterkunft

La Kaz Lizette *€, 12 Rue du Raccourci, Plaine des Grègues, ✆ mobil: 0692-698487, lakazlizette@orange.fr. Kleines Chambre d'hôtes mit Kochmöglichkeit in der oberen Etage des Wohnhauses der freundlichen Gastgeber.*

Essen und Trinken

Le Tangor *€€, 234 Rue Jules Hoareau, Plaine des Grègues, Saint-Joseph, ✆ 0262-562646. Mi–So 11.30–14, Fr–Sa auch 18.30–21 Uhr. Gutes authentisches Res-*

taurant in einem kreolischen Haus. Hier kann man auch den Kaffee Bourbon Pointu degustieren.

Busse
Linie 72 des CarSud vom Gare Routière in Saint-Joseph.

Sportliche Rundwanderung ab Plaine des Grègues: Boucle des Margosiers

Lage: s. Reisekarte F5/6
Länge: 11 km
Höhenmeter: ca. 950
Schwierigkeitsgrad: mittel bis schwer (Rutschgefahr nach Regen)
Dauer: 4½ Stunden
Anfahrt: s. o.

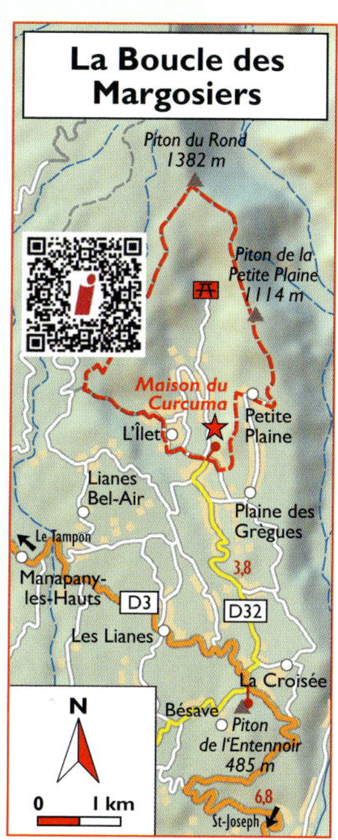

Mit Blick auf die Kirche führt der Rundweg zunächst rechts der Straße lang. Nach ca. 150 m folgt man an der Bushaltestelle links dem Schild „Boucle des Margosiers" auf den Feldweg. Hinter dem Boule-Feld steigt der Weg mit den ersten Treppen an und führt an Kurkumafeldern vorbei. An der Gabelung hält man sich rechts und folgt dem kleinen Trampelpfad an einem Wohnhaus vorbei zurück zur Straße. Von dieser geht nach ca. 150 m ein Feldweg, der auf der Straße mit einem Pfeil markiert ist, nach links ab.

An landwirtschaftlich genutzten Flächen vorbei geht es weiter aufwärts, der Weg wird wieder schmaler und erreicht bald die nächsten Treppen. Auf 1.114 m ist der **Piton de la Petite Plain** erreicht und belohnt mit der Aussicht auf den Rivière des Remparts, den Morne Langevin und das Dorf Grand Coude. Der mit Treppen durchsetzte Weg führt an der Abbruchkante hinauf zum **Piton du Rond** (1.382 m), der weitere Ausblicke in die Umgebung eröffnet. Ab hier geht es auf dem gut erkennbaren Weg „Ligne des Mille" wieder abwärts. Kurz vor Plaine des Grègues liegt der meist trockene Wasserfall Cascade Mottet, dahinter geht es an der Weggabelung links zum Ort. Zurück auf der Straße geht es rechts zum Ausgangspunkt.

Grand Coude

Vom Stadtzentrum Saint-Joseph folgt man der Straße D33 Richtung Jean Petit. Nach zahlreichen Kurven erreicht man nach etwa 13 km die Engstelle **Le Serré**. Um die beiden Aussichtspunkte zu genießen, kann man das Auto an der Straße parken. Auf der linken Seite hat man eine herrliche Aussicht auf den Rivière des Remparts, an dem weiter oben (nicht sichtbar) das Dorf Roche Plate liegt. Den Treppenstufen folgend erreicht man auf der anderen Straßenseite den Aussichtspunkt mit einer atemberaubenden Sicht auf Grand Galet und das grüne Tal der Grande Ravine. Oberhalb thronen die Morne Langevin und die Wände des Foc Foc. Wie

Beeindruckende Aussicht

überall auf Réunion gilt auch hier: Je früher am Morgen man da ist, desto eher hat man die Chance auf klare Sicht.

Das Dorf **Grand Coude** liegt wie eine Insel auf 1.000 m Höhe in den Bergen. Der große Wald, der sich hier einst erstreckte, gehörte zu den letzten, die neuer Anbaufläche für Geranien weichen mussten. Das war 1920. Ab Mitte des 20. Jh. gewann die Teeproduktion an Bedeutung. Die 1960 eröffnete Teefabrik gegenüber der Schule ist zwar mittlerweile geschlossen. Jedoch kann man seit einigen Jahren in Grand Coude im Teelabyrinth **Le Labyrinthe en Champ Thé** auf eine Entdeckungsreise zum Thema Tee gehen. Schon am Eingang wird man von riesigen Bambussträuchern und dem Geruch von Geranien begrüßt. Bei einem Spaziergang durch das Labyrinth erfährt man von Johny Guichard einiges über die seit dem Jahr 2000 wieder bewirtschaftete Teeplantage sowie die Herstellung von Tee und Geranium. Für die Kinder gibt es dazu spielerisch Entdeckungen im Labyrinth. Der weiße Tee kann nicht nur probiert, sondern abschließend auch gekauft werden.

Alles über Tee

Le Labyrinthe en Champ Thé, *18 Rue Emile Mussard, Grand Coude, Saint-Joseph ✆ mobil: 0692-601888, info@enchampthe.com, www.enchampthe.com. Tgl. 9.30–17 Uhr, Führungen um 10, 11, 14 und 15 Uhr (nur mit Reservierung). Eintritt: 5 € Erw./4 € Kinder. Führung: 8,50 € (Dauer etwa 60 Minuten).*

Den oberhalb von Grand Coude liegenden ursprünglichen Wald mit seiner Biodiversität kann man auf einer kleinen Wanderung entdecken. Der **Sentié Maron** führt in ca. 30–40 Minuten zum Eingang in den von menschlichen Einflüssen unberührten Primärwald bis zum Gipfel des Morne Langevin. Dafür biegt man bei der Ankunft in Grand Coude vor der ersten Boutique links ab und folgt dem Straßenverlauf, der rechts abknickt. Etwa 100 m nach der Kirche kann man linker Hand bei den Hinweisschildern zur Wanderung das Auto parken. Der Weg ist im dichten

Unberührter Primärwald

Idylle am Rivière Langevin

Primärwald mit weißen Strichen gut markiert. Zum Schutz der Vegetation befindet sich am Eingang eine Station zur Säuberung der Schuhe (bitte unbedingt beachten!). Bis zur Morne Langevin steigt der Weg etwa 1.400 m an und dauert hin und zurück rund sieben Stunden. Es lohnt sich aber auch, den Wald ganz nach Belieben nur ein kleines Stück zu erkunden.

Reisepraktische Informationen Grand Coude

Unterkunft

L'Eucalyptus *€, 24 Chemin de la Croizure, Grand Coude, ✆ mobil: 0692-035478, eucalyptus.grondin@wanadoo.fr. Mitten im Ort gelegen, zwei nette Zimmer im Haus der Eigentümer (eigenes Bad).*

Busse

Mit dem Bus erreicht man das Dorf Grand Coude vom Gare Routière Saint-Joseph mit dem CarSud Linie 75.

Grand Galet

Hinter Saint-Joseph erreicht man kurze Zeit später den Ortsteil **Langevin**. Von hier biegt man nach der Brücke links, an der Balance Langevin, die Straße hinauf nach Grand Galet ab. An der Balance, was auf Deutsch „Waage" bedeutet, wird noch heute zur Zeit der Ernte das Zuckerrohr gewogen und verladen. Weiter geht die Straße hinauf, entlang dem Fluss Langevin. Hier betreiben Kreolen insbesondere am Wochenende und in den Ferien den beliebtesten Inselsport: das Picknicken. Dazu laden zahlreiche Bassins ein. Direkt zu Beginn der Straße liegt die Vereinigung der Kunsthandwerker, die **Association Les Fleurettes**, in der Materialien der Vacoa-Palme verarbeitet werden. Hier kann man kreolischen Frauen beim traditionellen Flechten von Vacoa zuschauen – und die Produkte direkt kaufen.

Association Les Fleurettes, *Artisanat du Vacoa, 8 Route de la Passerelle, Maison de la Ruralité, Langevin, Saint-Joseph, ✆ 0262-311846, mobil: 0692-031856. Mo–Fr 8–16 Uhr.*

Am Wasserkraftwerk liegt das Flussbett trocken. Die Straße führt weiter durch den Weiler La Passerelle, was übersetzt „Steg"

Am Wochenende ist der Fluss Langevin ein beliebtes Ausflugsziel

Der Wasserfall von Grand Galet

oder „Brücke“ bedeutet. Hier überquert man über zwei kleine Brücken den Fluss. Oberhalb des Weilers liegt ein Wasserfall mit dem **Bassin Trou Noir**. Um diesen zu erreichen, parkt man direkt nach der Brücke an der abgesperrten alten Straße und läuft auf einem ausgetretenen Weg, der zwar nicht ausgeschildert, aber dennoch gut sichtbar ist, bis zum Bassin.

Spektakulärer Wasserfall

Weiter geht die Straße in spektakulären Kurven (Achtung: das Hupen nicht vergessen, um sich bemerkbar zu machen) und führt dann weiter geradeaus, vorbei an Ananas- und Bananenplantagen, Litschibäumen und einer Forellenzucht. Nach weiteren Kurven erblickt man von der Straße aus den spektakulären Wasserfall **Cascade Grand Galet**. Hier lohnt sich ein Halt für ein Foto, auch wenn das idyllische Bild immer öfter von Funsportlern verhangen ist, die den Wasserfall zum Canyoning nutzen. Kurze Zeit später erreicht man das Dorf Grand Galet. Die Bewohner waren im Jahr 1989 nach dem Zyklon Firinga einige Wochen von der Außenwelt komplett abgeschnitten, da die Wassermassen des Flusses die Straße mitgerissen hatten. Die Straße entlang des Rivière Langevin selbst wurde erst 1959 zusammen mit dem Wasserkraftwerk gebaut; genau auf dem Verlauf des alten Fußweges, sodass es heute leider keinen gemütlichen Fußgängerweg entlang des Flusses gibt.

Wanderung Grand Galet – Cap Blanc – Le Grand Pays – La Plaine des Sables

Lage: s. Reisekarte F6
Länge: 12 km
Höhenmeter: 1.800
Schwierigkeitsgrad: mittel bis schwierig
Dauer: 5–6 Stunden
Anfahrt: Am Eingang vom Dorf Grand Galet geht es rechts weiter der Hauptstraße entlang, die sich dann in einen Schotterweg wandelt. Am Ende des Schotter-

weges, an einer Wasserzisterne, ist der Wanderweg schon ausgeschildert; das Auto kann hier abgestellt werden. Anreise mit dem Bus vom Gare Routière Saint-Joseph, Linie 76 CarSud bis zur Endstation Grand Fond fahren und der Straße weiter folgen.

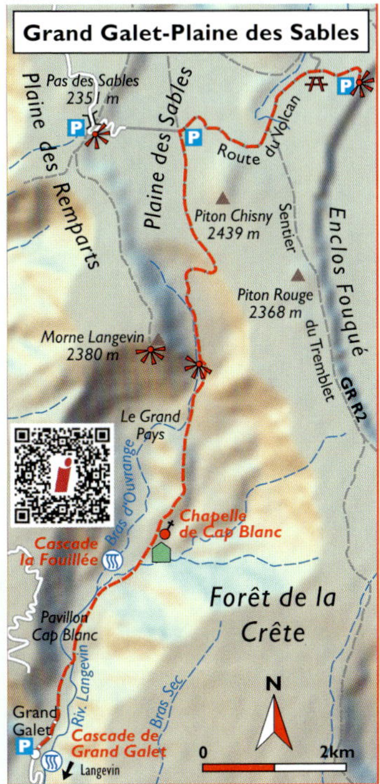

Auf dieser Wanderung geht es vom Dorf Grand Galet im Sud Sauvage hoch zu der Plaine des Sables an der Straße zum Vulkan – eine Wanderung durch die verschiedensten Vegetationszonen der Insel. Auf dem ab dem Parkplatz markierten Wanderweg geht es zunächst noch recht flach auf gut sichtbarem und mit weißen Streifen markiertem Weg vorbei an landwirtschaftlichen Flächen, hauptsächlich Bananenstauden und Ananasplantagen. Zur richtigen Jahreszeit wachsen hier auch Guaven. Es geht weiter über Steine (Vorsicht, teilweise Rutschgefahr; insbesondere nach Regen) und Wurzeln in den Wald hinein, an einer Wasserleitung entlang. Nach kurzer Zeit passiert man einen kleinen Picknick-Pavillon. Ein Pfeiler weist nach etwa 30 Minuten darauf hin, dass man nun das Gebiet des Nationalparks betritt. Nach weiteren 10 Minuten sieht man von einem kleinen Aussichtspunkt mit Holzzaun den Wasserfall **Cascade de Fouillée**. Kurz danach erreicht man die Ebene am Cap Blanc, in der das Flussbett der Grand Ravine breiter wird. Je nachdem, wie viel Wasser der Fluss hier führt, ist der kleine ausgetretene Holzsteg ausreichend oder man muss sich einen Weg über den Fluss suchen. Entweder kann man hier nach einem Picknick umkehren oder vor dem bevorstehenden Anstieg noch eine kleine Pause einlegen und das Wasser auffüllen (später gibt es keine Wasserstellen mehr!).

Weiter ist der Weg gut markiert; Trittwege, die in die falsche Richtung weisen, sind mit einem weißen „X" gekennzeichnet. Nach kurzer Zeit erreicht man eine verlassene Schutzhütte, die von Jahr zu Jahr mehr zerfällt. Diese lässt man rechts liegen und folgt dem Weg über Steine und Wurzeln durch den Filaowald. Eine Ruine, von der nur noch die Grundsteinmauer erkennbar ist, deutet auf die kleine Kapelle hin, die einmal hier gestanden hat. Weiter aufwärts gibt der Weg zwischendurch die Sicht auf die gegenüberliegende Felswand des Waldes und die darüberliegende Ebene Foc-Foc frei. Nach etwa 45 Minuten vom Flussbett aus erreicht man einen ersten freiliegenden Aussichtspunkt, der den Blick hinunter ins Tal ermöglicht.

Auf der kleinen, in 1.200 m Höhe gelegenen Ebene Le Grand Pays steht die Tafel „Courage ...", die auf die bevorstehenden Anstrengungen hinweist. Es geht erst wieder kurz hinunter, bevor der Weg dann lange im Zickzack über spitzes Lavagestein hinaufsteigt.

Auf einer Höhe von etwa 1.760 m endet der schmale Pfad auf einem weiten Lavastrom, von dem aus man – bei klarer Sicht – ins Tal bis nach Grand Galet zurückblicken kann. Zunächst folgt man dem Lavastrom, bevor dann die weißen Markierungen abgehen. Links thront majestätisch der Morne Langevin. Es folgt der letzte steile Anstieg hinauf zur Plaine des Sables; auf der Hochebene angekommen, zeigt eine Hinweistafel den Weg zu den letzten 2 km in Richtung Vulkanstraße, die man nach etwa 45 weiteren Minuten erreicht. Entweder kann man hier in der Gîte du Volcan übernachten (nochmals etwa 45 Min; s. S. 200) oder sich per Anhalter zurück an die Küste mitnehmen lassen.

Langevin

Fischerboote und die Statue Notre-Dame du Bon Port im kleinen Hafen von Langevin

Den alten **Fischereihafen in Langevin** erreicht man, indem man von Saint-Joseph kommend hinter der Brücke rechts in Richtung „La Marine" abbiegt. Anfang des 19. Jh. hat Bory de Saint-Vincent die kleine Anlegestelle entworfen, um die guten natürlichen Bedingungen zwischen dem Lavagestein nutzbar zu machen. Hier konnten die Pirogen der Fischer einfacher ins Wasser gelassen werden. Wenn die See bei der Heimkehr jedoch zu rau war, mussten die Fischer manchmal weiter bis Saint-Philippe oder gar Sainte-Rose fahren, um an Land zu gelangen, da sie sonst zerschellt wären.

Noch heute fahren an seltenen Tagen, wenn das Meer sehr ruhig ist, Fischer von hier raus. Mit ganz viel Glück kann man bei einem Besuch des Hafens am frühen Nachmittag die Fischer bei der Rückkehr sehen, wobei es dann ganz plötzlich in dem sonst so ruhigen Hafen lebendig wird. Seit 1959 wacht die Statue der Notre-Dame du Bon Port über den kleinen Fischerhafen von Langevin.

Vincendo

Schwarzer Strand

Weiter Richtung Osten erreicht man auf der N2 etwa 5 km nach Saint-Joseph das kleine Dorf **Vincendo**. Der Dorfkern selbst bietet außer einer Handvoll von Geschäften keine touristischen Attraktionen. Jedoch gibt es einen schönen Küstenabschnitt mit schwarzem Sand und Lavagestein. Dafür biegt man von Saint-Joseph kommend im Kreisverkehr hinter der Shell-Tankstelle an dem Picknick-Schild „La Marine“ rechts ab und folgt dem Straßenverlauf bergab.

Im Südsommer findet man hier einen Strand mit schwarzen Sand; im Südwinter jedoch ist der Strand voll mit großen Kieselsteinen. Die wilde, fast zerstückelt wirkende Felsküste ist gesäumt von Vacoa-Palmen. Der Weg zur **Felsformation Terre Rouge** beginnt gut sichtbar, aber nicht speziell markiert, zu Beginn des Picknickplatzes inmitten der Vacoa-Palmen. Dafür muss man etwa bei dem offiziellen „Camping Interdit“-Schild einbiegen. Dann folgt man den weißen Punkten auf dem Lavagestein, die den Weg markieren. Nach etwa 15 Minuten erreicht man einen Aussichtspunkt mit Blick auf die geologische Felsformation Terre Rouge, eine etwa 50 m hohe Felswand, die in gelb-ockernen Farbtönen schimmert. Links führt ein kleiner, sehr steiler Weg hinunter in die Bucht, der nur für Trittsichere begehbar ist. Auf dem gleichen Weg geht es zurück zum Ausgangspunkt.

Die Felsformation Terre Rouge

Reisepraktische Informationen Langevin und Vincendo

Unterkunft

Ferme-Auberge Les Desprairies *€–€€, 44 Route de Matouta, Saint-Joseph (hinter Vincendo links auf die D37 abbiegen, dann Beschilderung ab Vincendo folgen), ✆ 0262-372027, mobil: 0692-646170, matouta@wanadoo.fr. Etwas abgelegener Bauerngasthof mit sechs einfachen Zimmern (mit Bad), idyllisch inmitten der Natur gelegen. Abendessen (aus Produkten aus eigener Herstellung) nur nach Vorbestellung.*

Chambre d’Hôte Rougail Mangue *€€, 12 Rue Marcel Pagnol, Vincendo, ✆ 0262-315509, mobil: 0692-202163, contact@rougailmangue.com, www.rougailmangue.com. Zimmer in verschiedenen Größen, in warmen Farben gehalten. Gartenanlage mit Pool und Jacuzzi mit Blick auf den Ozean. Zentral an der N2 gelegen, dabei aber ruhig.*

La Rose du Sud *€€, 4 Rue Gabriel Macé, Langevin, ✆ 0262-688556, www.larosedusud.com. Einladende Unterkunft mit komfortabel eingerichteten Bungalows (für Familien bis zur vier Personen) sowie Gästezimmern. Pool. Gutes Frühstück mit einer großen Obstauswahl (nicht im Preis inbegriffen). Auf Wunsch wird ein leckeres Abendessen serviert. Sehr hilfsbereite Gastgeber.*

L’Arbre de Vie *€€, 1 Allée des Rameaux, Vincendo, ✆ 0262-778430, mobil: 0693-823380, www.larbredevie-reunion.fr. Zentral gelegenes, einfaches Bed and Breakfast mit vier Zimmern (2–5 Betten). Gesellige Atmosphäre. Im kleinen, wilden Garten gedeihen al-*

lerhand Früchte und Pflanzen. Zum Frühstück und vorbestelltem Abendessen (auch vegetarisch oder vegan) kommt viel Obst und Gemüse auf den Tisch, meist in Bio-Qualität.
Les Grands Monts *€€€, 2a Impasse Sabine, Vincendo, ✆ mobil: 0692-398554, lesgrandsmonts974@gmail.com. Sehr schöne Unterkunft in einem historischen Gebäude aus dem Jahr 1826. Ursprünglich wurde es als Pferdestall genutzt, danach als Rumdestillerie und als Schule. Die vier Zimmer sind überwiegend mit antiken Möbeln eingerichtet, bei zwei Zimmern befindet sich das Bad direkt mit im Zimmer. Schöner Garten mit Pool. Auf Vorbestellung bereitet Marina auch Abendessen zu.*
Terre Rouge *€€€, 28 Chemin Terre Rouge, Vincendo, ✆ mobil: 0692-224620, www.terre-rouge.re. Drei luftige Bungalows mit stilvoller Ausstattung in einem Mix aus Tradition und Moderne in einem wunderschönen Garten. Teilweise mit Außen-Badewanne. Es werden auch Massagen angeboten.*

Essen und Trinken

Chez Reine Lys *€, 176 Rue de la Passerelle, Langevin, ✆ mobil: 0692-070946. Mo–Sa 10.30–15, So 9–17 Uhr. Kreolische Spezialitäten, besonders große Auswahl an Caris, auch chinesische Gerichte. Oft finden auch Tanzveranstaltungen statt, und mit etwas Glück kann man neben dem Essen ein traditionelles kreolisches Fest erleben. Wer doch lieber am Fluss essen möchte, kann hier auch das Cari für ein Picknick mitnehmen, das man direkt nebenan am Bassin Dinan verzehren kann.*
Restaurant le Nirvana *€€, 1 Impasse de la Digue, Langevin, ✆ mobil: 0692-359109. Do–Sa und Mo 11.30–21 sowie Di/So 11.30–17 Uhr. Einfaches Restaurant mit raffinierter kreolischer Küche, die auch lokale Produkte wie Vacoa, Palmiste oder Papaya integriert. Schöne Lage direkt am Felsen mit toller Aussicht.*

Busse

Mit dem Bus CarSud Linie 77 von Saint-Joseph bis Vincendo La Marine oder mit dem Car Jaune S1 bis Vincendo Église.

Zwischen Saint-Joseph und Saint-Philippe

Basse Vallée

Auf der N2 von Saint-Joseph kommend ist Basse Vallée der erste Ortsteil der Kommune von Saint-Philippe. Das **Cap Méchant** ist von hier bereits ausgeschildert. Von hier aus hat man eine beeindruckende Aussicht auf die Brandung, die unablässig gegen die Steilküste stürmt.

Cap Méchant

„Hinterhältiges Kap“

Der Legende nach sind am Cap Méchant, was übersetzt so viel wie die „gemeine Felszunge“ bedeutet, viele Seefahrer verschollen. Dass das Kap die Bezeichnung „hinterhältig“ trägt, kann daher aus der Perspektive der damaligen Seefahrer verstanden werden. Sie waren es, die unter der wilden Küste, den Riffen und den scharfkantigen Lavaklippen zu leiden hatten und oft Ladung, Schiffe und Leben verloren. Da viele Seefahrer vergangener Jahrhunderte Piraten waren, die in der Einöde der südöstlichen Küstengebiete ihren Unterschlupf hatten, haben sich Sagen (vielleicht ja auch Wahrheiten) über die hier gekenterten Schiffe und untergegangenen Schätze bis heute erhalten. So wird auch die Existenz zweier Brunnen (die wohl im 19. Jh. angelegt worden sind) mit den Piraten verknüpft. Daher müssen der Puits des Anglais und der Puits des Français wahlweise als Schatzkammer oder Schauplatz mancher Schauergeschichte herhalten.

Seit vielen Jahren versucht hier eine überaus gläubige Frau, Madame Colette oder auch „La folle de Cap Méchant" genannt, die Besucher von ihren Ansichten zu überzeugen. Wer diesem Redeschwall entgehen will, dem bleibt nichts anderes übrig, als stur weiter die Landschaft zu genießen.

Vacoa-Bäume am Puits des Anglais

Etwas hinter dem Cap Méchant liegt der **Puits des Français**, ein altes Sammelbecken für Süßwasser. Von hier kann man den Schildern folgend an der Küste entlang bis zum nahe gelegenen **Puits des Anglais** in **Le Baril** laufen. Hier befinden sich ein schönes Picknickgelände sowie ein natürliches Schwimmbecken, das durch Felsen vom Meer abgetrennt ist. Auch der künstlich angelegte Meerwasserpool, nach Umbau im Frühjahr 2023 wieder neu eröffnet, eignet sich für eine Erfrischung (*geöffnet tgl. außer Mo/Do 9–12 und 13–18 Uhr*).

Reisepraktische Informationen Le Baril und Basse Vallée

Unterkunft

Coco Vanille *€€, 68 Rue Labourdonnais, Basse Vallée, Saint-Philippe, ✆ 0262-931876, mobil: 0692-945112, contact.cocovanille.974@gmail.com, www.coco-vanille.com. Gemütliches Chambre d'hôtes mit vier Zimmern und schönem Garten mit Pool.*

Hôtel les Embruns du Baril *€€–€€€, 62 Route Nationale 2, Le Baril, ✆ 0262-200717, mobil: 0692-721725, lesembrunsdubarilreunion@gmail.com, https://les-embruns-du-baril.amenitiz.io. Kleines, kreolisch geführtes Hotel mit Terrasse und Pool direkt zum Meer hin. Modern, aber spartanisch-rustikal eingerichtet. Eindrücklich ist die exponierte Lage zum Meer. Gutes Restaurant, Tipp: der Salade de Palmiste (Palmenherzensalat)!*

Essen und Trinken

Etoile de Mer *€€, 40 Route Labourdonnais, Saint-Philippe, ✆ 0262-370460. Tgl. 11.30–14.30 Uhr. Nicht das schönste Lokal, aber gute kreolische Küche und die lokale Spezialität: Salade de Palmiste.*

Handwerkskunst

Maison de la Tresse et du Terroir, *8 Route Nationale 2, Le Baril, Saint-Philippe, ✆ 0262-734519. Mo–Fr 8–12 und 13–16.30, Sa ab 8.30 Uhr. In der Vereinigung von Kunsthandwerkerinnen werden Workshops im traditionellen Vacoa-Flechten angeboten. Hierbei können sich die Teilnehmer ihre eigenen Souvenirs aus dem Schraubenbaum erstellen. Als Besucher auf der Durchreise kann man auch einfach diesem traditionell-handwerklichen Treiben zuschauen.*

Busse

Anreise mit dem Bus Car Jaune Linie SI von Saint-Joseph bis Haltestelle „Case Basse Vallée" und zu Fuß in Richtung Ozean hinunter.

Wanderung durch das Vallée Heureuse

Lage: s. Reisekarte G6
Länge: ca. 9 bzw. 22 km
Höhenmeter:
Schwierigkeitsgrad: je nach Route leicht bzw. schwer
Dauer: 3½–4 bzw. 8–9 Stunden
Anfahrt: Nach dem Ortseingangsschild Le Baril geht es nach der Kirche links in die Straße Richtung Vallée Heureuse und etwa 20 Minuten der Beschilderung folgend bergauf. Der Parkplatz liegt links vor der Gabelung („Parking Aire d'Accueil").
Anreise mit dem Bus Car Jaune Linie S1 von Saint-Joseph bis Haltestelle „Case Basse Vallée"; dann der Beschilderung des Wanderweges GR 2 folgen.
Achtung: Von hier bis zum Ausgangspunkt der eigentlichen Wanderung sind es noch zwei Stunden.

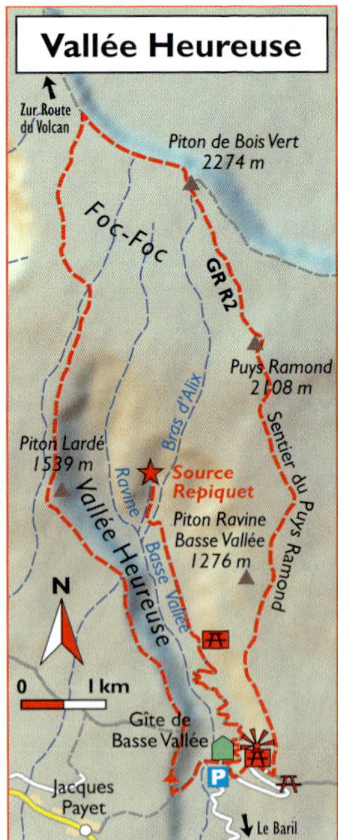

Auf der N2 erreicht man den Ortsteil Le Baril. Das oberhalb liegende **Vallée Heureuse** kann man entweder sportlich auf dem Rundkurs bis hinauf zum Vulkankessel umrunden, oder in einer weniger anstrengenden Tour im Tal selbst – auf der Suche nach dem Glück – die **Quelle Repiquet** entdecken.

Die Wanderung zur **Source Repiquet** dauert im Gesamten etwa 3½–4 Stunden. Zu Fuß geht es dafür links weiter die Straße hinauf entlang der Hinweisschilder „Refuge de Basse Vallée". Der Forststraße folgt man 45 Minuten bis zum Picknick-

Das grüne Vallée Heureuse

platz. Der Weg geht dann, gekennzeichnet mit einer kleinen Markierung mit gelbem Pfeil, in den Wald hinein. Über Wurzeln und Lavagestein ist der Weg gut sichtbar, aber nicht markiert. Nach etwa 15 Minuten gelangt man zu einem kleinen Flussbett, hier geht man rechts weiter entlang einer Wasserleitung, der man den ganzen Weg entlang etwa 60 Minuten folgt. Am Ende des Weges gelangt man in ein trockenes, größeres Flussbett mit Blick auf die grünen Berge des Vallée Heureuse. Etwas schwierig zu finden geht der Weg weiter bis zur Quelle Repiquet. Man steigt etwa 20 m im Flussbett hinab und geht dann wieder an der Wasserleitung entlang steil bergauf bis zur Quelle. Es geht auf dem gleichen Weg zurück zum Ausgangspunkt.

Für die sportliche **Umrundung des Vallée Heureuse über den Piton Bois Vert** sollte man sehr früh aufbrechen und etwa 8–9 Stunden einplanen, denn es werden auf etwa 22 km 1.800 Höhenmeter bezwungen. Bei guten Sichtverhältnissen wird man oberhalb des Tals am hufeneisenförmigen Kraterrand des Vulkans mit einer gigantischen Aussicht belohnt – und diese muss man nicht wie am Pas de Bellecombe mit einer Vielzahl von Menschen teilen.

Der Ausgangspunkt ist der gleiche wie bei der obigen Wanderung. Für den Einstieg hält man sich etwas unterhalb der eigentlichen Gîte, nahe den anderen Gebäuden, von der Straße links. Ein kleines Schild weist den Weg und es geht direkt in den Wald. Der erste steile Anstieg lässt nicht lange auf sich warten; es geht die Seitenwand des Vallée Heureuse hinauf. Oben angekommen gabelt sich der Weg; wir halten uns rechts Richtung Vulkan. Es geht weiter bergauf, stets an der Kante

Aussicht auf den Vulkankrater

der Schlucht entlang. Vereinzelt hat man Aussicht auf das Tal und mit Blick zurück auf Saint-Philippe mit den umliegenden Wäldern und dem Ozean. Der Piton Lardé eignet sich zu einer wohlverdienten Verschnaufpause; etwa 1.000 m Anstieg liegen schon hinter einem. Es geht weiter bergauf, stets geradeaus. Der Weg wird allmählich flacher, die Vegetation karger. Man erreicht den Krater des Vulkans und wird (hoffentlich) belohnt mit gigantischen Aussichten auf den Vulkankessel.

Es geht weiter am Krater entlang bis zum Piton Bois Vert. Spätestens hier sollte man eine ausgiebige Rast einlegen und die Beine entspannen, bevor der Abstieg beginnt. Der Weg gabelt sich, hier hält man sich rechts auf dem GR 2 zurück in Richtung Gîte de Basse Vallée. Wir passieren den alten, kleinen Vulkankessel Puys Ramond. Der Weg über altes, spitzes Lavagestein ist mühsam und es gibt keinen Schatten. Es geht weiter bergab, der Weg nähert sich wieder dem Tal. Nahe der Straße stößt man auf die ersten Picknick-Pavillons; auf der Straße angelangt hält man sich rechts und gelangt so zurück zum Ausgangspunkt.

Unterkunft

Gîte de Basse Vallée €, *Bénard Brice, La Vallée Heureuse - Route Forestière de Basse Vallée, ✆ 0262-373625, mobil: 0692-233193. Reservierung online unter www.reunion.fr/reserver. Die mit Schindeln verzierte Wanderhütte liegt auf 660 m Höhe in einem Tannenwald. In drei einfachen Schlafsälen können insgesamt 16 Personen schlafen. Auf Reservierung kann man abends gemeinsam am großen Tisch frisch gekochte kreolische Gerichte genießen und den Tag in Ruhe vor dem großen Kamin ausklingen lassen. Der ideale Ort, um die Ruhe im Vallée Heureuse vor oder nach der Wanderung zu genießen. Gleiche Anfahrt wie zur Wanderung.*

Saint-Philippe

Saint-Philippe ist eine kleine Gemeinde mit ca. 5.000 Einwohnern. Dominiert vom immer noch aktiven Vulkan Piton de la Fournaise (s. S. 198), sind besonders die östlichen Ortsteile geprägt von Lavaausbrüchen. Der letzte große Ausbruch mit Lavaflüssen bis zur Küste ereignete sich 2007. Neben dem Lavagestein sind es die Vacoa-Bäume, die das Bild von Saint-Philippe prägen.

Le Jardin des Parfums et des Epices

Im Wald oberhalb des Ortsteils Mare Longue, den man auch über die N2 erreicht, auf über 800 Jahre altem Lavagestein liegt der Garten Le Jardin des Parfums et des Epices mit tropischen Parfum- und Gewürzpflanzen. Patrick Fontaine gibt seine Begeisterung für die Flora und Fauna der Insel – wie zum Beispiel Vetiver, Geranium, Vanille, Kardamom, Ylang-Ylang und viele weitere – an Touristen und Schulklassen weiter. Auch kann man sich hier Tipps holen zur Anwendung von medizinischen Pflanzen. Am Ende der Führung kann man saisonale Früchte probieren.

Duftende Pflanzen

Le Jardin des Parfums et des Epices, *7 Chemin Forestier, Mare Longue, Saint-Philippe, ✆ 0262-370636, mobil: 0692-660901, fontaine.patrick.e@orange.fr, www.jardin-parfums-epices.com. Mo–So 9–17 Uhr, Führungen jeweils um 10.30 und 14.30 Uhr auf Reservierung, Dauer 90 Minuten. Ein Besuch ist auch ohne (französischsprachige) Führung möglich, eine Voranmeldung ist zu empfehlen. Eintritt 7 € Erw. und 4 € Kinder, unter 6 Jahren kostenlos. Mit Führung 10 €.*

Die Nationalstraße 2 bei Saint-Philippe

Pointe de la Table

Am **Pointe de la Table** kann man auf einem etwa einstündigen Rundkurs die Vulkanologie auf Réunion entdecken. Mit dem Auto geht es dafür weiter Richtung Saint-Benoît bis zur Beschilderung „Puits arabe – Jardin volcanique“ oder mit dem Bus Car Jaune Linie S1 von Saint-Pierre bzw. Saint-Joseph bis Haltestelle „Puits arabe“ und zu Fuß bis zum Parkplatz.

Vom Parkplatz startet der Rundweg; der **Puits arabe**, der „Brunnen der Araber“, liegt etwas versteckt am Straßenrand. Er soll von arabischen Seefahrern als Süßwasservorrat benutzt worden sein. Wenn es stimmt, dass diese Anlage von arabischen Pionieren im 12. Jahrhundert angelegt worden ist, wäre dies das mit Abstand *Ältestes Gebäude* älteste „Gebäude“ des gesamten Maskarenen-Archipels. Seltsam ist jedoch, dass ausgerechnet der Brunnen nicht von den Lavaflüssen und aus dem Untergrund hervorquellenden Lavamassen berührt worden ist.

Verschiedene Informationstafeln geben Erklärungen zum Lavagestein und zum Ausbruch des Piton de la Fournaise im März 1986 (leider nur auf Französisch). Der Rundweg ist mit in Lavagestein eingelassenen Keramikplatten, die ein rotes, geschwungenes „i“ zeigen, markiert. An einigen Stellen sind diese schwer zu finden, sonst ist der Weg aber leicht zu erkennen.

Am Pointe de la Table fühlt man sich in eine bizarre, fremde Welt versetzt: auf der einen Seite das Meer, das wild gegen die Lavaklippen anbrandet; auf der anderen

Pointe de la Table

Seite der immergrüne Wald, der an dieser Stelle besonders viele Vacoas und Drachenbäume aufweist; dazwischen eine Mondlandschaft, die an Island denken lässt – erstarrte Lavaformationen, die so aussehen, als seien sie erst gestern abgekühlt; schwarzer Sand, der bei heftigem Wind aufgewirbelt wird, und merkwürdige Risse, Spalten, Absätze und Terrassen, die an eine gigantische Architektur denken lassen.

Fremde Welt

Über spitzes Lavagestein geht es etwas oberhalb bis zum Pointe de la Table; der Rückweg führt direkt an den Felsen der Küste entlang.

Weitere Infos zu Le Grand Brûlé s. Kap. Osten, S. 241.

Als Variation kann man dem Küstenwanderweg auch weiter Richtung Norden in etwa zwei Stunden bis **Le Vieux Port**, dem alten Hafen von Le Tremblet folgen. Heute ist dort ein schwarzer Sandstrand, an dem man aber nicht schwimmen kann. Viele Jahre hat sich hier der See-Elefant „Alan“ zur Rast niedergelassen; seit inzwischen langer Zeit wartet man jedoch vergeblich auf seine Rückkehr.

Weiter auf der N2 Richtung Osten wird dem Besucher im **Escale Bleue – Atelier Vanille** anschaulich die Verarbeitung der Vanillepflanzen zu verkaufsfertigen Vanilleschoten, wie man sie überall auf den Märkten findet, nähergebracht. Aimé Leichning erzählt mit viel Leidenschaft auch von anderen Pflanzen auf dem Gelände und lädt gerne zu Kostproben ein.

Alles über Vanille

Escale Bleue – Atelier Vanille, *Aimé Leichning, 7 Route Nationale 2, Le Tremblet, Saint-Philippe, ✆ 0262-370399, http://escale-bleue.fr. Boutique: Mo–Sa 9.30–12 und 13.30– 17.30 Uhr. Führung (ca. 30–45 Min., auch auf Englisch) in der Zeit von Mo bis Sa 9.30–11 und 13.30–16.30, Erwachsene 5 €, Kinder 3 €.*

Die Bourbon-Vanille

info

Die Vanille ist eine Orchidee, und zwar die einzige von etwa 20.000 Orchideenarten, die als Gewürz genutzt wird. Hierzulande kennt man sie als Bourbon-Vanille aus den Supermärkten. Sie wächst entweder im Unterholz des Regenwaldes, wo sie sich kunstvoll an Vacoas, Filaos usw. hochrankt, oder in Plantagen, wo man entsprechende Wirtspflanzen in einer Reihe zum Hochranken bereitgestellt hat. Ihr Ursprungsgebiet ist nicht etwa der Raum des Indischen Ozeans, sondern Mittelamerika, wo sie bereits den Azteken als „Tlilxochitl“ bekannt war. Die spanischen Eroberer nannten sie einfach „die Schote“ – span.: *vaina*, Verkleinerungsform: *vainilla*. Hernán Cortés bekam bei einem Essen mit Montezuma II. zum Nachtisch ein braunes Getränk in goldenen Schalen serviert, das ihn betörte und beeindruckte. Es war Vanille mit Kakao, die wohl edelste Verbindung der Gewürzorchidee. Schnell wurde die Vanille auch in Europa bekannt, wo ihr stärkende und aphrodisische Kräfte nachgesagt wurden. In zahlreichen Klöstern war deshalb das „Liebesgewürz“ verboten ...

Viele (u. a. Alexander von Humboldt, 1811) versuchten, die Vanillekultur aus Mexiko auch anderswo heimisch zu machen, aber die Holländer auf Java, die Franzosen auf Réunion oder die Europäer in ihren fürstlichen Treibhäusern brachten die Pflanzen zwar zur prächtigen Blüte, nicht aber zum Tragen von Früchten. So konnte auch 1819, als einige Vanillepflanzen die Passage zwischen Mexiko und Réunion überlebt hat-

info

ten, das Gewürz dennoch nicht genutzt werden: Die natürliche Bestäubung durch Kolibris oder bestimmte Insekten fand nicht statt, und man hatte bislang noch keinen Weg zur künstlichen Bestäubung gefunden.

Auf Réunion gelang dem zwölfjährigen Sklaven Edmond Albius jedoch 1841 erstmalig ein künstliches Befruchtungsverfahren: Mit der Hand oder mittels einer schmalen Bambusspitze wurden bei den geöffneten Blüten die Staubgefäße auf die Blütennarbe gedrückt. Nach dem gleichen Verfahren geht man auch heute noch vor, wobei die kurze Zeit zwischen natürlicher Blütenöffnung und Verblühen ein tägliches Kontrollieren der Pflanzen notwendig macht. Diese Erfindung schenkte Albius die Freiheit und der damaligen Île Bourbon ein in der ganzen Welt geschätztes Ausfuhrprodukt: die Bourbon-Vanille!

Vanilleschoten bei der Trocknung

Durch das Bestäuben von Hand wurde der Ertrag natürlich enorm gesteigert, gleichzeitig aber auch der Preis gedrückt. Réunion exportierte bereits 1848 die ersten 50 kg ins Mutterland und erreichte 1898 die Rekordmarke von 200 Tonnen. Im Jahre 1908 wurden beispielsweise im Deutschen Reich mehr als 40.000 kg Vanilleschoten verkauft, zum Preis von damals 14 Reichsmark pro kg.

Das synthetische Vanillin hat auf der ganzen Welt inzwischen die originale Vanille zurückgedrängt, ohne allerdings auch nur annähernd deren Geschmacks- und Duftvielfalt erreichen zu können. Deswegen ist der Name Bourbon-Vanille bis heute ein herausragendes Qualitätsmerkmal geblieben. Neben der Verwendung als Gewürzpflanze beim Kochen und Backen ist die Pflanze auch für ihre medizinische Wirkung bekannt. So hilft sie zum Beispiel bei Magenschmerzen oder Verdauungsproblemen und soll stimulierend wirken.

Das kreolische Liebeslied „P'tite fleur fânée" (*La petite fleur vanille* = „die kleine Vanilleblume") kann als inoffizielle Hymne der Insel bezeichnet werden. Mit rund 30–40 t Vanilleschoten wird Réunion derzeit auf dem Weltmarkt nur von Madagaskar, den Komoren, Indonesien und Polynesien übertroffen, wo die Produktionskosten aufgrund von geringeren Arbeitslöhnen um ein Vielfaches niedriger liegen.

Die Arbeitsvorgänge, die sich über ein ganzes Jahr hinziehen, sind im Einzelnen:

1. Die grünen Vanilleschoten werden eingesammelt.
2. Es folgt ein dreiminütiges Bad in 65 °C heißem Wasser.
3. Die Schoten werden in Tücher gewickelt und in „Schwitzkästen" aufbewahrt, dabei verfärben sie sich dunkelbraun.
4. In drei Stufen wird die Vanille getrocknet: zuerst eine Woche jeweils drei Stunden täglich im 65 °C heißen Luftofen; dann eine Woche jeweils fünf Stunden täglich im Freien unter Sonneneinstrahlung; schließlich einen Monat in luftdurchlässigen Kisten an der frischen Luft.
5. Die Schoten werden 8 Monate auf Holzpaletten aufbewahrt, während sich ihr Aroma entfaltet; dabei findet jede Woche ein Geschmackstest statt.
6. Die Vanilleschoten werden gewogen, gemessen und in gleiche Bündel verpackt.
7. Die Vanille wird in Schotenbündeln, pulverisiert oder als gewobenes Gebinde angeboten; der kommerzielle Vertrieb kann beginnen.

Reisepraktische Informationen Saint-Philippe

Information

L'Office de Tourisme de Saint-Philippe, *4IA Rue Leconte Delisle, Saint-Philippe, ✆ 0262-977584, contact@otisud.com, www.sudreuniontourisme.fr. Mo–Fr 9–12 und 13–17 Uhr.*

Unterkunft

Chambres d'hôtes Le Crabe sous la Varangue €€, *Catherine Boyer, 1 Route Nationale 2, Le Tremblet, Saint-Philippe (außerhalb der Stadt an der N2), ✆ 0262-989185, mobil: 0692-921356, lacazboyer@laposte.net, http://crabevarangue.canalblog.com. Farbenfroh und individuell eingerichtete Zimmer mit eigenem Bad. Die gemütliche Veranda und der großzügige Gartenbereich laden zum Verweilen ein. Abendessen kann auf Wunsch zubereitet werden (außer Mi und So). Guter Ausgangspunkt für Aktivitäten an den Lavaströmen.*

Essen und Trinken

La Bicyclette Gourmande €–€€, *43 Rue Leconte Delisle, Saint-Philippe, ✆ mobil: 0693-937193. Serviert werden kreolische, chinesische und französische Gerichte sowie Pizza aus dem Holzfeuerofen. Speisen kann man entweder im klimatisierten Innenraum oder auf der einfachen, aber schön eingerichteten Veranda mit Ventilator. Das Restaurant liegt direkt an der N2, nahe dem Rathaus in Saint-Philippe.*

La Mer Cassée €–€€, *102 Route Nationale 2, Mare-Longue, Saint-Philippe, ✆ 0262-465618. Do–Mo 11.30–14, Di bis 15, So bis 15.30 Uhr. Einfache, schnelle, aber gute Küche mit Salaten, Gegrilltem und Caris. Schöne Terrasse auf der anderen Straßenseite, direkt an den Felsen zum Ozean hin.*

Chez Moustache et Rose-May €€, *9 Route National 2, Le Tremblet, Saint-Philippe, ✆ mobil: 0692-332703. Tgl. mittags geöffnet. Kleines Lokal direkt an der Straße mit täglich wechselnden Caris, z. B. Cari d'oeufs (mit Eiern) oder Cari zourite (mit Tintenfisch). Sehr empfehlenswert auch hier der Palmenherzensalat!*

Aktivitäten

LAVATUNNELFÜHRUNGEN

Volcanorun, *✆ mobil: 0692-162090, contact@tunnelsdelave.re, www.tunnelsdelave.re. 2–3-stündige Tunnelführungen mit Informationen zur Vulkanologie und Geomorphologie. Führungen ab 50 €.*

Feste/Veranstaltungen

August: *Fête du Vacoa, Fest des lokalen Baums Vacoa.*

Busse

Anreise mit der Linie S2 des Car Jaune von Saint-Pierre oder Saint-Benoît, der alle Ortsteile von Saint-Philippe durchquert.

8. DIE OSTKÜSTE MIT DEN TALKESSELN SALAZIE UND MAFATE

Die Ostküste, die „côte au vent", ist regenreicher als die Westküste, daher ist die Flora hier üppiger, grüner und bunter. Die zahlreichen Flüsse bieten beste Voraussetzungen zum Kayaking, Rafting, Canyoning und Flusswandern. Die fruchtbaren und nährstoffreichen Böden eignen sich hervorragend für die landwirtschaftliche Produktion, somit prägen ausgedehnte Zuckerrohrfelder das landschaftliche Bild des Ostens. Die Region wird insbesondere von Kreolen indischer Prägung bewohnt. Insgesamt ist die Besiedelung hier aufgrund der landschaftlichen und klimatischen Bedingungen jedoch weniger dicht. Mehr als die Hälfte der Fläche zählt zum Gebiet des UNESCO-klassifizierten Nationalparks. An der Küste im Nordosten der Insel – zwischen Saint-André und Bras-Panon – befindet sich die einzige Zufahrt zum Talkessel Cirque de Salazie, der sich durch sein feuchtes Klima, die üppige Vegetation und viele Wasserfälle auszeichnet. Der Talkessel Cirque de Mafate ist der ursprünglichste Teil der Insel, er ist für den Autoverkehr nicht zugänglich, sondern nur auf verschiedenen Wanderwegen zu erreichen.

Redaktionstipps

- Entlang der Straße **Le Grand Brûlé** die Spuren des Ausbruchs des Piton de la Fournaise in Augenschein nehmen (S. 241).
- Am Hafen von **Sainte-Rose** verweilen und den überwältigenden Ozean auf sich wirken lassen (S. 244).
- Bei einem Picknick am **Jardin Eden** die Ruhe und die Aussicht auf die Ostküste genießen (S. 254).
- Durch das schöne Bergdorf **Hell-Bourg** schlendern und die kreolische Architektur mit all ihren Details bestaunen (S. 258).
- Auf einer 4-tägigen Wanderung den **Cirque de Mafate**, den einsamsten und ursprünglichsten der drei Talkessel, erkunden (S. 265).
- In der **Sucrerie de Bois-Rouge** und der **Distillerie de Savanna** mehr über die Bedeutung des Zuckerrohrs auf der Insel erfahren (S. 274).

Routenhinweis

Das Kapitel beschreibt die Strecke von der Straße Le Grand Brûlé unterhalb des Vulkans an der Ostküste entlang über die **N2** nach Norden und zurück nach Saint-Denis. Dabei werden die Orte Sainte-Rose, Sainte-Anne, Saint-Benoît, Bras-Panon, Saint-André, Sainte-Suzanne und Sainte-Marie passiert. Kurz vor Saint-André befindet sich die Zufahrt zum Talkessel **Salazie**, der über die **D48** erreichbar ist. Von dort aus geht es nur zu Fuß weiter in den Talkessel **Mafate**.
Weitere Ausflüge ins Landesinnere werden jeweils vom Ausgangspunkt an der Küste aus beschrieben.

Von der Vulkanstraße Le Grand Brûlé an der Küste entlang bis Bras-Panon

Le Grand Brûlé

Der etwa 15 km lange Streckenabschnitt der N2 auf der Höhe des Vulkans sowie der gesamte Landstrich zwischen Vulkan und Küste wird **Le Grand Brûlé** genannt, was so viel heißt wie „die große Verbrennung". Es ist der wohl schönste und eindrucksvollste Teil der Küstenstraße: Linker Hand ziehen sich die Hänge des meist von Wolken verhüllten Vulkans hinauf, rechts der Straße bildet der Wald Forêt Domaniale du Grand Brûlé mit seinem satten Grün einen schönen Kontrast

Eindrucksvolle Küstenstraße

Ostküste Übersicht
Aéroport de St-Denis-Gillot
Ste-Marie
Ste-Suzanne
Sucrerie de Bois-Rouge
Bois Rouge
Quartier-Français
Le Colosse
St-André
Le Champ Borne
Rivière du Mât les Bas
Pointe de la Rivière du Mât
Bras-Panon
La Cabane
Pointe du Bourbier
St-Benoît
Beaufonds
Pointe de la Ravine Sèche
St-François
Ste-Anne
Petit St-Pierre
La Rivière de l'Est
Ste-Rose
La Ravine Glissante
Pointe de Bellevue
Bellevue
Piton-Ste-Rose
Notre-Dame-des-Laves
Pointe Lacroix
Pointe des Cascades
Anse des Cascades
Pointe de Bois Blanc
Bois Blanc
Le Grand Brûlé
Pointe du Tremblet
Le Tremblet
Escale Bleue – Atelier Vanille
Piton Ango 1011 m
1678 m
1911 m
Rempart de Bois Blanc
Piton de Crac 1368 m
Cratère Dolomieu 2522m
Cratère Bory 2632 m
Piton de la Fournaise (Le Volcan)
Nez Coupé de Ste-Rose 2075 m
Pas de Bellecombe 2311 m
Puys Ramond 2108 m
Piton Ravine Basse Vallée 1276 m
Piton des Feux 2384 m
Piton Textor 2166 m
Piton de Moustabismen 2041 m
Nez de Boeuf 2136 m
Piton Mahot 1750 m
Le Tampon
Notre-Dame de la Paix
Roche Plate
Le Grand Tampon
Bérive
Piton Goyaves
Grand Coude
Maison du Curcuma
Petite Plaine
Grand Galet
Cascade de Grand Galet
La Ravine du Point
Les Lianes
Carosse
La Crête
La Passerelle
Jacques Payet
St-Joseph
Pointe de la Cayenne
Langevin
Vincendo
Bras Panon
Terre Rouge
Le Bras Creux
Le Quatorzième
La Petite Ferme
La Plaine des Cafres
Le Pont d'Yves
Îlet Aurélien Dijoux
Bois Court
Col de Bellevue 1626 m
Le Vingt-Septième
2me Village
La Plaine-des-Palmistes
1er Village
La Petite Plaine
Col de Bébour 1414m
Plateau de Duvernay
796 m
Takamaka
Massif du Cratère
L'Oasis
L'Îlet Bethléem
Abondance
Chapelle St-Joseph
Les Jacques
Chemin de Ceinture
Distillerie Rivière du Mât
Le Cap
Église Sainte-Anne de Saint-Benoît
Cambourg
Bonne Espérance
1816 m
Peter Both
Cirque de Cilaos
Cilaos
Mare Sèche
Somet de l'Entre-Deux 2352 m
Piton des Neiges 3070 m
Îlet des Salazes
Gros Morne 3019 m
Cirque de Salazie
Hell Bourg
Îlet à Vido
1332 m
Mare à Poule d'Eau
Plaine des Lianes
1341 m
Le Petit Sable
Salazie
Mare à Vielle Place
Notre Dame de l'Assomption
L'Escalier
La Rivière du Mât
Le Désert
Commune Bègue
Belle Vue
Bagatelle
Rav. des Chèvres les Hauts
La Ressource
Flacourt
Rivière des Pluies
La Bretagne
Le Brûlé
Belle Vue
Espérance les Hauts
Piton Tonan 1348 m
Îlet Quinquina
Mare à Martin
Grand-Îlet
Le Bélier
La Roche Ecrite 2277 m
Pitons Plats 1964 m
Pic Adam 1124 m
Crête de la Marianne
Cap Noir
Piton Ravine à Marquet 1415 m
Dos-d'Âne
Îlet des Orangers
Grand Place
Roche Plate
Cirque de Mafate
La Nouvelle
N6
N2
N3
D61
D51
D47
D52
D48
D53
D55
D70
D27
D36
D3
D33
D37
D57
N
0
5 km
© graphic

Lavafelder an der Straße Le Grand Brûlé

zu den Schaumkronen des Indischen Ozeans. Unterwegs sieht man, wo der Lavastrom des Jahres 1977 eine schwarze Schneise durch den Regenwald geschlagen und der Landschaft seinen Stempel aufgedrückt hat. Die verschiedenen Lavaströme der letzten Jahrzehnte sind am Straßenrand mit kleinen Schildern markiert. Etwa nach der Hälfte der Strecke informiert eine Informationsplattform über die Aktivitäten und die Geschichte des Vulkans.

Anse des Cascades

Das Picknickgelände Anse des Cascades liegt etwa 2 km südlich von Piton Sainte-Rose an der Küste. Kurz nach dem Ende des Grand Brûlé biegt man von der N2 nach rechts in den entsprechend ausgeschilderten schmalen Weg ab. In gepflegter Umgebung wachsen hier Flaschenpalmen, Bananen, Vacoas und Ravenalas (= „Baum der Reisenden"). Mit etwas Glück kann man beobachten, wie ein Fischerboot anlandet und entladen wird. Einige der typischen bunt bemalten Boote sind hier meistens festgebunden; die Anwesenheit eines Kühlwagens verrät, dass bald ein Fang erwartet wird. Weniger eindrucksvoll ist der kleine Wasserfall, der der Bucht den

An der Anse des Cascades

Namen gab. Bänke, eine Snackbar und ein Picknickareal zeigen, dass die Anse des Cascades dennoch ein beliebter Treffpunkt ist. Von hier aus kann man auf dem Küstenpfad in Richtung Norden wandern (s. S. 245) oder den nahegelegenen Gros Piton besteigen, um aus 179 m Höhe eine herrliche Aussicht zu genießen.

info

Wie der Baum der Reisenden zu seinem Namen kam

Die ursprünglich aus Madagaskar stammende, bis zu 15 m hohe Pflanze ist nicht mit den Palmen, sondern mit den Bananen verwandt. Die Bezeichnung „Baum der Reisenden" wird oft darauf zurückgeführt, dass man an der Ausrichtung der Wedel die Himmelsrichtung bestimmen könne, zum anderen, dass die am Ende der Stiele angesammelte Flüssigkeit Wanderer vorm Verdursten gerettet und deshalb diesen „Ehrennamen" erhalten habe. Beides sind eher Mythen, da man an der Wedelausrichtung maximal die Hauptwindrichtung ablesen kann und außerdem die Flüssigkeit in aller Regel nicht trinkbar ist und – da diese Pflanze praktisch nicht in ariden Gebieten vorkommt – auch nicht von durstigen Menschen gebraucht wird.

Sainte-Rose

Etwa 2 km weiter auf der N2 gelangt man in den zur Gemeinde Sainte-Rose gehörenden Ortsteil **Piton Sainte-Rose**. Besonders bekannt ist die Kirche im Ort: Wie durch ein Wunder wurde **Notre-Dame-des-Laves** beim Ausbruch des Piton de la Fournaise am 5. April 1977 vom glühenden Lavastrom verschont. Ob dies nun ein Fingerzeig des Himmels war oder nicht, die Popularität der Kirche wurde dadurch enorm gesteigert. Heute ist sie eine beliebte Pilgerstätte auf der Insel. Direkt neben der Kirche stand die **Vierge au Parasol** („Jungfrau mit dem Sonnen-

Die Kirche Notre-Dame-des-Laves mit „Lava-Deko"

schirm"), die im 19. Jh. von einem lokalen Vanillepflanzer zum Schutz vor den Gefahren des Vulkans aufgestellt worden sein soll. Tatsächlich hat sie zwar nicht die Häuser in ihrer Umgebung, aber lange Zeit sich selbst schützen können, denn bis sie bei einem Ausbruch 2002 beschädigt wurde, blieb sie von allen Lavaströmen unangetastet. Im Januar 2014 wurde die Statue von Unbekannten enthauptet; seitdem steht sie nun sicher in der Kirche. Ungeklärt ist allerdings, warum die Madonna einen Sonnenschirm trägt und wann dieser der Statue hinzugefügt wurde. Um Besuchern die Bedrohung der Kirche durch die Lava vor Augen zu führen, hat man um das Areal der Kirche zusätzliches Lavagestein aufgetürmt. Aus diesem erhebt sich die 4 m hohe Statue „La Metisse 77" (die Mestizin), die von drei lokalen Künstlern geschaffen wurde.

Jungfrau mit dem Sonnenschirm

Neben der Kirche führt eine kleine Straße in Richtung Meer – es lohnt sich, ihr zu folgen. Abseits des Hauptverkehrsweges kann man die eindrückliche Lavalandschaft vor der Kulisse des rauen Ozeans in Ruhe genießen und sich die Dimension des Vulkanausbruchs vor Augen führen.

Kreolische Häuser

Weiter auf der N2 erreicht man nach etwa 5 km den Ortskern des kleinen, beschaulichen Städtchens **Sainte-Rose**. In den Vorgärten der kreolischen Häuser blühen exotische Blumen in allen erdenklichen Farben; da es in diesem Teil der Insel besonders viel regnet, ist es hier besonders grün und bunt. Der kleine **Jachthafen**, den man von der N2 erreicht (Richtung „La Marine"), bietet sich zum Rasten an. Ein Denkmal erinnert an Kapitän Robert Corbett, der 1809 den zunächst erfolglosen Landungsversuch der Briten in Sainte-Rose kommandierte. Er starb 1810 unter ungeklärten Umständen bei einer Seeschlacht mit den Franzosen und wurde hier beigesetzt. Später wurden seine Gebeine ins Mutterland gebracht.

Auf dem Gelände der **Plantation Vanilla-Bourbon** von Maryse Mounier wird die Produktion von Vanille veranschaulicht. Dazu gibt es einen Spaziergang in einem Teil des 8 ha großen Waldes, wobei auch Flora und Fauna der Insel erläutert werden. Unbedingt Wanderschuhe anziehen!
Plantation Vanilla-Bourbon, *Chemin Communal, Le Petit Brulé, Sainte-Rose, ✆ mobil: 0692-157637, www.vanille-reunion.fr. Führung (1½–2 Stunden) nach Voranmeldung Mo–Sa 13 Uhr, Erw. 7 €, Kinder 5 €. Von Sainte-Rose kommend nach dem Schild „Ravine Coq Chantant" links abbiegen, dann der Beschilderung durch die Zuckerrohrfelder folgen.*

Wanderung auf dem Küstenpfad

Der Küstenabschnitt bei Sainte-Rose lädt zu Spaziergängen in der schroffen Landschaft ein. Vom Parkplatz im Hafen führt ein mit Vacoa-Bäumen gesäumter Weg entlang der Küste nach Süden. Auf den schwarzen Lavafelsen sitzen oft Fischer, die dem rauen Meer trotzen. Vereinzelt sind Häuser sichtbar, trotzdem hat man das Gefühl, weit weg von der Zivilisation zu sein. Vorbei am **Point de Sainte-Rose** und dem Bassin des Harengs erreicht man nach etwa 30 Minuten das Picknickgelände La Cayenne. Zurück geht es auf dem gleichen Weg. Dieser Teil des Küstenpfads ist am einfachsten zugänglich, der Weg führt aber noch weiter bis zur Anse des Cascades (insgesamt benötigt man bis dorthin etwa 4 Std. für eine Strecke).

Auch wenn der südliche Teil des Pfads zwischendurch gesperrt ist, z. B. wegen eines umgestürzten Baumes, ist der Weg in der Regel mit etwas Geschick weiter begehbar.

Schroff-schöne Landschaft entlang dem Küstenpfad bei Sainte-Rose

Reisepraktische Informationen Sainte-Rose

Unterkunft

Ferme Auberge La Cayenne €–€€, *317 Ravine Glissante, Route Nationale 2, Sainte-Rose, ✆ 0262-472346, https://ferme-auberge-lacayenne.re. Joëlle und Sully Narayanin beherbergen in einer Villa mit 6 Zimmern mit je eigenem WC ihre Gäste. Das Frühstück wird in dem liebevoll gepflegten Garten mit Blick auf den Ozean serviert. Auf Wunsch bereitet Joëlle, der für seine Kochkünste schon mit einem Preis ausgezeichnet wurde, für die Gäste Essen zu. Seine Frau Sully baut die Zutaten dafür in Bio-Qualität im eigenen Gemüsegarten an.*

Hôtel Restaurant La Fournaise €€, *154 Route Nationale 2, Sainte-Rose, ✆ 0262-470340, hotellafournaise2@wanadoo.fr, www.hotellafournaise.fr. Hotelanlage mit Pool und Restaurant am Ortseingang. 20 einfache, saubere Zimmer mit Terrasse oder Balkon, jedoch ohne den Charme der kleineren, individuellen Unterkünfte.*

Cana Suc €€, *219 Route Nationale 2, Les Bambous, Sainte-Rose, ✆ mobil: 0692-778196, noulela@canasuc.re, www.canasuc.re. Martine und Jacques bieten auf ihrem Anwesen zwei stilvolle, gemütliche Zimmer sowie mit Liebe zum Detail eingerichtete Holzbungalows. Von den Terrassen hat man einen herrlichen Blick auf den riesigen Garten. Direkter Zugang zur Küste.*

Essen und Trinken

Chez Louiso €, *46 Chemin de la Marine, Sainte-Rose, ✆ 0262-472637. Di–So 7–19 Uhr. Einfache Snackbar am Hafen von Sainte-Rose mit schöner Sicht von der Terrasse. Kleine Auswahl an Caris und Sandwiches sowie Getränke und Eis.*

Restaurant La Coulée 77 €, *380 Route Nationale 2, Piton Sainte-Rose, Sainte-Rose, ✆ 0262-515241. Sa–Mi 9–18 Uhr. Einfaches Restaurant gegenüber der Kirche in Piton Sainte-Rose mit kreolischer und chinesischer Küche.*

L'Anse des Cascades *€€, am Picknick-Gelände Anse des Cascades, Sainte-Rose, ✆ 0262-472042, mobil: 0692-703269. Sa–Do mittags geöffnet. Hier kann man zwischen Buffet oder à la carte wählen. Zu empfehlen sind die frischen Palmenherzen-Gerichte.*

Feste/Veranstaltungen

August: *Pèlerinage à la Vierge au Parasol, Prozession zu Ehren der „Jungfrau mit dem Sonnenschirm"; die Bevölkerung soll dadurch vor den Mächten des Vulkans geschützt werden.*

Busse

Anreise mit dem Bus Car Jaune Linie SI von Saint-Benoît, Saint-Pierre oder Saint-Joseph.

Sainte-Anne

Hinter Sainte-Rose macht die N2 einen weiten Bogen ins Landesinnere, um das eindrucksvolle Flussbett des Rivière de l'Est zu überqueren. Die alte Hängebrücke **Pont suspendu** hat seit 1979 ausgedient, doch nach ihrer Fertigstellung im Jahre 1894 durch das Architekturbüro Eiffel (von dem auch der Eiffelturm in Paris stammt) war sie eine der längsten Hängebrücken der Welt (110 m)! Die unter Denkmalschutz stehende Brücke wird derzeit umfassend saniert und soll danach wieder für Fußgänger passierbar sein (Stand: März 2023).

Alte Hängebrücke

Etwa 12 km hinter Sainte-Rose ist das authentische, noch unberührt wirkende Dorf Sainte-Anne erreicht. Die barocke Kirche, in einer Rechtskurve an der N2, stellt ein Kuriosum der insularen Sakralarchitektur dar. Hier hat der Elsässer Priester Daubenberger von 1922–40 sein ganz persönliches Stilempfinden in mühevoller Kleinarbeit ausgedrückt: Fialen, Rosetten, Krabben und Zapfen machen aus dem nördlichen Turm ein filigranes Gebilde, das an Spitzenklöppelei erinnert. Der verschwenderischen Pracht der Außenfassade entspricht die bunte Bemalung der inneren Grabkapelle Sainte-Thérèse. Hier dokumentieren Putten, die liegende Theresa, Rosen und Blumenembleme gleichermaßen schwülstigen Kitsch wie auch tief empfundene, naive Frömmigkeit.

Die barocke Kirche von Sainte-Anne

Reisepraktische Informationen Sainte-Anne

Information

Office de Tourisme Intercommunal de l'Est, *Place de l'Eglise, Sainte-Anne, ✆ 0262-461616, info-resa@reunionest.fr, www.reunionest.fr. Mo–Sa 9–12.30 und 13.30–17 Uhr. Das Büro ist bis mindestens Mitte 2023 wegen Bauarbeiten geschlossen.*

Unterkunft

Hôtel Diana Dea Lodge & Spa** €€€€**, *94 Chemin Helvetia Cambourg, Sainte-Anne, ✆ 0262-200202, reception@diana-dea-lodge.re, www.diana-dea-lodge.re. 4-Sterne-Hotel oberhalb von Sainte-Anne. 25 Zimmer und 1 Suite verbinden stilvoll Design und Natur. Von der Badewanne und vom Pool aus kann man den Blick über grüne Zuckerrohrfelder bis hin zum Ozean schweifen lassen. In dieser Oase der Ruhe haben Wellness und Spa eine noch entspannendere Wirkung.*

Essen und Trinken

L'Auberge Créole, *1 Chemin du Case, Sainte-Anne, ✆ 0262-511010, mobil: 0692-607839. Di–So mittags sowie Di–Sa abends. Einfaches Restaurant in einem kleinen Weg nahe der Kirche, auf der anderen Seite des Flusses. Es gibt gute Caris, Rougails, chinesische Küche und Pizza. Im geräumigen Saal sitzt man etwas verloren, doch kann man alle Gerichte auch zum Picknick mitnehmen.*

Chez Dédé €€, *12 Rampe des Chicots, Sainte-Anne, ✆ mobil: 0692-662129. Mo–Sa mittags und abends, So nur mittags. Frisch zubereitete Speisen in einem kleinen, freundlichen Restaurant direkt an der Kreuzung mit RN 2.*

Busse

Anreise mit dem Bus Car Jaune Linie S1 von Saint-Benoît, Saint-Pierre oder Saint-Joseph.

Die mittlerweile gesperrte Hängebrücke am Flussbett des Rivière de l'Est

Saint-Benoît und Umgebung

Kurz hinter Sainte-Anne liegt links die Gedenkstätte **Oratoire Notre Dame de Lourdes**, deren Errichtung 1921 von dem Elsässer Priester Daubenberger veranlasst wurde. Die mit (Plastik-)Blumen geschmückte und von Bäumen umrahmte Stätte ist einen kurzen Stopp wert (Parkplatz rechts an der Straße).

Rum-Fabrik

Kurz bevor über die N2 der Kern von Saint-Benoît erreicht ist, führt rechter Hand die Ausfahrt zum Industriegebiet Beaufonds (vor dem Kreisverkehr, von dem die N3 zur Hochebene abzweigt) zur **Distillerie Rivière du Mât**. Hier wird die gesamte Melasse – also der bei der Zuckergewinnung anfallende zähflüssige Rückstand – der Zuckerfabrik Sucrerie du Gol sowie ein Teil der Melasse der Zuckerfabrik Bois-Rouge verarbeitet. Damit ist die Destillerie der größte Hersteller und Exporteur von Rum auf Réunion. Der Schornstein steht unter Denkmalschutz.
Distillerie Rivière du Mât, *Chemin Manioc, Zone Industrielle de Beaufonds, Saint-Benoît. Leider werden seit Kurzem keine Führungen mehr angeboten.*

Zentrum des Ostens

Saint-Benoît ist mit über 36.000 Einwohnern das Zentrum des Ostens von Réunion. Die Stadt wurde 1733 aufgrund von neu angelegten Kaffeeplantagen in der Region gegründet. Mit dem Anbau von Kaffee, Vanille und anderen Gewürzen kam die Stadt Anfang des 19. Jahrhunderts zu Wohlstand. 1950 vernichtete ein großes Feuer alle historischen Baudenkmäler. Heute ist das Stadtbild geprägt von widerstandsfähigem Beton, der die nach Osten hin exponiert liegende Stadt vor Winden

Eine der wenigen Sehenswürdigkeiten in Saint-Benoît ist die Kirche

und Regenfällen schützt. Bekannt ist Saint-Benoît für die Orchideen-Zucht sowie für die Aufzucht von bichiques, also kleinen Süßwasserfischen (Grundeln) im Rivière des Marsouins und im Rivière des Roches.

Denkmalgeschützte Kirche

Im kleinen Stadtzentrum liegt eine moderne Markthalle, in der man frisches Obst und Gemüse oder Snacks kaufen kann (*Di–Sa 7–18, So 7–12 Uhr*). Unweit davon steht die **Église paroissiale de Saint-Benoît** (*Place de l'Église*), die 1852 fertiggestellt wurde, nachdem ihre Vorgängerin für die steigende Zahl der Stadtbewohner zu klein geworden war. Die Stufen und Säulen bestehen aus Basalt, an die Außenfassade wurde 1906 ein großes Wandgemälde angebracht, das den Alltag der Benediktiner zeigt. Die drei Glocken befinden sich in einem Nebenbau. Seit 1997 steht die Kirche unter Denkmalschutz.

L'Îlet Bethléem

Wasserreiche Gegend

Die Gegend um Saint-Benoît ist eine der wasserreichsten der ganzen Insel. Es gibt zahlreiche schöne Wasserfälle und Badestellen, jedoch sind die Wege dorthin oft matschig und rutschig. Die L'Îlet Bethléem am Fluss Rivière des Marsouins diente im 18. Jahrhundert etwa 500–600 Menschen, die hier ihr eigenes Land bewirtschaften konnten, als Zufluchtsort vor Armut. Heute zeugen nur noch wenige Ruinen von dieser Episode, etwa die Kapelle Notre-Dame de Fatima, in der zur Weihnachtszeit Gottesdienste stattfinden. Um von Saint-Benoît aus dorthin zu gelangen, folgt man der Rue Hubert Delisle (am Collège Hubert Delisle vorbei, unter der N2 durch, am Sportplatz vorbei) sowie der Beschilderung zum Picknickgelände Bethléem. Eine Weile geht es durch Zuckerrohrfelder, bevor der Weg links abbiegt

Zur Weihnachtszeit finden in der kleinen Kapelle Notre-Dame de Fatima Gottesdienste statt

Badestelle am Rivière des Marsouins

und vorbei an Solarfeldern zum Parkplatz führt. Von dort aus sind es nur noch 10 Min. zu Fuß, zwischen riesigen Bambussträuchern und mit Blick auf die Litschibäume im Tal. Von der Kapelle führen Wege hinunter zum Ufer. Hier kann man baden und sich sogar an Lianen ins Wasser schwingen.

Takamaka und Wasserfälle

Von der N2002 zwischen Saint-Benoît und Bras-Panon zweigt nach links die D53 in Richtung Takamaka/Le Bourbier ab. Sie führt auf ihren 15 km zuerst durch Siedlungen, dann parallel zum Rivière des Marsouins und steigt dabei immer höher an. Auf einer Höhe von 522 m hat man die Aussichtsplattform von **Takamaka** erreicht. Hier betreibt die Elektrizitätsgesellschaft EDF seit 1968 ein Wasserkraftwerk, das von fünf Flüssen gespeist wird. Diese sprudeln als sehenswerte Wasserfälle (Arc en Ciel, Surplomb, Petit Gingembre, Grand Gingembre, Petit Cimetière) an den Felshängen hinab und werden am Stauwehr Takamaka I aufgefangen. Da die Leistung des Kraftwerks nicht mehr ausreichte, wurden 1987 ein weiteres Stauwehr (Takamaka II) sowie eine unterirdische Stromzentrale gebaut.

Fünf Flüsse speisen das Kraftwerk

Die EDF ließ außerdem Wege anlegen, auf denen man vom Aussichtspunkt zu den Stauwehren und Wasserfällen hinabsteigen kann. Diese sind teils sehr schmal und steil, aber gut gesichert. Wegen des häufigen Regens ist der Boden zudem oft rutschig und matschig. Am besten erkundigt man sich im Vorfeld bei der Touristeninformation in Sainte-Anne, ob die Wege aktuell begehbar sind. Da die Niederschläge meist erst in der zweiten Tageshälfte fallen, sollte man die Tour am besten morgens oder vormittags unternehmen. Vom Parkplatz geht es rechts Richtung Takamaka I, der Weg führt dann links hinab. Vom Staubecken führen kleine, teils recht versteckte Wege zur unteren Staumauer. Von dort hat man eine gute Aussicht auf die Schlucht des Rivière des Marsouins. Zurück geht es auf gleichem Weg.

Reisepraktische Informationen Saint-Benoît und Umgebung

Unterkunft

Longanis Lodge €€, *95 Chemin l'Harmonie, Saint-Benoît, ✆ mobil: 0692-768452, contact@longanilodge.com, www.longanilodge.com. Die Unterkunft liegt etwas außerhalb von Saint-Benoît in Abondance. Von der Straße nach Takamaka (D53) rechts in den Chemin de l'Abondance abbiegen, an der 2. Straße links und dann gleich wieder rechts abbiegen in den Chemin l'Harmonie. Helles und einladendes Haus, in einem interessanten Stilmix mit asiatischen und afrikanischen Elementen eingerichtet. Bis zu fünf Erwachsene und ein Kind können hier übernachten, das Haus ist also ideal für Familien oder kleine Gruppen.*

Essen und Trinken

Boulangerie Patisserie Chez Marius €, *13 Rue Georges Pompidou, Saint-Benoît, ✆ 0262-500084. Mo–Sa 6–18, So 6–14 Uhr. Einfache Bäckerei mit Sitzgelegenheiten im Innenraum; es gibt Salate, Sandwiches, Kuchen und kreolisches Gebäck.*

Les Letchis €€€, *42 Îlet Danclas, Bras Canot, Saint-Benoît, ✆ 0262-503977 oder 0692-397939 (mobil). Mi–So ab 11.30 Uhr Mittagessen (letzte Bestellung um 13.30 Uhr). Restaurant mit zum Fluss Marsouins ausgerichteter Terrasse, die zu einem in aller Ruhe genossenen Mahl einlädt. Exzellente Küche, der Fisch für die traditionellen Gerichte kommt direkt aus dem Fluss.*

Aktivitäten

Raft Aventure, *Bras Canot, 97470 Saint Benoît, ✆ mobil: 0692-703646, mika_yak@live.fr. Die Agentur bietet auf den nahe gelegenen Flüssen Rivière du Mât und Rivière de Marsoins Raftingtouren an.*

Feste/Veranstaltungen

Oktober: *Fête des Bichiques (Bras-Panon), Fest der kleinen Süßwasserfische (Grundeln).*

Einkaufen

Wochenmarkt: *samstags 5–12 Uhr am Place de la Savane, Stade de l'Îlet.*

Busse

Gare Routière Car Jaune: Chemin Beaulieu, Saint-Benoît.

Anreise mit dem Bus: Car Jaune Linie E1 oder E2 von Saint-Denis, Linie S1 von Saint-Pierre und Saint-Joseph sowie Linie S2 über die Hochebene von Saint-Pierre.

Autovermietung

Wein Location, *35 Rue Amiral Bouvet, Saint-Benoît, ✆ 0262-405050, www.weinlocation.com.*

Bassin la Paix und Bassin la Mer

Zwischen Saint-Benoît und Bras-Panon ist noch ein weiterer lohnender Abstecher möglich. Dazu fährt man unmittelbar vor der Brücke über den Rivière des Roches nach links (Hinweisschild: „Bassin la Paix") und weiter durch Zuckerrohrplantagen. Die Straße ist zuerst gut, später unasphaltiert; man benötigt etwa 15 Minuten bis zum Parkplatz, von dem aus man einen Blick in das Bassin la Paix werfen kann. Schöner noch ist die Aussicht von der Brücke über den an dieser Stelle sehr schmalen Rivière des Roches. Hinter der Brücke führt rechts eine Treppe nach unten, wo man den kleinen Wasserfall und die markanten Basaltsäulen erst richtig bewundern kann.

Wasserfall und Basaltsäulen

Leider ist das Bassin derzeit gesperrt und das Baden aufgrund von Unfallgefahr verboten; der Zugang soll bald aber wieder ermöglicht werden. Am Parkplatz sollte man keine Wertsachen sichtbar im Auto liegen lassen.

Zum Bassin la Mer, einem weiteren Bassin mit kleinem Wasserfall, kommt man vom Parkplatz aus über einen unmarkierten, etwa 2 km langen Pfad. Dieser verläuft in Verlängerung der Straße, die zum Parkplatz führt. Nach der Hälfte der Strecke, also nach einer knappen halben Stunde, führt der Weg nach rechts und durch einen kleinen Hain, in dem auch ein Baum der Reisenden (*Arbre du Voyageur*) zu sehen ist. Dann ist das Bassin erreicht. Da ein Bachbett und ein sumpfiges Gelände überquert werden müssen, ist für diese Kurzwanderung gutes Schuhwerk angebracht.

Bras-Panon

Zurück auf der Hauptroute ist direkt nach der Überquerung des Rivière des Roches das eher unspektakuläre Örtchen Bras-Panon erreicht. Bras-Panon ist vor allem bekannt als „Vanille-Stadt", denn im fruchtbaren Umland befindet sich ein Großteil der Vanille-Produktion der Insel.

Für Besucher interessant ist einzig das Haus von **Provanille**, der Kooperation der Vanilleproduzenten (Coopérative de Vanille de Bras-Panon). Über 120 Hersteller von Vanille und Vanilleprodukten zwischen Sainte-Rose und Saint-Philippe haben sich hier zusammengeschlossen. Seit 1968 kauft die Kooperation Bourbon-Vanille zur Veredelung und zum Vertrieb auf. Bei der geführten Besichtigung werden der Anbau und die Verarbeitung der Vanillepflanzen demonstriert. Im angeschlossenen Geschäft kann man nicht nur Vanille in verschiedenen Qualitätsstufen erstehen, sondern auch auf Vanille basierende Kosmetikprodukte kaufen.

Besuch beim Vanilleproduzenten

Provanille – Coopérative de Vanille de Bras-Panon, *21 Route National 2, Bras-Panon, ✆ 0262-517102, provanille.reunion@orange.fr, https://provanille.fr. Mo–Sa 8.30–12, 13.30–17 Uhr. Geführte Besichtigungen auf Reservierung, 5 € (der Eintritt zum Geschäft ist frei).*

Wanderung Jardin Eden

Lage: s. Reisekarte F3
Länge: 10 km (Rundweg)
Höhenmeter: ca. 200
Schwierigkeitsgrad: mittel
Dauer: 3 Stunden
Anfahrt: Von Saint-Benoît auf der N2 kommend, die Ausfahrt Bras-Panon nehmen und dann der Ausschilderung „Salazie, Rivière du Mât" folgen (von Saint-Denis aus direkt die Ausfahrt „Salazie, Rivière du Mât"). Anschließend der Beschilderung „Cascade du Chien" und „Belvédère de l'Eden" folgen. Kurz vor dem Schild, das die Grenze zum Gebiet des Nationalparks markiert, liegt auf der rechten Seite der Wasserfall **Cascade du Chien**. Ein Stück weiter liegt der Einstieg des Wanderwegs zum Fôret de Bélouve, bevor am Ende der Forststraße der **Wanderweg zum Jardin Eden** beginnt.

Am Beginn des Wanderweges steht eine einfache Informationstafel, die über die Teeplantagen informiert, die sich einst auf dem Gelände befanden. Zunächst geht es einige Minuten über Holztreppen, bevor der Weg sich gabelt. Links gelangt man in wenigen Minuten zum Picknick-Gelände des Jardin Eden. Wer einen kurzen Spaziergang bevorzugt, kann hier einfach direkt diese Richtung einschlagen. Der Rundweg beginnt dagegen mit dem rechten Abzweig, Schilder gibt es von nun an nicht mehr. Nach einigen Minuten wird der Weg schmaler und schwerer begehbar, er führt über Wurzeln und kleine Flussbetten. Durch den dichten Wald scheint nur vereinzelt die Sonne. Später wird der Weg wieder breiter und gibt immer wieder herrliche Blicke auf die Ostküste in Richtung Saint-Benoît frei. Nach guten 2/3 der Wanderung ist das Picknick-Gelände Eden erreicht. Von hier hat man einen guten Rundumblick, sowohl in Richtung Ozean als auch in Richtung Fôret de la Plaine des Lianes. Auch der markant aus der Landschaft herausstechende Piton du Bras des Lianes ist gut sichtbar. Achtung: Wer den Rundweg in Gegenrichtung geht, muss sich an der Weggabelung Bras-Panon – La Caroline rechts auf dem oberen Weg halten.

Aussichtspunkt und Picknickplatz am Jardin Eden

Reisepraktische Informationen Bras-Panon

Unterkunft

La Quindio €€, *41 Chemin Ma Pensée, Bras-Panon, ✆ mobil: 0693-992996, https://le-quindio.jimdosite.com. Kleines Chambre d'hotes mit Pool nahe der Coopérative de Vanille.*

Essen & Trinken

Ferme Auberge Chez Eva Annibal €–€€, *6 Chemin Rivière du Mât, Bras-Panon, ✆ 0262-515376. Tgl. mittags sowie Mo–Sa abends. Eva und ihre Töchter servieren hier nach Meinung vieler das beste Cari der ganzen Insel. Die Gäste sitzen an einem langen Holztisch beisammen. Zum Abschluss gibt es eine schier unüberschaubare Auswahl an Desserts und Rhum arrangé.*

Le Ti Piment €€, *1 Bis Rue Roberto, Bras-Panon, ✆ 0262-234679. Tgl. mittags sowie Di–Sa abends. Restaurant mit kleiner Karte nahe der Coopérative de Vanille.*

Abstecher ins Landesinnere: die Talkessel Salazie und Mafate

Cirque de Salazie

Routenhinweis

Der Talkessel hat nur einen befahrbaren Zugang, den man über die N2 von Bras-Panon bzw. Saint-André erreicht und der als **D48** in knapp 16 km vom Talanfang bis zur kleinen Ortschaft Salazie führt.

Größter Talkessel der Insel

Der Cirque de Salazie ist der größte der drei réunionesischen Talkessel (12,5 km lang, 9 km breit). Mit seiner nach Nordosten exponierten Lage ist er auch der feuchteste und damit der grünste der drei Cirques. Manchmal fällt hier an einem tropischen Sommertag so viel Regen wie anderswo das ganze Jahr über. Am Eingang des Talkessels befindet sich die enge Schlucht des Rivière du Mât (mit ca. 35 km der längste Fluss Réunions); die Landschaft ist geprägt von Bananenstauden, Chouchou-Feldern und prächtig blühenden Blumen sowie steil aufragenden Felswänden und imponierenden Wasserfällen. Im 17. und frühen 18. Jh. haben Sklaven hier Zuflucht gesucht, die offizielle Besiedlung des Talkessels begann aber erst in den 1830er-Jahren mit dem Anbau von Kaffee.

Die hübschen Bergdörfer Hell-Bourg und Grand-Îlet haben noch viel von der kreolischen Architektur und Lebensart bewahrt und bieten ideale Ausgangspunkte für gemütliche oder sportliche Wanderungen in der typischen Insellandschaft mit Bergwäldern, Hochebenen und Gipfeln. Im Süden wird der Talkessel von dem Plateau des Bébour-Bélouve dominiert, das in das Massiv des Piton des Neiges übergeht.

Cirque de Salazie
Le Plateau
D52
Salazie, St-André
D52
Le Radier
Mare à Citrons
Grand Îlet
Le Petit Sa
Cirque
Piton Maillot 1119 m
Foret Dep.-domeniale du Cirque de Salazie
Bras Sec
Piton d'Anchaing 1356 m
Mare d'Affouches
Mare à Poule d'Eau
de
D48
Fond de Rond-Point
Bras Sec
Salazie
Bras Marron
Trou Blanc
Plateau Sisahaye
Gîte de Bélouve
Îlet à Vidot
GR R1
Hell Bourg
Anciens Thermes
D48
Source pétrifiante
Le Trois Cascades
Bémahot
Bras de Parc
Bras de Caverne
Source Manouilh
Bras Sec
GR R1
Forêt de Bébour
Réserve Biologique de Be
Leitern
Cap Anglais/ Piton des Neiges

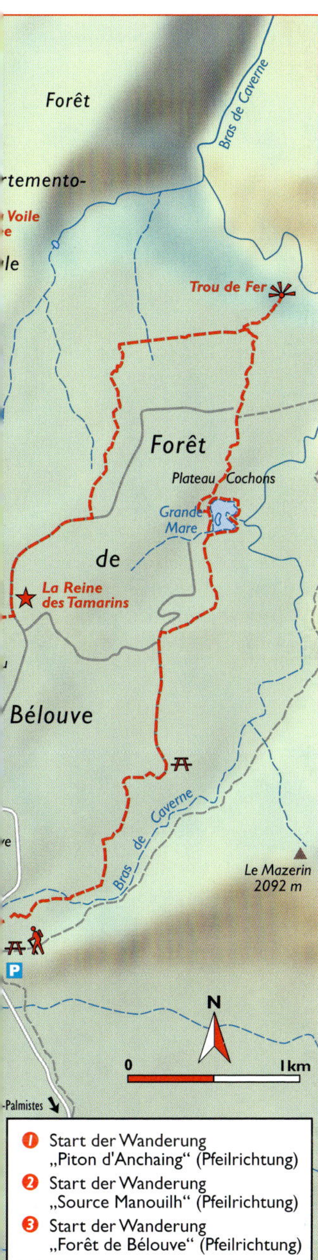

Die gut ausgebaute D48 verläuft zunächst rechts des Flusses Rivière du Mât, an dem Kresse kultiviert wird. Oft haben hier Obst- und Gemüseverkäufer ihre Stände aufgebaut. An der Brücke beim Pont de l'Escalier ist der eigentliche Beginn des Canyons erreicht und damit auch der Zugang zum Cirque. Hier kann man neben der Kirche gut für einen kleinen Stopp anhalten. Am Straßenrand sind immer wieder Wasserfälle zu sehen; je nach vorherigen Niederschlägen sind diese größer oder kleiner. Die Straße verläuft stets leicht ansteigend, bis nach einer weiteren Brücke das Dorf Salazie erreicht ist.

Salazie

Auf der D48 gelangt man automatisch zur hoch gelegenen Kirche **Notre Dame de l'Assomption**, die bereits von der Brücke aus zu sehen ist. Das junge (1950), harmonisch gestaltete Gotteshaus mit seinen beiden vierstöckigen Westtürmen und der Muttergottes über dem Dachgiebel ist durchaus sehenswert.

Sehenswerte Kirche

Auch ein kleiner Rundgang durch den Ort lohnt sich. Die Häuser sind zwar sehr einfach und klein, oft aber farbenprächtig bemalt; viele tragen noch kreolische Ornamente. Vor allem der am Berghang klebende Ortsteil jenseits des Flusses ist eher afrikanisch als französisch geprägt.

Breiter Wasserfall

Weiter auf der D48 tauchen kurz hinter dem Ort links der Straße die weißen Bänder der **Cascade du Voile de la Mariée** auf. Der Name „Brautschleier" ist ja in vielen Ländern eine gängige Bezeichnung für diese Art von Wasserfällen, nur selten aber erscheint er so berechtigt wie hier.

Um das kreolische Dorf Hell-Bourg zu erreichen, folgt man weiterhin der D48, die nun deutlich steiler wird und sich in engen Haarnadelkurven emporschraubt. Auf der Strecke passiert man den kleinen Weiler **Mare à Poule d'Eau**, der nach dem nahegelegenen Teich benannt ist. Um zu Letzterem zu gelangen, gibt es vor dem Weiler rechts einen Parkplatz, von wo aus man in wenigen Minuten ein Picknick-Gelände mit schönem Ausblick auf den Teich erreicht.

Reisepraktische Informationen Salazie

Essen und Trinken

Le P'tit Bambou €€, *Place Theodore Simonette, Salazie,* ✆ *0262-475151. Do–Di 11.45–14 Uhr. Kleines Restaurant mit kreolischer und chinesischer Küche.*

Busse

Anreise mit dem Bus Estival Linie 83 ab Saint-André.

Hell-Bourg

Eines der schönsten Dörfer Frankreichs

Knappe 11 km hinter Salazie hat man den 950 m hoch gelegenen Ort Hell-Bourg erreicht, wo die D48 in die Hauptstraße Rue du Général de Gaulle übergeht. Hier sind die pittoreskesten kreolischen Holzhäuser des 1.500-Seelen-Dorfes zu sehen. Benannt ist Hell-Bourg, das seit 1999 offiziell zu den schönsten Dörfern Frankreichs zählt, nach Anne Chrétien Louis de Hell, der von 1838 bis 1841 Gouverneur der Insel war. 1831 wurden nahebei Thermalquellen entdeckt und das Dorf entwickelte sich zum Kurort. Die Wassertemperatur der heißen Quellen ging jedoch seit 1920 zurück, sodass man zunächst versuchte, das Wasser chemisch zu erwärmen. Im Jahr 1948 blockierte ein von einem Zyklon ausgelöster Erdrutsch die thermalen Quellen und zerstörte die Therme. Die Ruinen sind noch zu sehen und befinden sich auf der Strecke nach Îlet à Vidot. Nach einigen Jahrzehnten ohne wirtschaftliche Bedeutung, spielt heute der Fremdenverkehr für das Dorf wieder eine große Rolle.

Ein Erdrutsch blockierte die heißen Quellen von Hell-Bourg und zerstörte die Therme

Für einen Spaziergang zu den Anciennes Thermes geht man am Ende der kleinen Hauptgeschäftsstraße in Richtung Gendarmerie und dann ca. 5 Minuten weiter abwärts. Dort befinden sich auch das alte Casino und ein kleiner Park, der zum Verweilen einlädt.

Im Tourismusbüro kann man sich für den Dorfrundgang „Cases Créoles" anmelden (*auf Französisch, tgl. 10 und 14 Uhr*). Dabei wird die Geschichte der Häuser und vom einstigen Leben in den Höhen der Insel erzählt. Kontakt siehe unten. Alternativ bietet Michel ca. zweistündige deutschsprachige Führungen an (*Reservierung unter ✆ mobil: 0693-324830, 18 € p. P.*).

Pavillon im üppigen Garten der Maison Folio

Die Besucher Hell-Bourgs schätzen die klare, frische Luft, die vielfältigen Möglichkeiten zu Wanderungen und Spaziergängen sowie die Gastronomie, die u. a. auf die reichen Forellenbestände und die Chouchou-Plantagen der Umgebung zurückgreift. Eine Spezialität der Region ist Gratin Chouchou, ein mit Käse überbackener Gemüseauflauf.

Interessante Einblicke in die kreolische Kultur bietet die schöne, hölzerne Villa **Maison Folio** aus dem 19. Jh. gegenüber der Dorfkirche. Der Eigentümer, François Folio, zeigt Gästen das aus Eisenholz erbaute Anwesen, das einst als Feriendomizil in den frischen Höhen der Berge diente. Die originale Möblierung weist viele aus Frankreich importierte Stücke auf, aber auch ein Bett, das ein indischer Maharadscha in England anfertigen ließ. Sehenswert sind außerdem der Pavillon sowie der terrassenförmig angelegte üppige Garten, in dem scheinbar wild und ohne Ordnung Orchideen, Anthurien, Kamelien, Zitrusfrüchte und Gemüse wachsen.

Ferienhaus in den Bergen

Maison Folio, *20 Rue Amiral Lacaze, Hell-Bourg, ✆ 0262-478098, mobil: 0692-222298, m.folio@wanadoo.fr. Tgl. 9–11.30 und 14.30–17 Uhr, 5 € mit Führung (auf Französisch), Kinder bis 11 Jahre gratis.*

Das 2015 eröffnete Museum **Maison Morange** bietet ein musikalisches, visuelles und spielerisches Erlebnis von Klängen und Instrumenten des Indischen Ozeans.

Maison Morange – Musée des Musiques et Instruments de l'Océan Indien, *4 Rue de la Cayenne, Hell-Bourg, ✆ 0262-467223, www.maisonmorange.fr. Di–So 10–18 Uhr, 7 €, Kinder ab 8 Jahren 5 € (inklusive Audioguide).*

Wanderung Source Manouilh

Lage: s. Reisekarte E3 und Wanderkarte S. 256f.
Länge: ca. 10 km (Rundwanderung)
Höhenmeter: ca. 740
Schwierigkeitsgrad: mittel
Dauer: gut 4 Stunden
Anfahrt: Die Wanderung startet im Zentrum von Hell-Bourg.

Wasserfälle an der Source Manouilh

Auf einer Rundwanderung kann man durch den Hochwald Terre Plate die Spuren der eisenhaltigen Thermalquelle **Source Manouilh** erkunden. Vom Zentrum (am Ende der Hauptstraße Rue du Général de Gaulle) aus nach links abbiegen und über den kleinen Pfad Sentier du Gymnase den zunächst Richtung Cap Anglais ausgeschilderten Weg einschlagen. Er führt vorbei an Schule, Sportplatz und Turnhalle und danach durch den Wald bergauf, wobei sich am Waldrand schöne Aussichten eröffnen. Bei der Abzweigung, die geradeaus weiter zum Cap Anglais und zum Plateau des Piton des Neiges führt, hält man sich rechts in Richtung Source Manouilh. Es geht nun leicht bergauf durch dichten Wald, über kleine Holzstege und Wurzelwerk. Der kleine Pfad hinab zur Quelle geht nach links ab, er ist markiert mit kleinen weißen Strichen auf den Baumstämmen. Das Gelände des Nationalparks ist erreicht. Der Weg verläuft nahe der tiefen Schlucht des Rivière du Mât, die immer wieder kurz einzusehen ist. In steilen Kehren geht es dann hinab in die Schlucht. Die unscheinbaren Quellen, die durch braune Flecken am Fels gekennzeichnet sind, befinden sich auf der anderen Seite des Flusses, den man über Felsen und Stromschnellen überquert.

Zurück geht es zunächst auf dem gleichen Weg, bei der ersten Weggabelung dann jedoch nach links abbiegen und so den Rundkurs fortsetzen. Der Pfad führt erst durch den Wald und passiert einen Pavillon mit Grillstelle und guter Aussicht auf Hell-Bourg. Etwas später stößt der Weg auf einen betonierten Pfad und kleine Häuser, die zum Weiler Îlet à Vidot gehören. Von dort aus geht es rechter Hand vorbei an den alten Thermenanlagen „Anciens Thermes". Dieser Weg führt vorbei an der Gendarmerie zurück ins Zentrum von Hell-Bourg und damit zum Ausgangspunkt.

Wanderung Forêt de Bélouve und Trou de Fer

Lage: s. Reisekarte E3, F3 und Wanderkarte S. 256f.
Länge: ca. 14,5 km
Höhenmeter: ca. 870
Schwierigkeitsgrad: mittel
Dauer: 6½ Stunden
Anfahrt: Die Wanderung beginnt im Zentrum von Hell-Bourg. Alternative Route zum Wasserfall s. S. 204.

Von Hell-Bourg aus kann man in einer Tageswanderung das Waldgebiet Forêt de Bélouve und die bekannte Schlucht Trou de Fer entdecken. Startpunkt der Wanderung ist das Rathaus am Ortseingang von Hell-Bourg. Von dort führt der Weg über die Rue André Fontaine, die nach etwa 150 m in den Chemin de Bélouve übergeht. Der GR 1 führt geradeaus, nochmals die Straße kreuzend, am Osthang des Talkessels hinauf zur Gîte de Bélouve. Die Anstrengungen des steilen Weges, der immer wieder in Kehren aufsteigt, werden mit einem einzigartigen Panoramablick vom Garten der Gîte de Bélouve aus belohnt. Weiter geht es links auf dem Sentier du Trou de Fer, der leicht absteigend zum Ziel dieser Wanderung führt. Zunächst über Holzstege und Treppen durch den Wald, dann folgt der Weg eine Weile einer Forststraße. Ein kleiner Abstecher, der nur wenige Minuten in Anspruch nimmt, führt zur *Reine des Tamarins*, der „Königin der Tamarinden"; ein kleines Schild weist den Weg in den Wald hinein. Kurze Zeit später zweigt der Weg nach links von der Straße ab. Da diese Region zu den feuchtesten der Insel zählt, ist der Pfad oft matschig und rutschig. Zwischendurch ist er mit Holzstegen ausgebaut. Wiederum zweigt ein kleiner Weg nach links ab und führt in wenigen Minuten zum Ziel der Wanderung, zum Aussichtspunkt auf den Wasserfall Trou de Fer.

Der Wasserfall Trou de Fer, dessen gruseliger früherer Name Trou d'Enfer „Höllenloch" bedeutet, stürzt etwa 300 m in die tiefe Schlucht Bras de Caverne. Die Schlucht ist nur für gute Kletterer begehbar. Der kleine Platz an der Aussichtsplattform ist für ein ausgedehntes Picknick nicht gerade ideal, damit wartet man also am besten noch etwas. Zurück geht es zunächst ein kurzes Stück auf dem gleichen Weg, am Abzweig dann aber nach links auf den Sentier de l'École Normale in Richtung Grand Mare. Der Weg ist teils wieder matschig und schwer begehbar, streckenweise ist er mit Holzstegen und Treppenstufen ausgebaut. Ein kleines Hinweisschild zeigt den Weg zur Umrundung des Sumpfgebietes Grand Mare an, was etwa 20 Minuten in Anspruch nimmt. Ansonsten führt der Weg – stets leicht ansteigend – geradeaus. Der Pfad folgt für einen kurzen Abschnitt einer Forststraße, bevor er an einem Picknick-Gelände wieder zum Wanderweg wird. Am südlichsten Punkt der Wanderung stößt der Weg auf die Forststraße, die von

Sturz ins „Höllenloch"

der Plaine des Palmistes zur Gîte de Bélouve führt. Hier nach rechts abbiegen und der Straße ein kurzes Stück folgen; beim Abzweig der Straße dem Sentier de la Vierge nach rechts folgen. Leicht abfallend verläuft der Weg durch den Wald. Man passiert den Wanderweg, der nach links Richtung Piton des Neiges abzweigt. Rechts geht es zurück zur Gîte, von wo aus der gleiche Weg wie am Anfang zurück nach Hell-Bourg führt.

Die Wanderung kann auch auf zwei Tage aufgeteilt werden, die einfach ausgestattete, aber einladende **Gîte de Bélouve** mit Panoramagarten bietet sich dann als Übernachtungsmöglichkeit an.

Unterkunft

Gîte de Bélouve, *Jean Bernard Vitry, Route Forestière de Bélouve, Salazie, ✆ 0262-907878, jbbelouve@yahoo.fr, Reservierung online unter www.reunion.fr/reserver (s. auch S. 204).*

Reisepraktische Informationen Hell-Bourg

Information

Office de Tourisme Intercommunal de l'Est – Antenne de Salazie, *47 Rue du Général de Gaulle, Hell-Bourg, Salazie, ✆ 0262-461616, info-resa@reunionest.fr, www.reunionest.fr. Mo–Sa 9–12 und 13–17 Uhr sowie in der Hochsaison am Sonntagvormittag.*

Unterkunft

Chez Alice *€, 1 Rue des Sangliers, Hell-Bourg, Salazie, ✆ 0262-478624, mobil: 0692-685717, alice.chambre-restaurant@wanadoo.fr. Günstige Zimmer mit Bad; einfach, aber mit Charme. Frühstück inklusive. Gute Sanitäranlagen, wobei durch die neu eingebauten Duschen die Badezimmertüren nicht mehr richtig geschlossen werden können. Privater Parkplatz vorhanden. Gutes Restaurant, s. u.*

La Mandoze *€, 14 Chemin des Écoles, Hell-Bourg, ✆ 0262-478965, mobil: 0692-656528. Einfache Gîte im Zentrum mit drei Doppelzimmern und einem Schlafsaal. Beim Abendessen (auf Vorbestellung) bietet Patrick Manoro auch gerne musikalische Einlagen.*

Le Relais des Gouverneurs *€€, Yvette und François Boyer, 2 bis Rue Amiral Lacaze, Hell-Bourg, Salazie, ✆ 0262-477621, contact@relaisdesgouverneurs.fr, www.relaisdesgouverneurs.fr. Herberge mit sechs Zimmern in einem zweistöckigen kreolischen Haus mit großem gepflegtem Garten. Die Zimmer sind einfach, aber stilvoll und sauber. Die kreolische Küche (nur auf Reservierung) hat einen guten Ruf.*

Les Jardins d'Héva *€€, 16 Rue Auguste Lacaussade, Chemin Bellevue, Salazie, ✆ 0262-478787, contact@jardindheva.re. Die farbenfrohen Doppelbungalows liegen etwas oberhalb des Zentrums von Hell-Bourg. Die Zimmer mit jeweils eigener kleiner Veranda bieten schlichten Komfort und spiegeln die ethnische Vielfalt der Insel wider, sind also kreolisch, chinesisch, indisch oder madagassisch dekoriert.*

La Villa Blanche *€€€€, 14 Rue Olivier Manes, Hell-Bourg, ✆ mobil: 0693-910032, lavillablanche.hellbourg@gmail.com, www.lavillablanche.re. Das behutsam restaurierte kreolische Haus mit kleinem Garten kann für bis zu sieben Personen als Ferienhaus gemietet werden. Der Innenbereich gefällt mit seinem gelungenen Mix aus antiken Möbeln und modernen Elementen. Ab zwei Nächten.*

Essen und Trinken

Le Zé-Zen Créole *€, 47 Rue du Général de Gaulle, Hell-Bourg. Bäckerei und Snackbar, die Leckereien kann man entspannt im großen Garten verspeisen.*

Ti'Chouchou *€€, 42 Rue du Général de Gaulle, Hell-Bourg, Salazie, ✆ 0262-478093, mobil: 0692-045143. Mo–So 11.30–13.45 und 18.30–19.45 Uhr. Kleines, gemütliches Restaurant im Herzen von Hell-Bourg. Die Spezialitäten des Hauses sind Gerichte mit Forelle und Chouchou.*

Chez Alice *€€, Adresse siehe Unterkunft. Mo–So 12–13.45 sowie Di–So 18.30–20 Uhr. Kreolische Küche in einem traditionellen Haus. Die großen und schmackhaften Portionen werden direkt in den traditionellen Marmits serviert. Der Hausherr erzählt den Besuchern gerne von Land und Leuten.*

Villa Marthe *€€, 71 Rue du Général de Gaulle, Hell-Bourg, Salazie, ✆ 0692-086437. Tgl. 11–21 Uhr. Café-Restaurant am Rande des Dorfzentrums. Auf der Terrasse lassen sich gut Cocktails genießen.*

Aktivitäten

Julien Dez, *10 Impasse du Fond de Rond-Point, Salazie, ✆ 0692-115013 (mobil), speleocanyon.re@gmail.com, https://speleocanyon.re. Der staatlich anerkannte Sportlehrer bietet Canyoning vom Schnupperkurs bis zu Touren für Fortgeschrittene. Auch Lavatunnel-Erkundungen, mehrtägiges Trekking mit Zelt oder Biwak sowie Nachtwanderungen zum Vulkan stehen auf dem Programm. Touren ab 50 €.*

Ricaric, *135 Chemin Acadine, Barrage, La Saline, Saint-Paul, ✆ 0692-865485 (mobil), https://ricaric.re. Kleine Agentur, die Canyoning und Führungen in Lavatunneln auf der ganzen Insel anbietet. Ausflüge ab 60 respektive 50 €.*

Feste/Veranstaltungen

Jährlich im **Juni** *findet die Fête du chouchou statt – zu Ehren des lokalen Gemüses Chouchou.*

Busse

Anreise mit dem Bus Estival Linie 83 ab Saint-André bis Hell-Bourg.

Îlet à Vidot

Weitere Wandermöglichkeiten

Die D48 ist in Hell-Bourg nicht zu Ende, sondern führt noch 2,6 km weiter bis zum Weiler Îlet à Vidot. Von hier aus sind sehr schöne Wanderungen möglich, zum Beispiel zum **Piton d'Anchaing** (1.356 m). Dieser bietet, sofern die Umgebung nicht in dichten Nebel gehüllt ist, einen guten Ausblick auf den gesamten Cirque de Salazie. Der Piton d'Anchaing liegt zwischen den beiden Flussläufen Bras de Fleurs Jaunes und Rivière du Mât.

Wanderung Piton d'Anchaing

Lage: s. Reisekarte E3 und Wanderkarte S. 256f.
Länge: knapp 8 km
Höhenmeter: ca. 750
Schwierigkeitsgrad: mittel

Dauer: 4 Stunden
Anfahrt: Von Hell-Bourg über die D48 nach Îlet à Vidot. Mit dem Bus Estival Linie 83 von Salazie.

Vom Parkplatz am Ende der kleinen Straße von Îlet à Vidot gelangt man auf einem markierten und leicht zu begehenden Pfad in etwa vier Stunden hin und zurück (knapp 8 km). Vom Parkplatz aus führt der Weg kurz bergab, über eine kleine Hängebrücke wird der Rivière du Mât überquert. Weiter geht es durch landwirtschaftlich bewirtschaftete Flächen.

Der GR 1 führt in Richtung Grand Sable, zum Piton d'Anchaing geht es jedoch rechter Hand weiter, vorbei an Bananenplantagen und Kürbisfeldern. Am Massiv des Berges angekommen, geht es recht steil knappe 500 Höhenmeter hinauf. Eine Rast bietet sich bei der Aussichtsplattform mit großer Wiese an. Auf dem Plateau gibt es einen kleinen, ebenen Rundweg mit vielen guten Aussichtspunkten zum Talkessel von Salazie und herüber zum Forêt de Bélouve. Zurück führt der gleiche Weg.

Grand Îlet

Von Hell-Bourg zurück nach Salazie geht es über die gleiche Straße, die D48, wobei die landschaftlichen Schönheiten nun aus der umgekehrten Perspektive bewundert werden können. Kurz vor Salazie zweigt links die D52 ab, die in gut 15 km auf kurvenreicher Strecke und vorbei an kleinen Weilern wie Mare à Citrons und Vieille Place nach Grand Îlet führt. Bei Übernachtung in Hell-Bourg empfiehlt sich ein früher Aufbruch, wenn vor dem Verlassen des Talkessels noch Grand Îlet besucht werden soll.

Wetter-Extreme

Grand Îlet liegt auf 1.100 m unterhalb der Berge Roche Écrite (2.277 m) und Cimendef (2.226 m) und ist wie Hell-Bourg ebenfalls ein guter Startpunkt für Wanderungen. An dem Örtchen wurde einer der weltweit höchsten jemals offiziell verzeichneten Niederschlagwerte gemessen: Während des Zyklons Hyacinthe gab es am 26. Januar 1980 1.140 mm Niederschlag innerhalb von 12 Stunden. Die kleine Kirche Saint-Martin wurde vom Zyklon Hollanda im Jahr 1994 komplett zerstört, anschließend jedoch originalgetreu wieder aufgebaut. In dem Weiler gibt es einzelne Snackbars, Geschäfte mit einer kleinen Auswahl an Lebensmitteln sowie wenige Gîtes.

Von Grand Îlet zweigt etwa 50 m hinter der Kirche rechts die Straße in Richtung **Îlet de Mare-à-Martin** ab. Sie führt zum direkten, sehr steilen Zugang zum Roche Écrite sowie zum Teich Mare-à-Martin, der als guter Angelplatz bekannt ist. Der kleine Weiler ist noch sehr ursprünglich und von Touristen wenig besucht.

Keine Straße nach La Nouvelle

Von Grand Îlet zweigt auch die betonierte Forststraße zum kostenpflichtigen Parkplatz (*14 € pro Nacht, Tagestarif 5 €*) kurz vor dem **Col des Bœufs** (1.958 m) und damit zum Wanderweg nach La Nouvelle in Mafate ab. Die Straße hätte auch bis nach La Nouvelle in den Talkessel von Mafate hinein weitergebaut werden können – jedoch haben sich die Bewohner immer wieder dagegen gewehrt, sodass es bis heute für den Straßenverkehr keinen Zugang in den Talkessel von Mafate gibt. Alternativ kann man auch mit dem Bus 82 von Grand Îlet bis zum Col des Bœufs fahren.

Reisepraktische Informationen Grand Îlet

Unterkunft

Le Cimendef €, *735 auf der D52, Grand Îlet, ✆ 0262-477359, Buchung auch über www.reunion.fr/reserver. Kurz vor der Kirche nach links in die Route du Bélier abbiegen, nach gut 2 km befindet sich das Haus auf der linken Seite. Ruhige Lage; vier rustikal eingerichtete, saubere Doppelzimmer. Auf Wunsch gibt es schmackhafte Küche, die am gemeinsamen Esstisch serviert wird. Gutes Preis-Leistungs-Verhältnis.*

Le Papangue €€, *6 Chemin Camp Pierrot, Grand Îlet, ✆ 0262-479638 oder 0692-118982 (mobil), nelson.boyer@wanadoo.fr, Buchung auch über www.reunion.fr/reserver. Von der D52 links in den Chemin Camp Pierrot einbiegen. Drei großzügige Gästezimmer, Kinder sind sehr willkommen. Gute, abwechslungsreiche Speisen werden auf Wunsch zubereitet.*

Cirque de Mafate

Routenhinweis

Der Cirque de Mafate ist **nur zu Fuß** zugänglich, dabei gibt es mehrere Ausgangspunkte für Wanderungen in den Talkessel. Die wichtigsten und am meisten benutzten sind die Einstiege vom Piton de Maïdo, vom Cirque de Salazie (Col des Bœufs) und vom Cirque de Cilaos. Vom Piton Maïdo geht es dabei steil hinab zum Weiler Roche Plate (s. S. 266), vom Col des Bœufs führt ein Weg zum Dorf La Nouvelle (s. S. 266) und von Cilaos aus wandert man über die Îlet des Salazes und am Col du Taïbit vorbei auf dem markierten Pfad des GR 1 bis nach Marla (s. S. 266).

Der Cirque de Mafate kann als das eigentliche, ursprüngliche **Herz von Réunion** bezeichnet werden. Rundum von steilen Zweitausendern umgeben, wurde der 72 km² große Talkessel (noch) nicht an das insulare Straßennetz angeschlossen. Benannt wurde der Talkessel nach dem Sklaven Mafate, der seinen Besitzern entkommen konnte und sich von der Küste hierher flüchtete. Der Bau einer Verbindungsstraße scheiterte wiederholt am Widerstand der Bewohner. Die Ruhe und Abgeschiedenheit ist das charakteristische Merkmal dieses Talkessels, der damit Touristen und Wanderer anlockt. Die Flüge mit dem Helikopter sind für Notfälle und Warenlieferungen reserviert. Besucher müssen für dieses außergewöhnliche Ziel also einiges an Energie und Zeit aufbringen, der Aufwand lohnt sich aber in jedem Fall!

Ruhe und Abgeschiedenheit

Die wildeste und unberührteste Landschaft der Insel, eine karge, ursprüngliche Vegetation, wunderschöne Tamarindenwälder und Einblicke in das einfache Leben der knapp 600 Einwohner erwarten den Wanderer. Die Bewohner des Talkessels sind Nachfahren entflohener Sklaven sowie der sogenannten „Kleinen Weißen der Höhe" (s. S. 193), denen der abgeschiedene Cirque als Zufluchtsstätte diente. Heute leben die meisten vom Tourismus. Ihre einzigen Zugeständnisse an die moderne Zeit sind die Elektrizität sowie die regelmäßig heranschwebenden Hubschrauber, die die Bevölkerung mit Nahrungsmitteln versorgen und den Müll mit-

Die Bewohner von Mafate leben weitgehend isoliert vom Rest der Insel

nehmen. Die Bewohner des Talkessels sind an ein Leben ohne Krankenhaus oder sonstige städtische Infrastruktur gewöhnt. Nur einige Krankenschwestern und Sozialarbeiter sind im Cirque stationiert. Für die Kinder gibt es insgesamt vier Schulen, die auf die verschiedenen Dörfer verteilt sind. Auch einen eigenen Radiosender gibt es in Mafate, er wird von Îlet à Bourse aus betrieben.

Die größte Siedlung im Talkessel ist **La Nouvelle**, das auf 1.450 m Höhe liegt. Es ist zugleich der am einfachsten zugängliche Ort (vom Col des Bœufs via Cirque de Salazie), weshalb sich hier die meisten Touristen tummeln. Knappe zwei Stunden braucht man für die etwa 500 Höhenmeter vom Parkplatz am Col des Bœufs bis hinab nach La Nouvelle. Neben verschiedenen Snackbars und Gîtes gibt es eine Bäckerei (der Bäcker ist jedoch nicht immer vor Ort), eine Schule und eine Kirche im Dorf.

Markanter Gipfel: Blick auf den Piton Cabris

Marla (1.620 m), die höchstgelegene Siedlung in Mafate, befindet sich auf einem Plateau unterhalb des Col du Taïbit. Oberhalb thront der mächtige Grand Bénare. Eine kleine Anzahl an Gîtes und Snackbars steht für Wanderer, die meist vom Cirque de Cilaos aus nach Marla gelangen, zur Auswahl. Der Weiler **Roche Plate** ist vom Piton Maïdo aus zugänglich und von etwas mehr als einem Dutzend Familien bewohnt. In westlicher Richtung dominiert die markante Felswand, die zwischen dem Grand Bénare und dem Piton Maïdo liegt, das Dorf. Im Osten liegt die kleine Anhöhe Le Bronchard, von der aus man auf einem kleinen Rundweg tolle Ausblicke genießen kann. Im Gegensatz zu den weiter östlich gelegenen Dörfern des Talkessels ist es hier schon viel trockener, da das Dorf den Winden nicht so stark ausgesetzt ist. Wenige Gîtes und ein kleines Geschäft versorgen die Touristen mit dem Nötigsten. *Kleine Dörfer*

Das Dorf **Grand Place** besteht aus mehreren kleinen Weilern: Cayenne oder Grand-Place-les-Bas (541 m) am Fuße des Plateaus, Grand Place selbst (770 m) im Zentrum und Grand-Place-les-Hauts (839 m) oberhalb des Plateaus. Die Kirchenglocke im Ort soll die älteste der Insel sein (1745). Der Weiler **Aurère** (930 m) liegt im Schatten des markanten Piton Cabris. Aurère ist die älteste Siedlung in Mafate und wurde wegen des relativ guten Zugangs zur Küste schon früh von den P'tits Blancs besiedelt. Namensgebend für den Weiler **Îlet à Malheur** war ein grausames Blutbad, das hier 1829 an flüchtigen Sklaven verübt wurde.

Reisepraktische Informationen Aurère, Îlet à Malheur, La Nouvelle

Unterkunft

Fast alle Herbergen in Mafate sind buchbar über www.reunion.fr/reserver.

Auberge du Piton Cabri €, *Aurère, Mafate, ✆ 0262-433683. Gîte mit Vier-Bett-Zimmern, umgeben von einem großzügigen, gepflegten Garten mit Panoramablick auf den Piton Cabris.*

Gîte et Camping les Filaos €, *Chemin Îlet à Malheur, Mafate, ✆ 0692-531521, contact@gite-filaos.re, https://gite-filaos.re. Vier Schlafsäle verschiedener Größe sowie Zeltstellplätze (15 € p. P. inkl. Zeltverleih). Halbpension möglich.*

Le Tamaréo €, *La Nouvelle, Mafate, ✆ 0262-265074 oder 0692-320828 (mobil), letamareo@gmail.com. Sehr hübsche, liebevoll geführte Gîte von Marion und Jean-Yves,*

Das Schulhaus in La Nouvelle

der aus La Nouvelle stammt. Der gelernte Koch hat seine Ausbildung in der Normandie gemacht und bewirtet hungrige Wanderer mit kreolischen Gerichten. Saubere und moderne Sanitäranlagen im Gemeinschaftsbereich.

Essen und Trinken

Bistrot des Songes *€–€€, s. o., La Nouvelle, Mafate, ✆ mobil: 0692-379737. Snackbar hinter der Kirche in La Nouvelle. Es gibt Sandwiches und weitere Kleinigkeiten, nach Vorbestellung werden auch Caris und andere Gerichte zubereitet. Eine großzügige, schattige Terrasse sowie ein großer Innenraum mit Kamin laden zu jeder Jahreszeit zum Verweilen ein. Hier kommen auch die Bewohner von La Nouvelle zusammen und mit etwas Glück – bzw. bei steigendem Rumpegel – kann man kreolische (Musik-)Kultur live erleben.*

Aktivitäten

Felix ULM, *✆ 0262-430259, mobil: 0692-873232, felixreunion@gmail.com, www.felixulm.com. Ultraleichtflüge über die Cirques eröffnen eine ganz neue, beeindruckende Perspektive auf die Landschaft Réunions. Ein Rundflug über alle Talkessel kostet 175 €, Mafate alleine kostet 85 €. Die Flugbasis befindet sich in Saint-Paul.*

Wanderung 4 Tage im Herzen von Mafate

Lage: s. Reisekarte D3
Schwierigkeitsgrad: mittel
Dauer: 4 Tage
Anfahrt: Über die D52 im Talkessel Salazie. Nahe beim Col des Bœufs gibt es einen bewachten Parkplatz, Wanderer können ihr Auto hier stehenlassen (Tag 5 €/ Nacht 14 €). Vom Parkplatz aus zu Fuß (etwa 20 Min.) oder mit dem Bus (Linie 82 Estival) zum Einstieg. Alternativ (und unbewacht) kann man auch direkt am Einstieg parken, dazu von der Route de Bélier rechts ab zum Sentier Scout.

Tag 1: Col des Bœufs – Îlet à Bourse – Grand Place (Höhenmeter: ca. 750 aufwärts und 1.500 abwärts)
Tag 2: Grand Place – Cayenne – Îlet des Lataniers – Îlet des Orangers – Roche Plate (ca. 1.000 aufwärts und 500 abwärts)
Tag 3: Roche Plate – Les Trois Roches – Marla (ca. 760 aufwärts und 310 abwärts)
Tag 4: Marla – Col des Bœufs (ca. 500 aufwärts und 290 abwärts)

Tag 1 (4½ Stunden)
Col des Bœufs – Îlet à Bourse – Grand Place
Der Sentier Scout schlängelt sich zunächst kurvenreich durch mehrere trockene Schluchten. An dem oft matschigen und rutschigen Weg auf der Höhe von Les Deux Fesses geben einzelne Seile und Ketten Halt. Hier kann man zur richtigen (frühen) Tageszeit zu beiden Seiten schwindelerregende Ausblicke genießen. Markant kommt immer wieder der Piton des Calumets ins Sichtfeld. Hinter dem Plateau de la Sale geht es zunächst noch recht eben weiter, bevor der Weg steil und steinig hinab zum Captage Grimaud führt, das einst als Wasserreservoir für die unterhalb gelegenen Dörfer diente.
Weiter führt der Weg in einen angenehm schattigen Filaowald. Bei La Plaque gabelt sich der Weg, links geht es in Richtung Îlet à Bourse und rechts nach Îlet à Malheur. Der linke Abzweig in Richtung Îlet à Bourse führt zu einer kleinen Hängebrücke über die Grande Ravine. Die Brücke darf immer nur von einer Person betreten werden. Steil geht es danach wieder aufwärts zu dem kleinen Weiler Îlet à

Bourse, von dem nur noch einzelne Hütten stehen. Eine davon ist bunt angemalt, es handelt sich um die alte Schule. Der Weg führt nun zunächst hinab in den Brad d'Oussy und steigt danach wieder steil auf bis zu einer Weggabelung. Je nach gewählter Übernachtungsstätte geht es links nach Grand-Place-les-Hauts oder weiter auf dem GR2 nach Grand Place. In Grand Place École kann man in einem kleinen Laden Proviant auffüllen.

Unterkunft

Gîte le Pavillon €, *Grand Place les Hauts, Mafate,* ☽ *0262-436676 oder 0692-666083 (mobil). Saubere und gepflegte Unterkunft mit 28 Betten in Schlafsälen*

Nur einzeln zu überqueren:
die Hängebrücke bei Îlet à Bourse

Die gewaltige Felswand des Piton Maïdo

und Doppelzimmern; auch Zelten auf dem Gelände ist möglich. Bei Reservierung gibt es Halbpension mit guter kreolischer Küche in gemütlichem Ambiente. In dem zur Gîte gehörenden kleinen Laden bekommt man täglich frisches Baguette und Sandwiches für die nächste Rast.

Gîte le Bougainvillier €, *Grand Place École, Mafate, ✆ mobil: 0692-028866 oder 0692-776187. Kleine Herberge mit vier Vierbettzimmern. Verpflegung auf Reservierung.*

Gîte de Grand-Place Cayenne €, *Grand Place Cayenne, Mafate, ✆ mobil: 0692-767668. Farbenfrohe Gîtes mit Doppel- und Vierbettzimmern sowie schöner Terrasse.*

Tag 2 (4½ Stunden)
Grand Place – Cayenne – Îlet des Lataniers – Îlet des Orangers – Roche Plate

Von Grand Place geht es am nächsten Morgen weiter auf dem GR 2 an der Dorfschule oder dem Weiler Cayenne bzw. Grand Place les Bas vorbei in Richtung Rivière des Galets. Kurz darauf folgt links die Abzweigung in Richtung Îlet des Lataniers und hinunter zum Fluss. Hier kann man vor dem folgenden Anstieg noch ein Bad im Rivière des Galets sowie die schöne Umgebung genießen, dafür muss man nach der Brücke nur noch ein paar Minuten in Richtung Deux Bras gehen. Dann beginnt der schweißtreibende Anstieg in Richtung Îlet des Lataniers. Dabei alle Abzweigungen rechts bzw. links liegenlassen und dem Weg immer weiter geradeaus folgen. Auch an den zwei Gabelungen, die zum Weiler Îlet des Lataniers führen, weiter dem Weg geradeaus folgen, der stetig in Richtung Îlet des Orangers ansteigt. Bald zweigt rechts der bekannte Wanderweg Canalisation des Orangers ab, der aus dem Talkessel hinaus nach Sans Souci führt. Weiter geradeaus ist bald das Dorf Îlet des Orangers erreicht. Neben der Schule kann man die Wasservorräte auffüllen. Auf der anderen Seite des Kamms kann man in einem gut sortierten Geschäft Proviant auffüllen oder sich ein kühles Getränk gönnen.

Auf dem Wanderweg, der hier sowohl zu GR 2 wie zu GR 3 gehört, geht es weiter in Richtung Roche Plate, zum Ziel der Tagesetappe. Der Weg führt zuerst noch einmal steil hinunter, bevor er wieder langsam ansteigt. Vor La Breche folgt der letzte schweißtreibende Aufstieg des Tages. Als Belohnung für die Mühen winkt eine fantastische Aussicht auf Mafate und den Sentier Scout, den Startpunkt des Vortags. Mit Blick auf den Piton Maïdo und seine mächtige Felswand geht es weiter auf dem letzten Teilstück zum Dorf Roche Plate. Die verschiedenen Gîtes sind am Dorfeingang ausgeschildert.

Unterkunft

Chez Juliette €, *Roche Plate, ✆ mobil: 0692-340149. Herberge mit insgesamt 24 Betten. Terrasse mit schöner Aussicht.*

Ti Kaz' Bleu €, *Roche Plate, ✆ mobil: 0692-293758. 2- bis 6-Bettzimmer in kleinen Bungalows. Das schmackhafte, auf Wunsch auch vegetarische Essen wird auf der eigenen Terrasse serviert und das Frühstück zur selbstständigen Zubereitung gerichtet.*

Tag 3 (5 Stunden)
Roche Plate – Trois Roches – Marla
Von Roche Plate geht es auf dem GR 3 zunächst noch einmal ansteigend in Richtung Trois Roches und Marla. An der Abzweigung in Richtung La Nouvelle via Le Bronchard vorbei geht es weiter geradeaus auf dem GR 3. In praller Sonne ist der steinige Anstieg sehr schweißtreibend, deshalb sollte man schon möglichst früh am Morgen in Roche Plate aufbrechen. Einmal auf dem Hügel angekommen, wird der Weg flacher und weniger anstrengend. Ein großer Filaobaum ist hier weit und breit der einzige Schattenspender. Es folgen zahlreiche kleinere An- und Abstiege, bis ein kleiner Pass erreicht ist. Beim Überqueren der Ravine Chevaquine hat schon manch ein Wanderer nasse Füße bekommen. Von hier aus dauert es noch etwa 30 Minuten, bis die ersten Filaos um Trois Roches herum zu sehen sind. Kurz vor dem Wasserfall kann man sich im Café-Snack La Tisanerie mit hausgemachter Limonade und Crêpes stärken. Die Flussebene des Rivière des Galets mit dem Wasserfall Trois Roches, der als einer der schönsten und spektakulärsten der Insel gilt, eignet sich bestens zum Picknick. Auch ein Bad im kalten Flusswasser ist bei großer Hitze angenehm. In der Nähe des Wasserfalls liegen die drei massiven Findlinge, die dem Ort den Namen gaben.

Weiter in Richtung Marla geht es über den Rivère des Galets und eine Weile an dessen Flussbett entlang. Links zweigt der Aufstieg in Richtung La Nouvelle über La Plaine aux Sables ab, die Wanderroute verläuft jedoch weiterhin auf dem GR 3. Nach einer kurzen Ebene folgt ein anspruchsvoller Anstieg, in den man über eine kleine Leiter einsteigt. Es folgt ein steiler Teil des Weges mit viel Geröll, bei dem man gelegentlich auch die Hände einsetzen muss. Dabei eröffnen sich immer wieder Einblicke in die tiefe, enge Schlucht des Rivière des Galets, auch verschiedene Aussichtspunkte werden passiert. Kurz bevor die ersten Häuser des Dorfes Marla erreicht sind, zweigen kleinere Wege nach links und rechts ab, die zu verschiedenen ausgeschilderten Gîtes führen.

Sportliche Variante: Von Trois Roches aus kann man über La Plaine aux Sables und La Nouvelle direkt zum Parkplatz von Col des Bœufs aufsteigen. Dafür der Abzweigung nach Trois Roches zum direkten Aufstieg zur La Plaine aux Sables folgen, dann weiter auf dem GR 2 in Richtung La Nouvelle und dann auf dem GR 1 und später GR 3 zum Col des Bœufs und zum Parkplatz ansteigen. Von Roche Plate bis zum Col des Bœufs sind es etwa 7–8 Stunden.

Der Wasserfall Trois Roches ist einer schönsten der ganzen Insel

Unterkunft

Snack le Marla €, *Marla, ✆ mobil: 0692-041464. Rustikales Holzhaus mit kleiner Snackbar sowie am Wochenende oft mit kreolischer Live-Musik.*

Miellerie de Marla €, *Sébastien Ladrange, Marla, ✆ mobil: 0692-032099, www.mielleriedemarla.com. Kleine Unterkunft mit zwei Schlafsälen (je vier Personen) und rustikalen, aber stilvollen Sanitäranlagen. Zum Essen gibt es lokale, hausgemachte und teilweise biologische Produkte. Der vor Ort produzierte Honig, Obst und kleine Souvenirs werden zum Kauf angeboten.*

Gîte des Trois Roches €, *Marla, ✆ 0262-325090 oder 0692-233837 (mobil). Alain Bègue hat einst seine Gîte sowie sein trautes Heim von La Nouvelle nach Marla versetzt. Der Schlafsaal und die vier Zimmer sind hübsch hergerichtet und mit privaten Sanitäranlagen ausgestattet.*

Gîte Hoareau Yolande €, *Marla, ✆ 0262-907878. 2- bis 3-Bettzimmer in Hütten; von den vorderen Hütten hat man eine schöne Aussicht. Gutes Essen am großen Gästetisch.*

Tag 4 (2½ Stunden)
Marla – Col des Bœufs
Von Marla aus geht es zunächst auf dem GR 1 vorbei an der Maison Laclos. Der GR 1 biegt jedoch bald in Richtung La Nouvelle ab und weiter geht es auf einer Variante des GR 3 in Richtung Plaine des Tamarins und Col des Boeufs. Der Weg führt anfangs hinab und überquert zwei Flussläufe, den Bras Massine und den in-

zwischen schon wohlbekannten Rivière des Galets. Dann geht es steil hinauf zur Plaine des Tamarins, einer Ebene mit einem schattenspendenden Tamarindenwald. Links zweigt der Weg erneut in Richtung La Nouvelle ab, rechts führt er jedoch weiter in Richtung des Etappenziels Col des Bœufs. Vorbei an einer Abzweigung nach rechts in Richtung Col de Fourche und in den Talkessel von Salazie, verläuft der Weg immer weiter in Richtung Parkplatz und Col des Bœufs. Kurvenreich geht es weiter hinauf bis zum Aussichtspunkt vom Col des Bœufs, von wo aus noch ein letzter Blick in den Talkessel von Mafate und auf die zurückgelegte Route geworfen werden kann. Eine Schotterpiste führt dann in wenigen Minuten zum Parkplatz.

Die Küste im Nordosten: von Saint-André nach Saint-Denis

Routenhinweis

In gut 25 km führt die **N2** an der Küste entlang von Saint-André nach Saint-Denis. Dabei werden die inzwischen eng mit Saint-Denis zusammengewachsenen Küstenorte Sainte-Suzanne und Sainte-Marie passiert.

Saint-André und Umgebung

Indische Einwanderung

Saint-André hat rund 57.000 Einwohner und gilt als Hauptstadt der aus dem Süden Indiens stammenden Einwanderer. Die Zuwanderung der Inder nach Réunion begann schon vor der Abschaffung der Sklaverei im Jahr 1848, stieg aber insbesondere danach sehr stark an. Indische Arbeiter wurden vielfach auf den Zuckerrohrplantagen eingesetzt. Saint-André ist bis heute geprägt von einer lebhaften hinduistischen Kultur und einigen farbenfrohen tamilischen Tempeln. Die Innenstadt bietet für Touristen kaum etwas, die vereinzelten Sehenswürdigkeiten liegen dezentral verteilt in der Stadt und in der näheren Umgebung.

Etwas außerhalb der Innenstadt, auf einer Seitenstraße der D58, liegt das **Dan'tan lontan**. In diesem kleinen, privaten Museum befindet sich eine große Sammlung alter Gegenstände, darunter ein Phonograph, eine Maismühle, ein Pflug, eine alte Nähmaschine und weitere Raritäten. Mit seinen über sechzig Jahren ist der Besitzer Claude Govindin noch voller Energie und versucht stets gut gelaunt, den Besuchern seine Leidenschaft für seine Sammlung zu vermitteln.
Musée Dan'tan lontan, *Claude Govindin, 2208 Chemin du Centre, Saint-André, ✆ 0262-584789 oder 0692-828779 (mobil). Anreise mit dem Bus der Gesellschaft Estival Linie 43, Haltestelle „Impasse du centre“. Di–Sa 9–17 Uhr (vor einem Besuch am besten anrufen), 4 €.*

Auf der gleichen Straße liegt auch die gut ausgeschilderte **Maison Martin Valliamée**, die zugleich das Tourismusbüro beherbergt. Das heute denkmalgeschützte

Kulturelle Begegnungsstätte

Haus im Art-déco-Stil wurde 1925 im Auftrag des Arztes Léopold Martin erbaut. Seine Idee war es, in dem Haus verschiedene Kulturen und soziale Schichten zu vereinen. Nach dem Tod Léopold Martins kaufte die indische Familie Valliamé das Haus und nutzte es bis 1981 für tamilische Feste und Zeremonien. Dann erwarb die Gemeinde von Saint-André das Anwesen und unterzog es einer kompletten Renovierung. Momentan ist das Haus allerdings nicht für die Öffentlichkeit zugänglich.

Verarbeitung der Vanille

Sehenswert ist auch die auf der anderen Seite der N2 gelegene **Plantation de la Vanille Roulof**. Während einer Besichtigung spaziert man durch einen Teil der Pflanzungen und wird dann durch die einzelnen Räume geführt, in denen die Schoten gebrüht, getrocknet, aussortiert und weiterverarbeitet werden. Daneben können sich Besucher per Videofilm und Schautafeln über diesen Wirtschaftszweig informieren, auch steht ein kleiner Shop zur Verfügung.
Plantation de la Vanille Roulof, *470 Chemin Deschanets, Saint-André, ✆ 0692-108715 (mobil), http://lavanilledelareunion.com. Führungen Mo–Sa 11, 14 Uhr, 4 €, Kinder unter 12 Jahre frei. Die Besichtigung dauert eine Stunde.*

Für Kulturinteressierte lohnt sich ein kurzer Abstecher zum erst 1991 eingeweihten tamilischen Tempel **Hindou du Colosse**, der zu den schönsten und größten der Insel zählt. Der Tempel liegt an der Küste und ist über die D47 erreichbar. Leider steht er nicht für Besichtigungen offen. Besuchen kann man jedoch den Tempel **Maryen Peroumal** im Zentrum von Saint-André (*307 bis Chemin Maunier, Saint-André*). Hier lässt sich in einer ca. zweistündigen Führung die tamilische Kultur Réunions entdecken (*notwendige Reservierung über: www.resa.reunionest.fr, Erw. 10 €, Kinder 8–14 Jahre 5 €, auf bedeckende Kleidung achten!*).

Der farbenfrohe tamilische Tempel Hindou du Colosse bei Saint-André

Zuckerfabrik und Destillerie

Die alte Zuckerfabrik **Sucrerie de Bois-Rouge et Distillerie de Savanna** erreicht man von Saint-André aus über die D47 bzw. N2002, von der die Rue de Bois Rouge nach rechts abgeht und direkt zum Ziel führt. Während der Hochsaison der Zuckerrohrernte (Juli–Dez.) kann man auch die Zuckerfabrik besichtigen, sonst nur die Rumdestillerie. Hier wird dem Besucher die wirtschaftliche und kulturelle Bedeutung des Zuckerrohrs in Geschichte und Gegenwart nähergebracht. Die Veredelung der Pflanze zum Zucker und das Gärungsverfahren bei der Rumherstellung werden anschaulich dargestellt. Für die Besichtigung werden lange Hosen und festes Schuhwerk angeraten; Kinder können erst ab sieben Jahren an der Führung teilnehmen. Direkt nebenan befindet sich direkt die **Boutique Tafia & Galabé**, die Rum und andere lokale Produkte verkauft.

Sucrerie de Bois-Rouge et Distillerie de Savanna, *2 Chemin Bois Rouge, Saint-André, ✆ 0262-0398, contact@savanna.fr, www.savanna.fr. Hochsaison: Mo–Fr 9–20, Sa 9–18 Uhr; außerhalb der Saison: Mo–Sa 9–18 Uhr. Reservierung (per Telefon/Mail) nötig, festes Schuhwerk und lange Hosen vorgeschrieben. Führung 12 €.*

Reisepraktische Informationen Saint-André

Unterkunft

Savriama Véronique €, *1084 Chemin 80 – Rivière du Mât les Bas, Saint-André, ✆ 0262-466984 oder 0692-875203 (mobil), auberge-savriama@wanadoo.fr. 4 funktionale Gästezimmer im Obergeschoss eines kreolischen Hauses, jedes mit eigenem Eingang. Sehr gute Küche!*

Essen und Trinken

Le Beau Rivage, *Vieille église, Champ-Borne, St-André, ✆ 0262-460866. Solides Lokal mit kreolischer, französischer und chinesischer Küche. Schöne Lage am Meer.*

Feste/Veranstaltungen

Januar: *Marches sur le feu, Fest des Feuerlaufens.*

Oktober/November: *Dipavali, Lichterfest der indischen Bevölkerung mit Tänzen, Feuerläufen und traditionellem Essen.*

Busse

Gare Routière Car Jaune, Centre Commercial, Saint-André. Anreise mit den Linien E1, E2 und E3 von Saint-Denis und Saint-Benoît.

Sainte-Suzanne und Umgebung

Zwischen Saint-André und Sainte-Suzanne ist der Wasserfall **Cascade Niagara** einen kleinen Abstecher wert. Von der N2 in Sainte-Suzanne die Ausfahrt La Marine nehmen, im Kreisverkehr Richtung La Renaissance und di-

Nicht ganz so eindrucksvoll wie das Original: der Wasserfall Cascade Niagara

Der Leuchtturm Bel Air hat bisher alle Zyklone überstanden

Durch das Zuckerrohr zum Wasserfall

rekt wieder rechts. Dann durch die Zuckerrohrfelder der guten Beschilderung folgen. Alternativ ist auch der Weg aus der Stadt aus ausgeschildert. Der Wasserfall befindet sich wenige Meter neben dem Parkplatz *(mit dem Bus: Linie E3 Car Jaune bis „Hôtel de Ville"; von da aus sind es zu Fuß etwa 30 Minuten, einfach der Ausschilderung folgen)*. Mit etwa 30 m Höhe ist die Cascade Niagara längst nicht so eindrucksvoll wie das Original, aber immerhin führen die Wasserfälle und Flüsse hier im Allgemeinen mehr Wasser als anderswo auf der Insel. Obwohl es seit 2010 verboten ist, baden hier immer noch viele Leute, was insbesondere nach intensiven Regenfällen aufgrund der Strömungen gefährlich ist.

Die Ortschaft Sainte-Suzanne ist älter als der Zuckerboom, bereits 1646 lebten hier zeitweilig zehn verurteilte Franzosen in der Verbannung. Seitdem ist der Flecken durchgängig besiedelt und ein landwirtschaftliches Zentrum der Insel.

Unterhalb der Hauptstraße in Sainte-Suzanne steht der 1845 erbaute, einzige Leuchtturm Réunions, der bisher alle Zyklone überstanden hat. Der von dem Architekten Eugène Diomat entworfene, gut 20 m hohe **Leuchtturm** Bel Air gab einst Seefahrern Orientierung an der stürmischen Ostküste. Bis 1984 tat hier ein Leuchtturmwächter Dienst; seitdem sind die Leuchtsignale automatisiert. Der Leuchtturm wird bis voraussichtlich Ende 2023 komplett saniert und ist in dieser Zeit nicht zu besichtigen (*aktuelle Informationen dazu im Tourismusbüro in Saint-Denis*).

Reiseprakische Informationen Sainte-Suzanne

Information

Office de Tourisme, *18 Rue du Phare, Sainte-Suzanne, ✆ 0262-418300, info@lebeaupays.com, www.lebeaupays.com, Mo–Sa 9–12.30 und 13.30–17 Uhr. Das kleine Büro direkt neben dem Leuchtturm ist bis mindestens Mitte 2023 wegen Bauarbeiten geschlossen.*

Unterkunft/Essen und Trinken

La Rivièra du Bocage €€, *1 Chemin du Bocage, Sainte-Suzanne, ✆ 0262-520879. Di–So 11.30–15.30 Uhr. Gutes Restaurant mit hochwertiger, lokaler Küche. Schöne Terrasse direkt am Wasser.*

Les Terrasses de Niagara €€–€€€, *12 Chemin Marencourt, Sainte-Suzanne, ✆ mobil: 0692-223740, terrasses.niagara@gmail.com, www.terrasses-niagara.com. Nettes Chambre d'hôtes nahe dem Wasserfall mit verschiedenen einfach, aber gemütlich eingerichteten Bungalows und einem Baumhaus. Zwei Nächte Mindestaufenthalt, Frühstück extra.*

Sainte-Marie

Ebenfalls an der N2 und noch etwa 8 km vom Stadtzentrum von Saint-Denis entfernt liegt das Städtchen Sainte-Marie mit etwas mehr als 34.000 Einwohnern. Der internationale Flughafen befindet sich hier, ansonsten ist Sainte-Marie touristisch kaum von Bedeutung. Der Ort ist heute nahezu mit Saint-Denis zusammengewachsen und die meisten Anwohner pendeln zur Arbeit dorthin. Der Wander- und Fahrradweg **Sentier Littoral Nord** führt hier an der Küste entlang. Auf der gut 5 km langen Strecke zwischen Sainte-Marie und Sainte-Suzanne passiert man die meteorologische Grenze zwischen der Luv- und Leeseite der Insel, also auch die Grenze zwischen dem regenreichen und dem regenarmen Teil. Östlich dieser Grenze kann die jährliche Niederschlagsmenge an der Küste bis zu 6.000 mm betragen, westlich davon liegt sie unter 1.500 mm. Das fruchtbare Land im Norden der Insel wird auch zum Anbau von Vanille, Kaffee und Litschis genutzt, ist aber hauptsächlich von den grünen Plantagen geprägt, auf denen das Zuckerrohr bis zu 4 m hoch wächst. Das sogenannte *beau pays* (das schöne Land) bringt während der Erntezeit im Juni und Juli die besten Erträge der Insel.

Grenze zwischen regenreichem und regenarmem Teil der Insel

Besonders schön sind die geraden Alleen, die links und rechts der Hauptstraße abzweigen und von hohen Palmen gesäumt sind. Sie enden meist an herrschaftlichen kreolischen Villen, hier wohnten einst die Zuckerbarone.

Die ca. 8 km zwischen Sainte-Marie und Saint-Denis bestehen mit der N2 aus einer viel befahrenen, autobahnähnlichen Verbindung ohne interessante Punkte. Der Internationale **Flughafen Roland Garros**, der nach einem berühmten Flugpionier aus Réunion benannt wurde, liegt direkt am Meer und zwingt deshalb der Route Nationale einen großen Bogen auf.

9. MAYOTTE: KLEINES INSELJUWEL MIT FARBENSPRÜHENDER LAGUNE

Überblick

Mayotte (Maoré auf komorisch) ist ein Unterwasserparadies! Seine kleinen Inseln liegen im Kanal vom Mosambik, aus der Luft sieht Mayotte aus wie ein blau-türkis leuchtendes Aquarellbild mit – je nach Gezeitenstand – weißen Tupfern einzelner Sandbänke. Seine Küste ist buchstäblich ein **offenes Aquarium** mit unzähligen Fischen und auch Meeresschildkröten, die Schnorchler schon in Strandnähe beobachten können. **Farbenfrohe Korallenriffe** sind hier ebenso zahl- wie artenreich und übertrumpfen viele andere Tauchdestinationen. Die doppelten Barriereriffe gehören zu den besterhaltenen weltweit und schützen eine der größten und tiefsten Lagunen der Erde! Leidenschaftliche Taucher verbringen hier gerne Zeit.

Garten Eden unter Wasser

Aber auch für einen kürzeren Strandurlaub, etwa nach einer Wanderreise auf Réunion, bietet Mayotte einiges: Diverse **Buchten mit Traumstränden** laden zu herrlichen Spaziergängen ein und im Landesinneren kann man z. B. den markanten Mont Choungui erklimmen. Die multiethnische Bevölkerung hat ihre ganz eigene Kultur entwickelt. Obwohl an öffentlichen Gebäuden die Trikolore hängt und man das Baguette an der Straßenecke mit Euro zahlen kann, ist Mayotte **im Herzen afrikanisch**! Das Straßenbild prägen Frauen in *kishali* und *salouva*, dem inseltypischen Kopftuch und Wickelrock, die Gesichter mit ockerfarbener Sandelholzpaste geschminkt, und Männer im traditionellen *kofia*, einer Art Kapuzenmantel.

Multiethnische Bevölkerung

Mayotte auf einen Blick	
Fläche	374 km², davon 354 km² Grande-Terre, 16 km² Petite-Terre (mahorisch: Pamanzi), dazu ca. 30 weitere kleine Inseln
Lage	12 50 S, 45 10 E, zwischen Madagaskar und Mosambik am nördlichen Rand der Straße von Mosambik im Indischen Ozean, ca. 400 km von der afrikanischen Küste und 300 km von Madagaskar entfernt
Einwohner	299.348 (2022)
Bevölkerung	Anteil der Bevölkerung unter 19 Jahren: 53,7 %; dagegen über 60 Jahre nur 4,3 %
Sprache	Französisch, Umgangssprache Mahorais (Mahorisch)
Hauptstadt	Mamoudzou (72.974)
Religion	95 % Islam, Christentum 5 %
Währung	Euro

Geschichte

Die **Besiedlung Mayottes** begann ab dem 6. Jh., zunächst von Indonesien, später von Afrika aus. Anfang des 16. Jh. wurde die Inselgruppe ein souveränes Sultanat mit der Hauptstadt Tsingoni, zu jener Zeit erscheint Mayotte auch erstmals auf europäischen Seekarten. Nachdem viele auszehrende Bürgerkriege und Überfälle von benachbarten Inseln und durch Piraten zu einem massiven Bevölkerungsschwund geführt hatten, wandte sich Sultan Andriantsoly, der Mayotte selbst erst wenige Jahre zuvor erobert hatte, 1840 an die Franzosen. Ein Jahr später wurde die Insel französisches Protektorat, 1912 dann Kolonie.

Vom Sultanat zur Kolonie

Nach dem Zweiten Weltkrieg wurde Mayotte als Teil der Komoren 1946 zum Territoire d'Outre Mer (TOM) und erlangte in den Folgejahren sowohl das Wahlrecht als auch die innere Selbstständigkeit. Im Unabhängigkeitsreferendum von 1974 entschieden sich die Bewohner Mayottes, die Mahorais (dt. Mahorer), für die Zugehörigkeit zu Frankreich – als einzige Insel der Komoren. Seit 1975 erlebte Mayotte verschiedene Status in der Zugehörigkeit zu Frankreich. Dem von Frankreich lange skeptisch gesehenen Wunsch, ein Überseedepartement (DOM) zu werden – wie bereits Réunion, Martinique, Guadeloupe und Guyana –, schlossen sich in einer Abstimmung 2009 die Mahorais zu 95 % an. Ein Departement Frankreichs zu werden bedeutete zwar, verschiedene traditionelle Lebensweisen anzupassen oder gar aufzugeben (z. B. die Polygamie), aber dafür stieg der Anspruch auf verschiedenste Sozialleistungen schlagartig an. Seit dem 1. April 2011 ist Mayotte **das jüngste Departement Frankreichs** und seit dem 1. Januar 2014 auch **Teil der Europäischen Union**. Als Gebiet äußerster Randlage hat die Insel damit z. B. Anspruch auf finanzielle Unterstützung durch den Europäischen Fonds für regionale Entwicklung.

Wandel der Lebensweisen

Gesellschaft und Kultur

Bis zum 15. Jahrhundert wurde Mayotte von Arabern, Afrikanern und Malayo-Indonesiern besiedelt und war seitdem ein **Schmelztiegel verschiedenster Kulturen**. Heute leben auf Petite und Grande-Terre knapp 300.000 Menschen, mehr als 40 % davon Ausländer und davon die Hälfte ohne offizielle Papiere. Mit der Abspaltung von den Komoren sind viele auf Mayotte lebende Komorer de jure zu illegalen Einwanderern geworden. Die Nähe zwischen Mayotte und den restlichen Komoren, politisch also zwischen Europa und Afrika, stellt eine große Herausforderung für die Migration dar.

Auf der Insel gibt es mehr als 360 Moscheen, dagegen nur zwei katholische Kirchen (Dzaoudzi und Mamoudzou). 95 % der Inselbewohner praktizieren einen **toleranten sunnitischen Islam**, der auch im Alltag sehr präsent ist, z. B. durch Kleidung und die Rufe des Muezzins. Auch der Ramadan wird natürlich noch beachtet, die touristische Infrastruktur ist davon aber nicht berührt. Islam und Christentum leben auf der Insel in integrativer Weise zusammen, was sich z. B. in gemeinschaftlichen Gebeten ausdrückt. Westlicher Kleidungsstil ist allgemein präsent und akzeptiert, bei Besichtigungen von Moscheen sollten Reisende jedoch Schultern und Knie, Frauen zusätzlich den Kopf bedeckt haben. Allerdings ist Homosexualität im öffentlichen Raum (bislang) ein sehr seltenes Bild.

Miteinander der Religionen

Offizielle Inselsprache ist Französisch, im Alltag werden jedoch *shimaore* und *kibushi* gesprochen. Damit ist Mayotte weltweit der einzige Ort, an dem zwei große Sprachfamilien zusammenwohnen: das linguistische System der *bantou* mit dem *shimaore*, das von ca. 70 % der Inselbewohner gesprochen wird, und das malayopolynesische System mit dem *kibushi*. Letzterer gleicht einem madagassischen Dialekt und wird von ca. 25 % der Bevölkerung gesprochen, insbesondere im Süden der Insel. Französisch beherrschen die meisten auf der Insel, Englisch dagegen eher weniger, v. a. die Jüngeren. Grundlegende Französischkenntnisse erleichtern das Reisen auf Mayotte also sehr.

Zwei große Sprachfamilien

Früher haben die männlichen Nachkommen einer Familie, ursprünglich schon mit sechs Jahren, in Distanz zu den Schwestern in *bangas* gelebt: kleinen Hütten, die sozusagen im Vorgarten stehen. Heute stirbt diese Tradition wegen der Europäisierung der Gesellschaft allmählich aus.

Grundlage: Bananen, Maniok, Reis

Die **traditionelle Küche** Mayottes verwendet Bananen, Maniok und Reis als Grundlage – verfeinert mit Kokos. Häufigste Beilage ist das schmackhafte, spinatähnliche *mataba*, das aus den Blättern der Maniok-Wurzelknolle mit Kokosmilch gekocht wird. Das *matsidza* ist (teilweise in Kokosmilch) gekochter Reis. Längst wird auch Fleisch importiert und ist vom täglichen Speiseplan nicht mehr wegzudenken, etwa das *kangué*, Rindfleisch oder *poulet coco*. Im *mtsolola* werden grüne Bananen mit Fleisch oder Fisch verfeinert. Leckere Snacks, die am Straßenrand von den *mamas brochettis* angeboten werden, sind *batabata*: in Öl ausgebackene grüne Bananen, Maniok und Brotfrucht, die auch gegrillt werden können. Die pikante Sauce dazu nennt sich *putu*.

Typische Früchte sind Bananen, Mangos, Ananas sowie der Zimtapfel (*pomme cannelle*), als Süßspeise sollte man sich *mancarara*, einen Kuchen auf Basis von Mehl und Kokosmilch, nicht entgehen lassen. Gemeinschaftliches Essen wird auf Mayotte meist als **Picknick am Strand** (*voulé*) zelebriert, hier wird neben *poulet* auch *brochette de zébu* (Rindfleischspieße) gegrillt. Zahlreiche Restaurants haben auch Gerichte aus Europa oder dem Indischen Ozean auf der Karte, jedoch kommt man insbesondere in den kleinen Lokalen, in denen im Kantinenstil nur 1–2 Gerichte serviert werden, und bei den *mamas brochettis* in Kontakt mit der lokalen Bevölkerung.

Ein Volkssport auf Mayotte: der course de pneu

Obwohl auf der Insel überwiegend Muslime leben, wird auf ganz Mayotte Alkohol angeboten; Trunkenheit in der Öffentlichkeit ist jedoch verpönt. Neben Bier und Wein werden auch Rumcocktails serviert.

Ein inselweit beliebter Volkssport bzw. stets ein Event ist der *course de pneu*, der jährlich im Südwinter in Mamoudzou und anderen Orten stattfindet. Ziel ist es, in möglichst kurzer Zeit einen Autoreifen mithilfe von zwei Stöcken durch einen Parcours zu führen.

Wirtschaft

Einstige „île aux parfums“

Ökonomisch hatte Mayotte nie dieselbe Bedeutung wie andere französische Kolonien. Dem bescheidenen Zuckerrohranbau setzte 1898 ein Zyklon ein Ende. Im 20. Jahrhundert fand das Öl der hiesigen Ylang-Ylang-Blüten bei der Parfümherstellung Verwendung, auch beim Klassiker Chanel No 5, doch aufgrund der gestiegenen Lohnkosten im Departement kaufen die Parfümeure ihr Ylang-Ylang längst lieber in den Niedriglohnländern Komoren oder Madagaskar als auf der einstigen „île aux parfums“; seit einigen Jahren kommen auch synthetische Duftstoffe zum Einsatz.

Heute ist Mayottes **Wirtschaft im Umbruch**: Traditionelle Produktionsformen mit wenig Wertschöpfung weichen zunehmend einer modernen, ans Mutterland angelehnten und auf Konsum ausgerichteten Wirtschaft. Z. B. pflegen immer weniger Mahorais ihre Gemüse- und Obstgärten zur Selbstversorgung und kaufen stattdessen ihre Lebensmittel in den großen französischen Supermarktketten. Eines der wenigen Exportprodukte aus dem primären Sektor ist Fisch: Mit der Departementalisierung hat der industrialisierte **Fischfang** (insbesondere Thunfisch) in der ausschließlichen Wirtschaftszone 200 Meilen um die Küste an Bedeutung gewonnen. Die Selbstversorgung gelingt der Insel einzig bei Bananen, Brotfrucht, Maniok, Kokosnüssen und Eiern. Die Wirtschaft ist in allen Bereichen **stark von Importen abhängig**, besonders bei den öffentlichen Infrastrukturen spielt auch die Finanzierung durch die EU eine Rolle.

Hohe Arbeitslosigkeit

Das Bruttoinlandsprodukt pro Einwohner auf Mayotte hat sich in den letzten Jahren dank Staatsinvestitionen und Konsumsteigerung zwar fast verdoppelt (2005: 5.550 €; 2019: 9.710 €), liegt jedoch mehr als dreimal tiefer als das gesamtfranzösische BIP. Die Arbeitslosigkeit hat sich in den letzten Jahren bei 30 % eingependelt, besonders betroffen sind Jugendliche, Frauen und Ausländer. Im Vergleich mit anderen Überseegebieten ist der Wert sehr hoch.

Geografie und Geologie

Mayotte liegt auf der südlichen Hemisphäre zwischen dem Äquator und dem südlichen Wendekreis. Geografisch gehört die Insel zum **Archipel der Komoren**, zusammen mit Grande Comore, Mohéli und Anjouan. Sie befindet sich zwischen Mosambik und Madagaskar, ca. 1.500 km westlich von Réunion.

Genau wie Réunion ist Mayotte vulkanischen Ursprungs und entstand vor etwa 6–8 Millionen Jahren durch die Eruption zweier großer Vulkane. Das ist noch heute auf Petite-Terre am Lac Dziani oder auf Grande-Terre am Berg Mont Choungui, einem ehemaligen Vulkanschlot, erkennbar. Derzeit entsteht einer der größten Unterwasservulkane 50 km östlich der Küste von Petite-Terre.

Vulkanischer Ursprung

Mit zahlreichen Buchten hat allein Grande-Terre eine Küstenlänge von 210 km und über 180 wunderschöne Strände. Etwa drei Viertel der Küste Mayottes ist **von Mangroven geschützt**, die bei starken Regenfällen die Verschlammung eindämmen und Fischen die Eiablage ermöglichen. Das Inselinnere ist größtenteils stark bewaldet, dazwischen liegen aber auch kleinere landwirtschaftliche Produktionsflächen. Der Mont Bénara im Zentrum der Insel ist mit 660 m zwar der höchste Berg Mayottes, aber wenig spektakulär. Für Gipfelstürmer eignet sich besser der markante Mont Choungui (593 m) im Süden der Insel.

Nur einer von über 180 Bilderbuchstränden auf Mayotte: Plage de Sakouli auf Grande-Terre

Fauna und Flora

Mayotte ist von einer der größten geschlossenen Lagunen weltweit umgeben (über 1.100 km^2), die in einer Tiefe bis zu 70 m **mehr als 700 Fischarten** und 800 Mollusken wie Muscheln, Schnecken etc. beheimatet. Geschützt ist sie von einem ca. 160 km^2 langen doppelten Korallenriff. Im Inneren der Lagune bieten viele weitgehend gesunde Korallenbänke Lebensraum für zahlreiche tropische Fischarten. Die Gezeiten sind auf Mayotte stärker ausgeprägt als auf Réunion, Springfluten können hier bis zu 4 m erreichen. Dadurch sind einige Korallenriffe beim Schnorcheln einfacher zugänglich (den **Kalender der Gezeiten** findet man hier: https://parc-marin-mayotte.fr/editorial/horaires-des-marees). Im Südwinter hat man gute Chancen, die **Wale auf ihrer Reise** von der Antarktis in tropische Gewässer zu beobachten. Auch Delfinen kann man oft in der Lagune beim Spielen zusehen. Zudem sind **Meeresschildkröten** an den Stränden von Mayotte zu Hause, denn sie kommen zum Eierlegen immer wieder dorthin zurück, wo sie geboren wurden. Das entschleunigte Spektakel (z. B. am Plage de Moya auf Petite-Terre) findet in Vollmondnächten statt. Aber auch im Wasser, etwa am Strand von N'Gouja, sind sie anzutreffen. Auch der **Komoren-Quastenflosser**, ein berühmtes „lebendes Fossil", und der Riesenmanta, der eine Spannweite bis zu 7 m erreicht, verweilen in den Gewässern um Mayotte.

Makis sind ein beliebtes Fotomotiv

Der **Braune Maki** gehört zu der Familie der Lemuren, die ursprünglich in Madagaskar heimisch sind. In vielen Dörfern Mayottes leben die quirligen Tiere in Gruppen in enger Nachbarschaft zu den Menschen. Spätestens am beliebten Strand N'Gouja treffen Reisende den Maki – ein beliebtes Fotomotiv. Außerdem sind **zahlreiche Echsen** heimisch. Das unter Schutz stehende, ursprünglich endemische Chamäleon *furcifer polleni* kann verschiedenste Farben annehmen und passt sich stets seiner Umgebung an. Die Geckos, hier wie auch auf Réunion *margouillat* genannt, gibt es in schillerndem Grün oder lichtdurchlässigem Grau.

Die Flora umfasst einen ganzen Strauß von **Duft- und Gewürzpflanzen**. Dazu zählen Orchideen wie die Vanille, Frangipani, Gewürznelkenbäume, Muskatnussbäume und die Kletterpflanze Ylang-Ylang. Das Inselinnere besteht teils noch aus Primärwald. Viele Kokospalmen, Afrikanische Tulpenbäume und im Süden der Insel auch Baobabs (Affenbrotbäume) prägen das Landschaftsbild. Außerdem gedeihen verschiedene Obstbäume (z. B. Zimtapfel, Jack- und Brotfrucht, Litschi, Mango) sowie Grundnahrungsmittel wie Maniok und Zuckerrohr.

Klima und Reisezeit

Hauptsaison: Südwinter

Die Temperaturen sind das ganze Jahr über **angenehm warm** und schwanken zwischen etwa 20 und knapp über 30 Grad, der kälteste Monat ist der August. Die Hauptreisezeit fällt in den Südwinter von Mai bis Oktober, dann ist es am trockensten. Von November bis März, dem Südsommer, währt die heiße, feuchte, fruchtbare Regenzeit auf Mayotte, im Februar und März ist auch die Saison für Zyklone.

Sicherheit

Es ist zu empfehlen, dass sich Reisende bei der Ankunft in ihrer Unterkunft über die aktuelle Sicherheitslage erkundigen. Aufgrund der angespannten wirtschaftlichen Situation ist die Kleinkriminalität auf Mayotte erhöht. Generell lässt man Papiere, Wertsachen und Bargeld bei Erkundungstouren besser im Hotel. Besondere

Vorsicht vor Diebstählen ist am Strand, beim Wandern und in Mamoudzou sowie abends und nachts geboten. Das Auto parkt man besser im Dorfzentrum (mit sozialer Kontrolle) als am unbeobachteten Straßenrand, Aktivitäten sollte man möglichst am Morgen durchführen. Allgemein gilt der touristische Süden als sicherer als der ärmere Norden.

Redaktionstipps

- Baden an einem der zahllosen **Traumstrände** Mayottes (S. 295), z. B. in N'Gouja (S. 292).
- Eine Wanderung um den smaragdgrünen **Kratersee Lac Dziani** unternehmen (S. 285).
- In Tsingoni die **älteste aktive Moschee** im ganzen französischen Hoheitsgebiet besuchen (S. 289).
- Das „Wahrzeichen des Südens" bezwingen: den **Mont Choungui** (S. 290).
- Und definitiv: die **Unterwasserwelt** auf einem Tauchgang oder beim Schnorcheln erkunden (S. 294/295).

Inselrundfahrt

Eine Reise nach Mayotte beginnt zumeist auf Petite-Terre, am internationalen Flughafen von Dzaoudzi. Dort finden sich jeweils zahlreiche (Sammel-)Taxis, die zur „Barge", der Personenfähre, fahren. Vorsicht: Wenn das Mietauto zum Flughafen bestellt wurde, muss es mit der Autofähre (Amphidrome) übersetzen. Andernfalls kann man das Mietauto auch auf Grande-Terre in Mamoudzou entgegennehmen. In und um Mamoudzou muss insbesondere zu Stoßzeiten mit Stau gerechnet werden. Ansonsten sind die Routes Nationales (RN) gut ausgebaut und das Straßennetz der Insel ist übersichtlich.

Petite-Terre (Pamanzi)

Ehemaliger Regierungssitz

Das von Klippen umsäumte, historische **Dzaoudzi** ist der ehemalige Regierungssitz der Kolonie. Der Boulevard des Crabes ist der einzige Verbindungsweg in Form eines bereits 1848 angelegten Deiches (hier befindet sich auch der Plage du Faré) zwischen dem Rest von Petite-Terre und Le Rocher de Dzaoudzi. Dort sind die meisten Überreste kolonialer Architektur zu finden, darunter die ehemalige Präfektur, die „Ancienne Résidence" der Gouverneure und später der Präfekten. 1841 von Gustave Eiffel entworfen, ist die Residenz eingebettet in einen Park am Rocher de Dzaoudzi, wartet aber leider schon seit Jahren auf eine Sanierung. In der Nähe befindet sich die Chapelle Saint Michel von 1895, die einzige Kirche auf Petite-Terre. Neben der Kapelle steht eine Statue der Jungfrau Maria, eine Kopie der Skulptur, die auf der Spitze der Basilika Notre-Dame de Fourvière in Lyon thront.

Das nahe gelegene alte Krankenhaus L'Hôpital de Dzaoudzi stammt aus dem Jahr 1848 und war damals hauptsächlich für die medizinische Versorgung des Militärs zuständig. Das ebenfalls nahe MUMA Musée de Mayotte, der Geschichte, Kultur und Natur der Insel gewidmet, ist derzeit wegen Einsturzgefahr des Gebäudes geschlossen und sucht ein neues Zuhause. In Labattoir lohnt sich ein Spaziergang entlang der geschäftigen **Rue de Commerce**, bei dem man gut das Alltagsleben beobachten kann und vielleicht sogar das eine oder andere Souvenir findet.

Kratersee

Der Kratersee **Lac Dziani** (Dziani Dzaha) entstand vor etwa 100.000 Jahren aus einer Eruption und ist ein sehr **beliebtes Ausflugsziel**. Das smaragdgrüne

Mayotte
INDISCHER OZEAN
Grande-Terre
Petite-Terre
Îlot de Mtsamboro (Chissioua Mtsamboro)
Rassi Douamounyo
Îles Choazil
Mtsahara
Handréma
Hamjago
Mtsangamboua
Mtsamboro
Bandraboua
Dzoumogné
Pte. de Longoni
Mtsangadoua
Mtsanga Fanou
Acoua
Baie d'Acoua
Mt. Chouroungou 496 m
Forêt dép. du Mont Hachiroungou
Baie de Longoni
Kangani
Koungou
Bouyouni
Longoni
Majicavo Koropa
Mliha
Tanaraki
Chembényoumba
Mtsangamouji
Cascade de Soulou
Mt. Mtsapéré 661 m
Forêt dép. de Majimbini
Majicavo Lamir
Kawéni
Lac Dziani
DZAOUDZI
MAMOUDZOU
Toutouroucha
Baie de Soulou
Tsingoni
Baie de Tsingoni
Combani
Mroalé
Miréréni
Vahibé
Kavani
Mtsapéré
Plage du Faré
La Vigie
Labattoir
Bandrahani
Doujani
Mt. Combani 481 m
Passamaïnti
Pamandzi
Tsoundzou 1
Aéroport Dzaoudzi-Pamandzi
Forêt dom. du Mt. Combani
Kahani
Sohoa
Tsoundzou 2
Île Mbouzi (Chissioua Mbouzi)
Plage de Moya
Chiconi
Ongojou
Tsararano
Coconi
Baie de Chiconi
Barakani
Sada
Mangajou
Dembéni
Iloni
Ouangani
Anse Hajangoua
Tahiti Plage
Mt. Tchouarembo 581 m
Massif for. des Mts. Bénara
Hajangoua
Mt. Bénara 661 m
Mtsanga Dzienguizi
Hamouro
Poroani
Sakouli
Mouanatrindi
Nyambadao
Îlot Bandrélé
Bouéni
Hanyoundrou
Miréréni
Potéléa
Anse Bandrélé
Ngoujou
Forêt dép. de Satra Gori
Robinson Plage
Boungou-dranavi
Baie de Bouéni
Malamani
Bandrélé
Baie de Tortues
Majiméouni
Musicale Plage
Mtsatroundrou
Bambo Ouest
Mramadoudou
Anse Bambo
Mzouazia
Baie de Mzouazia
Bambo Est
Îlot Bambo
Chirongui
Mbouanatsa
Tsimkoura
Plage des 3 Baobabs
Anse Mounyambani
Mt. Choungui 593 m
Kani-Kéli
Forêt dom. de Dapani
Mtsamoudou
N'Gouja
Kani Bé
Choungui
Dapani
Baie de Kani
Mronabéja
Passi Kéli
Mbouini
Péninsule Saziley
Îlot de Sable Blanc (Mtsanga Tsoholé)
Chissioua Mbouini
RN1
RN2
RN3
D1
D2
D3
D4
D5
D6
D7
D11
Wanderweg
N
0
5 km
© graphic

See- und Meerblick zugleich auf der Wanderung um den Lac Dziani

Wasser des Sees und die sich immer wieder eröffnenden Blicke auf das türkisblaue Meer lassen diese kleine Wanderung zu einem landschaftlichen Erlebnis werden. Auf einem einfachen, kaum schattigen Weg oberhalb des Sees kann man diesen in ca. 90 Minuten umrunden. Die Anfahrt startet in **Labattoir** beim Kreisverkehr Four à Chaux in Richtung Plage des Badamiers; in einer großen Linkskurve biegt von der Straße der Weg dann rechts entlang einer langen Wellblechwand mit vielen Briefkästen ab (hier kann man auch parken).

Anstatt zum Ausgangspunkt zurückzukehren, kann man auch zum **Plage de Moya** weiterlaufen, zu dem unterwegs ein ausgeschilderter Weg abzweigt (Dauer vom Start bis zum Strand: ca. 2 Stunden). Wer direkt zu dieser schönen, großen und geschützten Bucht will, folgt einfach der Straßenbeschilderung (auf der D9) in Labattoir, mit dem Auto kommt man über eine Piste noch 1 km näher heran. Vorsicht: Bei Ebbe kann man hier schlecht schwimmen. Am Plage de Moya legen die Meeresschildkröten bei Flut und Vollmond ihre Eier. Damit sie dafür Ruhe haben, ist der Strand ab 18 Uhr gesperrt. Gemeinsam mit der **Association Oulanga na Nyamba** kann man dieses Schauspiel beobachten (*https://oulangananyamba.com, ab 15 € pro Person*). Wenn tagsüber Babyschildkröten schlüpfen, sind die am Strand platzierten Schutzhinweise unbedingt einzuhalten.

Meeresschildkröten

Grande-Terre

Die „Barge“, eine Institution auf der Insel, verbindet zuverlässig die „kleine“ mit der „großen“ Erde. Die größere der Inseln, wenig überraschend Grande-Terre, ist hügelig und verzweigt und **wie ein Seepferdchen** geformt, das sich auch im Wappen von Mayotte findet.

Mamoudzou und Umgebung

Obwohl Mamoudzou die **heutige Hauptstadt** und auch größte Stadt des Departements Mayotte ist, hat sie wenig Interessantes für Reisende zu bieten und lohnt sich allenfalls für den einen oder anderen kleinen Stopp. Von der Barge aussteigend, liegt rechts der überdachte Markt, auf dem lokale Lebensmittel und (importiertes) Kunsthandwerk angeboten werden und kleine Imbissstände fürs leibliche Wohl sorgen. Hiesiges Kunsthandwerk hingegen verkauft das direkt an der Barge gelegene **Maison Artisanale de Mayotte** (*Mo–Fr 9–12 und 13–17, Sa bis 16 Uhr*). Zwischen Markt und Barge befindet sich die Touristeninformation, gegenüber vom Markt schmiegt sich die Stadt an den Hügel und links starten vom kleinen Yachthafen aus einige Ausflüge.

Authentisches Kunsthandwerk

Norden und Zentrum von Grande-Terre

Eine **Rundreise in den Norden** der Insel startet von Mamoudzou auf der RN1. Dieser Teil der Insel war in der vorkolonialen Zeit das Zentrum der Insel. Mit zahlreichen Buchten und versteckten Stränden ist insbesondere der Straßenabschnitt zwischen Bandraboua und Mliha landschaftlich reizvoll.

Mamoudzous Vororte Kawéni und Kangani sind von Reisenden zu meiden – auch wegen der Sicherheit – und die Strände sind zum Baden nicht geeignet, da hier Mangroven wachsen. Auch der Hafen in Longoni ist wenig sehenswert. Erste Station der Rundreise ist **Dzoumogné**, das auch von Süden her über die D2 angefahren werden kann. Hinter der kurzen, lediglich einspurigen Brücke befinden sich, mitten auf dem Gelände des heutigen Colleges, die Ruinen einer Zuckerrohrfabrik.

Am Strand von Mliha

Kurz nach dem kleinen Dorf Bandraboua eröffnet ein schöner Aussichtspunkt den Blick auf die vorgelagerte Insel Handréma.

Das Minarett der Moschee von Tsingoni

Am nördlichen Zipfel von Mayotte liegt in einer scharfen Kurve ein weiterer **Aussichtspunkt** auf die lang gestreckte Halbinsel Douamounyo, die sich noch weiter hinauf in den Norden zieht, sowie auf Chissioua (mahorisch für Insel) Mtsamboro und die kleinen Choazil-Inseln. Kurz danach folgt der sehenswerte Ort **Hamjago** mit einer schönen Moschee. In der gleichen Bucht liegt auch der Ort **Mtsamboro**, das historische Zentrum aus dem 16. Jahrhundert. Hier lohnt sich ein Ausflug zur vorgelagerten gleichnamigen Insel Mtsamboro (meist ab Mamoudzou, die Unterkunft Coco Lodge, s. S. 297, organisiert Ausflüge). Sie ist die größte unbewohnte Insel Mayottes, allerdings wird hier im kleinen Stil Landwirtschaft betrieben. Weiter auf der Straße kann man von einigen Abschnitten aus die Silhouette der 75 km entfernten Nachbarinsel Anjouan ausmachen. Nach dem Dorf Mtsangadoua führt auf Höhe des Lycée du Nord ein kleiner Weg zum Strand Mtsanga Fanou, der zum Baden einlädt.

Vorbei am Dorf Acoua ist nach kurzer Fahrt durch eine bewachsene Landschaft der Abzweig nach **Mliha** erreicht. Dieser Weiler liegt direkt am schönen Strand und von hier aus hat man eine gute Sicht auf den markanten Mont Choungui. Weiter auf der Landstraße passiert man den unspektakulären Ort Mtsangamouji, dann kommt man nach **Tsingoni**. Der beschauliche Ort war einst Hauptstadt des Sultanats und ist zudem die Wiege des Islam auf Mayotte. Die Moschee von 1538 ist das **älteste noch aktive muslimische Gebetshaus** im gesamten französischen Hoheitsgebiet. Vor der Moschee, inzwischen um einige Anbauten erweitert, befinden sich alte Gräber von persischstämmigen Händlern, welche die Moschee erbaut haben. Nach dem Gebet zeigen Gläubige Interessierten (mit bedeckender Kleidung) gerne die Moschee von innen.

Wiege des Islam

Von der Moschee aus kann man in rund 30 Minuten über den GR1 zu dem wunderschönen kleinen Wasserfall **„Cascade de Soulou“** am gleichnamigen Strand gelangen. Dafür folgt man von der Moschee aus dem auf Strommasten und Palmen mit roten Strichen markierten Weg zunächst durch das Dorf und dann vorbei an landwirtschaftlichen Feldern. Vorsicht, an einer sumpfigen, mit Palmenstämmen ausgelegten Passage muss man trittsicher sein! Es gibt auch einen Weg direkt von

Schöner Wasserfall

der größeren Straße durch den Wald; von diesem wird jedoch aus Sicherheitsgründen abgeraten.

Wieder auf der Landstraße, gelangt man ins Inselinnere. Nahe Combani liegen zwei schöne Unterkünfte an einer Waldstraße. Von hier hat man eine schöne Aussicht auf die Bucht von Mamoudzou und kann kleine Wanderungen unternehmen. Im Örtchen **Coconi** liegt das frühere landwirtschaftliche Zentrum der Insel. Jeden ersten Samstag im Monat findet in Coconi zwischen 8 und 13.30 Uhr, angeschlossen an das Lycée Agricole (nahe der RN2), der **Marché paysan** – der Bauern- und Kunsthandwerkermarkt – statt.

Der Süden von Grande-Terre

Weiter auf der RN2 Richtung Südwesten, schmiegt sich das traditionsreiche Städtchen **Sada** entlang der Bucht sanft an den Hügel, Blickfang ist das Minarett der Moschee. Im Ort lohnt sich ein kleiner Spaziergang. Die hiesigen Kunsthandwerker haben sich auf die Korbflechterei spezialisiert und bieten ihre Ware feil. Auch im „Maison de l'artisanat" (Quartier Gnambotiti, geöffnet Di–Sa) am zentralen Platz in Sada kann man Kunsthandwerk „Made in Mayotte" kaufen, besonders bekannt ist der „Chapeau de Sada", ein geflochtener Hut mit langen Zotteln, die gegen die Sonne schützen.

Berühmte Korbflechterei

Traditionsreich und traumhaft gelegen: Sada

Weiter auf der Landstraße Richtung Süden passiert man zunächst einige Weiler. Hinter dem Ort **Chirongui** – eigentlich eine Vereinigung mehrerer Dörfer – folgt auf der RN3 bald der Abstecher nach Süden zum Bergdorf Choungui. Von hier aus kann man den alten **Vulkanschlot Mont Choungui** (593 m), das Wahrzeichen

Abendstimmung auf der Halbinsel Bouéni

Wahrzeichen des Südens

des Südens, besteigen (2 ½ Stunden hin und zurück). Der Weg beginnt im Dorf zwischen den beiden Parkplätzen nahe der Schule. Bis zum Hauptweg ist er leider spärlich markiert, aber mit etwas Orientierungssinn zu finden. Später ist der Weg gut ausgetreten, am Ende geht es steil hinauf über Wurzelwerk und Gestein und man muss die Hände zu Hilfe nehmen! Die Aussicht vom Gipfel belohnt jedoch die Anstrengungen.

„Schönheit der Frauen"

Zurück auf der RN3 bzw. D4 zweigt bald die von madagassischen Einflüssen geprägte **Halbinsel Bouéni** ab. Die Erhebungen Ngoujou (292 m) und Boungoudranavi (263 m) thronen über der Halbinsel. Ein neu installierter**, kleiner Klettersteig** lädt dazu ein, letztere zu erklimmen und die schöne Aussicht zu genießen (*Dauer ca. 45 Minuten, Materialverleih beim Case Robinson, siehe Reisepraktische Informationen; Kosten: 15 €, Reservierung per SMS unter ✆ 0639-014967*). Eine Rundfahrt auf der D6 über Hanyoundrou und Mouanatrindi zum Örtchen Bouéni ist landschaftlich sehr reizvoll. In Bouéni ist Taambati Moussa mit ihrer Organisation *Ouzouri wa Mtroumché* (dt.: Schönheit der Frauen) eine bekannte Persönlichkeit, gilt sie doch als Bewahrerin des kulturellen Erbes von Mayotte (Kontakt: ✆ *mobil: 0639-677814, taambati.santallogis@hotmail.com*). Frauen können sich traditionell schmücken und mit Sandelholzpaste schminken lassen. Im Dorf selbst gibt es neben ein paar Geschäften und einer hübschen Moschee wenig zu sehen.

Weiter auf der Straße Richtung Mzouazia liegen **mehrere schöne Strände** (z. B. Robinson Plage, Baie de Tortues und Bambo Ouest), wo man herrlich schwimmen und schnorcheln kann. Südlich von Mzouazia bietet der lange Strand von Mbouanatsa, auch Plage des 3 Baobabs genannt, eine grandiose Aussicht auf die Bucht und der Sonnenuntergang ist hier wunderbar anzuschauen!

Just like Heaven: die Bucht von N'Gouja

Weiter auf der Landstraße D4 in Richtung Kani-Kéli gelangt man zunächst an einen Aussichtspunkt und kurze Zeit später zum Abzweig nach **N'Gouja**. An diesem paradiesischen, langen Sandstrand können Schnorchler mit etwas Glück Meeresschildkröten und weiter hinten das Barriereriff sehen. Hinter dem Strand spenden einige große, alte Baobabs und zahlreiche Palmen Schatten. Gegen Tagesende zeigen sich die zahlreichen Makis gerne den Besuchern (bitte nicht füttern!).

Makis en masse

Die Küste entlang führt die Straße vorbei an den Orten Kani-Kéli, Kani Bé, Mronabéja und Passi Kéli nach **Mbounini**. Die Korallenbänke liegen hier sehr nah an dem schönen Strand, sodass hier die innere Riffbarriere zu sehen ist. Besonders bei Ebbe können Schnorchler die **bunten Korallen und Fische aus nächster Nähe** betrachten. Weiter auf der Straße, liegt zwischen den Orten Dapani und Mtsamoudou die **Halbinsel Saziley**. Dieses Naturschutzgebiet bietet sich in seiner Ursprünglichkeit für einen Tagesausflug an! Von Mtsamboudou aus (der Beschilderung an einer Mauer am Strand folgen) schlängelt sich ein Pfad die Küste entlang, wo diverse Strände zur ausgedehnten Mittagspause einladen. Für den Rückweg oder auch einen kürzeren Besuch eignet sich der Weg auf dem Kamm am Aussichtsturm vorbei zum (bzw. vom) Parkplatz des Col de Saziley (unbedingt vorher die aktuelle Sicherheitslage erfragen und ggf. mit Guide gehen oder die Halbinsel per Boot aus erkunden!). Die große Wanderung dauert ca. 5 Stunden, der Kammweg bis zum Aussichtspunkt allein 30 Minuten, bei hohen Temperaturen sollte man lieber Vorsicht walten lassen und in jedem Fall genug Trinkwasser mitnehmen! Der Halbinsel vorgelagert ist die **Îlot de Sable Blanc** (Mtsanga Tsoholé), die auch von Ausflugsbooten angesteuert wird (siehe Reisepraktische Informationen).

Tagesausflug ins Schutzgebiet

In Richtung Norden trifft die Straße am Col de Chirongui wieder auf die RN3. Folgt man dieser nach Osten, gelangt man zunächst an den großen Strand von Bambo Est und dann direkt zu dem bei Einheimischen beliebten Musicale Plage. Kurz darauf kann man in Bandrélé im – sonst nicht sehr spannenden – Écomusée du Sel (unregelmäßige Öffnungszeiten) lokales Salz als kulinarisches Mitbringsel erwerben. Weiter nördlich erstreckt sich zwischen den Weilern Nyambadao und Hamouro der bekannte, braunsandige **Plage de Sakouli** mit seinen Baobabs. Gegenüber liegt die **Îlot Bandrélé**, die mit einem Kajak (Verleih am Strand, siehe Reisepraktische Informationen) gut erreicht werden kann. Auf der Insel lohnt es sich, an einem der zwei Strände zu schnorcheln.

Inselhopping per Kajak

Reisepraktische Informationen Mayotte

Flüge/Einreise

Air Austral *(www.air-austral.com) bietet täglich direkte Nachtflüge von Paris Charles de Gaulle nach Dzaoudzi. Je nach Saison zwischen 700 und 1.700 € für Hin- und Rückflug. Auch Kenya Airways startet mehrfach wöchentlich von Paris Charles de Gaulle nach Dzaoudzi, allerdings mit Zwischenstopp in Nairobi (dafür sind die Tickets meist etwas günstiger). Die Anreise ist auch gut über oder von Réunion möglich, interessant ist auch das Angebot des Pass Iles Vanille (s. S. 58). Für die Einreise gelten dieselben Bestimmungen wie für Réunion (s. S. 62).*

Autovermietung

Diverse professionelle Agenturen vermieten Autos, i. d. R. Kleinwagen. Die Preise starten je nach Verfügbarkeit bei ca. 25 € pro Tag. Die Benzinpreise auf Mayotte werden monatlich angepasst und sind etwa gleich hoch wie auf Réunion (s. S. 86). Zur Frage, wo man den Mietwagen nach Ankunft übernimmt, s. S. 285 (Inselrundfahrt).

Europcar, *✆ mobil: 0639-090000, www.europcar-mayotte.com, Stationen am Flughafen und in Mamoudzou.*

Budget, *✆ 0269-616616, www.budget-mayotte.com, Stationen am Flughafen und in Mamoudzou.*

Garcia Location, *✆ 0269-627627, https://garcialocation.yt. Zuverlässige, kleine Verleihfirma, die auch auf Réunion aktiv ist, mit Stationen am Flughafen und in Mamoudzou in der Nähe des Fähranlegers.*

Fähre „Barge"

Die Fähren „Barge" und „Amphidrome" fahren von den dicht beieinanderliegenden, aber verschiedenen Quais zwischen 5.30 Uhr und 20 Uhr alle 30 Minuten, also fährt

Per Fähre von Insel zu Insel

alle 15 Minuten eine Fähre (danach bis 22.30 Uhr jeweils im Stundentakt). Genauere Informationen: http://info.barge-mayotte.com. Tickets für die Überfahrt werden nur bei Abreise an dem Zentralschalter der „Barge" in Grande-Terre verkauft und kosten 0,75 € pro Person und 15 € pro Auto.

Telefonieren

Die internationale Vorwahl nach Mayotte ist dieselbe wie für Réunion: 00262. Innerhalb der EU wird kein Datenroaming erhoben.

Informationen

Office de Tourisme, *Front de Mer, Mamoudzou, ✆ 0269-610909, www.mayotte-tourisme.com.*

Office de Tourisme Petite-Terre, *Rond Point Four à Chaux, Labattoir, ✆ mobil: 0639-657440, www.tourisme-petiteterre.fr. Mo–Fr 9–12 und 13–17, Sa 9–15 Uhr.*

Notfall

Gendarmerie: ✆ 17 oder 0269-611216, Polizei: ✆ 17 oder 0269-611222, Feuerwehr: ✆ 18 oder 112, Krankenhaus Mamoudzou: ✆ 0269-618000, medizinischer Dienst: ✆ 15.

Tauchen

Für Taucher ist Mayotte ein Juwel im Indischen Ozean! Tauchplätze liegen sowohl in der Lagune als auch am Außenriff, größtenteils sind sie auch für Einsteiger geeignet. Im südlichen Winter von Juni bis September wehen Passatwinde, wodurch das Meer unruhiger

Mayotte ist ein Unterwasserparadies – auch für Schnorchler

ist. Darum ist die beste Reisezeit für Tauchferien in der Zwischensaison, also Oktober/November, sowie von April bis Juni. Eine der größten Lagunen der Welt umlagert die Insel und wird von einem doppelten Korallenriff geschützt, das noch eher wenig von der Korallenbleiche betroffen ist. Schöne Korallenbänke befinden sich sowohl innerhalb der Lagune als auch am Außenriff entlang der steil abfallenden Korallenwände. Bekannte Tauchplätze sind „la passe en 'S'" und „la passe Sada". Der erstgenannte, 4 km lange Abschnitt verdankt seinen Namen seiner Form, der Sockel liegt in 70 m Tiefe. Aufgrund der Länge sind hier bis zu 13 verschiedene Tauchgänge möglich. Dagegen stellt „la passe Sada" eine Steilwand mit vielen Spalten dar, die ausgezeichnete Verstecke für die Riffbewohner bietet.

Auf der Website von Mayotte Tourisme wird ein „Guide de la Plongée" zum Download angeboten. Tauchgänge kosten ab 50 € aufwärts.
Nyamba Club, *✆ mobil: 0639-690863, www.nyamba-club.com. Tauchschule und Tauchausflüge auf allen Niveaus, Start von Dzaoudzi oder Mamoudzou.*
Happy Divers, *Plage de Mliha, Mtsangamouji, ✆ mobil: 0639-692938, www.diving-mayotte.com. Tauchschule und Tauchausflüge im Norden der Insel.*
Abalone Plongée, *Plage de Mzouasia, Mzouasia, ✆ mobil: 0639-224810, www.abaloneplongee.com. Tauchcenter spezialisiert auf die südlichen Pässe.*
Le Lagon Maoré, *Plage de N'Gouja, Kani-Kéli, ✆ mobil: 0639-090901, www.lagonmaore.com. Tauchschule und Tauchausflüge, startend im Süden der Insel.*
Jolly Roger, *Plage de Sakouli, Bandrélé, ✆ mobil: 0639-012092, https://planetemayotte.com/jolly-roger-976. Tauchschule und Tauchausflüge, auch Apnoetauchen und Schnorcheltouren. Verleih von SUP und Kajaks.*

Schnorcheln

Schon beim Schnorcheln können schöne, farbige und viele Korallen und Fische beobachtet werden! Hier sind die **Strände** *mit den schönsten Riffbarrieren:*
Mtsanga Fanou (Zugang siehe S. 289), Tahiti Plage (Sada), Robinson Plage (Bouéni), Baie de Tortue (Bouéni), N'Gouja Plage (Kani-Kéli), Mbouini Plage (Kani-Kéli), Spots vor der Halbinsel Saziley (hier ist es empfehlenswert, sich einen Ausflug mit Start in Moutsamdoudou und Stopps bei der Îlot Bambo und der Îlot de Sable Blanc zu organisieren – am besten in der Unterkunft fragen).

Anderer Wassersport und Aktivitäten an Land

Naut'île, *✆ mobil: 0639-690959, www.nautilemayotte.com. Bootsausflüge zur Wal- oder Delfinbeobachtung. Abfahrt von Dzaoudzi oder Mamoudzou. Ab 90 €.*
Mayotte Découverte, *✆ mobil: 0639-691724, https://mayottedecouverte.fr. Tagesausflüge zur Beobachtung von Delfinen, Walen, Riesenrochen oder Haien. Abfahrt von Mamoudzou. Ab 90 €.*
Lagon Aventure, *✆ mobil: 0639-654263, www.lagonaventure.fr. Wal-, Delfin- oder Riesenrochensafaris, Abfahrt von Dzaoudzi oder Mamoudzou. Ab 90 €.*
Planète Bleue, *✆ mobil: 0639-283351, www.pbmayotte.yt. Ausflüge von Mamoudzou aus mit dem Katamaran, auch mehrtätige Trips zu den Komoren. Ab 95 €.*
Les ULM de Mayotte, *Zone Aéroportuaire, ✆ mobil: 0639-405653, www.ulmdemayotte.com. Anbieter von Rundflügen über die Insel in Leichtflugzeugen. Start beim Flughafen. Ab 60 €.*
Coco Lodge, *siehe Unterkunft Norden/Zentrum Grande-Terre, Kajaks ab 15 € / halber Tag.*

May Voile, *Plage de Mtsanga, Chirongui, ✆ mobil: 0639-763111, mayvoile976@gmail.com, www.facebook.com/ecoledevoileMayotte. Kleine Segelschule, auch Verleih von SUP (ab 10 € / h) und Kajaks (ab 10 € / halber Tag).*
Case Robinson, *siehe Unterkunft Süden Grande-Terre. Kajaks ab 15 € / halber Tag; Klettersteigset 15 €.*
Jolly Roger, *siehe Tauchen*
O'lolo, *siehe Unterkunft Süden Grande-Terre*

Wandern

Mayotte eignet sich sehr gut für kleine Wanderungen an der Küste oder im Hügelland. Die **Klassiker Lac Dziani, Cascade de Soulou, Mont Choungui** *und* **Saziley-Halbinsel** *sind in diesem Kapitel beschrieben und in der Karte auf S. 286 eingezeichnet. Wer daneben weitere Wanderungen unternehmen möchte, sollte sich hierfür im Idealfall vor der Reise mit den IGN-Wanderkarten 1:25.000 eindecken (z. B. in den gängigen Online-Versandhäusern) oder entsprechende Apps runterladen. In den Karten sind die Wege gut eingezeichnet, doch Vorsicht: Vor Ort sind die* **Wege teils schlecht markiert**. *Bei den Gîtes am Mont Combani werden kleine geführte Wanderungen in der Umgebung angeboten.* **MaoréRando** *veranstaltet geführte Wanderungen auf der ganzen Insel, die auch online gebucht werden können (✆ mobil: 0639-241308, https://maorerando.fr, ab 15 €). Bei jeder Wanderung muss* **ausreichend Wasser und Sonnenschutz** *mitgenommen werden! Auf das Mitführen von Wertgegenständen sollte man hingegen möglichst verzichten.*

PETITE-TERRE (PAMANZI)

Taxi

Das Sammeltaxi kostet auf Petite-Terre 1,60 € p. P., abends und nachts mehr.

Unterkunft

Die Hotellerie auf Mayotte erlebt gegenwärtig eine zunehmende Entwicklung und Professionalisierung, aktuell entstehen einige neue Beherbergungsbetriebe. Größere Hotels haben ein eigenes Restaurant, wer kleine Pensionen bevorzugt, muss bedenken, dass es außerhalb von Petite-Terre und Mamoudzou kein dichtes Gastronomie-Netz gibt. In der Regel wird in den Frühstückspensionen auf Vorbestellung ein einheitliches Menü für Gäste gekocht, ansonsten stehen die Restaurants der Hotels auch Besuchern offen, die nicht Gäste des Hauses sind. Neben Petite-Terre ist der Süden von Grande-Terre das touristische Zentrum der Insel. Unterkünfte und Restaurants sind etwas teurer als auf Réunion, die Preiskategorien richten sich nach den auf S. 87 genannten Spannen.
Pension Faida *€, 147 Route Nationale, Pamandzi, ✆ 0269-620049, mobil: 0639-205720, www.pensionfaida.com. Kleine Familienpension mit acht einfachen Zimmern in Fußnähe zum Flughafen und Ausflüge zum Lac Dziani. Praktische Unterkunft für den Anreise- oder Abreisetag.*
Le Madina *€€, 1 Rue Foundi Salime, Pamandzi, ✆ mobil: 0639-094280, lemadina.mayotte@gmail.com, https://lemadina.com. Einfache, aber charmante Unterkunft mit vier Zimmern oberhalb in Pamandzi. Zwei Zimmer mit Zugang zur Küche, zwei Zimmer zu einer großen Terrasse. Fußläufig zum Flughafen.*
Résidence Vili Vili *€€€–€€€€, 14 Rue de l'ancienne Mairie, Labattoir, ✆ mobil: 0639-258406, residencevilivili@gmail.com, www.residencevilivili.com. Vier neue, modern*

eingerichtete Studios, Gemeinschaftsdachterrasse mit schöner Aussicht und Whirlpool. Sehr gutes Frühstück! Fußläufig sind einige Restaurants sowie auch Dzaoudzi. Shuttle vom/zum Flughafen auf Anfrage.

Restaurants, Bars und Cafés

Au Monaco €, *Rond-Point Four à Chaux, Labattoir,* ✆ *mobil: 0639-654356. Tgl. 10–24 Uhr. Kleiner Imbisswagen mit brochettis, besonders die mit Fisch sind lecker!*

Le Faré €€, *Boulevard des Crabes, Dzaoudzi,* ✆ *0269-601331. Mi–So 11–22 Uhr. Legeres Restaurant/Bar direkt am Strand. Empfehlenswert für einen Drink zum Sonnenuntergang über Grande-Terre.*

Lapouz Noz €€, *Boulevard des Crabes, Dzaoudzi,* ✆ *mobil: 0639-252549. Mi–Fr 12–14 und Mi–So 18.30–21.30 Uhr. Gutes Restaurant für Fischgerichte in verschiedensten Variationen: Burger, Lasagne, Tartar oder klassisch als Filet. Es gibt auch Langusten (Reservierung am Vortag erforderlich!).*

GRANDE-TERRE

MAMOUDZOU

Restaurants, Bars und Cafés

Le Boboka €–€€, *54 Rue de la Pompe, Mamoudzou,* ✆ *0269-612138. Traditionelles Restaurant mit lokaler Küche, etwas versteckt unterhalb des Krankenhauses in einer Kurve gelegen. Besonders gut sind die Boulettes de fruits à pain – kleine Bällchen aus der Brotfrucht.*

Le 5/5 €–€€, *Rue du Ront-Point Zéna M'Déré, Mamoudzou,* ✆ *mobil: 0639-690691. Eine Institution auf der Insel seit den 1970ern! Bar-Restaurant direkt an der Anlegestelle der Fähre in einem roten Häuschen mit kleiner Terrasse. Einfache lokale und europäische Gerichte, günstige Lage, täglich von früh bis spät geöffnet.*

Le Moana €€, *1 bis Rue du Commerce, Mamoudzou,* ✆ *mobil: 0639-692414. Mo–Sa 10.30–14 und 18–22 Uhr. Bewährtes Restaurant gegenüber vom Rathaus, Panoramaterrasse mit Blick auf den Hafen. Lokale Fischspezialitäten und auch Sushi mit Liebe zum Detail auf den Teller gebracht.*

Hinweis

Unterkünfte, Restaurants und Bars werden im Folgenden nach den Stationen der beschriebenen Inselrundfahrt aufgeführt.

NORDEN UND ZENTRUM VON GRANDE-TERRE

Unterkunft, Restaurants, Bars und Cafés

Le Choizil €€, *Hamjago,* ✆ *mobil: 0639-640274. Mahorisches Restaurant an der Straße am Strand mit lokalen Gerichten. Täglich mittags geöffnet.*

Coco Lodge €, *71 Rue Boina Mari, Mtsamboro,* ✆ *mobil: 0639-395100. Vier einfache Zimmer mit viel Holz und eigenem Balkon. Das dazugehörige Bar-Restaurant ist abends geöffnet und serviert westliche Küche. Frühstück extra. Organisation von Ausflügen zur Insel Mtsamboro, zudem Kajakverleih am Strand von Hamjago.*

Idyllische Waldeinsamkeit in der Gîte du Mont Combani

La Tête Raide €, *Mliha Plage, ✆ mobil: 0639-676177. Einfache, kleine Snackbar direkt gegenüber dem Strand. Di–So tagsüber geöffnet.*
Gîte du Mont Combani €–€€, *Route forestière zwischen Vahibé und Combani, ✆ mobil: 0639-693704, https://gitedumontcombani.com. Einfache, aber liebe- und stilvolle Gîte am Berg im Wald mit Betten in Zimmern, einzelnen Bungalows oder einer Banga (traditionelle Hütte, s. S. 80), überwiegend mit Gemeinschaftsbad. Eine Oase der Ruhe und Erholung – insbesondere die Gemeinschaftsterrasse mit Hängematten. Lokale Küche und selbst angebautes Obst. Es gibt auch eine Minigolfanlage. Vorsicht: Anfahrt über 2 km Piste.*
Le Relais Forestier €€, *✆ mobil: 0639-692520, www.giteamayotte.com. In unmittelbarer Nähe der Gîte du Mont Combani. Gut eingerichtete Bungalows mit eigenem Bad, Kühlschrank und kleiner Terrasse. Gemeinschaftsterrasse im Safari-Stil, Besichtigung des zugehörigen Vanille-Anbaus sowie geführte Wanderungen möglich. Hervorragende Küche.*

SÜDEN VON GRANDE-TERRE

Unterkunft

Le Chissioua €€, *Tahiti Plage, Route Nationale, Sada, ✆ mobil: 0639-244869 und 0639-202461, www.chissioua-mayotte.com. Einfache Bungalows im traditionellen Banga-Stil in einem kleinen Garten mit Zugang zum Strand. In den Gemeinschaftsbereichen sind alte Bilder sowie Instrumente der mahorischen Kultur ausgestellt.*
Les Pieds dans l'Eau €, *15 Rue Abaine, Bouéni, ✆ 0269-625669, mobil: 0639-695029, lespiedsdansleau976@orange.fr, http://gite976.celeonet.fr. Kleine, ruhig gelegene Pension in direkter Strandnähe. Fünf einfache, aber saubere 2–4-Bett-Zimmer mit*

Kühlschrank. Gemeinschaftsterrasse und eine kleine Mikrowellenküche zur Benutzung, Waschmaschine gegen Gebühr. Abendessen auf Reservierung.

La Case Robinson *€€€, 70 Boulevard des Tortues, Bouéni, ✆ 0269-624942, https://case-robinson.com. Neue Bungalowanlage direkt am Strand, schlicht eingerichtete Zimmer mit Bad, Kühlschrank und kleiner Terrasse. Bar-Restaurant mit schöner Aussicht (Sonnenuntergang!). Kajak, Schnorchelausrüstung und Stand-Up Paddle inklusive.*

Caz' Abalone *€, Rue Abdallah Boina, Mzouazia, ✆ mobil: 0639-676775, www.cazabalone.com. Studios und Appartements für Selbstversorger, nah an Strand und Tauchschule. Sehr gutes Preis-Leistungs-Verhältnis.*

Le Jardin Maoré Écolodge** *€€€, Plage N'Gouja, Kani-Kéli, 0269-601419, http://hotel-jardin-maore.com. Traditionsreiches Hotel am schönsten Inselstrand! Die Anlage wird aktuell komplett neu- bzw. umgebaut. Was aus dem angekündigten ökologischen Schwerpunkt wird, bleibt abzuwarten. Es entstehen 20 kleine Doppelzimmer mit eigener Terrasse und 7 Familienbungalows sowie zwei Restaurants. Auch Bar-Restaurant sowie Tauchschule vor Ort.*

Perle du Sud *€, Quartier Foumbouini, Kani-Kéli, ✆ 0269-625913, mobil: 0639-661497, http://www.perledusud.fr/index.html. Einfache und günstige Pension mit schöner, großer Terrasse. Abendessen auf Reservierung.*

Les Baobabs *€€, 5 Pointe Mougnendre, Bandrélé, ✆ mobil: 0639-212327, http://lesbaobabs.cleasite.fr. Kleines, familiäres Bed & Breakfast mit Terrasse, Pool und schöner Aussicht. Ein kleiner Weg führt hinunter zum Steinstrand. Die Betten sind nur 140 cm breit.*

Hôtel Sakouli*** *€€–€€€€, Plage de Sakouli, Bandrélé, ✆ 0269-606363, https://hotelsakouli.com. Drei-Sterne-Hotel oberhalb der Bucht der Îlot de Bandrélé mit 30 teils etwas in die Jahre gekommenen Bungalows mit eigenem Garten oder Terrasse, in der gehobeneren Preisklasse mit malerischer Sicht auf die Bucht. Es gibt 2 Restaurants und einen schönen Infinity-Pool mit Blick aufs Meer, zudem einen direkten Treppenzugang zum Strand.*

O'lolo Hôtel *€€€, Plage de Sakouli, Bandrélé, ✆ 0269-614946, www.ololo-hotel.com. Kleine, recht neue und stilvolle Hotelanlage mit Zimmern in Bungalows direkt am Strand. Mit kleinem Snack-Restaurant sowie Kajak- und Stand-Up-Paddle-Verleih.*

Restaurants, Bars und Cafés

Le Chissioua *€€, siehe Unterkünfte. Kleines Restaurant, das fast einem Museum der mahorischen Kultur gleicht. Geöffnet Do–So mittags, Fr/Sa auch abends.*

Le Chato Café *€, 4 Rue de la Fraternité, Moinatrindri, Bouéni, ✆ mobil: 0639-213631. Nette Bar mit schöner Aussicht auf die Bucht. Seltenheit auf Mayotte: Es gibt Bier vom Fass!*

La Case Robinson *€€–€€€, siehe oben. Restaurant mit guten Fisch- und Fleischgerichten direkt am Strand, jedoch in etwas lieblosem Ambiente.*

Bambo Beach Snack *€–€€, 23 Route Tsimidouni, Bouéni, ✆ mobil: 0639-699599. Snackbar mit einfacher Küche auf schöner Terrasse direkt am Strand Bambo Ouest. Di–So 12–14, Fr/Sa auch 18–21 Uhr, Getränke länger.*

Citronelle *€€, 2 Mroni babany safy, Kani-Kéli, ✆ mobil: 0639-659361, www.restaurantlacitronnelle.fr. Das einfache Restaurant bietet recht wenige Gerichte, dafür aber eine Terrasse mit schöner Aussicht. Sa–Do 12–15 Uhr geöffnet.*

Restaurant Les Baobabs *€€€, siehe Unterkunft Le Jardin Maoré. Restaurant und Bar direkt am Strand. Sehr schön für einen Aperitif.*

O'lolo *€, siehe Unterkünfte. Tgl. 8–19 Uhr. Einfache Küche direkt am Strand. Es gibt Salate, Sandwiches und Panini. Empfehlenswert ist auch das Frühstück.*

ANHANG

Sprachführer

Im Gegensatz zum Französischen ist die Aussprache des Kreol meistens lautgetreu.

Deutsch	Französisch	Kreol
Grundwortschatz und allgemeine Redewendungen		
Guten Tag!	Bonjour!	Bonzhour!
Guten Abend!	Bonsoir!	Bonsoir!
Auf Wiedersehen!	Au revoir!	Nï artrouv!
Bis bald!	À bientôt!	Talèr!
bitte	s'il vous plaît	siouplé
danke	merci	merssi
ja	oui	wi
nein	non	non
So ist das!	C'est ça!	Sa minm!
In Ordnung!	D'accord!	Lé bon!
Entschuldigung!	Excusez-moi!	Éskïz amoin!
Das ist nicht schlimm!	Ce n'est pas grave.	I fé riyen!
Sag mal!	Dis donc!	Oté!
Wer?	Qui?	Kissa?
Was?	Quoi?	Was?
Wann?	Quand?	Kanssa?
Wie?	Comment?	Koman?
Warum?	Pourquoi?	Akoz?
Kleine Gespräche		
Wie geht es?	Comment ça va?	Kossa i di?
Was gibt es neues?	Quelles nouvelles?	Koman i lé?
Es geht so!	Ça va!	Lé là!
Ich verstehe nichts!	Je ne comprends rien!	Mi konpran pa!
Was bedeutet dieses Wort?	Qu'est-ce que ce mot veut dire?	Kossa i vë dir mo-là?
Was heißt das auf Kreol?	Comment ça s'appelle en créol?	Koman i apel sa an kréol?
Können Sie bitte langsamer sprechen?	Pouvez-vous parler moins vite?	Ou gin koz moin vitman?
Wie spät ist es?	Quelle heure est-il?	Kél'ër i lé?
Ich weiß nicht.	Je ne sais pas.	Mi koné pa.
Ich heiße …	Je m'appelle …	Mi apel …
Ich komme aus …	Je viens de …	Mi vienn …
Ich suche …	Je cherche …	Mi rod …
Ich brauche …	J'ai besoin de …	Moin la bëzoin …
Ich habe mich verlaufen.	Je suis perdu(e).	Mi perd ler.
Haben Sie …?	Avez-vous …?	Nana …?
Das ist nicht möglich.	Ce n'est pas possible.	I gin pa.
Macht nichts!	Tant pis!	I fé rien!
Es ist schönes Wetter.	Il fait beau!	Nana bon soley!
Es regnet!	Il pleut!	La plï i tonm!
Es ist warm!	Il fait chaud!	Il fé sho!
Die Sonne brennt.	Le soleil brûle.	Soley i poik.
Ich habe Hunger/Durst.	J'ai faim/soif!	Moin la fin/soif.
Das mag ich nicht!	Je n'aime pas!	Mi inm pa!
Ich will nicht!	Je ne veux pas!	Mi vë pas!

Deutsch	Französisch	Kreol
	Auf dem Markt	
Gemüse	légumes	légïme
Früchte	fruits	frui
großer Markt	grand marché	gran bazar
kleiner Markt	petit marché	ti-bazar
Was ist das?	Qu'est-ce que c'est?	Kossa sa?
Wieviel kostet das?	Combien ça coûte?	Konbien i ariv?
Goyave	goyavier	gouyavié
Kokosnuss	noix de coco	koko
Mango	mangue	mang
Papaya	papaye	papay
Litschi	letchi	létsi
Bohnen	haricots	zariko
Mispel	nèfle	bibass
Aubergine	Aubergine	bringelle
Chayote	Christophine	Chouchou
	Geschäfte	
kleiner Laden	Épicerie	boutik
Konditorei	Pâttiserie	
Bäckerei	Boulangerie	
Metzgerei	Boucherie	
Fischgeschäft	Poissonnerie	
Supermarkt	Supermarché	
geöffnet	ouvert	
geschlossen	fermé	
	Am Meer	
Strand	plage	bordmer
Sand	sable	sab
Sonnencreme	crème solaire	krinm pou soley
Badeanzug	maillot de bain	mayodbin
Flip-Flops	tongs	savat
Sonnenschirm	parasol	parasol
Strandmatte	natte de plage	sézi
Korb	panier tressé	soubik
fischen	pêcher	souk
Koralle	corail	koray
Lagune	lagon	tit mer
	Am Tisch	
Haben Sie einen freien Tisch?	Avez-vous une table de libre?	
Ich möchte einen Tisch reservieren.	Je voudrais réserver une table.	
Die Speisekarte, bitte.	La carte, s'il vous plaît.	
Die Rechnung, bitte.	L'addition, s'il vous plaît.	
Ich nehme (ich hätte gerne) …	Je voudrais …	
Tagesgericht	le plat du jour	
Frühstück	le petit déjeuner	
Mittagessen	le déjeuner	
Abendessen	le dîner	
Vorspeise	l'entrée	
Hauptgericht	le plat principal	
Nachspeise	le dessert	
Teller	assiette	zassiet
Gabel	fourchette	fourshet
Messer	couteau	kouto
Löffel	cuillère	kuiyer

Deutsch	Französisch	Kreol
Kaffeelöffel	cuillère à café	tikuiyer
Glas	verre	ver
Flasche	bouteille	boutey
Wasserkaraffe	carafe d'eau	boutey-dëlo
	Essen und Trinken	
Gewürz	épice	
Pfeffer	poivre	poiv
Salz	sel	dësel
Kurkuma	curcuma	safran
Ingwer	gingembre	zhinzhanm
Zwiebel	oignon	zon
rote Chilischote	piment rouge	piman touzh
grüne Chilischote	piment vert	piman ver
scharfe Sauce	sauce-piment	soss piman
Baguette	baguette	baget
Brot	pain	dëpin
Käse	fromage	fromaz
Wasser	eau	dëlo
Bier	bière	byèr
Wein	vin	dëvin
Kaffee	café	kafé
Rum	rhum	lë ron,
eingelegter Rum	rhum aromatisé	lë ronm aranzhé
Weißwein	vin blanc	dëvin blan
Rotwein	vin rouge	dëvin rouzh
Saft	jus de fruits	zhïdfrui
Prost!	Santé!	Anou!
Butter	beurre	dëbër
Fleisch	viande	laviann
Rindfleisch	viande de bœuf	laviann bëf
Schweinefleisch	viande de porc	laviann koshon
Lamm	agneau	
Kalb	veau	
Kaninchen	lapin	
Hühnerfleisch	poulet	volay
Ente	canard	kanar
geräuchert	boucané	
Zicklein	cabri	
Rippenstück	entrecôte	
Stopfleber	fois gras	
Fisch	poisson	poisson
Aal	anguille	zangiy
Flussgarnele	grosse crevette de rivière	kamaron
kleine Süßwasserfische	alevin	bichiques
Schwertfisch	espandon	léspadon
Zackenbarsch	mérou	makabi
Muschel	moule	kokiy
Thunfisch	thon	ton-bonit
Schnapperfisch	vinvaneau	vivano
Stockfisch	morue séchée et salée	la morï
Hummer	homard	
Goldbrasse	daurade	
Muscheln	coquilage	
Tintenfisch	calmar	

Deutsch	Französisch	Kreol
Auster	huître	
Lachs	saumon	
Spieß	brochette	
Reis	riz	
Linsen	lentilles	
Hülsenfrüchte	grains	
Guten Appetit!	Bon appétit!	Anon fer!
großer Topf	marmite	marmit
	Auf Zimmersuche	
Ich suche ein Hotel.	Je cherche un hôtel.	
Haben Sie noch freie Zimmer?	Avez-vous encore des chambres libres?	
Ich habe ein Zimmer reserviert.	J'ai réservé une chambre.	
Wieviel kostet das Zimmer?	Combien coûte la chambre?	
Könnte ich das Zimmer sehen?	Est-ce que je pourrais voir la chambre?	
Ich nehme das Zimmer.	Je prends la chambre.	
für eine Nacht	pour une nuit	
für zwei Nächte	pour deux nuits	
für eine Woche	pour une semaine	
Doppelzimmer mit Doppelbett	chambre à deux personnes avec un grand lit	
mit Bad	avec salle de bains	
mit Dusche	avec une douche	
mit Frühstück	avec petit déjeuner inclus	
	Mit dem Auto unterwegs	
Tankstelle	station d'essence	
Werkstatt	garage	
Benzin	essence	
Diesel	gazole	
bleifrei	sans plomb	
Ausfahrt	sortie	
Einbahnstraße	rue à sens unique	
	Beim Wandern	
Schutzhütte	abri	
Holz, Wald	bois	
Wald	forêt	
Höhle	caverne	
Flussbett, Schlucht	ravine	
Schlucht	gorge	
Fluss	rivière	
Wasserfall	cascade	
Passhöhe	col	
Anhöhe	coteau	
Teich	étang	
Steilküste	falaise	
Bucht	anse	
Leiter	echelle	
Steg, Brücke	passerelle	
Pavillon	kiosque	
Weg	chemin	
Pfad	sentier	
rutschig	glissant	
unsicher	instable	

Deutsch	Französisch	Kreol
	Notfall	
Panne	panne	
Unfall	accident	
Hilfe!	Au secours!	
Polizei	police	
Arzt	docteur	
Zahnarzt	dentiste	
Krankenhaus	hôpital / centre hospitalier	
Schmerz	douleur	
	Ort	
hier/dort	içi/là	issi/là
dahinter/davor	derrière/devant	deryer/dëvan
auf/oberhalb	au-dessus/sur	anler/sï
unten/unterhalb	au-dessous/sous	anba
in	dans	dan
geradeaus	tout droit	droit minm
gegenüber	en face de	vizavi
in der Nähe	près de	koté
abwärts	en descendant	paranba
aufwärts	en montant	paranho
links	à gauche	
rechts	à droite	
geradeaus	tout droit	
alle Richtungen	tous directions	
Post	poste	pos
Geldautomat	guichet automatique bancaire	garbier
Kirche	église	légliz
Brücke	pont	pon
	Zeit	
heute	aujourd'hui	zhordi
morgen	demain	dëmin
gestern	hier	yer
damals	autrefois	lontan
früh	tôt	bonër
spät	tard	tar
Montag	lundi	lïndi
Dienstag	mardi	mardi
Mittwoch	mercredi	merkrëdi
Donnerstag	jeudi	zhëdi
Freitag	vendredi	vandrëdi
Samstag	samedi	samedi
Sonntag	dimanche	dimansh
Minute	minute	
Stunde	heure	
Tag	jour	
Monat	mois	
Woche	semaine	sëminn
	Personalpronomen	
ich	je	mi/moin
du	tu	ou, ti
er/sie	il/elle	lï/lu
uns	nous	nou
ihr	vous	zot
sie	ils/elles	banna

Deutsch	Französisch	Kreol
	Zahlen	
eins	un, une	in
zwei	deux	dé
drei	trois	trwa
vier	quatre	kat
fünf	cinq	sink
sechs	six	sis
sieben	sept	sèt
acht	huit	wit
neun	neuf	nèf
zehn	dix	dis
hundert	cent	
tausend	mille	
Million	million	

Literatur

Bénard, Stéphane/Bénard, Roland (2010): 76 randonnées. Cascades & bassins: la Réunion. Chevagny-sur-Guye: Orphie.

Blanchy-Daurel, Sophie (1990): La vie quotidienne à Mayotte (Archipel des Comores). Paris: L'Harmattan.

Brimson, Tania (2011): La Réunion. Beaux livres Déclics. Paris: Nouvelles éd. de l'Université.

Caron, Audrey/Tchoukriel, Emmanuelle/Vasseur, Clémence (DL 2008): Île de La Réunion. Sainte-André: Océan éditions.

Gauvin, Axel (1987): Faims d'enfance. Roman. Points Band 2563. Paris: Points.

Gauvin, Axel (1990): L'Aimé. Roman. Paris: Seuil.

Ghasarian, Christian (2008): Anthropologies de La Réunion. Paris: Éd. des Archives contemporaines.

Grenson, Jan (2021): La Cuisine de la Réunion. En 118 recettes. Chevagny-sur-Guye: Orphie.

Mesas, Thierry (2015): Mayotte en partage. Mamoudzou: Couleurs métisses.

Moatty, Marie-Céline (2010): 47 balades et randoneés à Mayotte. Chevagny-sur-Guye: Orphie.

Padoma, Narmer (2021): I like the cuisine of Mayotte. Selbstverlag.

Pardon (2020): Réunion mon amour! Le guide de voyage non-offzciel de l'île.

Staudacher-Valliamée, Gillette/Goussé, Jean-Louis (2010): Le créole réunionnais de poche. Langues de poche. Chennevières-sur-Marne: Assimil.

Strick, Sabine (2019): Lava und Wellen: Tod auf dem Vulkan. München: Piper.

Strick, Sabine (2020): Lava und Wellen: Tod in einer Tropennacht. München: Piper

Tarnus, E./Bourdon, E.: Anthropometric evaluations of body composition of undergraduate students at the University of La Reunion. In: AJP: Advances in Physiology Education 30. 4. 2006. 248–253.

Vaxelaire, Daniel/Vauthier, Alain Marcel/Maestri, Edmond (2013): Le grand livre de l'histoire de la Réunion, Vol.1. Des origines à 1848. Le grand livre. Chevagny sur Guye: Orphie.

Wergin, Carsten (2010): Kréol Blouz. Musikalische Inszenierungen von Identität und Kultur. Musik – Kultur – Gender Band 7. Köln: Böhlau.

Stichwortverzeichnis

Bildnachweis

Alle Bilder Rike Stotten, außer:
S. 34, 49, 82, 274: Joely Tafanalo
S. 35, 272: Thierry Hoornaert
S. 36: Pascal Zancopé
S. 56: Stefan Mantl
S. 138: Charlotte de Bernady de Sigoyer
S. 202: Julien Deves
fotolia.de: S. 8, 88 (Prod. Numérik); 12, 13, Umschlag hinten (oben) (A. Karnholz); 29 (Unclesam); S. 116 (carole castelli)
IRT (Île de la Réunion Tourisme): vordere Umschlagklappe (3 v. o.), S. 44, 51, 113 (jeweils: Emmanuel Virin)

IWANOWSKI'S

RÉUNION – Autorentipps

Rike Stotten ging einst nach Réunion, um bei Bio-Bauern Französisch zu lernen, und kehrt seitdem immer wieder zurück. Die studierte Geografin und promovierte Soziologin arbeitete ein Jahr als Lehrerin im französischen Übersee-Département Mayotte und ist nun Assistenzprofessorin an der Universität Innsbruck.

Unsere Autorin Rike Stotten gibt Ihnen nützliche Tipps und individuelle Empfehlungen:

1. TIPP

Ein kulturelles und kulinarisches Erlebnis: Auf den **Märkten** in Städten wie Saint-Pierre, Saint-Paul oder Le Chaudron begegnet man der Vielfalt Réunions. Neben exotischen Früchten und typischen Backwaren kann man hier den berühmt-berüchtigten Wein der Insel probieren, **S. 105, 116**

2. TIPP

Die für Réunion typischen **Chambres d'hôtes**, Privatunterkünfte unterschiedlichster Ausstattung, sind nicht nur eine gute und beliebte Art der Unterkunft, sondern zudem eine hervorragende Gelegenheit, in Kontakt mit der lokalen Bevölkerung zu treten, **S. 80**

TOP-TIPP

Eine einzigartige Erfahrung ist ein mehrtägiger Aufenthalt im **Talkessel von Mafate**, dem „Herzen Réunions". Hier genießt man vor der spektakulären Kulisse der umliegenden Berge Ruhe und Abgeschiedenheit. Mindestens genauso schön ist ein Abstieg zum Dorf Grand Bassin, **S. 265, 194**